역사는 끝났는가

당대총서 1

역사는 끝났는가

송두율 사회사상집

도서
출판 당대

1995

아들이 걷는 길 때문에 고통을 당하시면서도
세계와 민족을 생각하는 학자가 되라고 늘
따뜻하게 격려해주시는
부모님께 이 책을 드립니다

언젠가 돌아갈 '고향'의 희망을 위하여

　20세기를 얼마 남겨 놓지 않은 오늘의 세계를 보는 눈은 다양하다. 이 중에서 설득력있게 자주 거론되는 시각은 아마도 '정보화시대'의 '세계사회' 이론일 것이다. 정보소통에 의하여 세계가 좋아지고 끝내 하나가 된다는 이러한 이론은 구태여 이론의 여과를 거치지 않고도 이제는 누구나 느낄 수 있게 되었기 때문이다.

　이렇게 하나가 된 '세계사회' 속에서는 '역사'도 '민족'도 설자리가 없게 되기 때문에 '역사는 끝났다'라는 이론도 등장하게 되고, 또 지역의 경제통합도 절박한 문제로 제기되고 있다. 그러면 우리 한반도에서도 '역사'는 이제 아무 의미가 없고, 종래 '민족국가'가 설정한 '정치적인 것'의 개념 자체도 해체될 수밖에 없는가.

필자의 오랫동안에 걸친 서구에서의 삶은 오히려 그러한 '세계사회'의 필연성을 강조할 법도 하다. 그럼에도 불구하고 또다시 '정말 그럴까'라는 자기확인의 질문을 던질 수밖에 없다. 그러나 이러한 자기반성과 자기확인의 질문은 오기에 가까운 지적반항으로부터 출발하는 것은 아니다. 필자가 서구의 이론을 접할 때마다 던지는 자기반성적인 질문 ── "이 이론은 도대체 우리에게 무슨 의미를 던지는가" ── 은 지적 오만도 오기도 아니다. 그러한 질문을 던지는 동기는 간단하다. 우리는 '역사의 종언'을 이야기하고, 민족문제가 '세계화' 속에서 저절로 해결될 것이라는 근거없는 희망을 지니고 살기에는 아직도 긴상된 상황 속에서 20세기를 보내야만 하기 때문이다.

　긴장을 풀 수 없기 때문에 우리는 앞으로도 역사와 민족을 이야기하는 정열로 회의, 냉소와 싸워나가야 한다.

　그러나 우리는 역사와 민족을 끌어안고 나갈 수 있는 정열 하나만으로는 회의와 냉소를 싸워 이길 수 없다. 회의와 냉소가 지니는 미지근함과 차가움마저 일려버릴 수 있는 더 무서운 차가움이 필요하다. 이렇게 뜨거운 정열과 차가운 이성을 하나로 용해하지 못하고는 우리의 역사가 안고 있는 민족문제를 해결해낼 수 없다.

　필자는 '세계화' '세계경영' '세계일류'라는 구호가 요란한 한반도로부터 멀리 떨어져 있지만, '역사'와 '민족'에 대한 크고 작은 이야기들에 귀를 기울이고 듣고 있다. 이렇게 역사와 민족에 대한 이야기들을 멀리서 들으면서, 또 언젠가는 돌아가야 할 '고향'이라는 희망을 이 속에 새기면서 그러한 정열과 이성을 엮어내는 미진한 작업을 해보고 있다. 필자의 능력의 한계 때문에 그러한 작업이 도대체 불가능하다는 것을 자주 느끼게 되고 부끄럽게까지도 생각되지만, 같은 문제를 안고 고민하는 많은 사람들과의 열린 대화라고 생각하면서 그때 그때 시간을 내어 여러 생각들을 정리해보곤 했다. 이번 '역사는 끝났는가'라는 주제 밑에 묶여진 글들 중에는 이미 출간된 필자의 단행본 속에 들어 있는 글도 있고, 여러 잡지에 실렸던 글도 있고, 또 이번 출간되는 기회에 새로 쓴 글도 있다. 모든 글들이 미흡하고 불충분하지만, 필자의 지적 편력과 고민이 들어 있다는 것을 누구보다 잘 이해하고 이를 한 권의 책으로 엮은 '도서출판 당대'의 문부식·김형수 선생의 노고에 깊은 감사를 드린다. '해방 50년, 분단 50년'의 해에 국내의 독자들에게 통일된 독일의 수도에서 특별한 인사를 보낸다.

1995년 3월

베를린에서
필자 송두율

■차례

책머리에 · 5

제 1 부 역사는 끝났는가

전환기를 보는 시각 · 13
역사는 끝났는가 · 27
(탈)현대의 구조 · 46
사회주의 변화 이후 전환기의 문화와 지평들 · 70

제 2 부 민족을 다시 생각한다

조국을 위한 상념 · 87
서구의 지성, 남한의 지성 · 98
동구의 지성, 북한의 지성 · 115
분단현실에의 인식론적 접근 · 136

제 3 부 헛된 꿈에서 깨어날 때

독일 통일의 해부 · 153
북한은 동독과 다르다 · 162
헛된 꿈에서 깨어날 때 · 171
'양자택일'이 아닌 총체적 지혜를 · 179
김주석 사망소식을 듣고 · 188
김주석 이후의 한반도 · 193

제 4 부 북한사회를 어떻게 볼 것인가

북한사회를 어떻게 볼 것인가 · 205
북한사회의 내재적 비교연구 · 219
북한 연구에 있어서 '내재적 방법' 재론 · 251
북한의 이데올로기와 주체사상 · 263
북한은 중국의 길을 걸을 것인가 · 293

제 5 부 새로운 지성의 모색을 위하여

신흥공업국의 사회학 · 307
큰 이야기와 작은 이야기 · 323
'민중'과 '시민' · 335
속도에 대한 단상 · 345
과학 · 기술 · 인간 · 353

연보 / 처음 그려보는 자화상 · 370

제 I 부   역사는 끝났는가

전환기를 보는 시각
역사는 끝났는가
(탈)현대의 구조
사회주의 변화 이후 전환기의 문화와 지평들

전환기를 보는 시각

동서 냉전의 종결과 더불어 이미 우리가 지녀왔던 사고의 틀이 심하게 흔들릴 수밖에 없는 사상적 대전환기를 우리는 맞고 있다. 그러나 자본주의 사회가 되면 소비가 미덕인 풍요한 사회 속에서 모두가 잘 살게 될 것으로 믿었던 소련과 동구의 많은 사람들은 실업과 물가 그리고 민족분쟁으로 발을 펴고 잘 수 없게끔 되었고, 이들이 동경해온 서방세계에서 살아온 사람들의 이기주의는 여전하다. 그들이 자기 주머니를 털어가면서까지 러시아나 동구를 도울 생각은 별로 없어 보인다.

동서장벽을 다시, 그리고 옛날보다 더 높게 쌓아야 한다는 농담 아닌 진담도 이미 나돈 지 오래되었는데 이는 희망과 기대에 못미치고 있는 현실에 대한 솔직한 반응이라고 볼 수 있다.

우리의 눈을 한반도로 돌려보아도 사정은 비슷하다. 남북한간의 화해, 불가침, 교류협력 나아가서는 비핵화에까지 합의를 이미 보았지만 이러한 원칙이 실천 속에서 얼마나 좋은 열매를 맺을 것인지에 대해서는 많은 사람들이 낙관만 하지 않고 있다. 국회의원 선거가 흡사 남한사회의 모든 것인 양 요란하지만 정작 그러한 선거를 통해서 국민에게 희망을 주는 정치가 도래하거나 나아가서 민족숙원인 통일문제를 시원히 풀어줄 수 있다고 믿는 국민은 별로 없는 것 같다.

낙관보다는 비관이, 확신보다는 회의가, 참여보다는 냉소가 지배하는 사상적 전환기 속에서 오랜 동서냉전과 '야만'인 후세인을 응징한 걸프전쟁의 승리자로서 당연히 기뻐해야 할 부시의 국내 정치적 위치는 패자 후세인의 위치보다 약화된 역설적 모습까지 보여주고 있다. 자본주의가 공산주의와의 체제경쟁에서 이겼다고 처음에는 자만에 빠졌던 서구의 우익도 자기사회가 안고 있는 실업, 공해, 마약, 인종분규 같은 구조적 모순으로 골머리를 계속 앓고 있다.

이와 같이 우리 밖의 세계가 현재 안고 있는 전환기의 복잡한 문제들과의 연관 속에서 우리가 서 있는 위치를 비판적으로 확인하고 이를 바탕으로 우리의 전망을 열어 보려는 데에 이 글의 주안점이 놓여 있다. 우리 사회와 밖의 사회가 지니고 있는 공존과 차이의 긴장성을 잊고 이 둘을 같은 것으로만 파악하거나 또는 전혀 다른 것으로만 이해하려드는 태도를 동시에 극복하지 못할 때 우리는 우리의 위치를 정확히 가늠할 수 없기 때문에 이 글은 그러한 문제에 특히 주의를 돌리려고 한다.

1. 동서냉전종결 이후의 세계질서와 일본

걸프전쟁은 무엇보다도 동서냉전종결 이후 세계질서의 개편구도를 제일 먼저 보여준 사건이었다. 동서냉전의 한 축을 형성했던 소련이 레닌의 제국주의 이론으로부터 벗어나 인류의 보편적 문제를 전면에 내세운 '새로운 사고'에 의한 국제정치파악으로 그의 관점을 옮기자

마자 이어서 발발한 걸프전쟁은 미국 주도의 새로운 세계질서 구축의
방향과 폭을 우선 보여주었다. 제3세계를 대변해왔던 중국까지도 묵시
적으로 동의할 수밖에 없었던 이러한 미국의 세계질서개편은 그러나
동시에 그의 문제점과 한계를 보여주었다. 유럽중심에 자리잡은 통일
독일과 아시아의 중심에 재등장한 일본과 미국의 관계가 바로 그러한
한계를 드러내 주었다고 할 수 있다. 이 두 경제대국(1989년 동서독은
서방공업국가 국민총생산의 9.4%, 일본은 19.8%를 차지했으며 미국의 그
것은 36.4%였다)은 군사적 개입을 피하면서 재정지원을 통해서 미국
주도의 세계질서 개편을 지원하는 데 그쳤다. 걸프전쟁이 끝난 후 오
랫동안 독일과 일본의 소극적 태도는 미국에 의해서 직접 간접으로
비난을 받았고, 통일독일은 '기본법'을, 일본은 소위 '평화헌법'을 평
계삼아 우선 이들의 경제에 상응하는 군사력강화를 우려하는 주변국
가들의 눈총을 벗어났다. 통일독일에 의한 유럽의 '독일화'(Germani
sierung)의 우려는 영국, 이태리, 프랑스나 덴마크 등지에 노골적으로
이미 표명되고 있고, 최근 체코의 정보기관은 전쟁 이전 많은 독일인
이 살았던 보헤미아 지역이 독일인들의 투자를 통해서 결국 '독일화'
될 위험이 높아가고 있다는 비밀조사결과를 대통령에게 보고했다는
보도도 나돌고 있다. '새로운 세계질서'를 군사력으로는 우선 보장할
수 있지만 경제위기로 이를 재정적으로는 부담할 수 없게 된 미국과
통일독일 그리고 일본 사이에 상호의존성이 점차로 높아가는 현실의
한 측면을 보여주고 있다. 30여 년 이상의 '유럽공동체' 안에서 경제
적 관계와 '나토'라는 군사적 동맹 속에 있었던 독일과, 이러한 경제
적·군사적인 공동의 이해조정장치가 없는 아시아에서의 일본의 위상
을 그러나 우리는 같이 놓고 볼 수 없다. 일본은 통일독일이 현재 유
럽에서 차지하고 있는 위치보다 더 자유스럽게 아시아의 매개 나라들
과 상대해서 자신의 영역을 극대화시킬 수 있는 조건을 가지고 있다.

중국이 현재 일본을 견제할 수 있는 힘이긴 하지만 아직 경제력이 약하기 때문에 통일독일을 견제하는 프랑스와 영국의 위상과는 많은 차이가 있다고 할 수 있다.

　남북한이 이러한 경제대국단계를 거쳐 군사대국화하는 일본과의 관계설정을 앞으로 어떻게 하느냐 하는 문제는 미국중심의 '새로운 세계질서'가 우리에게 직접 던지는 극히 중대한 질문이기도 하다. 물론 한반도에 있어서 미국의 위치와 역할에 당장 큰 변화는 예견되고 있지 않다. 그러나 '새로운 세계질서'를 미국의 구도에서만 보고, 일본이 이러한 질서 속에서 이미 차지하고 있고 앞으로 굳혀나갈 위치를 간과해서는 결코 안되는 시점에 우리는 벌써 닿았다. 1965년의 한일협정이 체결된 이후 정치·경제관계를 거쳐 군사·문화적 분야에까지 진전되고 있는 한일관계가 진정한 선린우호관계 위에 기초한 것이 아니었다는 사실은 또다시 '정신대' 문제를 바라보는 일본정부의 태도에서 드러나고 있다. 비슷한 태도는 북한과의 교섭과정에서도 드러나고 있는데 핵사찰문제, 남북긴장완화 등의 문제를 외교수립의 전제로 내세우고, 심지어는 '김현희'를 일본인화 교육을 했다는 '은혜'라는 여성의 인권문제까지 들고 나왔다. 이를 지켜본 북경주재 러시아 기자마저 일본이 반칙을 해도 너무 심하게 했다고 논평을 했지만, 일본은 겉으로는 한반도의 평화를 위해서 미국과 남한정부와도 긴밀한 협의를 하고 있다고 하면서 이를 빙자로 북한과의 협상에서 유리한 고지를 전령하는 것과 동시에 남한도 견제하겠다는 일거양득을 노리고 있다. 일본측의 교섭대표가 '은혜' 문제를 인도적 차원문제로 협상의 의제 하나로 제안하자 북한측 대표가, 일본측이 그렇게 인권을 소중히 여긴다면 일제에 의하여 죽음으로 내몰린 우리의 수많은 징용자와 정신대 문제를 같이 논의하자고 역제의하자 일본측이 진땀을 뺐다는 협상일화도 들린다. 통일독일과 외교관계수립을 제의하는 북한에게 난색을 표명하는 독일정부는 미국과 남한이 이를 반대한다는 속사정을 이야기하는 데 비해서, 일본은 속마음은 숨겨놓고 한반도의 평화를 위해서라는 그럴 듯한 명분을 내놓고 있는데 이것도 통일독일과 일본의 차이라면 차이라고 할 수 있다. 이러한 일본을 단순히 '왜놈'이라거나 '극일'한다는 감정적 차원에서 바라볼 때는 이미 지났다.

오히려 우리 민족 전체의 이익을 위해서, 한일협정이 지녔던 잘못을 북한이 또다시 반복해서는 안된다는 뜻에서 북한의 입장을 이해하고 지지하는 것이 '극일'의 실속있는 구체적 내용이 될 것이다.

남한과 맺은 협정내용 이상을 북한과 맺을 수 없다는 일본의 논리에 대해서 그 당시 협정이 지니고 있는 문제를 솔직히 지적하고 다시는 그러한 과오를 같은 민족성원이 반복하는 것을 그저 지켜볼 수 없다는 아량과 태도를 보여주어야 한다. 우리 민족이 일제로부터 당한 고통이 이미 분단 이전의 사실이고 민족분단이라는 비극의 원인도 일제의 식민지 통치에 있다는 사실을 잊어서는 안된다. 동서냉전의 종식과 함께 진전되고 있는 '새로운 세계질서'의 개편을 미국과의 관계에서 분석하는 것도 중요하지만 이미 이러한 질서개편에 있어서 중요한 역할을 하고 있는 일본을 간과해서도 안된다. '새로운 세계질서'에 관한 무수한 논쟁과 이론이 바로 이 점을 지나치고 있다는 것을 우리는 명심하여야 한다.

2. 북한사회의 이해

그러나 일본보다는 북한을 더 싫어하고 심지어는 더 심하게 증오하는 분위기까지 있으면서, 일본정부에 대해서는 북한정부보다 더욱 관대히 대하고 한일조약 이상의 내용을 북한에게 약속해서는 안된다는 압력까지 행사하는 것이 우리의 현실이다.

  동서냉전의 종결을 이야기하고 있으면서도 동서냉전이 빚어낸 사고의 틀이 여전히 우리를 지배하고 있다는 증거이다.

  유럽 사람들에게 한반도는 너무나 머나먼 존재이기 때문에 독일과 한반도의 분단 차이를 이해시키는 데도 많은 시간이 필요하다. 심지어는 스스로가 '좌파'지식인이라고 하는 사람들까지도 북한의 실체 이해에는 많은 편견이 있고, 가령 북한이 구소련중심의 경제협력기구인 코메콘의 회원이 아니었다는 사실을 아는 사람은 아주 드물 정도이다. 그럼에도 불구하고 북한에 대한 보도나 논평기사는 심심치않게 나타나는데 북한이 핵사찰을 거부하고 있다는 내용의 기사는 나와도, 북한이 이를 거부하는 이유나 미국이 남한에 비축한 전술핵무기에 대해서는 아예 설명도 없다. 얼마 전 베를린에서 발간되는 소위 '좌파'신문인 「타게스짜이퉁」(Tageszeitung)에 실린 어떤 젊은 기자의 북한에 관한 기사는 휘발유 부족 때문에 평양시내 버스가 모두 운행을 정지했다는 뉴스원도 밝히지 않는 논평기사를 내보냈다. 이백만에 가까운 인구가 살고 있는 대도시 평양이 가지고 있는 지하철, 전철과 더불어 중요한 교통수단인 버스가 다니지 못한다면 평양이 마비상태에 빠지는 것과 마찬가지다. 얼마 전 베를린에 온 전금철 조평통 부위원장을 만났을 때 사실여부를 물었더니 만약 그것이 사실이라면 평양교외에 있는 수많은 공장이 조업을 중단해야 하지 않겠느냐고 하면서 기름을 절약하기 위해서 같은 방향으로 나가는 차가 있으면 고위급관리의 차라 할지라도 여럿이 합승한다고 어이없는 듯이 대답했었다. 사실상 상업성 때문에 뻥튀기는 저질의 우파신문을 '치즈냄새 나는 썩은 신문'이라고도 부르지만, 소위 '좌파'들의 무책임한 언동이 빚어내는 '좌익적 너절함'(linke Schlamperei)도 많은 문제를 안고 있는 것이 서유럽의 현실이기도 하다. 이러한 시각과는 반대로 통일독일과의 외교관계 수립도 해야 하는 북한이 모스크바 칠레대사관에 피신중인 옛동독의

호네커 당서기장을 비행기까지 보내어 사실상의 정치망명을 받겠다고
하는 소식을 듣고 한 독일 청년은, 어제까지도 공산주의자로 행세하다
가 하루아침에 민주주의의 신봉자가 되어 독일정부로부터 원조를 더
받아내기 위해서 협상하는 옐친의 작태를 한심하다고 하면서 실은 중
국이 해야 되는 일을 북한이 하고 있다고 북한에 대해 다시 생각하게
되었다고 이야기한 적이 있다. 이 사건과 더불어 독일의 많은 신문들
이 두 가지 사실을 보도하지 않았었는데, 그 하나는 칠레대사관 앞에
서 매일 백여 명의 러시아인들이 반파쇼투쟁 때문에 십여 년 이상이
나 감옥생활을 했던 호네커를 독일로 송환시켜서는 안된다고 해서 벌
였던 데모에 대해서였고, 또 다른 사실 하나는 아옌데 정부 때 외무부
장관을 역임한 현재 모스크바 주재 칠레 대사인 알메이다가 피노체의
유혈쿠데타 이후 동독에 망명하여 호네커의 보호를 받은 바 있는 두
사람 사이의 특별한 관계에 대해서였다.

어떻든 이렇게 한 사회를 평가하는 데에 있어서 극단적인 차이가
드러나는 나라도 별로 많지 않고, 몇년 전에 출판된 독일의 여류작가
루이제 린저(Luise Rinser)의 『북한방문기』도 바로 그 때문에 독일사
회에 파문을 일으켰었다. 외국인의 시각을 빌려서 북한을 보는 것이
아직도 '우리'의 눈으로 보는 것보다 객관성이 보다 더 있다고 이야
기될 수도 있지만 필자의 경험에 의하면 역시 그러한 외국인의 시각
은 어쩔 수 없는 한계를 많이 가지고 있다.

그러나 '우리'의 눈이라고 할지라도 북한땅을 직접 밟을 수 있는
사람의 숫자는 여전히 소수이고, 설사 '백문이 불여일견'이라고 하지
만 제한된 시간과 공간체험이 지닐 수밖에 없는 한계가 있기 때문에
북한 사회를 보는 방법론적 문제는 이래저래 제기되기 마련이다. 그래
서 필자는 여러 나라의 사회주의의 비교연구에 있어서 제기한 '내재
적 — 비판적'(immanent-kritisch)인 방법을 북한이해에도 적용하는 것

을 제기해 왔는데, 이는 북한사회를 이해하기 위해서 우선 북한사회
스스로가 설정한 목표에 비추어서 북한 사회의 현실을 비판적으로 가
늠해야 한다는 것을 뜻한다. 이는 다시 말해서 '선험적'인 척도를 가
지고 북한사회를 재단하려 들지 말아야 한다는 것을 의미한다.

북한은 '주체사회주의' 또는 '우리식 사회주의'라는 내재적 요구를
실현하는 문제를 무엇보다 그 사회의 핵심적 문제로서 제기하고 있다.
이는 남한의 헌법 1조에 명시된 '민주공화국'실현이라는 내재적 목표
설정과 맞먹는 것이다. 북한이 제기한 '주체사회주의'라는 내재적 정
의는 — 사라진 소련이 제기한 '발전된 사회주의'나 현재 중국이 제기
하고 있는 '사회주의 초급단계'라는 내재적 정의가 '발전'이라는 척
도에 근거를 두고 있는 데 비하여 — '자주성'의 실현을 그의 주된
내용으로 삼고 있다. 따라서 사회주의를 보편적 측면 — 이는 서구중
심주의적 편견을 으레 동반하기 마련이지만 — 에서 바라보려는 많은
서구의 '좌익'들에게 '주체사회주의'는 편협하거나 촌스럽게 보이지
만, 반제·민족해방투쟁을 사회주의의 핵심적 내용으로 이해하는 제3
세계에는 많은 시사점을 던져주었다. 그러나 소련과 동구사회주의의
붕괴는 이러한 반제·민족해방투쟁의 앞길에도 또 하나의 난관을 조
성하였는데, 사이프러스에서 1992년 2월초 열린 '비동맹회의' 외상회
의에서도 '새로운 세계질서'에 제3세계가 이제 적극적으로 참여하여
그의 역량을 확대하지 못하면 '비동맹회의'의 장래는 어려울 것이라
고 지적하였다.

동서갈등이 해결되었다고 자동적으로 남북갈등이 해소되는 것은 아
니기 때문에 제3세계내의 분화 또는 분열이 북한이 특히 제기하는 자
주성 문제를 곧 무의미한 것으로 만들 수는 없을 것이다. 북한의 '주
체사회주의'는 이러한 자주성 문제와 함께 '사회주의' 사회건설이라는
내재적인 목표설정을 해왔다.

　사회주의가 무엇보다 내세우는 '평등'의 원칙이 현실적으로 얼마만
큼 실현되고 있는가 하는 문제는 단순히 물적 재화의 분배뿐만 아니
라 교육, 나아가 사회적 계층이동 등 많은 영역을 포괄하고 있다.

　뭐니해도 평등의 문제가 핵심적으로 드러나는 영역은 '관료제도'라
고 할 수 있다. 비생산적인 군사적 대결로 인하여 물질소비생활이 풍
요롭지 못하다는 것은 모두가 인식하고 있다. 물질생활에서 어려움이
있으면 사회적 긴장이 생기기 마련이지만 사회주의사회를 내부로부터
붕괴시키는 것은 무엇보다도 당이 관료주의에 의거하여 인민대중 위
에 서서 호령이나 하다보니 결국 인민대중을 당으로부터 이탈하게 만
든 데에 기인하고 이러한 사실은 최근 소련과 동구사회주의 몰락에서
확인될 수 있다.

　그러면 북한사회에서 이 문제는 어떻게 나타나고 있는가? '인민을
위해 복무함'이라는 구호와 함께 금요일에는 당간부들이 육체노동을
해야 하고 또 당적으로 이를 검토하는 토요일의 학습체계가 있다. 관
료제도가 없는 사회는 없고 특히 현대사회에서 이는 숙명적이기 때문
에 막스 베버(Max Weber)도 이를 '쇠로 만든 감옥'에 비유하면서 비
관론에 빠졌다.

　관료제도는 결코 하루아침에 뿌리뽑을 수 없기 때문에 관료제도가
캠페인에 의해서 곧 없어질 것이라고 생각하면 이는 큰 착각이다. 문
제는 관료제도의 문제점을 인식하고 이를 해소시키기 위한 끊임없는
긴장과 투쟁에 있는데 북한은 소련과 동구에서 최근 많은 것을 배운
것 같다. 현실사회주의 붕괴 이후 북한은 자립경제를 보완하는 대외무
역에서 주로 사용했던 구상무역이 힘들어진 데다가 고급기술의 수입
에도 소위 '코콤(COCOM)'이라는 통제에 걸려 많은 어려움을 안고
있다. 미국과 일본과의 관계개선추진과 함께 북한이 현재 적극적으로
추진하는 나진·선봉경제구역에 외국과 남한의 자본과 기술이 얼마나

참여하느냐 하는 문제는 현재 속단할 수 없으나 두만강 연안개발에는 일본, 이태리, 미국, 폴란드의 자본들이 많은 관심을 가지고 접근하고 있다.

'같은 민족'의 자본 — '민족 자본'이라는 뜻에서가 아니라 — 이 이에 참여하는 문제로 서울과 평양을 오고가며 '유엔개발계획'(UN DP) 안에서 협의는 이미 시작되고 있다. 점차 활발해질 남북경제교류와 더불어 북한이 '현대', '대우', '삼성'이니 하는 남한의 독점재벌을 어떻게 평가하고 있는가 하는 문제는 정주영과 김우중씨의 방북과 함께 제기되었다. 한쪽에서는 노동자를 착취하는 악질 재벌들을 초청한 북한의 '반노동자적' 성격을 성토하고 있고, 다른 쪽에서는 일본의 '미쓰비시' 재벌에게 돈벌이시키는 것보다 같은 민족에게 돈벌이시키는 것이 왜 잘못이냐고 맞서고 있다. 계급모순과 민족모순 사이에 어느 것이 선차적인 해결과제이냐 하는 해묵은 논쟁의 반복이다.

자본의 국제화는 날이 갈수록 진척되어 국경이 별로 의미를 가지고 있지 않을 정도로 되었지만, 노동력은 아직 국경을 쉽게 넘나들 수 없는 제한 속에 있을 뿐만 아니라 국제노동운동이 표방하는 계급적 연대성도 경제위기 속에서 구호에 그치고 있다. 그러나 국경이 없다는 자본도 따지고 보면 세계적 불황 속에서는 자기의 민족국가라는 후견인 없이는 점점 무력화될 수밖에 없다. '미쓰비시'는 역시 일본의 상징으로, '현대'는 남한의 상징으로 국제무대에서 인정되고 있는 것이 현실이다. 이 점에서 북한은 남한사회 안에서 계급적 모순을 안고 있는 '현대'나 '대우'를 민족이라는 울타리 안에서 보려고 한다. 아마도 민족의 이익을 전면에 내세우는 주체사회주의로부터 흘러나오는 당연한 논리전개일 것이다. 물론 이러한 남한사회의 인식이 아무런 문제성을 내포하지 않는 것은 아니다. 통일교주 문선명의 방북을 비판적으로 바라보는 남한의 시각에서도 이러한 문제성의 핵심이 드러나고 있다.

민족문제를 계급문제로 일방적으로 환원시키려는 입장에 동조하지 않는 북한의 입장은 주체사상의 '품성론'에서도 비슷하게 드러나는데 자연을 대상으로 하는 노동문제로 모든 사회주의 문제를 환원하지 않고 '자연개조' 못지않게 중요한 '인간개조', '사회개조'를 강조하고 있다. 사회 구성원의 언어, 도덕, 문화, 가치판단 등의 총체적 개성형성의 전제들을 물질적 활동 못지않게 중요시하고 있다. 현실사회주의의 몰락과 더불어 서구의 좌익들은 새로운 방향정립을 위해서 요즈음 이태리 공산당의 창시자인 그람시(A. Gramsci)의 '시민사회'(societa civile) 이론을 다시 들여다보고 있다. 이들은 생산력과 생산관계의 상호모순으로만 사회변화를 객관주의적으로 설명한 기존의 이론에 대해서 사회구성원의 사적 영역을 이루는 당, 학교, 언론, 교회 등의 공간의 중요성을 재음미하고 있고, 북한에서는 마르크스-레닌주의의 연속선상에서 주체사상을 해석하는 것보다는 마르크스-레닌주의의 제한성, 이로 인해 당연히 발생할 수밖에 없는 창조적인 불연속성을 주체사상의 '인간론'에서 보고 있는 분위기가 강하다. 소련과 동구 사회주의 실험이 실패로 끝났기 때문에 주체사회주의의 운명도 그 날짜를 이미세고 있다는 주장이 많이 나돌고 있다. 그러나 이러한 주장은 민족분단의 다른 부문을 구성하고 있는 남한사회가 앞으로 이러한 주체사회주의를 대치할 수 있는 정치, 경제, 사회, 문화 등 모든 분야에서 충분한 역량을 지니고 있느냐 하는 물음에 동시에 답을 할 수 있을 때만이 정당한 주장이 될 것이다.

3. 큰 이야기와 작은 이야기

그러한 역량이 충분히 있다고 보는 입장에서는 현재 '신흥공업국'의 선두주자의 하나인 남한이 머지않아 '중산층'을 많이 확보해서 사회의 갈등을 해소, 경제력이 약한 북한을 흡수통합하리라고 내다보는데 반해 지금까지 사회적 갈등의 모습에 비추어 그러한 전망은 현실과 너무나 동떨어져 있고 그보다는 남북의 상호이해를 촉진시켜 오랜기간 남북 모두 체제수정을 해야 한다는 주장이 있다.

위에서도 지적했지만 남한사회의 '내재적' 이상은 '민주공화국' 건설이다. 따라서 '민주', '자유', '공화'라는 당은 말할 것도 없고, 이들 개념의 조항인 '민주자유', '민주공화' 등의 좋은 이름을 가진 당들로서도 모자라서 이제는 당이름 앞에 '신' 또는 '새'라는 접두어까지 붙이고 있다. 그러면 『논어』 속의 '자로'편에 나오는 '정명'(正名)사상처럼 이름을 바로 써서 '말이 곧 행동이 되도록'(言之必可行也)하는 정치를 좋은 이름을 가진 당들이 많으니 장래에는 기대해 볼 수 있는가? 이러한 질문에 긍정적으로 대답할 수 있는 사람이 남한에 얼마나 있는지는 대답을 듣지 않아도 뻔하다.

아무리 좋은 이름을 가진 당들이 많아도 '모두 다 그놈이 그놈'이고 선거는 해보았자 무엇하느냐 하는 냉소주의만 남은 것이 현실인것 같다. 현재 초미의 관심사의 하나로 등장하고 있는 남북 정상회담이 국회의원선거에 악용될 소지가 있으니 선거 이후로 미루어야 한다는 주장은 야당도 하고 있고 이들과 무관한 양식있는 사람도 이야기한다. 그러면 선거를 통해서 민주와 통일을 정말 추구하는 세력이 집권할 수 있다거나, 그렇지는 못해도 현집권세력을 충분히 견제할 수있다는 보장이 있는가 하는 질문을 북한은 당연히 던질 것이다. 왜냐하면 야당도 여당과 마찬가지로 북한이 남북간의 군사적 긴장완화의가장 큰 장애물로 여기는 주한 미군의 철수를 분명히 반대하고 있기때문이다. 최선이 없기 때문에 차선을 택해야 하고, 최악보다는 보다덜한 악을 택해야 하는 상대주의적인 선거철학이 현실적이라고 해서그곳에 계속 안주할 때 우리는 결코 진보의 길에 들어설 수 없다.

'민중'이나 '노동'이라는 이름을 가진 당이 있다고 해서 진보의 길이 자동적으로 보증되는 것은 아니다. 문제는 '민중'과 '노동'이 기존의 '자유'나 '민주'처럼 내용없는 명명(命名)이 아니라 충만한 내용을 담을 수 있는가 하는 데에 있다. '민중'과 '노동'의 구별성에서 문제의 핵심을 찾을 것이 아니라 둘이 공유하고 있는 요소로부터 발상을 찾아나아가고 행동을 같이 해야 한다. 나중에 연합하거나 합당할 바에야 무엇 때문에 보수정당이 지금까지 식은죽 먹듯이 해온 이합집산을 또 '민중'과 '노동'이라는 이름 밑에 반복하는가?

전환기 속에 있는 남한사회도 엄청난 진통을 겪고 있다. '민주'나 '통일' 또는 '노동해방'과 '민중해방'의 큰소리를 외쳐도 대부분의 사람은 무관심하거나 한걸음 더 나아가 냉소나 보낸다. 이러한 분위기는 우리땅에만 있는 것은 아니지만 날이 갈수록 더욱 심각해지는 것 같다.

서구에서는 소위 '탈현대'(Postmodern)분위기 속에서 이성에 대한 비판이 상대주의나 허무주의로 나아가는 경향도 있지만 뿌리깊은 합리주의 전통은 이와 균형을 유지하고 있고, 정치문화에 있어서도 대개는 보수, 혁신과 중도가 어떠한 식으로든 연합하고 있으며 기존의 혁신세력 속에는 생태계를 적극적으로 인식하는 새로운 영역이 자리를 잡고 있다는 특징을 드러내고 있다. 보수, 혁신 또는 중도라고 해도 그들 사이의 구별이 '큰 이야기' 속에서 나타나기보다는 조그마한 실천 속에서 나타나고 있다. 물론 우리처럼 기본적인 인권이 수시로 유린당하고 생존권이 항상 위협받지 않는 조건에서 구태여 큰소리로 '자유'요, '생존'을 외치지 않아도 이미 오랫동안 형성되어 온 대화의 체계 속에서 해결책이 대개는 나타난다. 그래서 이러한 '반성적인 현대'의 단계에 와서는 하나의 중심으로부터 해결책이 강구되는 정치가 아니라 무수히 많은 조그마한 정치의 '짜집기'(patchwork)와 같은 것이라고 독일의 사회학자 울리히 벡(Ulrich Beck)도, 또 프랑스의 철학자 리오타르(J. -F. Lyotard)도 이야기한다. 그러나 우리는 아직 '작은 이야기'만을 할 수 없는 사회 속에서 살고 있다. 아직도 기본권이 지켜지지 않고 있고 분단 속에서 여전히 긴장하고 살아야 하기 때문에 우리는 '민주'와 '통일'을 계속 외칠 수밖에 없다. 그러나 이 '큰 이야기'는 그동안 속을 대로 속아온 사람들의 가슴에 와 닿기에는 너무나 공허하기 때문에, 이 '큰 이야기'는 이들의 마음을 이제 어루만질 수 있는 잔잔한 이야기들과 연결되는 하나의 새로운 세계를 찾아 나서지 않으면 안된다. 질이 변화한다는 것은 다른 말로 표현하자면 관계체계의 변화를 의미한다.

큰 이야기와 작은 이야기들, 작은 이야기들과 작은 이야기들이 연결되는 관계체계 속에서 산다는 것을 확인할 수 있을 때에야 이 속에 사는 '시민'도, '민중'도 또 '노동자'도 조소와 냉소의 어두운 굴을 나와 우리가 안고 있는 문제를 긍정하고 이를 해결하는 데 동참할 것이다. '민주'라는 큰 이야기는 '보통사람' 대통령이 재벌의 돈을 받아 '불우이웃'을 돕는 것이 아니라 자신의 월급을 쪼개어 이들을 돕는 '작은 이야기' 속에, '통일'이라는 큰 이야기도 죽기 전에 얼굴이라도 한번 보았으면 하는, 북에 있는 아내가 남에 있는 남편을 생각하며 흘리는 눈물 속에 용해되지 않을 때에는 모두 공허할 수밖에 없다.

우리가 모두 큰 이야기와 작은 이야기를 연결시키는 짜집기가 답답하다고 낡은 옷을 그대로 걸치고 다니다 보면 이 옷은 필경 너덜너덜한 넝마가 되어 버릴 수밖에 없게 된다.

그러나 다른 민족도 마찬가지이지만 우리는 우리의 역사 속에서 이 한 벌의 옷만을 지니고 있다. 그만큼 소중한 옷이다.

〈1992, 『옵서버』〉

역사는 끝났는가
― '탈역사론'의 의미와 제3세계의 미래

> "한때는 우파들이 비관적이었고 좌파들이 명확히 낙
> 관적이었다. 그러나 오늘날 우리는 우파들에게서는
> '찬연한' 자유주의를, 좌파들에게서는 슬픈 열대(熱
> 帶)를 발견한다." ― 장 보드리야르

1. '역사의 끝'과 탈역사

동유럽의 지도에서 현실사회주의가 사라지고 소련에서 진행된 '페
레스트로이카'도 걷잡을 수 없는 위기에 빠지고 있는 반면에 '걸프전
쟁'에서 과시된 미국의 세계질서 개편의 의지와 능력은 많은 사람들로
하여금 미래에 대한 전망, 그리고 이와 직결된 역사에 대한 새로운 의
미부여와 반성을 재촉하고 있다. 비관론자들은 ― 이들은 대개 한때
는 좌익들이었다 ― 역사는 이미 그 의미를 잃어버렸거나, 아니면 아
예 무의미한 것이라고 주장하고 있는 반면에 낙관론자들은 자유주의
가 드디어 역사의 짐이었던 '파시즘'과 '공산주의'를 청산했기 때문에
역사는 그 종착역에 도달했다고 보고 있다.

비관론자들도 낙관론자들도 모두가 '역사의 끝'을 이야기하고 있지
만, 이야기하는 동기와 관심은 전혀 다른 데에 있다. 비관론자들은
'세기말'(fin de siécle)적인 절망과 회의 속에서 '역사의 끝'을 이야기

하는 데 반하여, 낙관론자들은 서구 자본주의가 드디어 지속적인 승리 상태에 있다고 판단하고 있기 때문에 '역사의 끝'을 이야기하고 있다. 이러한 낙관론자 중의 한 사람인 후쿠야마(F. Fukuyama)는 북미와 서유럽, 그리고 일본은 '탈역사'(脫歷史, post-histoire)단계에 들어섰는 데 반하여 소련 및 중국을 포함한 제3세계는 아직도 '역사'의 단계에서 헤매고 있다고 주장한다.

처음에는 중국에서 그리고 나서 소련에서 사라지고 있는 마르크스-레닌주의의 과정과 죽음은 세계사적 의미를 보여주고 있다. 아직은 마나과나 평양 또는 케임브리지(매사추세츠 주)에도 그러한 이데올로기를 확신하는 자들이 있지만, 인간역사의 전위대로 그러한 이상을 요청해나가고 있는 큰 나라들은 이제 하나도 없다.

이러한 이데올로기의 죽음은 국제관계에 있어서 점증하는 '공동시장화'(共同市場化)를 의미하고 국가간의 커다란 갈등을 축소시키는 것을 뜻한다. 물론 이러한 사실들이 국제적 갈등 '그 자체'의 끝을 의미하지는 않는다. 현재로서 세계는 역사와 탈역사의 두 부분으로 나뉘어 있다. ……역사의 끝은 아마도 슬픈 시기일 수도 있다. 인정(認定)받기 위한 노력, 추상적인 목표를 위한 자기희생, 계속적인 시도, 용기, 상상력, 그리고 이상주의는 경제적 계산, 기술적 문제의 무한한 해결, 환경문제, 묘한 소비욕구의 충족에 의해서 대치될 것이다. 탈역사의 시대에는 예술도, 철학도 없어질 것이고, 단지 인간 역사의 박물관을 영구히 보존하는 것만이 남을 것이다.[1]

---

1) F. Fukuyama, "The End of History?" *The National Interest,* no.16, 1989, 여름호, p.18.

러시아계 유대인으로서 일찍부터 파리에서 활동하다가 후에는 '유럽공동시장'의 고위관리가 된 알렉상드르 코제브(Alexandre Kojève, 1890~1968. 그는 헤겔철학의 유수한 해설자로서, 그의 문하에서 30년대에 사르트르, 메를로-퐁티, 레이몽 아롱 등이 그의 헤겔강의를 경청했었다)의 '탈역사'에 대한 언급[2]에 기초한 후쿠야마의 논술은 독일의 보수주의 철학자 아놀드 겔렌(Arnold Gehlen)이 산업사회에서 생활 수준이 지니는 역할과 의미와 관련지어서 제기한 탈역사의 철학을 그대로 연상시킨다.

겔렌은 다음과 같이 지적한다.

헨드릭 드 멩(Hendrik de Man)이 최근 우리는 역사에 속하지 않는 시점에 들어섰다는 흥미있는 생각을 표명한 적이 있다. 이를 쿠르노(A. Cournot)는 '탈역사'라고 불렀다. 만약 이것이 사실이라면 우리는 미래에 대해서 아무것도 이야기할 수 없게 될 것이며, 만약 이것이 사실이 아니라면 우리는 여전히 과거로부터 미래를 위한 열쇠를 찾을 수 있을 것이다. 그래서 우리는 소비와 현존의 공동화(空洞化) 그리고 개성의 상실이 더욱 심해지는 것에 대한 인간성의 반응을 기대할 수도 있고 이와 같이 더욱 명백해지는 어려움으로부터, 또 우리의 '현실적' 생활태도로부터 의무들을 도출하려고도 할 것이다. 우리는 언젠가는 아마도 복된 삶을 쫓아가는 일반적 경주로부터 스스로를 유리시키고 이를 통해서 현재의 시끄러운 사회적, 정치적 갈등의 보편적 전제에 도전하는 금욕적 엘리트들을 발견할 수도 있을 것이다.[3]

---

2) Alexandre Kojève, *Introduction à la leture de Hegel,* 2판(Paris, 1962), p.462
3) Arnold Gehlen, "Die Rolle des Lebensstandards in der heutigen Gesellschaft," Arnold Gehlen 전집 7권(Einblicke) (Frankfurt/M., 1978), p.19.

그는 계속해서 "이상적인 동기들이 사라지고 그 대신에 곧 낡아버린 발명은 이내 새로운 발명에 의해서 대치되는 미래 속으로 흡수되며, 모든 것이 점차 향상되는 생활수준에 습관화되어가는 사람들의 숫자에 달려 있다"고 주장한다.[4]

사실상 서구의 보편적 대중소비문화는 동유럽의 장벽을 허물어뜨릴 정도로 위세를 보였다. 금세기에 있어서 벌어진 기이한 이데올로기의 사멸이라고 평가되는 이러한 역사적 변화를 보고 현대 서구의 산업사회의 지속적 안정을 '탈역사적' 낙관주의자들은 진단하고 있다. 겔렌도 이미 이러한 산업사회의 움직임을 '정체적 기초 위의 운동'(Bewegung auf stationärer Basis)이라고 불렀고, 또 '수정화'(水晶化, Kristallization)라고도 기술하였다. 이와는 달리 비관주의자들은 — 비록 그들도 역사의 끝을 이야기하지만 — 새로운 애매성과 불안정성을 최근의 역사적 변화 속에서도 보고 있다.

보드리야르는 이와 관련해서 다음과 같이 지적한다.

내적으로는 정체되어 있으면서 밖으로는 최대한으로 기동적인 서구사회와, 밖으로는 화석화되었으나 내적으로는 끓고 있었던 동유럽사회가 만나 새로운 모순을 드러낼 것이다. 흡사 선과 악 사이의 수혈(輸血)처럼 위험이 따르는데 우리는 그들에게 우리의 병균을 옮겨주고 그들은 또 우리에게 마찬가지로 그들의 병균을 옮겨주고 있다(이러한 것은 대개 상호평등하지 못한 종족과 문화 사이에 종종 일어난다).[5]

그러면 일방적인 선의 승리로 인식되는 낙관적이거나 또는 상호침

4) Arnold Gehlen, "Die Säkularisierung des Fortschritts," 같은 책, p.410.
5) Jean Baudrillard, *Das Jahr 2000 findet nicht statt* (Berlin, 1990), p.57.

투하는 선악의 관계로 파악되고 있는 '동서관계'를 통한 이러한 역사 해석에 비추어서 '남북관계'도 마찬가지로 설명될 수 있는가? 동서관계와 관련된 최근의 허무주의적 또는 낙관주의적 역사해석이 제3세계에 어떠한 의미를 주고 있는가 하는 문제가 오늘날처럼 절실하게 제시되었던 적도 드문 것 같다. 특히 아직도 동서냉전의 기류가 남북한을 가르고 있고, '제1세계'와 '제3세계' 사이에서 자기위치 설정에 아직도 방황하는 한국 현실 앞에 역사에 대한 이러저러한 최근의 의미 부여와 해석은 특별한 의미를 제기하고 있다고 볼 수 있다.

2. 제3세계는 '탈역사'로 갈 것인가

'현대'의 유산을 둘러싼 투쟁은 본격적으로 헤겔좌파와 헤겔우파의 논쟁으로 시작되었다고 볼 수 있다. 헤겔우파가 서구 시민사회의 불안정을 강력한 국가와 종교를 통해서 극복하려고 시도한 데 반해서 헤겔좌파는 바로 이러한 국가와 종교의 비판과 극복을 통해서 현대의 진정한 모습을 드러내고 일면적으로 진행된 시민사회의 합리성의 위기를 극복하려 하였다. 헤겔우파의 전통은 보수주의 특히 파시즘철학의 원류로서 계승되었고, 헤겔좌파의 흐름은 마르크스주의에 이르러 실천적 힘을 드러냈다.

특히 '현실적으로 존재하는 사회주의'로서 최초로 모습을 드러낸 이러한 현대의 내재적 비판으로서의 러시아에는 비록 사적인 의미에서의 '시민'(burzua)과 공적인 의미에서의 '시민'(Graśdanin)이라는 의미론적인 구별은 있었지만, 전체적으로 보아 시민사회의 발전이 낙후하였다. 특히 사적인 의미에서 시민(burzua)은 한편으로는 부패의 상징이기도 하였지만 동시에 역동성과 규율의 상징이기도 하였다. 시민사회에 대한 이러한 모순적 평가 속에서 레닌은 대체로 시민적인 합리성을 지지하는 태도를 보였는데 1921년 자본주의적 요소를 용인한 '신경제정책'(NEF)에서 이는 단적으로 드러나고 있다.

중국에서는 '시민'이라면 대개 서구화된 매판세력과 동의어로 이해 되었고, 모택동의 '신민주주의' 노선이 용인하는 '민족부르주아지'로서 만 긍정적 의미를 전달하였다. 그러나 이러한 민족부르주아지에 대해 서 파농(Frantz Fanon)처럼 부정적인 평가를 내리는 사람도 있다. 그 는 이들이 현대산업을 이끌 수 있는 자질보다는 좀스러운 장사꾼적 기질만을 가지고 있다고 보았다. 식민지로부터 해방된 주변부의 시민 사회는 대개 근대화의 덕을 톡톡히 보는 타락한 관료나 서구문화와 교육으로 길들여진 인텔리의 집단 정도로 민중들에게는 이해되고 있 다.

최근의 동유럽 사회주의의 몰락의 요인을 바로 이 시민사회 전통의 결여에서 찾는 주장들이 많이 있는데, 이는 이미 『동양전제론』을 쓴 비트포겔(K. A. Wittfogel)이나 현실사회주의에서의 인민의 일상적 예속 성(Subalterntät)의 문제를 제기한 바로(Rudolph Bahro)의 주장에서도 잘 드러나고 있다.[6] 페레스트로이카와 더불어 제기되고 있는 '개성' (ličnost´) '관심'(interes) '주관적 요소'(Subjektive faktor)나 '인간적 요 소'(celovečeskij faktor) 등의 문제도 역시 소련 사회주의가 시민적 사 회질서를 충분히 매개로 해서 성립되지 못한 것에 대한 철학적 반작 용이라고 볼 수 있다.[7] 사회주의에 있어서 개인과 집단 사이의 관계문 제는 동독의 원로작가 슈테판 헤름린(Stephan Hermlin)의 고백에서

---

6) Detlef Haude, Reinhart Kößler, Du-Yul Song(eds.), *Despotism. The Recurrence of a Theme in Socia Theory*(Londou, 1992), 참조.

7) Ju. D. Granin, "Celovečeskij faktor razvitija sovetskogo obsǒestva," Vop rosy filosofii, no.3, 1988, p.145 ; 송두율, 『현대와 사상』(한길사, 1990), p.40 이 하 참조.

도 드러나고 있지만 개체성과 전체성의 범주가 자주 혼동되어 사용되었다. 헤름린은 「공산당선언」 중의 한 문장은 "계급대립으로 성격지워지는 낡은 부르주아사회를 대신해서 모든 사람의 자유스러운 발전이 개개인의 자유스러운 발전의 전제가 되는 공동체가 등장한다"고 기억했었는데 후에 확인된 것은 놀랍게도 이 문장이 실은 "개개인의 자유스러운 발전이 모든 사람의 자유스러운 발전의 전제가 되는 공동체가 등장한다"는 내용으로 적혀 있다고 지적하였다.[8]

그러나 이러한 오해는 제3세계에서는 잘못이나 불행으로 이해되기보다 종종 정당하게 평가받고 있는데 그 이유는 집단적인 자기 동일성이야말로 민족해방과 민중해방의 강력한 지주라는 움직일 수 없는 확신에 기초하기 때문이다. 개인주의야말로 식민주의자들의 핵심 지배 논리 중의 하나라는 확신으로부터 이에 대응시킨 집단주의는, 탄자니아의 니에레레(Nyerere)에 의하여 아프리카 사회주의의 기본으로 제시된 '우자마'(Ujamaa, 대가족)나 모택동사상에서도 살아남아 있는 강유위의 '대동(大同)'적 유토피아에서도 나타난다. 비록 경제개혁과 더불어 적극적으로 평가되고 있는 개인의 노력보상으로서의 소비문화에도 불구하고 부르주아 개인주의는 여전히 비난의 표적으로 중국에 남아 있다.

그러나 세계 도처에서 이러한 금욕적인 사회주의의 평가나 규범적이고 윤리적인 사회주의의 이해가 점차 사라지고 있는 사실을 부정할 수 없게 되었다. 혁명적인 신화는 점차로 사라지고 이 자리에 물적인 풍요를 가능케 하는 전제로서 과학과 기술이 하나의 세속화된 역사로서 들어섰다. 후쿠야마가 지적한 대로 개인의 물질적인 자기이해나 개인의 복리증진을 윤리적 범주의 기본으로 파악하고 있는 겔렌의 인간

---

8) 송두율, 「사회주의와 문학, 슈테판 헤름린의 초상」 참조.

학은 전체 사회의 행복과 보편주의를 추구했던 마르크스주의 윤리를
정면으로 부정할 뿐만 아니라 사실적으로도 이를 무력화시키고 있다.
이러한 전제 위에서 전개되는 남북관계 해결전략은 동서문제 해결전
략과 궤도를 같이 하고 있다. 이에 의하면 제3세계가 앞으로도 계속
정치적 사회적 범주 그리고 이데올로기로서의 역사라는 범주에 머물
러 있을 때 개인의 물질적 풍요를 전제하는 '탈역사'의 세계에 제3세
계는 결코 들어설 수 없다는 것이다. '탈역사'의 징표로서 나타나고 있
는 '발전의 세속화'(A. Gehlen), '보편적 대중소비문화'(F. Fukuyama),
'역사의 단일화'(R. Koselleck), 또는 '세계자본주의'(I. Wallerstein)는
세계를 '획일화'시키는 현재의 변화를 잘 드러내주고 있다.

그러면 이러한 획일화는 정말 제3세계의 고통의 역사를 종식시켜
줄 수 있는가? 만약 제3세계의 빈곤과 제1세계의 풍요 사이에는 모순
적 상관관계가 항시 존재한다는 것이 황당한 이야기가 아니라면 제3
세계는 정치, 사회 그리고 역사의 범주로부터 결코 자진해서 고별하지
는 않을 것이다. 제3세계는 제1세계가 이해하는 '하나'의 역사만을 믿
는 것이 아니라 '많은' 역사들의 존재를 믿고 제1세계의 머리 속에 존
재하는 바로 그 역사 '이외'의 역사의 의미를 이해하려고 시도하기 때
문이다. 후쿠야마는 그의 논문에서 역사와 탈역사 단계 사이에 한국을
위시한 이른바 아시아의 '신흥공업국'(NICs, NIEs)을 끼워 넣어 역사
로부터 탈역사의 진행이 '점진적'이라는 것도 보여주고 있지만 제3세
계의 대부분에게는 이는 미래에 대한 위로의 소리 정도로나 들리고
있다.[9]

인간학적으로 정리된 겔렌의 탈역사적인 보수주의적 소망은 후쿠야

---

9) "Neo-Thomismus in der Entwicklungssoziologie," in:Du-Yul Song, *Met-amorphosen der Moderne* (Münster, 1990), pp.107-122 참조.

마에게 있어서는 하이테크시대의 '미제국'(pax americana)의 세계 재
편의 정치철학으로 나타나고 있는데, 낙관주의자들이 들떠있는 요즈음
의 심정에는 제3세계의 무수한 고통의 이야기들이 전혀 와닿지 않고
있다.

3. 역사의 '끝'과 '꿈'이 공존하는 시대

서구적 민주주의가 더이상 돌이킬 수 없는 승리의 길에 들어서서
정치·사회를 축으로 구성된 역사의 의미가 사라졌다고 확신하고 있
는 데 반하여, 비관주의자들은 역사도 또 이에 대한 비판도 사라져버
리기를 바라고 있다. 허무주의적인 이러한 입장은 계몽으로서의 역사
의 사다리를 타고 올라가서는 이 사다리를 걷어차버린 것과 같다고
할 수 있으며 이들은 역사의 의미 그 자체를 부정하고 있다.

니체는 신의 죽음과 격돌하였는데 이제 우리는 정치적인 것 내지 역사
의 사라짐을 보고 있을 수밖에 없게 되었다. 이러한 사라짐은 1968년 5월
(파리에서 전개된 좌익운동 — 필자주)처럼 격정적인 모습을 띨 수도 있다.
그러나 이것이 아마도 마지막일 것이다. 1968년 5월은 사회적 격변으로
성격지울 수 없는 긴 과정의 시작을 의미한다. …… 바스티유 감옥에 오
페라좌를 건축한다. 이제 사람들은 노도처럼 밀려가서 정중한 음악이 펼
쳐지는 오페라좌를 접수할 필요가 없게 되었다. 교양을 갖춘 사람들이 살
륙이 자행되었던 바로 그곳에서 무섭게도 유사하게 예술과 즐거움의 특권
을 누리는 것을 지나칠 수는 없을 것이다. 만약에 정의로움이 이러한 건
축계획을 공격하면 이제 그것은 불의가 되고 만다. 왜냐하면 이 오페라좌
는 혁명의 가장 아름다운 비석이기 때문이다.[10]

혁명의 시대가 사라진 오늘날 우리는 혁명을 '기념'하거나 이를 '흉내'(simulation)나 낼 수밖에 없다고 보드리야르는 실토한다.

아마도 역사는 과거에도 또 오늘날도 굉장한 유사모형(Simulation smodell)에 지나지 않는 것 같다. 물론 지금까지의 모든 것이 비누거품에 지나지 않는다거나 모든 사건이 우리가 의미를 부여한 것에 지나지 않는다는 것을 뜻하지 않는다(혹은 사실이 정말 그럴지도 모르지만 이곳에서는 우리의 관심 밖의 문제이다). 나에게 있어서 문제가 되는 것은 역사가 이루어지는 시간이 단지 단선상(單線上)의 역사이거나 또는 이보다 복잡해도 결국은 마찬가지로 차례차례 원인과 결과로 꿰매어진 시간이다. 이러한 시간은 결국은 끝을 상정하기 마련이고(이러저러한 형식의 종말론적인 논의나 최근의 심판과 혁명 또는 구원이나 대참사도 마찬가지로), 그렇지 않으면 종말을 연기하는 것에 지나지 않는다.[11]

확실히 금세기 제3세계에서는 많은 일들이 벌어졌으나 제1세계에서는 정치적 혁명 대신에 이제 '과학과 기술의 혁명'만을 논하게 되었다. 아마도 이러한 탈역사적 고찰은 동유럽 사회주의의 몰락이라는 확증을 통해서 더욱 정당한 것처럼 보이고 역사철학의 소멸을 의미할지도 모른다. 따라서 일찍이 좌익들이었던 탈역사적 비관론자들은 이제 동유럽의 변화를 기록하고 정리하는 일밖에 없다고 자조 속에 빠지거나, 지난날의 '신적인 좌익'(보드리야르가 미테랑 사회주의 정권에 대한 기대와 환멸을 기록한 책 제목 — 필자주)처럼 우수와 체념 속에 빠져들어가

10) Jean Baudrillard, *Cool Memories,* 1980-85 (München, 1990), p.202.
11) Jean Baudrillard, "Das Jahr 2000 findet nicht statt," 같은 책, p.19.

고 있다. 그러나 역사의 의미는 한 시대와 다른 시대, 한 나라와 다른 나라, 한 문화와 다른 문화 사이에 커다란 편차를 드러내기 때문에 서구의 좌익들이 역사의 끝을 이야기하고 역사를 장송보내는 이 시점에도 제3세계에서 역사 속의 꿈과 희망을 계속 이야기하는 것은 전혀 이상스러울 것이 없다. 보드리야르에게는 '파리' 외에는 모든 것이 초원이고 이 초원 속에서는 짙은 초록과 엷은 초록도 그에게는 어떠한 구별과 의미도 없는 것처럼 보이기 때문에 프랑스를 제외하고는 미국, 일본이라는 제1세계와 브라질과 이슬람이라는 제3세계 사이의 구별도 없는 것처럼 보이는 철저한 프랑스 중심의 역사의 장송곡을 부르고 있다.

　일본 사회는 사회적, 역사적 그리고 정치적 이상으로 설명할 수 없다. 브라질과 이슬람의 경우는 더욱더 힘들다. 미국 사회도 마찬가지다. 결국에는 몇 가지의 희귀하고 이상한 집단성이 '사회계약'이라는 연약한 꽃을 피우게 했는데 이 꽃도 이제는 벌써 시들기 시작하고 있다.[12]

4. 역사와 탈역사

　앞에서도 지적했지만 '탈역사'의 주장들은 과학과 기술 이외의 어떠한 이데올로기도 인정하지 않고 있다. 그러나 이러한 이데올로기로서의 과학과 기술 — 하버마스는 이를 '숨겨진 이데올로기' 또는 '종(鐘)의 이데올로기'라고 표현하고 있다 — 은 묘하게도 도착(倒錯)된 영혼을 동시에 요청하고 있다. 후쿠야마의 '탈역사'는 미국인의 실용주의와 청교도적 전통의 세계지배로 나타나고 있다. 사실상 미국인들에게

---

12) Jean Baudrillard, *Cool Memories*……, p.86.

있어서 역사와의 결별은 별로 고통스러운 일이 아니다. 왜냐하면 미국 인은 서구나 제3세계 사람들처럼 역사를 이상의 원류로서 받아들이고 행동한 적이 없기 때문이다. 따라서 미국식 탈역사 논의는 이미 물질 화된 이념과 꿈에 대한 반응양식이라고도 볼 수 있다. 미국 사회의 중 산층들의 물질소비에 대한 끊임없는 추구 속에서 나타나는 공허한 자 아에 대하여 강한 비판을 제기하는 신보수주의적 철학과 이러한 탈역 사 논의는 전혀 무관할 수 없다.

청교도적 집단주의 정신을 통해서 마약·알콜중독이 만연하는 미국 병을 치유하려는 보수주의 철학은 바로 '하이테크'시대의 실체적인 정 신에 의존하려고 하는데,[13] 이는 흡사 겔렌의 보수주의 철학이 원초적 실체를 향한 동경 — 하버마스는 겔렌의 철학을 '실체성에의 모방' (nachgeahmte Substantialität)이라고 지적하였다 — 과 흡사하다. 겔렌 에 있어서 원초적 신화가 인간학적으로 밑받침된 '보수주의 혁명'이라 면 미국의 최근 보수주의 철학은 사회문제의 치유를 목적으로 하는 행복한 삶의 윤리라고 표현할 수 있다. 후쿠야마가 자유주의라는 이름 밑에 역사의 종언을 이야기하고 있고 보드리야르가 허무주의라는 이 름 밑에 역사를 장송 보내고 있지만, 제3세계는 역사를 단순히 과학과

---

13) 청교도 정신이나 공화파적인 정치문화가 지니고 있는 실체적 가치를 다시 복 원하려는 이러한 신보수주의 철학자와 사회학자를 자유주의자 로티(R. Rorty) 는 '신공동체학파'(neo-communitarians)라고 비판하고 있는데 이에 속하는 학자와 주저(主著)들은 다음과 같다.
A. McIntyre, *After Virtue:A Study of Moral Theory* (Notre Dame, 1981), Michael J. Sandel, *Liberalism and the Limits of Justice*(Cambridge,1982), Charles Taylor, *Sources of the Self:The Making of the Modern Identity* (Cambridge, 1987), A. Bloom, *The Closing of the American Mind*(New York, 1987), Robert N. Bellah et al., *Habits of the Heart. Individualism and Commitment in American Life* (University of California, 1985).

기술의 범주로 환원시키려는 기도를 단호히 거부하고 있고 이러한 과
학과 기술이 동반하는 사회적 모순의 치유를 단순하게 보상시키려는
영혼의 철학에 회의적이다.

물론 제3세계의 '근본주의자'(Fundamentalist)들도 그동안 쓰라린
패배를 맛보았지만 그렇다고 해서 곧장 과학과 기술이 전개시키고 있
는 '탈역사'에 승복하지는 않고 있다. 도처에서(특히 이슬람문화권) 그
들은 역사의 의미를 다시 해석하고 복구하고 있다. 역사로부터 탈역사
에로의 이행에 있어서 일본은 이와 관련해 많은 시사를 하고 있다. 코
제브나 후쿠야마가 '탈역사' 속으로 이미 진입했다고 보는 일본에 있
어서 근본주의자들도 서유럽열강의 압력에 의하여 일찍이 개국(開國)
할 수밖에 없었다.

이러한 패배 이후 이들은 '동도서기'(東道西器)라는 절충적 이상 속
에서 계몽과 신화를 결부시켰고 이를 통해서 정복자 서구보다도 더
훌륭한 '현대'를 건설한다는 '현대의 초극(超克)'이라는 이상으로 서구
적 문화가 가지고 있는 병폐를 극복한다는 야심까지 보였다.[14] 기술
시대의 영혼이 지니는 보상적 기능 — 이는 보수주의 철학자인 리터
(Joachim Ritter), 마르크바르트(Odo Marquard), 뤼베(Hermann Lüb
be) 등에서 현재 분명히 보이고 있지만[15] — 은 아마도 일본에서는 신
비의 장막 속에서 진행된 아키히토 천황 취임예식 속에 다시 나타났

14) Du-Yul Song, "Ungleichzeitigkeit:Asien zwischen Moderne und ihren Krit
iken," Du-Yul Song, *Metamorphosen der Moderne*, 앞의 책, p.34 이하 참조.
15) J. Ritter, "Die Aufgaben der Geisteswissenschaften in der modernen Gesel
lschaft," J. Ritter(*Subjektivität*, Frankfurt/M., 1974), p.105ff. O. Marquar
d, "Über die Unvermeidlichkeit der Geisteswissenschaften," O. Mar
quard, *Aplolgie des Zufälliqen* (Stuttgart, 1986), p.98:H. Lübbe, *For
tschrittsreaktion*(Graz,1987). 이에 대한 비판으로 J. Habermas, *Nachmet
aphysisches Denken* (Frankurt/M., 1988), p.169 참조.

었다.

후쿠야마는 오늘날 역사로부터 탈역사에의 진입을 막고 있는 종교와 민족주의의 두 요소를 특히 지적하고 있다. 바로 일본계 2세인 후쿠야마는 일본의 '신도'(神道)가 지니는 종교와 민족주의의 결합적 성격을 간과하고 있고, 오늘날 소련과 동유럽은 말할 것도 없이 탈역사 시대에 들어섰다는 서구에서도 — 북아일랜드나 바스크 지방에서처럼 — 이 두 요소는 여전히 살아 있다. 후쿠야마나 보드리야르에게서 확인되는 이러한 정치를 사상해버리는 역사해석은 최근의 동유럽 변화를 통해서 입증된 것처럼 보이지만 후쿠야마의 미국 중심의 열광도, 보드리야르의 프랑스 중심의 절망도 모두 다 제3세계의 현실을 지나치고 있기는 마찬가지다. 둘 다 모두 너무나 자기 자신에 도취되어 있기 때문이다.

5. 역사의 비동시성

현재 자유주의적 지성의 대표자격인 다렌도르프(Dahrendorf)는 금세기에 들어서 마르크스-레닌주의라는 이데올로기의 죽음과 더불어 자유주의도 죽었다고 토로한 적이 있다. 이러한 의미에서 후쿠야마가 주장하는 현재 승리를 구가하는 자유주의는 알렉시스 드 토크빌(Alexis de Tocqueville)이 일찍이 『미국의 민주주의』 속에서 평가한 평등한 사회구조 안에서의 자유의 원칙이 지배하는 정치문화와는 거리가 멀다. 오히려 '사회적 다원주의'가 정당화되는 약육강식의 분위기 속에서 소수의 특권층과 다수의 힘없고 가난한 자(특히 흑인)사이를 벌어지게 하고 없는 자들을 체제 밖으로 밀어내는 공급주도의 경제정책을 핵심으로 하는 보수주의이다. 오늘날 미국에서 자유주의의 두 본질인 '정의'와 '연대'를 수호하는 세력은 미미하게 남아 있는데, 존 롤스(J.

Rawls)의 '정의론'이나 리차드 로티(Richard Rorty)의 다원성과 상대
성에 근거한 '연대'(Solidarity)의 철학이 아마도 남아 있는 자유주의
철학의 흔적일 것이다.[16] 보드리야르가 말하는 역사라는 죽은 나무에
걸린 마지막 열매로 남아 있었던 '사회주의'도 원래는 '프랑스'의 사
회주의를 의미한다. 또 소련과 동유럽에서 벌어진 사회주의의 위기와
몰락도 후쿠야마가 지적한 것처럼 선과 악의 투쟁결과가 아니고 그
스스로가 모순을 안고 있다고 보드리야르는 전망하고 있다.

역사는 결코 똑같은 것을 두 번 제시하지 않는다. 오히려 우리 서방측
에서도 예기치 못할 일들이 벌어질 것이다(만약 악의 왕국이 무너지면 선도
옛날처럼 그대로 남아 있을 수 없게 된다!). 동유럽의 해빙은 장기적으로 보
아 흡사 대기층으로 탄산가스가 올라가 지구 온실화 현상이 나타나는 것
처럼 서방측에 불행한 일들을 가져다 줄 것이다.[17]

동서냉전의 종결로 이론틀(Paradigm)이 소진된 현재, 마찬가지로
남북문제에 관해서도 우리는 같은 결론을 맺을 수밖에 없는가? 그러
나 지금까지의 '동서관계'라는 이론틀을 이제 '남북관계'에 그대로 적
용하고 있다는 사실을 우리는 최초의 걸프전쟁에서도 볼 수 있다. '제
2의 동유럽'을 중동에서 발견하려는 시도가 바로 그것이며, 이른바
'정의의 전쟁'을 '밀림의 법칙'에 따라 행동하는 중동의 무법자 후세
인을 징벌하고 새로운 세계질서를 수립해야 한다는 부시의 논리에서

16) John Rawls, *A Theory of justice*(Havard, 1971), Richard Rorty, "Solidarity
or Objectivity?" J. Rachjman, C. West(eds.), *Post-Analytic philosophy*(New
York, 1985), p.3ff.; R. Rorty, Contingency, *Irony and Solidarity*(New York,
1987) 참조
17) J. Baudrillard, "Das Jahr 2000.", 앞의 책, p.57.

우리는 이를 쉽게 확인할 수 있다.

그러면 일방적인 군사적 승리로 끝난 서방측이 이번 승리가 빈곤한 세계와 부유한 세계 사이의 정치적 갈등도 해결시킬 수 있는 전망을 열어주고 있는가? 그러나 중동전쟁의 밑바닥에 흐르고 있는 제1세계와 제3세계의 갈등구조는 분명히 이 갈등의 근본문제를 지나치는 동서관계에 근거한 논리로서는 설명할 수도 없고, 또 문제를 해결할 수도 없다. 후쿠야마가 주장하는 선과 악의 싸움의 결판으로서의 '역사의 끝'이나, 보드리야르가 주장하는 선과 악의 무의미한 싸움으로서의 '역사의 끝' 모두 다 역사의 기본적 경험인 '비동시성'(Ungleichzeitigkeit)을 미국과 프랑스 중심의 동시성적인 시각에서 파악하고 제3세계의 역사의 의미를 제1세계의 발전곡선을 쫓아 설명하고 있다.

역사의 의미규정을 승리자의 입장에서 시도하는 것에는 역사니 발전이니 하는 이름 밑에 진행된 모든 것을 저주하는 제1세계의 비관적인 지성들도 또 제3세계의 민중들도 거부하고 있다. '동질자의 영원한 회귀'(ewige Wiederkehr des Gleichen)라는 역사발전에 대한 회의주의적 발상은 제1세계의 체념적인 지식인들에게서뿐만 아니라 제3세계의 절망하는 민중들의 눈에서도 확인될 수 있다. '인류의 완전성으로서의 역사'(Geschichte als Vervollkommnung des menschlichen Geschlechts)를 파악한 바이스하우푸트(A. Weishaupt)보다는 '무의미한 것에 의미를 부여하는 것으로서 역사'(Geschichte als Sinngebung des Sinnlosen)를 주장한 레싱(Theodor Lessing)이 이러한 비관적인 역사와 세계파악을 더 잘 설명해주는 것 같다.

제1세계의 비관주의적 지성들이 역사와 아무런 미련없이 결별할 수 있어도 제3세계의 민중들은 절망 속에서도 니체가 지적한 이러한 절망을 초래한 '밖의 세계'(Außenwelt)나 '적대적 세계'(Gegenwelt)에 대한 강한 복수심(Ressentiment)에 불타는 '도덕 속의 노예의 봉기'

(Sklavenaufstand in der Moral)와 같은 '반동적 힘'(reaktivierende Kräfte)을 키우고 있다. 물론 세계은행(World Bank) 같이 이러한 복수심의 방향을 바꾸려는 '사제'(Priester)들은 '대지의 저주받은 자'들에게 "오늘과 같이 된 것은 순전히 너 스스로의 잘못 때문"이라고 설교하고 있다.

물론 이러한 복수심이 제3세계의 역사이해의 모든 것을 의미하지는 않는다 하더라도 중요한 내용을 구성할 수밖에 없는 것은, 제1세계가 앞으로도 계속 제3세계의 '타자'(他者, das Andere)로서 남아 있거나 또는 '제3세계'의 '밖'(das Außerhalb)에 서 있기 때문이다. 한편으로는 동서냉전 종식의 들뜬 분위기 속에서 남북문제는 잊혀지고 있고, 다른 한편으로는 동유럽 사회주의의 몰락으로 좌절과 체념에 빠져드는 사람이 늘어나는 요즈음 '역사의 끝'이라는 주장, 그리고 특히 이 주장이 제3세계에 던지는 의미를 비판적으로 검토하는 일은 오늘날 상당히 절실해지고 있다.

6. 다시 생각하는 역사의 의미

동유럽의 변혁 이후 한국 사회에도 후쿠야마처럼 들떠서 머지않아 남한 자본주의가 북한 공산주의를 흡수통합시킬 수 있다고 주장하는 사람도 많아졌고, 또 보드리야르처럼 역사와 진보 그리고 정치에 대하여 회의적인 태도를 취하는 사람도 많이 생겼다. 후쿠야마가 주장하는 탈역사의 축은 미국이고 보드리야르의 그것은 프랑스이다.

공산주의에 대한 자본주의의 승리를 구가하는 후쿠야마의 글이 실은 독일통일 전에 쓰여졌지만, 만약 그의 글이 독일통일 이후에 쓰여졌다면 그의 '탈역사'의 주장의 강도는 더했을지 모른다.

그러나 오늘날 통일된 독일의 구체적 현실은 어떠한가? 라이프치히

(Leipzig)시에서 매주 월요일마다 민주와 사유를 요구하는 집회를 열었던 사람들이 통일된 지 몇 달이 지나지 않아 그 자리에서 그들을 매일매일 위협하는 실업과 물가고를 규탄하는 시위를 벌이고 있다. 세계 최강의 경제력을 자랑하는 독일이 이천만이 채 못되는 옛날 동독 사람들의 경제문제를 해결하지 못하는 현실을 보고 있으면서도 남한 경제력으로 북한 주민을 먹여살릴 수 있다고 생각하고 한반도에서의 독일식 통일이라는 발상을 하거나 이에 들떠 있는 것은 아닌가?

또 수입된 사회주의의 여러 가지 이론이 얼마 지나지 않아 동유럽 사태로 쓸모없게 되자 현실에 뿌리를 둔 대안이 없는 상태에서 쉽게 자포자기적으로 되지는 않았는가? 멕시코의 메리다(Merida)대학 교수인 스테판 크로츠(Stefan Krotz)는 최근 주간지 『디 자이트』(Die zeit)에 기고한 글에서 남미의 많은 지식인들이 동유럽 사회주의의 몰락과 함께 회의주의자 내지 비관주의자가 되었지만 '골리앗'인 미국과 싸워온 '다윗' 쿠바가 이룩해온 사회적 발전은 어떠한 경우에도 유토피아적 표징으로서 남미 민중에게 남아 있다고 주장한다. 우리의 사정은 어떠한가? 제3세계로서의 자기인식보다는 '신흥공업국'이나 '중진국'이라는 개념이 우리에게 주는 자기동일성은 오히려 제1세계에 가깝다. 바로 이러한 인식이 우리의 역사이해를 후쿠야마나 보드리야르의 그것과 가깝게 하고 있는 중요한 근거가 되고 있다.

그러나 자세히 보면 우리가 안고 있는 문제 속엔 '동서문제'와 '남북문제'가 동시에 착근되어 있다. 독일의 통일이 '남북문제'의 부담없이 '동서문제'로서 해결될 수 있었고, 분단되지 않은 멕시코가 '동서문제'보다는 '남북문제'에 집착할 수 있는 것에 비하면 우리는 냉전의 유물인 '동서문제'와 동시에 민족자주권 행사가 정치, 경제, 군사적으로 엄중히 위협받고 있는 의미에서의 '남북문제'도 안고 있다. 따라서 후쿠야마가 주장하는 것처럼 역사의 끝을 이야기하고 이에 열광할 수도, 또 보드리야르처럼 완전절망 속에서 역사를 장송보낼 수도 없다. '동서문제'를 '남북문제'로 그대로 등치시킬 때 우리는 이러한 근거없는 열광과 체념에 빠질 수밖에 없고, 자기의 이론과 실천 속에서 현실에 근거한 대안의 끊임없는 추구없이는 수입된 낙관주의와 비관주의의 늪에서 헤어날 수도 없다.

'역사는 우리에게도 끝났는가'라는 질문에 '아니다'라는 답변을 열정만으로 외칠 때는 이제 지난 것 같다. 현실적으로 정치나 역사로부터 멀어져가는 민중이 '왜 우리에게는 역사가 지속될 수밖에 없는가'라는 사실을 스스로가 확신할 수 있는 작업은 결코 하루아침에 이루어질 수도 없다. 현재 전 세계를 휩쓰는 반동의 물결 속에서 이러한 작업을 한다는 것이 어려운 일임에는 틀림없다. 그러나 로버트 무질(Robert Musil)이 이야기한 것처럼 우리는 '역사의 끝'에 서 있는 것이 아니라, "우리는 늦지 않다!"(Wir Sind Frühzeit!)라고 항상 외칠 수밖에 없다. 지금부터라도 이러한 작업을 시작할 수밖에 없다.

〈1991, 『전환기의 세계와 민족지성』〉

(탈)현대의 구조

　20세기를 앞으로 얼마 남겨놓지 않은 오늘 우리가 안고 있는 문제는 실로 복잡하다. 금세기에 현실로 모습을 드러낸 사회주의의 위기의 모습은 물론, 동서긴장은 완화되었다고 하지만 가공할 핵무기의 위협은 상존하고 있고 남북문제로 집약되어 표현되고 있는 풍요와 빈곤의 갈등은 더욱 심해지고 있다. 체르노빌로부터 지구의 '온실화', 그리고 공해에 의한 생태계의 파괴가 머지않아 하나밖에 없는 지구의 파멸을 가져올 것이라는 종말론적 비관의 목소리까지 높아지고 있다.

　계몽과 이성을 축으로 하여 구성된 '현대'의 진원지 서구가 18세기 말부터 프랑스혁명, 종교개혁, 그리고 산업혁명을 거치면서 인간을 억압과 무지로부터 해방시켜왔다는 긍정적 평가, 그리고 이를 바탕으로 한 인류역사 발전에 대한 낙관적 전망에 대한 비판은 이미 19세기말에는 '세기말'(fin de siècle)이라는 이름으로, 오늘날은 '탈현대'(Post modern)라는 이름으로 나타나고 있다.

　이는(Postmodern) 일본에서는 'ポスト・モダソ', 우리나라에서는

'포스트 모던'이라고 음역(音譯)해서 그냥 사용하고 있으나 필자는 이를 '탈현대'(脫現代)라고 번역한다. 이것(Postmodern)을 '현대 이후', '반(反)현대'(anti-modern) 또는 '초(超)현대'(trans-modern)라는 의미론적인 번역도 가능하다. 그러나 '현대 이후'라는 개념은 시간적 의미에서 현대와 거리감을 가지고 있으며 현대가 '현대 이후'라는 하나의 방향으로 진전한다는 의미만을 전달하고, '반현대'는 현대의 단순한 부정만을 강조하는 제한성을 지니고 있다. 두미트리우(P. Dumitriu)가 처음 사용한 '초현대'는 오히려 '후기현대'(Late-Modern)나 '후기산업사회'(Postindustrial Society)와 동의어적인 의미로 사용되고 있어서 필자는 이 사상(Postmodern)의 원조라고 할 수 있는 니체나 하이데거가 사용했던 '극복'(Verwindung)이라는 뜻으로 사용되는 ― 헤겔적인 의미의 변증법적 '극복'(Überwindung)의 뜻은 들어 있지 않는 의미에서 ― '탈현대'라는 번역을 사용하는데 '탈화'(脫化)나 '탈피'(脫皮)에서도 우리는 비슷한 어감을 느낄 수 있을 것이다. 이러한 번역상에 나타나는 의미론적인 규정은 이것(Postmodern)이 현재 문제 삼고 있는 서구적 현대구성의 내용이 바로 우리가 문제 삼는 '탈현대'의 내용과 반드시 같지 않다는 자기반성을 전제한다. 비록 우리도 '동시대적'인 의미에서 '현대' 속에서 살고 있지만 우리가 살고 있는 현대는 위에서 지적한 전 지구적 문제도 안고 있고 동시에 지구상에 마지막 남아 있는 냉전의 유물인 휴전선이 한반도를 가로지르는 속에서 '현대'의 필수적인 정치공간인 '민족국가'도 아직 형성되지 못하고 있고, '현대'의 산물인 '자유·평등·박애'와는 거리가 먼 억압과 착취 그리고 극단적 갈등이 전 사회를 억누르는 답답한 상황 속에 있다. 따라서 우리는 현재 미국과 서구에서 진행되는 '현대'와 '탈현대'의 논쟁구조를 우리땅에 그대로 옮겨놓을 수는 결코 없다. 서구에서도 이러한 논쟁은 각 나라의 문화적·정치적·사회적 특수성에 따라 다르게 뿌리를 내리고 있다. 미국의 탈현대논쟁은 서구보다는 현대와의 갈등이 심각하지 않은 '신대륙'적인 특수성으로 인하여 현대와 탈현대의 관계를 보다 상대적으로 파악하는 '융합주의' 내지 '절충주의'적 성격을 드러내고 있다. 이는 무어(Ch. Moore)등의 탈현대적 건축 그리고 이에 대한 젱크스(Ch. Jencks)나 벤투리(R. Venturi)의 탈현대건축이론에서도 나타나고 있고, 로티(R. Rorty)나 굿맨(N. Goodman)의 철학에서도 엿보이고 있다. 이에 비하여 서구의 탈현대논쟁은 보다 복잡한 모습을 띠고 있는데 현재 탈현대논쟁의 중심지인 프랑스에서의 코제브(A. Kojève), 메를로-퐁티(M. Merleau-Ponty), 사르트르(J. P. Sartre) 등의 세대는 주로 '3H'(Hegel, Husserl, Heidegger)의 영향 밑에 서 있었으나, 1968년 5월 '혁명' 실패 이후 좌익세력은 마르크스, 프로이트, 니체, 그리고 레비 스트로스(C. Lévi-Strauss)의 구조주의 영향 밑에 성장하여 '회의(懷疑)의 대가들'로 변신한 데리다(J. Derrida), 리오타르(J. -F. Lyotard), 푸코(M. Foucault, 1984년 사망), 들뢰즈(G. Deleuze), 보드리야르(J. Baudrillard) 등이 탈현대 철학의 기수로 활약하고 있다. 관념론적 합리주의의 전통이 깊이 뿌리를 내리고 있는 서독에서는 전후 니체나 하이데거 철학이 나치즘의 사상적 지주역할을 하였다는 의혹 때문에 합리주의에 대한 비판은 주로 셸링(F. Schelling)의 '새로운 신화론'(neue Mythologie)이나 신마르크스주의적인 프랑크푸르트학파의 호르크하이머(M. Horkheimer)와 아도르노(Th. Adorno)의 '계몽의 변증법'(Dialektik der Aufklärung)과 도구적 이성비판이라는 '비판이론'(Kritische Theorie) 또는 블로흐(E. Bloch)의 '희망의 원칙'(Prinzip Hoffnung)을 매개로 전개되었다가 최근 프랑스의 탈현대논쟁에 자극을 받아 캄퍼(D. Kamper), 벨시(W. Welsch), 프랑크(M. Frank), 보러(K. H. Bohrer), 야우스(H. R. Jauß), 슬로터딕(P. Sloterdijk), 하버마스(J. Habermas), 벨머(A. Wellmer) 등이 최근 논쟁에 활발히 참여하

고 있다. 특기할 것은 같은 독일문화권에 속한다고 할지라도 독일보다
는 나치즘 유산의 정치적 부담이 적었고 일찍이 논리적 실증주의의
발원지였던 오스트리아의 비엔나에서는 일찍부터 슈미트(B. Schmidt)
를 중심으로 탈현대논쟁이 진행되고 있다. 이탈리아에서는 하이델베르
크에서 가다머(H. G. Gadamer) 밑에서 해석학을 연구했던 토리노대
학의 파티모(G. Vattimo)의 해석학적 탈현대와 『장미의 이름』이라는
소설을 통해 일약 세계적인 명성을 얻은 볼로냐대학의 기호학 교수인
에코(U. Eco)등에 의해서 탈현대가 논의되고 있다. 영국에서는 피터
스톤(M. Fetherstone)이 주관하는 잡지 『이론, 문화와 사회』(*Theory,
Culture, Society*)를 중심으로 논의가 전개되고 있으나, 이보다는 탈현
대건축의 거장이라는 스털링(J. Sterling)을 통해서 영국의 탈현대 모
습은 더욱 알려져 있다. 네델란드에서는 위트레히트의 반 레이엔(W.
van Reijen) 등이 논쟁에 참여하고 있으나 역시 프랑스, 독일이 서구
에서는 탈현대논쟁의 중심지라고 할 수 있다. 또 하나 특기할 점은 얼
마 전 동베를린의 훔볼트대학에서 푸코에 대한 심포지움이 열려 반동
적 허무주의 사상으로서 종래 비판받았던 탈현대에의 새로운 접근이
모색되고 있다. 이와 같이 탈현대논쟁의 발상 배경이 나라마다 조금씩
다르고, 또 탈현대논쟁은 가히 유행이라고 할 만큼 철학, 문학, 건축,
사회학, 그림, 무용, 연극, 영화, 음악, 도시계획, 여성문제 등에까지
복잡하게 진행되고 있기 때문에 필자는 탈현대 사상의 핵심을 다섯
가지로 요약하면서 이 핵심적 구조가 우리에게 주는 의미를 비판적으
로 검토해본다.

1. '나'의 해체와 형이상학과의 결별

'현대'의 기본을 이루는 서구 합리주의적 세계구성원리를 데카르트

의 '나는 사고한다. 고로 존재한다'(Cogito ergo sum)는 명제는 집약적으로 표현하고 있다. 절대적으로 의심할 수 없는 '나'는 모든 세계의 경험을 밑받침하는 '지적 기초'(Suppositum intellektuele)로 간주되었다. 이러한 합리론과 영국의 경험론을 결합시킨 칸트의 선험철학에서 '나'는 이미 '요지부동한 것'(incocussum)은 아니었고 헤겔의 변증법에서 '나'라는 주체는 대상과의 모순 속에서 지양(止揚)될 수밖에 없는 것으로 나타났다. 그러나 데카르트적인 인식중심인 '나'를 구성하는 이성을 정면으로 철저하게 부정한 철학자는 오늘날 탈현대철학의 뿌리를 제공한 니체(F. Nietzsche)였다. 그는 세계를 논리적으로 구성하는 '나'는 순전히 '공상'(Fiktion)의 산물이며 '시를 짓는 것'(Hineindichtung)과 같은 것으로 우리 의식과 경험에서 결코 특수한 위치를 지닐 수 없다고 주장하였다. '나'는 니체에게서 '권력에의 의지'(Wille zur Macht)의 '현상'(現像, epiphanias)에 지나지 않는다. 여기에서 우리는 '나'를 중심으로 구성된 데카르트적인 '주관철학'이 니체적 '지배철학'으로의 의미전환 속에 있는 행동주의적 여운을 엿볼 수있다.

이에 비하여 하이데거는 한걸음 더 나아가 주체와 객체의 관계를 '세계 속의 존재'(In-der-Welt-Sein)로 환원시켜, 객체를 인식하고 이에 대응해서 행동하는 주체인 '나'라는 종래의 '주체 — 객체'의 형이상학적 관계 대신에 '생의 세계'(Lebenswelt)에 이미 '던져진 중간'(Zwischen)이라는 직관적인 양태로 파악하고 있다.

'주체 — 객체' 관계로 파악하는 형이상학에 대한 니체와 하이데거의 비판은 탈현대적 사상의 큰 줄기를 형성하였는데, 푸코도 지금까지 철학이 이야기하였던 분명하나 요사스러운 '나'의 동일성 — 즉 '나는 나다' — 대신에 많은 '나'들이 연결되고 해체되고, 그리고 결합되고 배제되는 '공간'이 열려야 한다고 주장하고 있다. 그는 '나'를 해체시키고 '나'를 무화(無化)시키는 언어의 공간 속에 나타나는 다양성이 탈현대사회의 기본적 구조라고 보았다. 이러한 푸코의 나의 '해체'(déconstruction)는 데리다와 리오타르에게서는 '의미해체'(dissémination)로 나타나고 있다. 미국의 탈현대적 문학비평가인 하산(I. Hassan)은 이러한 '해체', '소멸'(disapearance), '탈중심'(decentering)을 '파괴'(unmaking)라고 표현하고 있다. 독일에서 이러한 중심으로서의 '나'의 해체는 '중심없는 구조'를 이야기하는 루만(N. Luhmann)의 '체계이론'이나 '간(間)주관성'(Intersubjektivität)을 이야기하는 하버마스의 '커뮤니케이션적 행위이론'으로 나타나 니체나 하이데거적 영향과 흔적은 오히려 프랑스보다 적고, '나'라는 '고독한 왕좌'는 독일강단철학에서 '자의식' 문제로 계속 남아 있다. 이러한 '자의식'의 철학은 주어인 '나'가 목적어인 '나'를 '동일화시키는' 반성인데, 이에 대하여 프로이트(S. Freud)는 '나는 나의 집 주인이 이미 아니다'(Das Ich ist nicht mehr Herr im eigenen Haus)라는 명제를 통해서 '무의식'의 세계가 실은 '나를 안다'(me connâitre)는 말이 '오해하다'(méconnâitre)는 말로 들리는 것처럼 '나'는 존재의 결핍에 지나지 않는다고 보았다. 이성의 중심이라고 믿는 '나'가 세계구성의 주인이라는 철학에 대하여 푸코는 '이성은 고문이다'(La torture, c'est la raison)라고 항변하고 이 이성이라는 고문의 도구가 사실은 바로 '나'라고 주장한다. 데카르트를 정점으로 오늘까지 내려오는 '이성중심주의'에 대한 이러한 비판은 "데카르트와의 결별뿐만 아니라 이성의 덕목들, 가령 방법론적 사고, 이론의 책임성, 진리에 도달하는 데에 어떠한 특권도 인정하지 않는 학문적 사고의 평등주의"와도 결별하는 것이라고 하버마스는 비판하고 있다. 이성의 떳떳한 비판이 아니라 정도를 지나친 파괴적인 '이성 밀고행위'(Vernunftsdenunziation)에 지나지 않는다는 것이다.

'이성의 관리자'로서의 '나'는 동시에 '나' 중심의 '개인주의'를 의미한다는 사실을 탈현대적 이성비판은 지적한다. 우리가 일상적으로 동의어로 사용하는 '자아'(Selbst), '개성'(Person) 또는 '개인'(Individuum)을 자세히 들여다보면 이들 사이에도 의미론적 차이가 나타난다.

'자아'가 '보편적' 의미로, 개성은 '특수적' 의미로 사용되고 있지만, '개인'은 '개체적 · 원자적' 의미를 담고 있다. 탈현대적 철학이 시도하는 '나'의 해체는 바로 시민사회의 덕목인 '개인주의'에 대한 공격을 의미한다. 유럽의 자유주의적 지성으로 손꼽히는 다렌도르프(R. Dahrendorf)가 금세기에 들어 자유주의가 죽어가고 있는 특이한 현대의 정신사적 변화를 이야기한 적이 있지만, 자유주의는 사회주의와 보수주의라는 양면으로부터 오는 공격 속에서 현재 겨우 명맥을 유지하고 있는 정도이다. 탈현대처럼 '자아' '개성' '개인'을 마찬가지로 해체시킨 '구조주의'와 '기능주의'는 '체제합리주의'(Systemrationalismus)라는 탈출구를 제공하고 있고, 의식된 생의 속일 수 없는 '지속성'의 보장이라는 '해석학'(Hermeneutik)이라는 탈출구를 독일의 만드레드 프랑크나 이탈리아의 파티모는 대안으로서 제시하고 있다.

'자유주의'와 '개인주의'를 놓고 우리 사회에도 많은 논란이 있다. 한편에서는 '근대화' '서구화'와 더불어 '이기주의'와 '개인주의'가 너무 심해졌다고 한탄하는 사람도 있고, 이와는 반대로 전통적인 집단주의가 아직도 우리 사회를 지배하고 있어서 자아와 개성이 말살되고 개인의 창의성이 억눌리고 있다는 주장을 펴는 사람도 있다. 선동적인 동양사상에서 흔히 말하는 '무아'(無我), '무위'(無爲) 또는 '무상'(無常)이 실은 변하지 않는 '기체'(基體, Substanz,hypokeimenon)인 '나'의 해체적 노력이었고 '기'(己)라는 개념도 원래 씨족사회를 의미하는 집단주의적 의미를 띠고 있다.

급속한 산업화 과정을 겪으면서 농경적인 전통사회가 길러온 공통체적 삶의 양식이 해체되는 것에 저항하는 사상은 현재 '민중'이라는 개념으로 나타나고 있다. 그러나 '나'보다 '우리'의 삶을 지킨다는 저항은 '우리'라는 이름 밑에 '나'를 강제적으로 해체시키는 파시즘적 발상과는 우선 구별되어야 한다. 바이마르 공화국의 혼란 속에서 '노동자'나 '병사'라는 집단적인 피와 땀, 삶과 죽음이라는 표상을 통해서 현대의 위기를 고발했던 융거(E. Jünger, 1895~)의 소설 『노동자』(Der Arbeiter)나 『불과 피』(Feuer und Blut)는 이러한 발상의 좋은 예였고, 사무라이의 죽음의 미화를 통해서 사라져가는 '일본혼'을 구원하려고 했던 미시마 유키오(三島由紀夫)의 1970년의 자결도 비슷한 예일 것이다. 슐츠(W. Schulz)는 하이데거의 『존재와 시간』(Sein und Zeit)을 '현존'(Dasein)의 무력과 유한 속에서 자기 주장의 "영웅적 허무주의"의 표현이라고 지적한 적이 있다. 현대 속에서 원자화되고 '분절'(分節)된 개인의 부정과 집단주의적 재구성이 파시즘적인 발상과도 거리가 멀지 않기 때문에 '민중' 속에서 '나'의 극복이 '나'의 파괴로만 나타나지 않고 '민중' 속에서 '나'가 승화되어 '나' 없는 우리도, '우리' 없는 '나'도 없는 그러한 '민중'을 창출해야 하는 과제를 우리는 안고 있다.

2. 다양성의 세계

탈현대적인 사고가 '나'라는 중심을 해체하는 작업은 결국 '획일성'과 '획일적 가치체계'의 거부로 통한다. 이러한 거부는 리오타르에 있어서 진리는 '합일'에 도달하는 것을 목적으로 삼는 것이 아니라 서로가 '다르다'는 사실과 '불일치'를 확인하는 것이라는 주장으로 나타나고 있고, 푸코에게서는 모든 '담론'(談論, discours)을 하나로 포괄하는 질서가 아니라 여러 언표들의 끊임없는 유희(游戲)로서 나타난다. 여기에서 우리는 후기 비트겐슈타인(L. Wittgenstein)의 '개인적 언어'(Privatsprache)의 부정과 '언어유희'(Sprachspiel)라는 사상의 흔적을 읽어낼 수 있다. 이러한 다양성을 데리다는 '차이'(différence)로, 들뢰즈는 '차이'(différence)와 '총체'(généralité)에 반대하여 동일한 것을 결코 재생하지 않는 '반복'(répétition)이라고 표현한다.

이러한 다양성의 개념은 'A=A'라는 형식 논리적 '동일률'(Identität)이나 '전체는 진리이다'(Das Ganze ist das Wahr)라는 헤겔적 명제에 반대하는 '비동일성'(das Nichtidentische)에 근거하고 있는데 아도르노는 『부정의 변증법』에서 위의 헤겔적 명제에 반대해 '전체는 진리가 아니다'(das Ganze ist unwahr)라고 주장한다. 이러한 '차이'나 '비동일성'이라는 탈현대적 요구는 모든 것을 하나로 강제적으로 통합하려는 기도를 거부하고, 또 모든 것을 하나의 이론틀로 설명하는 '총체적 담론'(Meta-discours)은 결국 믿을 수 없는 '큰 이야기'(grand récit)에 지나지 않는다고 주장한다. 우리가 진정으로 필요로 하는 것은 '작은 이야기'(petit récit)라고 리오타르는 주장하고 있다. 니체는 『즐거운 지식』(Die fröhliche Wissenschaft) 중에서 '하나의 정상적인 신(神)'(ein Normalgott) 이외에는 '거짓 신들'(falsche Götter)만 있는 것처럼 주장하는 '일신론'(一神論)은 지금까지 인류사에서 가장 큰 위험이었다고 지적하면서 '다신론(多神論)의 커다란 유용성'을 주장했다.

이러한 다신론적 또는 다신화적(多神話的) 세계파악은 보수주의적 무정부주의자라고 불리고 있는 마르크바르트(Odo Marquard)의 '나신론의 찬양'(Lob des Polytheismus)으로 나타나고 있고, 얼마 전에 작고한 타우베스(J. Taaubes)는 현대의 중요한 지주의 하나인 기독교라는 '일신론'의 위기와 더불어 '다신론의 호경기'를 진단하였다. 이러한 획일적인 하나의 가치체계에 대한 탈현대적 거부는 '다가치'(Polyvalenz)

에의 요구로 나타난다. 아마도 이러한 가치체계의 탈현대적 전환은 탈현대적 건축에서 가장 분명하게 또 가시적으로 나타나고 있다고 할 수 있다. 탈현대적 건축 이론가인 젱크스는 현대적 건물이 지니는 합리주의적인 그리고 기능주의적인 공간언어에 대해서 탈현대적 건축언어는 '연관주의'(聯關主義), '절충주의' 또는 '역사주의'의 맥락 속에서 상호모순되는 것처럼 보이는 여러 건축양식의 '공존'을 보여주고 있다고 주장한다. '반 아이크'(van Eick)는 이를 '미로적(迷路的) 명확성'이라고 부르고 있고, 벤투라는 '이것이냐, 저것이냐'(entweder-oder)가 아니라 '이것인 동시에 저것이다'(sowohl-als-auch)라는 철학이 탈현대적 건축언어의 기본을 구성한다고 주장한다. 그러나 하버마스는 후기 자본주의적인 경제와 행정의 도구로서 '생의 세계'를 식민지화시킨 현대 건축에 대한 비판으로서 탈현대건축언어를 인정하지만, 현대 건축에서도 그로피우스(Gropius)나 반 데 로(Mies van der Rohe) 등의 '구성주의'(Konstruktivismus)가 보여준 것처럼 미적 의미가 엄격한 기능주의와의 화해가 가능하였다는 사실을 들어 탈현대 건축이 현대 건축의 반대로만 자기인식을 해서는 안된다고 경고한다.

획일성에 기초한 탈현대적 비판은 또 최근 신지역주의(neo-regionalism) 형식으로도 나타나 중앙집권적인 통치에 저항하여 지역의 특수성을 살려나가는 '지방의 시대'를 주장한다. 70년대부터 서구에서 활발히 전개된 반전·반핵 운동이나 반공해운동이 실은 지역 주민들 스스로가 단결해서 미사일의 설치와 핵발전소 건설을 반대한 — 리오타르가 이야기하는 — '소수자들의 짜집기'(Patchwork de la minorité)적인 저항이었다. 그러나 부분부분의 생명을 스스로가 지켜나가는 '작은 것이 아름답다'(Small is beautiful)라는 탈현대적 사고는 '무정부주의'라는 비난을 받고 있다. 필자의 오랜 동료인 지그리스트(C. Sigrist)의 '조절된 무정부'(regulierte Anarchie)는 중앙집권적인 지배가 없는

(akephal) 아프리카 원주민의 '분절사회'(分節社會, segmentäre Gcscll schaft)를 서구 인류학이 무정부적인 혼란 상태로 보는 것은 잘못이라고 지적하고 있다. 물론 이런 단순한 분절사회의 정치구조를 복잡한 현대사회에 그대로 적용할 수는 없지만 획일성과 질서에 대한 비판은 여러 가지 형태로 나타나고 있다.

'다수자의 폭력없는 통일'이라는 탈현대적 이상이 그러면 한국현실에는 어떤 의미를 갖는가? 모두들 '지방의 시대'라고 하고 있지만 지방자치선거도 아직 실시하지 못하고 있고, 획일적인 입시교육이 인간성을 말살하는 교육 아닌 교육이라고 주장하는 교사들은 학교강단에서 쫓겨나 거리를 헤매고 있다. 남한이 '다원적 사회'라고 우기는 사람도 있으나 이는 대개 북한과의 비교우위라는 관점에서만 사용하고, 그러나 정작 남북대화문제에 이르러서는 대화창구의 '단일화'를 고집한다. 탈현대의 다원주의적 이상은 오늘날 한국사회에 분명히 여러 가지 의미를 전달해주고 있다.

3. 앎과 힘

인간을 무지와 몽매로부터 해방한다는 계몽의 질서가 지니는 '엄격성'과 '배제성'이 인간을 오히려 억압한다는 역설적 사실 앞에서 그리스 출신으로 '사회주의냐 야만이냐'(Socialism ou barbarie) 라는 프랑스 좌파그룹에서 활동했던 카스토리아디스(G.Castoriadis)는 "오늘 우리는 사회의 변혁을 요구하는데 이 변혁은 이성의 자기극복 없이는 얻어질 수 없다"고 주장한다.

푸코는 『광기와 부조리』(Folie et déraison)라는 비교적 초기 저작에서 17세기 중엽부터 정신병자를 사회로부터 격리시키는 '이성'과 '이성 아닌 것'(광기)의 구분이 현대의 문턱인 18세기말에는 '임상 심리학'이라는 '지식'(episteme)의 힘을 빌려 제도화되었다고 주장한다.

　정신병자수용소, 감옥, 공장, 병영, 학교 등의 '통제하는' 제도는 심리학, 법학, 교육학, 사회학, 정치학 등의 '인문과학'의 지식체계를 통해서 유지된다는 푸코의 주장은 소위 '진리'라고 하는 것이 실은 무자비한 배제논리와 메카니즘을 지닌 '앎에의 의지'(Savoir-Pouvoir)이며 이는 동시에 '힘의 이해'(Pouvoir-Savoir)를 전제한다는 것을 의미한다. 권력의 생산성을 이야기한 니체의 '권력에의 의지'가 푸코에게서는 바로 앎과 힘의 용해로서 나타나고 있다. 푸코는 홉스의 '사회계약이론', 마르크스의 '토대'와 '상부구조' 관계나 막스 베버의 '지배사회학'이 추구하는 거시적인 '위로부터'의 힘의 문제보다는 앎과 힘의 미세한 연결고리의 끊임없는 생성과 소멸을 '밑으로부터' 분석하는 힘의 '미시물리학'(micro-pysique)에 관심을 가지고 있다. 어떻든 이성이 사회통제의 힘으로 나타나고, 사회구성원의 '신체' — 정신병원에 가두는 것으로부터 성(性)문제 그리고 인구조절정책에 이르기까지 — 에까지 속속들이 스며드는 앎과 힘의 밀착된 구조를 식민주의와 제국주의는 더욱 적나라하게 드러내주고 있다. 식민주의자가 이야기하는 원주민의 야만과 미개성은 바로 이성의 '타자'(他者, l'autre)가 이성에 의한 무자비한 배제와 억압을 당하는 것을 의미한다.

　『아메리카의 정복:타자의 문제들』이라는 책에서 토도로프(T. Todorov)는 아즈테크인을 식민화시킨 스페인 정복자의 힘은 다른 데에 있었던 것이 아니라 바로 이 원주민을 이해하고 이 이해를 통해서 이들을 파멸시키고 정복시킨 데에 있었다고 지적한다. 타자를 이해하고 이를 통해서 이 타자를 정복하는 문제는 과학과 기술 그리고 정보시대인 오늘날의 신식민지적 지배구조 속에서는 더욱더 복잡하게 나타나고 있다.

　일찍부터 파리에서 활동한 발트해 연안 출신의 유태인 레비나스(E

Levinas)는 이러한 앎과 힘과 관계를 "서구철학은 타자의 발견과 같다. 이러한 과정에서 자신을 존재로서 드러내는 타자가 '다르다는' 사실마저 실종된다. 서구철학은 처음부터 타자가 타자로 남는 데에 대해서 놀라워하고 극복할 수 없는 알레르기 반응을 보인다"고 지적한다. 식민주의의 도구가 되었던 '문화인류학'이나 '광인'을 사회로부터 격리시켜 정신병원에 가두어놓는 '임상심리학'과 마찬가지로 타자를 이해하는 힘으로서의 서구철학은 결국 이 타자를 파괴하는 힘의 속성을 지녔다는 것을 ─ 토도로프나 푸코처럼 ─ 레비나스는 말하고 싶어한다. 여기에 '현대화'(근대화)가 '서구화', 나아가서는 '식민화'로 변화하는 사실에 대한 철학적 이해가 자리잡고 있다. 앎과 힘, 이성과 권력의 유착관계를 비판하는 탈현대는 이 모든 관계가 실은 '이성중심주의'(Logozentrismus)로부터 연유한다고 보고 있기 때문에 이성의 총체적 비판작업을 진행시키고 있는 것이다.

이에 대하여 하버마스는 식민주의를 비롯한 현대의 모든 문제는 이성이 '과도하게'(Zuviel) 발전했기 때문이 아니라 오히려 이성이 아직도 '너무 적게'(Zuwenig) 개발되었기 때문에 발생했다고 보고, 현대 그리고 계몽을 '미완의 작업'이라고 주장한다.

탈현대의 이성비판과 하버마스의 이성옹호는 그러면 우리에게 어떠한 의미를 전달하는가? 우리 사회가 이성의 과잉상태에 놓여 있어서 많은 사회적 문제를 안고 있다고 보는 사람은 역시 많지 않을 것이다. 그러나 이성의 과소상태를 치유하기 위한 계몽의 작업이 이미 많은 문제를 안고 있어서 오늘 탈현대의 도전을 받고 있는 서구의 계몽과정을 그대로 복사하는 것일 수는 없을 것이다. 이성과 반(反)이성, 계몽과 무지라는 이원론적인 눈으로 문제를 바라볼 것이 아니라 이 둘 사이에 상호침투하는 관계공간을 형성해야 하며 이는 서구의 이성에 의하여 억압받고 있는 이성의 '타자'를 ─ '기생관광'을 장식하는 한국 '민속'처럼 — 단순히 '복권'시키는 것을 의미하지 않는다. 탈현대라는 이성중심주의 비판이 우리에게는 잘못하다가는 이 이성(식민주의나 제국주의)에 의하여 억압받았던 '나'의 재발견을 복고주의로 몰고갈 위험을 안고 있고, 또 잘못된 '근대화'를 포장하는 화려한 '장식품' 노릇이나 시킬 위험도 크다.

4. 아름다움과 장엄함

그러나 탈현대적인 구성이 오늘 주된 관심을 기울이고 있는 분야는 예술이라고 할 수 있다. 현대라는 산업사회에 사는 '일차원적 인간'(마르쿠제)의 해방의 초점이 우선 이성에 의하여 억눌린 감성의 해방에 있다고 믿는 탈현대적 미학은 대중적 소비문화의 일률성과 그 천박성을 문제시하고 있다.

리오타르는 현대적 미학의 가치기준이 '아름다움'에 있다면 탈현대적 미학의 가치기준은 '장엄함'(Sublimité)에 있다고 주장한다. 아름다움과 장엄함의 구별은 이미 버크(E. Burke)와 칸트에게서도 나타난다. 버크는 '아름다움'이 완전성과 조화로부터 얻어지는 사랑스러운 감정인 데에 비하여 '장엄함'은 '경외'의 감정을 불러일으킨다고 지적했고, 칸트는 '장엄성은 감동시키고 아름다움은 자극한다'(Das Erhabeneurührt;das Schöne reizt)고 주장했으며 장엄함의 감정은 주로 인간과 거대한 자연과의 접촉에서 얻어질 수 있는 것으로 보았다. "장엄한 것이 드디어 왔다"(The Sublime is Now)라는 선언을 한 유태계의 미국화가 뉴먼(B. Newman)의 그림 — 서베를린의 '국립화랑'이 300만 마르크를 주고 산 —「누가 빨강, 노랑 그리고 파랑을 무서워하는가?」(Who is afraid of red, yellow and blue?)와 관련지어서 리오타르는 "장엄함의 미학을 서술하는 것은 간단하다. 그러나 이것은 의역처럼 건조하다. 장엄성의 가장 정확한 의미는 '무엇에 대하여 이야기해야 하는가?'라는 물음에 있다. 또는 '아!' 하는 경탄 또는 '그런 것인가' 하는 놀라움에 있다"고 '장엄성'을 규정한다. 비슷한 의미를 우리는 아도르노의 '부정성'(Negativität), 벤야민(W. Benjamin)의 '충격'(Schock), 보러의 '돌발성'(Plötzlichkeit)이나 '놀라움'(Schrecken)에서도 발견할 수 있다.

일찍이 니체도 분석적이긴 하나 지루하기 짝이 없는 '원인-결과'라는 지성적 관찰에 대하여 '순간'에 많은 효과가 벌어지는 '돌발성'(Plötzlichkeit)을 이야기했다. 우리말에도 '필설로 형용할 수 없다'는 말이 있다. 가령 거대한 산이나 망망대해 앞에서 느끼는 놀라운 감정을 두고 하는 말이다. 바로 이 서술할 수 없고 표현할 수 없는 것을 서술하고 표현하는 것이 탈현대 미학의 핵심이라고 리오타르는 단언한다. 장엄성이라는 탈현대적 미학은 분명히 대량생산과 대량소비 중에 사용가치로 전락한 현대예술의 속물화에 대한 비판의 뜻을 담고 있는 동시에 큰 것과 위대한 것에 대한 향수도 안고 있다.

아름다움에 대한 비판이 장엄성의 긍정으로 탈바꿈하는 모습을 보고 일부에서는 산업사회의 삶의 문제로부터 도망나온 또 하나의 '심미주의'라고 탈현대를 비판하고 있다. 또 장엄성을 추구하는 탈현대미학이 결국 '큰 것'과 '힘있는 것'에 대한 낭만적 향수와 가깝고 정치적으로는 위험한 발상이라고 비엔나의 부르크하르트 슈미트는 비판하고 있다. 확실히 장엄성을 추구하는 탈현대적 미학은 니체의 '초인'이나 막스 베버가 일상적인 '합리적' 그리고 '전통적'인 지배양식과 구별되는 '비일상적'인 카리스마적 지배양식을 인정한 것과 궤를 같이하고 있다.

현대 관료주의의 '철창'(Stahlkäfig)으로부터 인간을 해방할 수 있는 가능성으로서의 카리스마적 지배양식을 인정한 베버의 심정은 좀스럽게 된 '현대적'인 인간과는 반대로 기존의 도덕을 무시하며 경멸하고 '대지의 의미'(der Sinn der Erde)를 전달하고 '초인'의 도래를 예고하는 니체의 '짜라투스트라'의 그것과 같은 것이라고 할 수 있다. 베버는 또 「직업으로서의 학문」(Wissenschaft als Beruf)이라는 1919년에 행한 강연 속에서 보들레르(Baudelaire)의 『악의 꽃』(Fleurs du mal)을 언급하면서 좋지 않은 것이 아름다울 수 있고, 또 아름답지도 않고 성스럽지도 않고 좋지도 않은 것이 진실일 수도 있다는 것을 말하고 있다. 즉 진리는 동시에 아름답고 성스럽고 좋고, 허위는 반대로 추하고 성스럽지 못하다는 기존의 학문·도덕·예술의 체계를 해체시키고 있다. 이러한 발상은 니체에게서는 '선악의 피안'(Jenseits von Gut und Böse)으로서 나타나고 있고, 리오타르에게서는 현대미학이 지니는 아름다움과 추함의 구별을 넘어선 장엄한 것인가 그렇지 않는가라는 새로운 판단기준으로 나타나고 있다. 그러면 이러한 '장엄성'이라는 탈현대적 미학이 뜻하는 선과 악, 아름다움과 추함, 그리고 진리와 허위의 구별까지도 뛰어넘는 '순간'의 충격은 우리에게는 어떠한 정치적 의미를 주고 있는가? 서구에서는 200여 년이 넘게 걸린 근대화과정을 30여 년 만에 이루어보려고 발버둥친 결과로 남게 된 우리의 정치문화가 결국에는 정치라면 지긋지긋하다는 정치혐오감, 정치적 기회주의와 무력감이라고 규정될 수 있는 한국 현실 속에서 이러한 질문은 특별한 의미를 지니고 있다 하겠다.

인간을 지루한 일상적 생활로부터 해방시키는 비일상적 경험에의 동경은 낭만주의적 그리고 심미적 저항으로 나타난다. 시민사회의 자유주의에 대한 비판으로서 비일상적인 '예외적'인 것에 대한 동경을 정치이론적으로 체계화한 학자는 슈미트(C. Schmitt)였는데, 그는 『정치적인 것의 개념』(Der Begriff des Politischen, 1932) 속에서 "예외적인 것(Die Ausnahme)은 정상적인 상태보다 흥미롭다. 정상적인 것은 아무것도 증명하지 못하는 데 반하여 예외적인 것은 모든 것을 증명한다……. 예외적인 것 속에서 현실적 삶의 힘은 반복으로 굳어진 습관의 벽을 부순다"고 주장한다.

'새로운 것'과 '낯선 것'이 주는 신선한 충격은 정치적으로는 지도자(지도집단)의 단호한 혁명적 '결정주의'(Dezisionismus)로 나타난다. 그러나 이러한 정치철학은 나치즘적 발상과 거리가 멀지 않다는 비난을 받았다. 이러한 비일상적인 혁명적 정치에의 동경이 그러면 항상 파시즘적인 '공포의 미학'(Ästhetik des Grauens)만을 의미하는가? 죽음과 삶의 경계선에서 나치즘에 저항하는 레지스탕스 요원이라는 '집단적 영웅'의 희망과 좌절을 그린 바이스(P. Weiss)의 『저항의 미학』(Ästhetik des Widerstandes)도 '예외적인 것'으로서의 정치를 보여주고 있다. 그러나 이러한 '저항의 미학'은 '공포의 미학'이 추구하는 파시즘적 '예외적인 것'에 대한 동경과는 근본적으로 다르다. 오늘날 부패한 관료정치, 상상력이 메마른 테크노크라시의 정치, 그리고 뿌리깊은 파시즘적 군사문화에 도전하는 우리 사회의 '저항의 미학'은 실로 처절하기까지 하다.

민주와 통일 달성이라는 '순간'의 기쁨을 위해 계속되는 한국의 '저항의 미학'은 그러나 '아름다움'과 '장엄함' 사이에 양자택일하는 것을 의미하지 않고 끈질긴 투쟁과 순간의 기쁨을 하나로 용해시켜내고 아름다움과 장엄함을 결합시키려는 정치의 예술화일 수밖에 없다.

5. 역사는 끝인가?

인류 역사를 이성의 발달사로만 보는 낙관주의적 철학은 — 간단히 표현해서 — 어제보다 오늘이 좋고, 오늘보다는 내일이 더 좋을 것이라고 믿는 믿음이라고 할 수 있다. 니체는 물론, 세계의 '합리화'와

'탈주술화'(脫呪術化)를 진단한 막스 베버도 이러한 역사인식에 대해서는 비판적이었다. 니체와 베버는 이성이 '계몽적'이라고는 믿었지만 그렇다고 '해방적' 성격을 동시에 지니는 것으로는 믿지 않았다. 푸코, 들뢰즈, 클로소브스키(P. Klossowski) 등의 탈현대적 사상가들 — 이들은 모두 다 니체에 관한 책을 썼다 — 은 역사적 의식으로 정제된 현대는 '생의 균형적 힘'을 잃게 했다는 니체의 『생을 위한 역사의 유용성과 단점』(Nutzen und Nachteil der Historie für das Leben)에서 나타난 역사비판에 근거한 '역사'의 해체를 시도하고 있다. 특히 푸코는 이 니체 저작에 관한 긴 논문 중에서 과거를 현재를 위해서 보존하는 것을 비판하고 앞으로 향하는 무한한 의지를 위해서 역사를 인위적으로 구성하는 중심인 인식주체를 파괴시켜야 한다고 주장한다.

탈현대의 역사비판은 보드리야르에게서 더욱 분명히 나타나는데 그는 프랑스혁명과 같은 정치적·역사적·이데올로기적 사건은 이제 단지 사고가능한 영역에나 속하고 있고, 실제적으로 성립 불가능하다는 '탈역사'(post-histoire)를 이야기한다. 프랑스에서는 1968년 이후 좌절감에 휩싸인 좌익들과 주로 보수주의적 전통에 서 있는 겔렌(A. Gehlen)과 같은 학자들이 '역사의 종언'(Ende der Geschichte)을 주장한다. 기술과 과학이라는 이데올로기가 이제 마지막 이데올로기로 남아 있고 종래의 정치적 이데올로기가 사라진 상태를 그는 '수정화'(水晶化, Kristallisation)라고 표현하고 있는데, 이는 프랑스의 베인(P. Veyne)의 '역사의 빙산'과 같은 개념이다. 비슷한 보수적인 탈역사관을 우리는 미국의 벨(D. Bell)의 '후기 산업사회'의 '탈(脫)이데올로기화' 이론에서도 볼 수 있다. 독일 출신으로 현재 칼럼비아 대학에서 독일 문학을 강의하고 있는 후이센은 미국에서의 보수주의적 역사비판을 사회주의자들의 '인터내셔널'에 대칭되는 의미로 '아메리카 인터내셔널'이라고 부르고 있다. 특히 동구사회주의의 '위기' 또는 '몰락'을 보

고 '사회주의 몰락=자본주의 승리'라는 시각에서 도출된 '역사의 끝'
이라는 주장은 현재 미국무성 기획실 차장인 일본계의 프란시스 후쿠
야마가 보수적 잡지 『내셔널 인터리스트』(The National Interest)에
기고한 논문에서 특징적으로 나타난다. 그는 동구정치의 급격한 변화
는 사회주의·공산주의 이데올로기의 끝을 의미할 뿐만 아니라, "정
치적·경제적 자유주의의 완전한 승리"로서 "이제 더이상 '역사'의
개념은 불필요하게 되었다. 우리의 눈앞에 전개되고 있는 것은 냉전의
종결이 아니고 인간의 이데올로기적 진화에 종지부를 찍는 서구적 자
유민주주의 정치질서의 최후 형식을 의미한다"고 주장한다. 좌익출신
으로 탈현대를 이야기하는 '역사의 종말'과 이러한 신보수주의자들이
이야기하는 '역사적 종말'이 의도와 이야기되는 상황은 다르지만 비슷
한 결론에 도달한 것도 우리에게 무척 흥미롭다. 유럽에서 이야기되는
'역사의 종말'이라는 결론은 역사가 그 의미를 잃어버렸거나 또는 아
예 처음부터 의미가 없었던 것이라는 믿음에서 출발한다.

콩도르세(Condorcet)로부터 헤겔을 거쳐 마르크스를 관통하는 서구
의 지성사에서 역사의 합법칙적 발전이 현대의 과학과 기술의 발전과
더불어 오히려 생의 파괴에 이르도록 했다는 비관적 결론에 유럽의
탈현대주의자가 도달했다면, 신보수주의자들은 미국이 완전하게 구현
하고 있다고 믿는 자유민주주의와 자본주의 경제체제라는 절대선이
드디어 절대악인 공산주의를 극복했기 때문에 기독교의 종말론적 심
판으로서 역사는 끝난다는 승리감에 도취하고 있다.

그러나 '역사의 종말'이라는 같은 결론에 도달한 서로 다른 전제들
이 실은 유럽중심이나 아메리카중심으로부터 출발하고 있다는 것을
잊어서는 안된다. 후쿠야마에게 '제3세계'는 아예 존재하지 않고, 탈
현대의 기수의 하나인 보드리야르도 오늘의 프랑스가 흡사 세계의 중
심인 것으로 착각하고 있으며 역사의 의미를 프랑스의 눈으로만 해석

하려고 한다. 프랑스혁명 200주년을 기념하여 개관, 정명훈이 극장장이 된 바스티유오페라를 그는 '혁명의 무덤'이라고 평했고, 이제 더이상 혁명은 불가능하기 때문에 우리는 단지 '기념'이라는 '흉내'(Simulation)나 낼 수밖에 없다는 절망감을 토로하고 있다.

미국이나 프랑스와는 사정이 다른 우리나라에서도 비슷하게 '역사'를 바라보는 입장이 있다. 한쪽에서는 사회주의의 위기를 자본주의 승리로 해석하여 자본주의에 속하는 남한의 북한사회주의에 대한 승리로 해석하고 있고, 다른 쪽은 좌절감에 빠져 있는 것 같다. 이러한 도취감과 좌절감은 실은 다 같이 역사의 의미를 '하나'밖에 없는 것이라는 믿음에서 유래하고 있고, '제3세계'로서 그리고 분단된 운명을 안고 있는 우리를 분단의 가해자와 같은 입장에 놓고 보는 데에서 연유한다. 이러한 의미에서 우리는 제임슨(F. Jameson)이 탈현대를 '후기자본주의'의 문화이론으로 보고 있는 관점을 상기할 필요가 있고, 또 '한국자본주의'가 안고 있는 산적한 모순에 대한 심각한 자기반성을 해야 한다. 탈현대적인 좌절이나 절망이 아니고 신보수주의적인 승리감이나 도취감도 아닌 냉정한 시각에서 우리에게 '역사'가 주는 의미를 검토하는 것이 오늘처럼 중요하게 보이는 때도 없다. 보드리야르가 "우주와 우리는 모두 저주와 악, 아니 악이 아니라 무관심과 무(無)신념의 영역으로 들어섰다"고 주장하는 것은 바로 그의 '1968년 5월'이라는 반란의 데카당에서 '탈현대'라는 이론의 데카당에로의 변신을 보여주고 있다. 우리 사회에도 "잘났어 정말"이라는 시니컬한 유행어나 "해보면 뭘하나!"는 좌절감 섞인 회의적 소리가 많다. 물론 우리 사회에서 '역사'의 의미에 대한 회의의 뿌리는 깊다. 일제로부터 해방공간을 거쳐 오늘에 이르기까지 민중의 한이 풀리지 못한 가운데 역사에 대한 회의는 사람들로 하여금 현실 앞에 비겁하게 서게 하거나 현실로부터 도망하게끔 만들었다. 니체는 지배자의 도덕은 '그렇다'는 '긍정'의 도덕인 데 비하여 피지배자의 도덕은 '아니다'라는 '부정'의 도덕이며 이것은 '복수'(復讐, Ressentiment)라는 적극성으로 나타나나 이 복수감을 "오직 너 스스로에게 잘못의 책임이 있다"고 설교하는 '사제'(司祭)라는 복수감의 '방향을 바꾸는 사람'(Richtungs-veränder er)들에 의하여 무력화된다고 『도덕의 계보학』(Zur Genealogie der Moral)에서 비판한다. 우리 사회에도 이와 같이 복수감의 방향을 바꾸고 이를 무력화시키는 '사제'의 모습은 다양하다. 사회와 민족의 구원보다는 개인의 구원을 설교하는 교회, 비판적 의식보다는 규범에 무조건 순응하는 인간을 양산하는 교육, 돈이면 모든 것이 가능하다는 '돈의 철학', '반공'이나 '국가안보'만 외치면 '광주'학살과 같은 반사회 ‧반민족 행위도 무사히 넘길 수 있다는 확신 등등, '사제'의 모습은 실로 여러 가지이다. 여기에다가 최근의 사회주의 위기는 민족민주운동의 '방향을 바꾸는' 또 다른 '사제'로서 등장한 것 같고, '탈현대'도 그러한 '사제'의 역할을 앞으로 능히 할 수도 있다. 위에서도 지적했지만 서구의 탈현대가 역사의 종언 또는 무의미라는 결론에 도달한 중요한 원인은 '하나'의 역사 또는 '역사'의 의미에 너무 집착해왔기 때문에 위기적 상황 속에서 그러한 '역사' ― 그것은 주로 '사회주의'라는 개념으로 이해되었다 ― 에 너무 쉽게 실망하게 된 것이다. 반대로 신보수주의자들은 너무나 쉽게 환희의 소리를 지르고 있다. 오늘날에는 과거처럼 모든 것을 통괄하는 역사의 의미를 그대로 간직할 수 없는 어려움이 분명히 있다. 모든 것이 불분명하고 모든 것이 얽혀 있기 때문에 전망하기가 힘들어졌다는 의미이다. 그럼에도 불구하고 우리에게는 '자주‧민주‧통일'이라는 적절하고 바르고 정당한 과제가 현재 주어졌으며 여기에 실패를 거듭할지라도 값싼 절망과 환희를 넘어서서 또다시 시작할 수밖에 없는 '역사'의 의의가 있다.

6. 보약과 독약

탈현대가 주장하는 '나'라는 이성중심 형이상학의 해체, 다양성의 요청, 앎으로서의 힘의 이해, 장엄성의 미학, 역사의 종말 등은 모두가 다 이성과 계몽의 힘이 전개시켜온 '현대'의 핵심적 문제들을 비판하고 있다. 또 '현대'는 '서구'와 거의 같은 의미로 이해되고 있기 때문에 어떻게 보면 탈현대의 현대비판은 서구의 자기비판이라고 보아도 될 것 같다. 탈현대가 서구의 자기비판이라는 이유에서 서구에 속하지 않는 우리는 그러면 상대적으로 가치절상이 된다는 뜻인가? 일본상품이 세계시장을 무섭게 잠식하자 미국과 서구에서는 '일본식 경영'에 대한 연구가 붐을 이루었다. 요즈음은 조금 열기가 식어 이러한 연구의 주된 인식관심은 '서구적' 경영방식과 다른 '일본식' 경영방식의 기본구조는 무엇이며 이를 서구산업사회에도 적용가능한가 하는 문제였다. 결론적으로 '집단주의'적 경영이 경제대국이라는 '일본신화'의 핵을 이루고 있고 이의 '개인주의'적인 서구산업사회에의 적용가능성은 그러나 상당히 제한되어 있다는 것이다.

이러한 일본식 집단주의적 경영형태는 바르트(R. Barthes)가 『기호의 왕국』속에서 분석한 일본사회의 탈현대적 요소 분석, 젱크스의 단게 겐조(丹下健二)나 구로카와 기쇼(黑川紀章) 등 일본의 탈현대적 건축 분석과 더불어 일본이 표상하는 탈현대는 아사다 아키라(淺田彰), 이마무라 히도시(今村仁司)와 같은 젊은 철학도들에게 많은 충격을 준 것 같다. 또 일본이 표상하는 탈현대가 서구가 낳은 현대의 모순을 극복할 수 있다는 발상은 현재 군국주의로 치닫는 일본의 정치풍토와도 무관하지는 않다. 현대=서양, 탈현대=동양(일본)이라는 이원론적 발상이 동양(일본)의 내부적 모순에는 눈을 감고 서구보다 더 '좋은 자본주의'를 완성하는 '세계 제일로서의 일본' — 포겔(E. F. Vogel)의

68

책 표제(*Japan as Number One*)처럼 — 이라는 자기기만적 확신으로
발전하여 자기비판능력을 상실케 하는 데에 문제가 있다. 우리 사회에
서는 이러한 자기기만에 의한 비판능력 상실이 아직 일본처럼 심하지
않다고 주장하는 사람이 있을지 모르지만 소위 '제2의 일본'으로서 그
동안 외화도 많이 벌어들여 유럽이나 사회주의 대국 소련과 중국에
관광가서 달러도 좀 뿌리는 중에 자신도 모르게, "서양놈들도 별것
아니다"라든가 "중국도 별것 아니다"는 자만에 빠진 것만은 사실이
다. "샴페인을 너무 빨리 터뜨렸다"는 말이 있을 정도로 내용과 형식
이 걸맞지 않은 우리 사회에서 현대 서구가 안고 있는 문제들을 비판
하는 탈현대가 주는 의미는 무엇인가?

 '조국근대화'로부터 '선진조국' 건설을 관통하는 속도숭배와 물량위
주의 철학은 살벌한 인간관계와 심각한 자연파괴에 우리의 눈을 돌릴
시간적·정신적 여유를 앗아갔다. 이러한 현대의 한국적 구성에 대한
저항은 '민중'으로 나타났는데, 세계에서 제일 크다는 현대조선소의
투쟁하는 노동자, 무섭게 밀려들어오는 외국산 농축산물에 저항하는
농민, 새 도시 건설과 도시개발에 밀려 쫓겨나는 빈민 등의 구체적 모
습을 보이고 있다. 민중의 현대라는 강요된 질서에 저항하는 집단주의
적 성격은 물론, 민중적 삶의 원형으로 아직도 뇌리에 남아 있는 '전
통'— 그것이 비록 사라져가는 것에 대한 향수라 할지라도 — 에 대
한 애착은 서구의 탈현대적 저항에서도 비슷하게 나타나고 있다. 오랫
동안 사람들의 발걸음이 뜸했던 박물관들이 요즈음 만원이 되고, 도시
의 옛모습을 그대로 복원하는 데도 엄청난 돈을 들이고 있으며 전통
적 건축양식과 결합된 탈현대적 건축물이 곳곳에 들어서고 있다. 서두
에서도 꺼냈지만 '탈현대'가 의미하는 현대의 '극복'이라는 의미는 동
시에 탈현대가 '현대이전'(Vormoderne)이나 전통과의 재접촉을 포괄
하고 있다. 여기에 탈현대가 신보수주의가 아닌가 하는 의혹을 사고

있는 근거가 있다. 서구 또는 미국이라는 '중심'이 강요하는 '현대'라는 질서에 저항하는 '민중' 속에는 식민주의, 제국주의 또는 신식민주의로서의 서구(미국)의 '이성'에 의하여 파괴된 '이성의 타자'로서의 '전통'에 대한 재확인이라는 의미가 들어 있다. 탈현대가 비록 현대에 대한 허무주의적 저항이라 할지라도 우리에게는 이러한 의미에서 각성제적 역할을 한다. 그러나 이러한 각성제의 과도한 남용은 후기자본주의 서구와 제3세계 한국의 차이마저 의식치 못하게 하거나, 자기확인이 전통의 복고주의적 옹호로만 머물러서 자기 내부의 모순에 대하여 비판적 성찰을 마비시킬 수 있다.

현대에 대한 무비판적 맹신이 정도를 지나쳐서 자기 자신을 돌볼 여유조차 없게 만든 것처럼 탈현대에 대한 지나친 믿음도 마찬가지의 결과를 가져온다. 보약은 잘 쓰면 약이 되나 지나치게 사용하면 오히려 몸에 해가 되는 것처럼 탈현대도 정도를 지나치면 오히려 자기 자신을 재확인하게끔 만드는 것이 아니라 회의 속에서 또는 자기기만 속에서 자기 자신마저 잃게까지 만든다. 여기에 탈현대논쟁의 한국적 수용의 비판적 과제가 있다.

〈1990, 『현대와 사상』〉

사회주의 변화 이후 전환기의 문화와 그 지평들
— 민족·민중문화를 생각하면서

　동구와 소련으로부터 현실사회주의가 사라지는 과정은 그 속에서 경험했던 지성은 물론 서구의 지성에게도 깊은 충격을 안겨 주었다. 반제민족해방 투쟁을 사회주의 혁명과 건설이라는 커다란 테두리 안에서 진행될 수밖에 없는 것으로 받아들였던 제3세계 지성들에게 이러한 현실사회주의의 운명은 더욱더 충격적일 수밖에 없었다. 물론 중국, 북한, 베트남 그리고 쿠바라는 소위 '사회주의 사인방'이 세계체제의 대변혁 중에서 외롭게 자기를 지키기 위한 투쟁을 계속하고 있지만, 이 사실 하나만으로 커다란 충격을 받고 있는 제3세계 지성의 위안으로는 불충분하다.

　서구의 좌파 지성이 제3세계의 반제민족해방 투쟁에 보여준 연대와 지원 — 알제리로부터 베트남을 거쳐 니카라과에 이르기까지 — 은 분명 값진 것이었으나, 오늘날 보수주의 격랑 속에서 이제 스스로의 위치도 지킬 수 없게 된 어려운 사정 속에서 제3세계의 고민은 그들에게 옛날처럼 심각하게 와닿지 않고 있다. 68년도에 최고조에 달한 제3세계의 민족해방 투쟁에 대한 그들의 기대가 '대리혁명'의 성격을 띠었다는 자기비판 속에서 이제는 그들이 사회주의에 거는 희망과 꿈도 옛날과 같지 않을 뿐더러 오히려 회의적이거나 냉소적인 내용까지 담고 있다. 바로 이러한 서구의 지적 분위기 속에서 현실사회주의의 몰락을 경험했던 '동구'(우선은 이렇게 표현하지만 이 개념이 지니고 있는 문제를 아래에서 지적하겠다)의 지성은 희망과 함께 환멸도 맛보고 있다.

동서냉전 종결 이후 서구와 동구 사이의 지적 교류에서 발생하는 여러 문제는 — 동서냉전의 분위기가 비록 무겁게 짓누르고 있지만 — 우리에게 타산지석의 의미를 줄 뿐만 아니라, 오늘날 심각한 좌절감 속에서 그리고 냉소주의적 내지 청산주의적 태도에서 헤어나오지 못하는 남한의 지성에게 자기반성의 기회를 주리라고 믿는다.

1. '동구'와 '중부유럽'의 의미론적 차이

동서냉전체제가 무너지고 나서 유럽은 어떻든 하나의 지적 작업의 공간이 되고 있다. 물론 동서냉전 중에도 동서의 지성이 상호 의견을 교환할 수 있었지만 그 내용은 상당히 제한적이었다.

여기서 우리는 우리가 흔히 사용하는 '동구'의 의미론적 내용을 다시 음미할 필요가 있다. '동구'는 냉전체제 동안 자연히 소련 중심의 정치·경제·문화체제 속의 한 구성부분으로 인식되어 왔다. 동서냉전의 종결과 더불어 '중부유럽'(Central Europe, Mitteleuropa)이라는 개념이 자주 사용되고 있는데, 이는 우선 과거에 '동구'로서 통칭되었던 폴란드, 체코슬로바키아, 헝가리, 루마니아, 알바니아, 유고슬라비아는 물론 발틱3국, 나아가 우크라이나까지도 포함하기도 한다. 이는 모스크바를 중심으로 하는 정치공간의 외곽지대라는 정치적 의미가

강한 '동구'라는 개념이 동서냉전 종결과 함께 점차 문화적 관계로서
의 '중부유럽'이라는 의미로 변화되는 것을 의미한다.

　헝가리의 역사학자 페터 하낙(Péter Hanak)은 1988년 여름 살츠부
르크 축제의 개막연설에서 "중부유럽은 동서관계에서만 역사적 의미
를 지니고 있다. 중부유럽은 하나의 바윗덩어리가 아니라 비교적 견고
한 유럽내의 두 강변을 연결시키는 나룻배다"라고 지적하고 있다. 이
유럽의 하나의 강변인 소련(정확히 말하면 러시아)에 오랫동안 묶여 있
었던 중부유럽은 지금까지 그의 정체성을 '문화'를 통해서 확인하여
왔다.

　지금은 파리에서 활동하고 있는 체코 출신의 작가 밀란 쿤데라(Mil
an Kundera)는 "만약 정체성이 사라지는 위협을 받을 때 문화적 생
명은 이에 비례해서 문화가 삶의 가치가 될 정도로 더욱 강렬해지고
중요해진다"라고까지 주장하면서 동서의 강대국 사이에서 자기의 정
체성을 확인해 왔던 중부유럽의 여러 약소국가에 있어서 문화의 의미
를 특히 강조하고 있다. 영국이나 프랑스에서처럼 전형적으로, 또는
독일이나 이탈리아에서처럼 늦었지만 진척을 본 민족국가 형성을 하
지 못한 중부유럽은 서쪽의 영국, 프랑스, 독일의 제국주의와 동쪽의
러시아로부터 오랫동안 착취와 시달림을 받아왔다.

　이러한 과정중에 오늘날 중부유럽에는 특이한 문화가 형성되었는데
이의 본질을 보헤미아 출신의 역사학자 칼 슐뢰겔(Karl Schlögel)은
"우리의 엘리트는 — 다른 곳에서는 이미 기독교적이었는데 — 여전
히 이교적(異敎的)이었고, 다른 나라에서는 미켈란젤로가 유행했는데
우리는 여전히 고딕건축을 숭상하였다. 우리는 — 다른 곳에서는 모든
것이 완성되고 동질적이었는데 — 항상 미완성에 머물렀고 이질적이
었다. 다른 곳에서는 모든 것이 차례차례로 질서잡힌 데 반하여 우리
에게는 아직도 모든 것이 혼란 속에 병존하고 있다. 우리는 다언어적

이고 다종교적이며 다문화적이다"라고 표현하고 있다.

이러한 특성은 무엇보다도 최근 내전으로까지 발전한 유고슬라비아는 물론, 체코와 슬로바키아로 분열된 체코슬로바키아, 다민족의 공존 문제로 골머리를 앓고 있는 헝가리, 불가리아, 루마니아 등에서 잘 볼 수 있다. 서구가 동시성과 동질성을 본질로 하는 '현대'의 공간이라고 할 때 중부 유럽은 과거의 현재성(또는 현재의 과거성)과 이질성을 근간으로 하는 '탈현대'의 공간이라고 할 수 있다.

물론 중부유럽이 '다수의 폭력없는 통일'이라는 '탈현대적 유토피아'로서 사상적 지평에 나타나고 있고, 오늘날 서구의 정신세계가 바로 이러한 '탈현대적' 구성에 많이 의존하고 있기 때문에 중부유럽의 지성이 바로 이 서구의 탈현대적 이념으로부터 자극을 받을 수 있고, 또 이에 영향도 줄 수 있지 않겠느냐는 질문은 당연히 나올 수 있다.

2. 반(反)정치의 정치

오늘의 중부유럽의 사상적 좌표를 헝가리 출신의 작가이자 현재 국제펜클럽 의장인 콘라드(György Konrád)는 『반(反)정치』(*Anti-politik*)라는 책자에서 "반정치는 정치가가 되고자 하는, 또 권력에 한자리를 같이 할 생각이 없는 사람들의 정치이다. 반정치는 정치적 권력에 대해서 독립적인 거리를 유지하도록 한다. 반정치는 권력에 도달할 수 없고, 또 그렇게 하지 않으려는 하나의 반권력이다. 반정치는 바로 이러한 도덕적 정치적 비중에 의하여, 벌써 힘이 되었다"라고 주장한다.

이러한 '반정치'는 물론 현존 사회주의의 당과 국가의 중앙집권적 권력에 대한 직접적 저항으로부터 출발하였고, 서구의 '반정치'도 독점자본주의의 국가와 이의 통제기구들에 대한 저항으로부터 시작하였다. 푸코(M. Foucault)는 그러나 국가보다는 우리의 일상생활에 침투

하고 있는 '미시적인 힘'(micro-pouvoir) — 이는 학교, 병원, 감옥 등
에서 잘 나타나고 있지만 — 의 분석에 '반정치'의 관심을 돌리고, 국
가권력 밖에나 또는 그 밑에서 기능하고 있는 이 권력의 기능 변화없
이 국가권력만을 상징하고 이에 투쟁하는 '반정치'는 바로 소련과 같
은 결과를 빚어낼 뿐이라고 지적한다.

　그는 이제 '좌파냐 우파냐'라는 종래의 질문이 별로 의미를 지니지
못하는 서구에서 기존하는 '지배체제'(états de domination)가 정지하
지 않도록 하는 끊임없는 '유희'로서의 새로운 '힘의 관계'(relation
depouvoir)는 이미 존재하고 또 위협하는 모든 파시즘 형식들에 저항
하는 새로운 '삶의 양식'(Life style)을 요구하고 있다고 보고 있다. 위
협받고 있는 생태계문제는 단순히 독점재벌과의 커다란 싸움만의 문
제가 아니라 지금까지 우리가 지녀온 개인적 삶의 양식의 조그마한
변화와도 직결되고 있다는 인식이 바로 오늘날 서구의 '반정치'의 기
저에 놓여 있다.

　물론 러시아나 중부유럽에서의 '반정치'는 이제 좌파는 모두 글렀
고 우파는 모두 옳다는 단순한 양자택일의 논리에 서 있지 않지만 자
본주의의 미래에 거는 기대는 적지 않다.

　『모스크바의 아름다움』을 쓴 작가 빅토르 예레페예브(V. Jerefejew)
는 "시간이 지나면 러시아에도 자본주의는 어떠한 식이든지 안전의
체제를 가져다줄 것이다. 왜냐하면 이것이 러시아 자본주의에 유리하
고 편안하기 때문이다. 경찰은 보다 효과적으로 범죄자를 쫓고, 어린
애들은 종교의 원리들을 배워 '사랑하는 신'으로부터 벌받을 것을 두
려워 거짓말도 별로 하지 않을 것이며 교회의 역할도 중요해질 것이
다. 합리적 이기주의와 공허함은 기업가들로 하여금 문화를 위해서 조
금은 그들의 돈을 희사하게 할 수도 있을 것이다. 문화는 그러나 항상
완전히 독립적인 정신이 될 것이다"라고 낙관적으로 전망하고 있다.

이와는 반대로 작가 드미트리 프리고브(Dmitrij Prigow)는 현재 진행되고 있는 소련 사회의 개혁이라는 과제에 있어서 하나의 '이념형'으로 등장하고 있는 '서구적 모범'은 필연코 러시아 사회를 '미국화'시키고, 미국의 문화산업 구조를 인식시키고, 전통적으로 '러시아적 인간의 전형'으로 인정받았던 작가도 앞으로 서구사회에서처럼 사회적으로 별 영향을 행사할 수 없을 것으로 내다보고 있다.

자본주의사회에서 문화는 곧 소유라고 지적한 옛동독의 극작가 '하이너 뮐러'(Heiner Müller)의 말처럼 서구의 '소비사회', '여가사회' 또는 '문화사회'는 러시아나 중부유럽의 문화도 파리, 베를린, 빈이 현재 지니고 있는 문화적 구조 속에 이미 '동시화'(同時化:synchronizing)시키고 있다.

3. '댄디'와 대중

그러면 이제 중부유럽 문화의 구심점 역할을 하는 서구문화의 상태는 어떠한가? 역사적으로 중부유럽 나아가 러시아 문화가 서구의 그것과 직접 교호(交互)할 수 있는 주요한 서구의 도시는 베를린과 빈이었다. 1차세계대전이 끝나고 몰아친 주요한 서구의 사회적 혼란 속에서 모든 사상적 조류가 '백가쟁명' 식으로 나타난 20년대의 베를린과 부패와 타락 그리고 위선의 도시로서 칼 크라우스(Karl Kraus)의『인류의 종말』(Die letzten Tage der Menschheit)의 무대가 되었던 빈이, 20세기말을 보내는 오늘의 문화는 과연 어떤 모습인가?

물론 물질생활에 있어서 20년대의 베를린과 빈을 오늘의 그것과 비교할 수는 없을 것이다. 그러나 '쾌락주의'(Hedonism)가 주로 소비제품을 통해서 중산층의 심미적 체험의 중심에 자리잡고 있는 점에서 20년대의 그것과 정도의 차이는 있을지언정 근본적인 차이는 없다. 따라서 '집이나 가구는 예술품이 될 수 있는데 삶은 왜 예술이 될 수 없는가'하는 질문을 던지는 푸코의 입장은 분명히 도전적이지만 동시에 계몽적이다.

대중소비문화가 천편일률적인 규범을 창출하는 데에 저항하는 푸코는 흡사 속물적인 부르주아의 평균적인 취미생활에 대해서 낭만적 귀족적 저항의 한 형태였던 '댄디'(Dandy : 원래 인도에서 '지팡이 짚고 다니는 사람'이라는 뜻이었으나 식민지 지배관리들의 귀족적이고 호화스러운 생활을 의미하는 뜻으로 후에 특히 영국과 프랑스에서는 시인 바이런(Byron)이나 보들레르(Baudelaire)가 보여주었던 귀족적이고 개성적인 삶의 미학을 의미하였다)를 상정하는 '실존의 미학'이라는 새로운 윤리를 제안한다. 이러한 자유분방한 미학적 윤리가 중부유럽의 지성에게도 분명히 매력을 주고 있다는 것은 니체나 푸코에 대한 이들의 급증하고 있는 관심이 잘 드러내주고 있다.

물론 '사회주의적 인간주의'라는 이름 아래 이 인간주의의 주체, 즉 소멸당한 것을 경험한 많은 중부유럽의 지성에게도 이러한 무정부주의적 삶의 미학은 새로운 발상을 열어 줄 수도 있다. 그러나 소위 '시장'이라는 '자유' 속에서 삶의 기저에 도저히 뿌리내릴 수 없는 대다수의 중부유럽과 러시아의 사람들에게 그러한 발상은 배부른 자의 취밋거리이거나 아니면 고작해야 엘리트들의 언어로만 들릴 것이다.

옛동독의 여류작가 크리스타 볼프(Christa Wolf)의 작품 『카산드라』(*Kassandra*)를 읽고 느낀 필자의 감상이지만, 희랍신화를 빌린 이 난해한 작품을 옛동독의 노동자들이 도대체 얼마나 이해할 수 있었겠느냐 하는 의문은 같은 맥락에서 제기될 수 있을 것이다. 서구에서는 호평받고 있지만 중부유럽의 노동자는 이해할 수 없는 예술을 단지 그들의 무지와 무딘 감정의 탓으로 돌릴 수밖에 없는가?

4. 주체의 미학

북한에도 예술이 있는가 하는 질문이 종종 제기된다. 이 질문은 두 가지의 배경을 지니고 있는데, 그 하나는 순수한 의미의 예술이 북한에도 있을 수 있는가 하는 것과 또 다른 하나는 서구에서 이해될 수준의 예술 — '고급스럽다'는 의미에서 — 이 존재할 수 있느냐 하는 부정적 답변을 이내 내포하고 있다. 억눌린 자들을 옭아맨 정치적 사회적 힘의 본질을 폭로하고 이들의 감정적 사고와 양심의 폭발을 기대했던 브레히트(B. Brecht)와 예술의 독자성을 통해서 오히려 사회에 그의 전위적 기능 확대를 기대했던 아도르노(Th. Adorno)의 마르크스주의적 미학의 두 조류 가운데 북한의 예술은 — 특히 항일을 주제로 한 많은 작품들은 — 전자의 입장에 서 있다고 볼 수 있다.

사회주의 혁명과 건설을 주제로 한 낙관주의적 내용을 담은 작품들이 종종 인간 정서의 '도식적' 해석에 빠지거나 '통속적' 수준에 머무르고 있다고 하는 비판은 그러나 우선 북한의 예술이 어떻게 민족문제와 계급문제를 결합하고 있는가 하는 점을 동시에 고려하지 않으면 안된다.

소련과 중부유럽의 사회주의 예술이 특히 민족문제에 불길한 촉각을 세우고 여기에 과도한 의미부여를 스스로가 자제하고 '농촌문학' 또는 농민들의 '원시적 그림'만을 '공식적'으로 허용한 것과 비교해 볼 때, 북한이 주장하는 '조선의 형식 속에 사회주의 내용을 담는다'는 주체의 미학이 전제하는 민족문제와 계급문제의 결합 양식은 '사회주의적 사실주의'라는 차원에만 머무르고 있지 않다. '현대'가 안고 있는 다양한 심미적 체험이, 최근 러시아나 중부유럽에서는 — 록음악으로부터 비디오 예술까지 — 여러 형식으로 등장하고 있지만 북한에서는 이를 퇴폐적이고 개인적인 감정의 표현양식에 지나지 않는다고 보고 있다.

최근 '휘파람'이나 '보천보전자경음악단'이 북한의 청소년들 사이에 선풍적 인기를 끌고 있다는 사실을 보며 북한에도 이제 문화와 예술 생활의 '개방' 물결은 피할 수 없는 것이 아닌가 하는 의문을 제시할 수 있으나, 인민의 일반적 정서는 이에 아직도 거부감을 보이고 있다.

북한의 사회주의 예술미학 논리의 주체화가 민족의 고유한 정서와 결합된 인민성이라고 할 때 이는 필연적으로 소위 '고급문화'를 소멸 시키고 대중적이고 통속적인 '저급문화'만을 양산하게 되는가? 이와 관련하여 우리는 북한의 윤이상 음악에 대한 접근과 이해에 주의를 돌릴 필요가 있다. 윤이상의 현대음악 세계는 분명히 서구에서도 '고 급문화'의 영역에 속한다. 이러한 음악이 소위 '통속적'인 북의 음악세 계와 교호할 수 있는 중요한 이유는 역시 윤이상 음악 속에 흐르는 음의 민족적인 정서 때문이라고 판단된다.

5. 민중과 민족문화

남한에도 민족·민중문화라는 특이한 결합 형태의 미적 체험과 표 현이 있다. 물론 북의 사회주의 생활양식 속에서의 민족과 계급의 연 결구도와 이러한 남한의 경험은 성장배경이 다르기 때문에 이 둘을 등치시킬 수도 없다. 남한의 (신)식민지적 문화구조와 독점자본의 '상 품미학'(Warenästhetik)이 강요하는 분절(分節)된 사(私)적 영역의 급 격한 성장 — 이를 리차드 세네트(Richard Sennett)는 『공적 인산의 쇠락』(The Fall of Public Man)에서도 분석하고 있지만 — 은 민족이 나 민중이라는 집단적인 삶의 원형에 대한 단순한 향수만을 불러일으 키지 않았고, 억압에 저항하고 나아가 적극적인 자기 긍정에까지 진입 하는 '저항의 미학'을 요청하게끔 하였다. 획일화되고 있는 대중소비

문화의 물결 속에서 민족의 정서와 민중의 생명력을 지키려는 이러한
저항이 제국주의적 문화의 중심에 대한 도전이자 동시에 내적으로는
계몽의 작업일 수밖에 없다.

남한내의 '탈현대'에 대한 논쟁이 주로 '정보사회'이론이나 물적 대
상을 대신하는 '기호'에 관한 이론으로 축소 이해되는 경향이 강한데,
이는 '탈현대' '반(反)현대' 또는 '초(超)현대'라는 의미도 지니고 있
어 그러한 저항과 계몽의 작업에도 여러 가지 시사점을 줄 수도 있다
는 것을 간과하게 하는 것 같다.

어떻든 현실사회주의의 멸망과 함께 밀려오는 온갖 사조들 — 이의
대표적인 예가 아마도 '탈현대주의'(Post-modernism)인 것 같다 — 에
대해서도 닫힌 입장으로 대하지 말고 오히려 적극적으로 그리고 열린
입장으로 대하면서 그러한 사조의 성장 배경과 내용을 위에서 말한
저항과 계몽작업 문제와 연관지워 날카롭게 대처하는 '급진적 현실주
의'(Radical Realism) 없이는 수입된 사상의 혼란 속에서 청산주의나
냉소주의의 늪으로 쉽게 빠져 들어갈 수밖에 없다.

6. 유추(類推)의 세계

이성의 흔들리지 않는 무게를 근대의 사상적 축의 중심에 놓았던
데카르트의 동시대인으로서, 그의 강력한 비판자였던 비코(G. Vico)는
우리의 인식세계에서 '유추'(Analogy)가 지니는 역할에 특별한 주목을
돌렸다. 즉 우리가 직접적으로 경험하거나 알 수 없는 세계에 대해 우
리는 유추를 통해서, 즉 이미 경험할 수 있거나 알 수 있는 세계를 바
탕으로 해서, 새세계를 더듬어 나간다는 것이다. 이러한 인식방법은
특히 '신화'(Mythology)의 세계구성에 자주 나타나고 있다.

남한의 자본주의 발전에 관한 여러 신화 가운데에도 최근 많이 논

의되는 유추적 사고가 있다. 즉, 남한 자본주의의 축적과 성장을 영국
이나 일본의 경험으로부터 유추 내지 비교해서 남한자본주의가 이제
그의 종속성을 탈피하고 이미 자생적인 동력을 획득하고 있다고 본다.
지난 20~30년간 보여준 남한의 경제성장 속도를 영국이 가령 산업혁
명 과정중에, 또는 일본이 명치유신 이후 보여준 연평균 경제성장
(1~2%)에 비해서 평균 8%의 높은 성장을 보여준 남한 자본주의를
'매판' '종속' 또는 '신식민지'로 규정하는 것은 문제가 있다고 지적한
다.

그러나 남한 자본주의를 '전형적'인 자본주의 발전(영국)이나 '예외
적'인 발전(일본)의 곡선을 좇아 설명하려는 유추도 문제이지만, 오늘
3.5% 정도 연평균 경제성장을 보여주는 세계경제, 남한경제와 비슷한
수준의 나라들과 후발대와의 격렬한 경쟁, 기술종속의 심화 문제도 응
당 눈을 돌려야 할 것이다. 특히 경제발전과 걸맞지 않는 정치적·사
회적 불안정도 시간이 지나면 영국이나 일본처럼 해결될 것이라고 낙
관적으로만 전망할 수 없는 조건 속에 우리는 살고 있다.

'잘못된 비교수준'(misplaced level)이 낳은 '신화' 속에서 안주하고
자만할 것이 아니라 사람이 살 수 있는 생활환경을 전제하는 '삶의
질'을 이성적으로 추구하는 노력을 게을리해서는 안될 것이다. 유추에
의한 남한 자본주의의 낙관적이고 적극적 평가는 무엇보다도 남북통
일 문제와 직결되어 곧장 독일식 흡수통합의 발상으로 이어지기 때문
에 더욱이나 그렇다.

7. 변신한 '좌익'의 면죄부

현실 사회주의가 소련과 중부유럽에서 무너지자 서구에서는 자본주
의로 표현되는 세계 역사는 더이상의 진전이 없는 역사의 종착역에

이제 도달했다는 '탈역사'(post-histoire) 논의가 무성하다. 물론 보수 반공주의는 이미 오래 전부터 그러한 주장을 펴왔기 때문에 너무나 당연한 반응이라고 생각된다. 그러나 소위 '좌익'이라는 범주에 들었던 이론가들이 그들이 그 전에 펼쳤던 이론 또는 구체적 행동에 대한 분명한 자기비판과 평가도 없이 하루아침에 표변해서 보수반공주의의 역사철학을 신념화할 뿐만 아니라 한술 더 떠서 이들보다 더 극성을 부리는 것도 작금의 현실이다.

이들이 쉽게 '면죄부'로 생각하는 것 중에는 북한 사회에 대한 혹심한 평가인데 이러한 범주에 속하는 인물로서 현재 영국의 리즈(Leeds) 대학에서 제3세계 문제를 강의하고 있는 소장학자 에이단 포스터-카터(Aidan Foster-Carter)가 있다. 70년대 중반부터 남북한 경제 문제에 관한 비판적 논문도 수편 발표해 왔는데, 최근 그는 『이코노미스트』(*The Economist*)지의 위촉을 받아 「다가오는 한국의 통일 또 하나의 동아시아의 초강대국?」(Korea's Coming Reunification : Another East Asian Superpower?)이라는 보고서를 작성했다.

그의 결론에 의하면 한반도는 2000년까지는 반드시, 빠르면 1995년 안으로, 독일식 통일 — 즉 남한에 의한 북한의 흡수통일 — 이 가능하다는 것이다. 그는 그가 인용한 '한국개발연구원'(KDI)의 자료도 북한 경제의 실력을 실제보다 더 높게 평가했다고 비판하면서 90년대 안으로 북한은 경제적 그리고 이어서 정치적으로 붕괴할 수밖에 없다고 주장하고 있다. 결론적으로 말해서 그는 "북한의 정확한 붕괴 시기와 방법을 예측하는 것은 불가능하지만 하여튼 늦어도 7~8년 안에 망한다는 것이며 빠르면 빠를수록 '통일비용'이 적게 든다"는 것이다.

'점진적'인 통일보다는 흡사 우주생성의 시초인 '대폭발'(big-bang)처럼 대혼란이 있어야 질서도 빨리 잡힐 수 있다는 이러한 발상이 '탈현대'와 더불어 최근 서구에서 자주 논의되는 '혼란'(Chaos)의 적극적 의미 부여와 무관하지 않지만, 그러한 혼란이 독일과는 달리—
유혈은 없었으나 '마음의 통일'(innere Einigung)이라는 큰 문제를 안
고 있는 — 엄청난 유혈적 사태로 발전할 것이 뻔한 한반도의 조건에
서 대폭발 이후에 먼지가 가라앉으면 모든 것이 조용할 것이라는 발
상은 무책임한 정도가 아니라 우리의 민족 문제를 조롱하는 것과 마
찬가지이다.

8. 과정과 사건

민족상잔이라는 최악의 경험까지 맛보고 이제야 겨우 제한된 의미
의 남북대화가 시작되는 한반도에서 남북통일을 흡사 '과정'(process)
없이 우리에게 어느날 불쑥 다가오는 '사건'(accident)처럼 기대하는
태도는 '순간'이 줄 수 있는 낭만적인 정치미학과 결정주의적 충격을
기대할 수 있을지 모르지만 근본에 있어서는 많은 피를 흘리는 '체제
통합'을 전제한다.

우리 한반도내에 존재하는 두 체제가 정상적인 민족 내부의 관계를
맺고 이 관계를 통해서 상호 이해하는 모든 과정 자체를 통일이라고
할 때 우리는 그러한 관계체계가 요구하는 점진적인 통일방안이 답답
하고 또 불안정한 것이라고 할지라도 과정을 뛰어넘는 모험에 우리의
미래를 걸 수는 없다.

통일에는 '베트남식'이거나 '독일식'밖에 없다는 '역사적 경험'에만
의존하려는 안이한 태도로서는 '남이냐 북이냐'라는 양자택일의 논리
로부터 해방되어 '남과 북'이라는 변증법적 이해의 세계 속으로 우리
의 사고를 전진시키지 못할 것이다.

무엇이 있다 할 때 우리는 이 속에 변하지 않는 고정적인 '실체'
(Substance)가 있다고 전제하게 되는데 — 이의 대표적인 철학이 아리

스토텔레스의 철학인 것이다 — 물리학자 파울리(Pauli)는 이로 인해서 우리는 항상 '이것이냐 저것이냐'라는 사고체계에 빠지게 된다고 비판하면서 바로 이러한 사고야말로 '악마의 산물'이라고까지 실체철학을 공격하였다. 현대 인식이론의 창시자의 한 사람이라고 할 수 있는 바슐라르(G. Bachlard)는 이러한 실체철학이 바로 우리의 사고에 오랫동안 빗장을 걸어왔다고 지적하고 있고, 화이트헤드(A. N. W. Whitehead)는 '과정'의 철학을, 세르(M. Serres)는 '흡수하고 배제하는 제3의 철학'을 이야기한다. 우리의 민족통일이 진정한 '마음의 통일'에까지 도달하기 위해서는 긴장된 '과정' 의미를 항상 되씹어 보아야 한다.

9. 다시 문화의 의미로 : 결론에 대신해서

독일의 여류작가 루이제 린저(L. Rinser)는 왜 한국에 특히 애착을 갖고 있느냐 하는 질문에 한국은 오랫동안 강대국 틈 속에서 착취와 압박을 경험한 폴란드나 영국 옆에서 몇백 년을 부대낀 아일랜드의 운명과 너무나 비슷한 처지를 걸어왔기 때문이라고 대답한 적이 있다.

서두에서도 지적했지만 한 민족의 정체성이 위협받을 때 이를 지키기 위한 문화의 역할은 지대하다. 폴란드는 말할 것도 없이 발틱3국도 또 우크라이나도 마찬가지이다. 비록 영어를 통해 문학작품을 발표한 제임스 조이스나 버나드 쇼를 배출한 아일랜드이지만 그들의 고유한 언어 갤릭어는 공용어로 — 물론 영어와 함께 — 남아 있다.

오늘 '남이냐 북이냐' 하는 양자택일의 강박적 상황 속에서 '남과 북'이라는 총체성과 함께 이것이 내포하고 있는 과정을 이해하려는 노력에 있어서 문화의 역할은 실로 지대하다. 정치가 '배제중항'(排際中項:A와 A 아닌 것 사이에 중간은 없다)의 원칙에 서서 남북의 골을 더

깊게 파면 팔수록 문화의 통합적 기능은 더욱더 높아진다. 이 말은 물론 문화가, 정치가 잘못한 부분을 '보상'해야 한다는 문화의 성형외과적 역할을 두고 하는 말은 아니다.

격동하는 전환기를 맞고 있는 한반도의 운명을 주위 강대국에게 맡길 수 없고, 민족통일이 매판적 독점자본의 행동반경이 압록강까지 확장된다는 이해타산의 대상이 아닌 한 민족의 정체성(正體性)과 민중의 건강한 삶을 드러내는 문화야말로 '배제하고 통합하는 제3'의 역할을 할 수 있다. '코카콜라'와 '말보로'가 러시아와 중부유럽의 안방에까지 들어가고, 중국은 물론 일부 북한의 특수층의 구미를 당기고 있을 때 온갖 외래 문화의 탁류 속에서도 정체성을 지켜주는 남한의 건강한 문화는 바로 이들에게 교훈적인 의미까지도 제시할 수 있을 것이다.

'탈역사'적 청산주의와 비극적인 계몽의식인 냉소주의가 무겁게 드리운 상황 속에서 이러한 건강한 문화를 일구어 간다는 것은 물론 어려운 일이다. 그러나 그러한 건강한 문화의 원형이 서구, 아니면 러시아나 중부유럽에 혹시 있지 않나 하고 기웃거릴 필요는 없다. 이곳에서 오랫동안 통용된 '좌 · 우'라는 범주는 흡사 인류의 보편사처럼 주장되어 왔고, 이러한 분위기 속에서 제3세계가 자신의 문화적 정체성(停滯性)으로부터 역사를 재구성하려는 시도도 많은 제약을 받았다. 모든 것이 혼란스럽고 전망도 트이지 않는 위기이지만, 이 위기는 바로 지금까지의 경직된 사고의 틀을 열리게 할 수 있는 기회일 수도 있다. 이럴 때일수록 민족과 민중의 건강한 삶을 꾸리게 하는 문화의 역할은 더욱 중요하다.

〈1992,『노둣돌』〉

제 2 부 민족을 다시 생각한다

조국을 위한 상념
서구의 지성, 남한의 지성
동구의 지성, 북한의 지성
분단현실에의 인식론적 접근

조국을 위한 상념

1. 신상에 얽힌 이야기

필자는 작년 5월 북한의 사회과학원 초청으로 평양을 방문, 사회과학원과 김일성 종합대학에서 강연과 학술토론회를 갖고 격동하는 국제정치 속의 한반도 장래와 관련된 여러 문제에 관해 김일성 주석과 직접 대담할 기회까지 가질 수 있었다. 그런데 독일에 돌아오니 필자를 '주체철학자'라고 비난하는 모 일간지의 칼럼도 있었고, 어떤 선배 한 분은 이를 반박하는 글을 썼다는 소식도 들렸다. 필자의 주된 활동 무대가 서울이 아니었기 때문에 남한에서는 '알 만한 사람이나 겨우 아는' 필자를 왜 북한이 그렇게 '융숭한' 접대를 했느냐는 의문도 있다고 들린다. 그도 그럴 수밖에 없는 것이 88년 필자의 책으로 처음 서울에서 번역 출간된 『계몽과 해방』과 90년의 『소련과 중국』, 그리고 88년 가을에 창간되었던 월간 『사회와 사상』에 자주 실렸던 필자의 글도 상당히 제한된 수의 독자만을 가졌을 것으로 추측되기 때문이다.

필자가 남한 독자에게 낯설 수밖에 없는 데는 그 나름대로 이유가 있다.

1972년 성립된 유신체제는 해외교포 사이에도 심한 공포와 상호불신 분위기를 가져왔다. 1967년의 '동백림 사건'도 있었지만, 파독 광부와 간호원들은 3년 계약이 끝나면, 그리고 유학생들은 공부가 끝나자마자 그 다음날로 귀국해야 하는 서독의 외국인 정책 때문에 서독교포와 유학생들은 대사관과 중앙정보부를 항상 의식하면서 살아야 했기 때문이다.

이러한 분위기를 뚫고 1974년 3월1일 본에서 박 정권 퇴진을 요구하는 시위와 함께 결성된 '민주사회건설협의회'(약칭 '민건', 처음 서명자 수는 55명)의 초대의장에 필자가 선출되면서부터 나는 나대로, 서울에 있는 부모형제들은 또 그들대로 중앙정보부의 등쌀에 시달려야만 했다.

초창기 민건 회원의 대부분은 80년대 중반에 귀국해서 대학강단에 서는 등 여러 분야에서 활동을 하고 있으나 어떤 회원은 북을 조국으로 택하여 북행하기도 했으니 조국분단은 민건 안에도 깊은 흔적을 남긴 셈이다. 79년 10월 26일 궁정동의 총성, 뒤이은 12월12일 반동군부의 제1차 쿠데타, 그리고 이에 뒤이은 짧은 민주화의 봄이 광주의 피로 연결되는 과정은 외국에 있는 나에게도 큰 충격을 주었다. 일본에서 태어나 제주도를 고향으로 하고 있지만 감수성 많은 소년기를 보낸 광주의 1980년은 따라서 형용할 수 없는 슬픔, 분노, 그리고 희망을 필자에게 안겨주었다.

독일의 텔레비전 방송은 물론 신문, 잡지 그리고 책을 통해서 한국의 실정을 알리고 민주화운동의 지원을 호소하는 동분서주의 생활이 지속되었다. 87년 6월투쟁이 고조되었을 때는 하루에 루르지방, 함부르크, 그리고 베를린에서 강연을 계속해서 해야 했기 때문에 비행기를 타고 바삐 다녀야만 했던 때도 있었다. 그러나 두 김씨가 싸워 어이없는 결과를 빚어낸 대통령선거는 조국의 민주화를 바랐던 해외동포들을 크게 실망시켰다. 나는 나대로 그동안 우리의 민주화운동을 지원해 주었던 외국인 친구들을 만날 때마다 창피하고 곤혹스러운 표정을 지을 수밖에 없었다. 선거가 끝나고 얼마 후 프랑크푸르트대학 시절 필자를 지도했던 하버마스 교수를 만나니 도대체 어떻게 그러한 '넌센스'(Unsinn)가 있을 수 있느냐고 물어 입장이 아주 난처해진 적도 있었다. 그렇게 후보단일화를 외쳤지만 권력에만 눈이 어두워 주관주의적 판단에 의존한 정치모험이 가져다 준 냉소주의적 정치문화가 앞으로 얼마나 지나야 사라질 것인지······. 여전히 답답하기만 하다.

2. 보수와 반동의 차이

남한의 보수적 정치에 민주화와 민중의 생존권, 나아가서는 민족통일을 위한 촉매 역할을 기대했던 것 자체가 애초부터 잘못된 발상이라는 지적이 이제는 해외교포들 사이에서도 많이 나돌고 있다. 소위 '구국'이라는 이름 밑에 하루아침에 이 당에서 저 당으로, 저 당에서 이 당으로 옮겨 다니고, 외국신문에서조차 한반도 분단의 공식적인 승인이라고 지적된 남북한의 동시 유엔가입을 무엇이 그렇게 축하할 것이 있다고 유엔에 같이 몰려 다니는지 모를 '보수적' 정치에 대하여 이제는 '보수적'이라는 수식어를 계속 사용하는 것이 옳은지를 곰곰이 생각케 된다.

종종 '보수적'이란 말과 '반동적'이라는 수식어는 같거나 또는 비슷한 의미를 전달하는 것으로 이해되고 있다. 그러나 보수주의자들에게 '반동적'이라는 수식어는 모욕적으로까지 들린다. 왜냐하면 '보수주의'

는 어떤 의미에서 정치적 또는 도덕적 타락에 대해서 의연하고, 때로는 귀족적이고 고답적인 태도를 보여주기 때문에 소위 '혁명적 보수주의'라는 결단성 있는 정치를 추구하는 면모를 갖추고 있다. 그에 비해 '반동'은 지니고 있는 특권을 위협으로부터 지키기 위해 수동적이며 너무나 일상적이고 동물적인 반응을 보이기 때문에 무섭고 잔인하지만 혁명적 보수주의처럼 신선한 정치적 충격을 주지 못한다. 우리는 이러한 '혁명적 보수주의' 또는 '우익의 좌익'이 던지는 철학을 바이마르 공화국 시절 『서구의 몰락』의 작가 슈펭글러(O. Spengler)에게서도 볼 수 있고 '근대의 초극'을 부르짖었던 일본의 20년대 민족주의적 지성(물론 후에는 군국주의의 사상적 밑거름을 제공했지만)에게서도 발견할 수 있다.

남한 사회에도 요즈음 스스로를 '보수주의'를 대표하는 신문 또는 지성이라고 자칭하는 분위기도 있지만, 기껏해야 촌지나 받아먹고 곡필을 휘두르며 '싹쓸이' 발언이나 '우익은 죽었는가!' 등을 외치는 한심한 수준의, 보수주의 아닌 반동이 활개치는 정치풍토는 아닌지……. 아마도 '위대한 반동' 소리를 들을 정도의 정치철학과 의연한 도덕성이 없는 보수주의는 이미 보수주의가 아니라 우리를 지루하게 만드는 일상적이며 혐오할 수밖에 없는 반동에 지나지 않는다.

3. 남한의 사회변혁논쟁에 대한 견해

필자가 독일땅을 밟은 1967년 여름만 해도 독일대학 분위기는 여전히 보수적이고 권위주위적이었다. 그러나 1968년 봄에 들어서면서부터 상황은 일전하여 '신좌익'의 물결이 온 사회를 강타했다. 당시 신좌익 운동 진원지의 하나였던 프랑크푸르트대학의 하버마스 교수 지도 밑에서 학위논문을 쓰기 시작한 필자에게도 이러한 새로운 지적 분위기는 깊은 흔적을 남겼다.

원래 「마르크스와 훗설의 역사성 개념」에 대해서 쓰려던 학위논문 계획을 변경해서 「계몽과 해방 : 헤겔, 마르크스 그리고 베버의 동양세계관」을 쓰게 된 동기가 있었다.

필자가 어느날 시내전차를 타고 가다 앞자리에 앉아 있는 한 중년 신사가 넘기는 주간잡지 『슈테른』(Stern)에 실린 베트남 양민을 학살한 파월국군의 만행에 관한 사진과 기사를 곁눈으로 훔쳐보았다. 제3세계로서의 아시아의 본질이 무엇인가를 밝혀야 되겠다고 결심하게 된 것이 이때부터였다.

1971년말에 학위논문을 마치고 나서, 당시 보수주의 사회학의 거장이었던 쉘스키(H. Schelsky)가 학생들의 등쌀에 쫓겨난 뮌스터대학으로 옮겼다. 이 대학의 사회학과에서 조교수로 채용하겠다는 제의가 와서 한 2~3년 더 머물면서 독일대학 내부사정을 알아볼 요량으로 이를 응낙한 것이 위에서 지적한 정치생활과 결합된 나의 학자생활의 시작이었다. 주로 정치경제학, 사회학방법론, 후진국사회학을 강의했지만 항상 서울로부터 날아들어오는 소식에 귀를 기울이면서 긴장 속에서 움직여야만 했기 때문에 강의준비도 많은 경우에 기차 안에서 할 수밖에 없었다. 같은 '신좌익'이라고 하지만 그 안에서 '소련파'와 '중국파'로 갈라져 무섭게 싸우는 분위기는 뮌스터 대학에서도 마찬가지였다. 이러한 편가르기가 주로는 자기의 이론적 기본틀을 우선 정해놓고 이를 설명하고 방어하기 위한 수단으로 각각 자기입장에 맞는 것만 취하는 극히 편협된 '체제존재론'(Systemontologie)이었기 때문에 이를 극복하기 위해서 착수한 것이 81년 봄에 탈고한 『소련과 중국』이라는 사회주의의 내재적 비판적인 분석이었다. 이 논문은 동시에 필자의 '교수자격논문'(Habilitation : 독일에만 있는 제도로 박사학위가 끝나고 대략 10년 가까운 연구결과를 발표하고, 이것이 통과되면 어떤 분야에 대해서 교수 자격을 빚는다)으로 1982년 1월에 통과되었다.

80년대 중반부터 남한에서 열띠게 전개된 사회변혁 논쟁과 최근의 사회주의 논쟁들이 필자에게 주는 인상은 지난 70년대 중반까지 독일 좌익들이 소모전식으로 벌인 체제존재론적인 논쟁이 준 인상과 비슷했다.

80년대로 들어오면서부터 전 세계를 지배하기 시작한 보수주의— 레이건, 대처 그리고 콜로 상징되는 것처럼 — 의 거센 흐름 속에서 서로 싸우던 좌익들도 반성을 하고 새로운 길을 모색하여 반공해, 반전평화, 반핵, 여성운동 등의 다양한 '신사회운동' 속에서 다시 만나 그동안 지나쳤던 '작은 이야기'에 귀를 기울이기 시작했다.

물론 우리는 통일된 민족국가도 아직 건설하지 못했고 또 기본적인 민중의 생존권이 지켜지는 조건 속에서도 살고 있지 못하고 있기 때문에 '민족통일'과 '민중해방'이라는 '큰 이야기' 역시 중요한 의미를 던져주고 있으나, 그렇다고 해서 '작은 이야기'들을 무시해서는 안되는 특이한 상황 속에 살고 있다.

4. 마지막 남은 분단 국가

민족통일이라는 '큰 이야기'는 이 지상에서 아마도 이제 우리만이 하는 것 같다. 동서냉전체제가 무너지자마자 제일 먼저 나타난 것이 민족문제이다.

유고슬라비아에서의 민족문제는 유혈적 사태로 발전했다. 그러나 이러한 민족문제는 외세에 의한 분단 때문에 생긴 민족문제라기보다는 하나의 민족과 다른 민족간의 갈등이 주된 요인으로 작용하고 있기 때문에 우리의 그것과는 상당히 다르다.

독일의 통일도 물론 '큰 이야기'였음에는 틀림없으나 인류를 큰 재

앙으로 몰았던 장본인이었기 때문에 그들 스스로가 나서서 큰소리로
말할 수는 없었고, 유리해진 국제정세를 재빨리 이용한 — 어떻게 보
면 너무나도 쉽게 통일을 이룩했다 — 통일의 속도가 너무나 빨라 그
후유증 때문에 아직도 심한 몸살을 앓고 있다.

독일의 통일과 한반도의 통일문제가 다른 구조를 가지고 있다고 하
면서도 필경에는 독일식 통일이 한반도에도 가능하다고 믿거나 또는
그렇게 바라는 분위기가 남한에 강하게 있고, 우리 문제의 본질을 모
르는 서방언론도 대개 그러한 각도에서 바라보고 있다. 자본주의가 인
간의 소외를 낳았지만 바로 이 소외가 인간을 자유스럽게 만든다는
자유주의 옹호의 변까지 등장하고, '새로운 인간'을 꿈꾸었던 사회주
의적 금욕주의와 이상주의가 인간의 본성을 너무나도 무시한 전제 위
에 서 있었기 때문에 패배할 수밖에 없다는 인간학적인 주장도 나타
나고 있다.

그러나 이러한 자유주의로서의 자본주의를 위한 변명이 우리 사회
에서 설득력을 지니기 어렵게 된 것은 무엇보다도 짧은 기간 안에 이
룩된 자본주의적 발전이 안고 있는 모순의 응축이 이제 전 사회적 분
야에서 확산되어 나타나고 있기 때문이다. 즉 흔히 있을 수 있는 사회
적 모순 정도로 문제를 호도할 수는 없게 되었기 때문이다.

5. 북한의 자주성과 핵문제

북한의 '주체사회주의' 또는 '우리식 사회주의'가 내걸고 있는 이상
은 자주성의 원칙 위에 선 조선의 실정에 맞는 사회주의 건설이라고
흔히들 이야기한다. '공산주의'와 '민족주의' 사이의 거리는 원래부터
먼 것으로 알려져 있다. 따라서 편협한 민족주의 대신에 '사회주의 애
국주의'나 '국제공산주의'라는 개념이 오랫동안 사용되어 왔다. 이러

한 통념석인 개념에 비추어 볼 때 '주체사상'이 강조하는 '자주성'은 상당히 예외적인 것으로 받아들여졌고 중소이념분쟁 때에는 사실상 이로 인해 양쪽으로부터 똑같이 공격과 비난을 받았다.

북한은 그러나 각 나라 사회주의가 모두 혁명과 건설을 잘하면 이것이 결국 국제공산주의를 강화, 발전시킨다는 논리로써 이에 응수했다. 소련과 중국 또는 미국과 일본이라는 강대국의 지배논리에 대해서 조그마한 나라가 살아남기 위한 절대적 자기긍정의 철학이 열등의식의 발로이거나 시대에 뒤떨어지고 촌스러운 모습의 표현에 지나지 않는다는 비판도 있지만 '우리식 사회주의'의 핵심적 요소는 바로 민족의 자주성을 지킨다는 고집스러움이 차지하고 있다고 볼 수 있다.

북의 자주성 수호라는 원칙에 도전하는 하나의 사건이 세계의 이목을 집중시켰던 핵사찰 문제이다. 걸프전쟁 이후 '새로운 세계질서' 구축의 중심축에 서서 국제정치를 좌지우지하는 미국이 일본 그리고 남한과의 긴밀한 협의 속에서 북에 대한 직접적인 압력을 가하면 — 이제 몇 군데 남아 있지 않은 사회주의국가에 속하는 — 북한도 머지않아 항복할 것이라는 계산 밑에 제기하고 있는 핵사찰 문제는 북으로서는 핵무기 개발 여부를 떠나 자주성에 대한 중대한 침해로 판단하고 있다. 이미 핵무기를 보유하고 있는 것으로 알려진 이스라엘에 대해서는 함구하면서도 유독 북한에 대해서는 이라크의 경우처럼 국제여론을 조성, 더욱더 고립시키겠다는 전략에 중국이 제동을 걸었지만 한반도의 군사적 긴장은 이로 인해 그 어느 때보다 높아졌다.

남한에 비축해 놓았던 전술 핵무기에 대해서는 오랫동안 시인도 부인도 하지 않다가 1991년 가을에 철수시켰다고 했지만 북은 북대로 이를 믿지 못하고 있기 때문에 남북 동시핵사찰을 요구하였다. 북한 핵사찰에 대한 또 하나의 압력으로서 미국은 주한미군 철수를 연기하고, 일본은 일본대로 그것을 북한과의 수교의 전제로 삼고, 남한은 남한대로 기습공격을 가할 수도 있다고 위협하여 북을 계속 조였으니 자주성을 생명처럼 여기는 북이 그러한 압력에 즉각적으로 굴복할 것이라고 생각했다면 이는 북한이라는 정체(政體)의 본질을 너무나 모르는 발상이 아니었는가라고 생각된다.

현재 '한국형' 경수로 문제로 남북 사이에는 다시 긴장이 고조되고 있다. '한국형' 경수로를 북이 받지 않으면 '케도'(KEDO)에서 탈퇴하겠다는 남쪽의 강한 입장을 미국이 어떻게 설득할지는 현재로서는 불분명하지만 서로 명분을 살려주고 이를 통해 남북이 민족적 화해를 위한 하나의 돌파구를 마련함이 없이는 김주석 사망 이후 악화될 대로 악화된 남북한 관계의 전망을 타개할 수 없을 것이다.

6. 역사는 자기를 비추어보는 거울이다

통일이 민족지상의 과제라고 해서 모든 수단, 심지어는 전쟁의 방법도 용인될 수 있는 것은 아니다. 필자가 북을 방문하고 받은 확실한 인상 하나는 독일식의 흡수통합적인 통일은 우리 한반도에서는 엄청난 유혈적 사태를 동반할 수밖에 없다는 것이었다. 남북이 공존공영한다는 원칙은 남쪽도 북쪽도 모두 다 이야기한다. 그러면서도 서로를 믿지 못하는 정도가 아니라 지상의 다른 어느 나라보다도 서로 증오하는 분위기는 '원수가 된 형제'라는 말로써 종종 표현되고 있다.

그러나 92년 호주 시드니에서 열린 세계권투선수권대회를 중계하는 독일인 아나운서가 북한선수를 저렇게 야단스럽게 응원하는 한국인들이 실은 남쪽 출신이라고 의아해 하는 표정을 지었듯이, 만나서 긴 말없이 그래도 서로 통하고 이해할 수 있는 것은 역시 분단이라는 경험공간이 절대적인 것이 아니기 때문이다. 서로 자주 만나고 많은 대화를 통하여 이질화된 것을 찾기보다는 동질적인 것을 더 많이 발견하려고 애쓰는 과정 그 자체를 곧 통일이라고 여길 때 우리는 통일에 대한 비관론에 빠지지 않을 것이다.

20세기를 얼마 남겨놓지 않은 시점에 서 있는 세계는 정말 큰 전환기를 맞고 있으며 우리 한반도가 있는 동북아도 사정은 마찬가지이다. 이에 경제대국에서 군사대국으로 탈바꿈한 일본과 엄청난 잠재력을 갖고 있는 중국이 머지않아 각각 남한의 경제규모와 비슷하거나 더 큰 대만, 홍콩, 싱가포르를 연결하는 하나의 경제권을 형성할 때 남한의 정치적, 경제적 그리고 군사적 위상은 과연 어떻게 될 것인지를 곰곰이 생각할 시점에 우리는 벌써 와 있다. 이렇게 세계는 변하고 있는데 남북이 극도로 첨예화된 군사적 긴장 속에서 소모전을 벌이면 과연 누가 좋아하겠는가. 그 물음에 대한 대답은 너무나 자명하다

역사는 사마광의 『자치통감』이 뜻하는 것처럼 자기를 비추어보는 거울과 같다. 19세기 말에 열강의 각축장이 되어 드디어는 식민지 운명을 감수할 수밖에 없었던 우리 민족사를 잊고 벼락부자가 된 기분 속에서 둥둥 떠 있는 마음가짐으로는 한반도를 에워싸고 흐르는 전환기의 논리를 결코 포착할 수 없다. 우리는 남한이요 북한이요, 전라도요 경상도요 하지만 그러한 구별에 대해서 우리 밖의 세계는 아무런 관심도 보이지 않는다. 남쪽이 잘하든 못하든간에 그것도 'Koreaner'요, 경상도 사람이 칭찬을 받든 욕을 얻어먹든간에 그것도 'Koreaner'요, 전라도 사람이 칭찬을 받든 욕을 얻어먹든간에 그것도 'Koreaner'로 똑같이 불리고 있다. 서울에서보다 외국에서 더 긴 시간을 보낸 필자의 경험이다.

7. 남북 학자들의 만남을 기대하며

탈냉전과 더불어 급속히 팽창하고 있는 민족이기주의적인 국제정치

속에서 남북한이 하나의 민족으로서 자기 위치를 찾지 못할 때 소위 '아시아·태평양 시대'라는 21세기에도 우리는 남에게 좋은 일이나 해주는 변방적 운명을 벗어나지 못할 것이다. 남북이 하나의 민족으로서 공동이해를 추구하는 데 있어서 정부는 정부대로, 국민은 국민대로, 또 예술가는 예술가대로, 학자는 학자대로 하여야 할 일이 너무나도 많다.

지난 8월말 서울에서 열린 '한민족철학자대회'에는 북측의 학자가 결국 참석하지 못했다. 그러나 그러한 실패를 경험으로 남북의 학자와 학계가 더 차분히 모임을 준비하고 의견을 조정하면서 남북학계가 한자리에 모여 앉아 우리 민족문제에 대해 허심탄회하게 그리고 보다 더 과학적으로 접근할 수 있을 것으로 생각한다.

동서독 학계 교류에도 많은 문제는 있었다. 정치적 변화와 무관할 수 없는 학계의 교류였기 때문에 잡음도 많았다. 그러나 독일인들은 서독의 학자가 동독의 대학강단에 서는 것이나, 반대로 동독의 학자가 서독의 대학강당에 서는 것을 기이하게 받아들이지 않았다. 남북을 하나로 만드는 새로운 학문공동체를 형성하기 위해 여러 가지로 노력을 기울여야 된다. 그렇지만 남북 학자들의 상호내왕이 처음부터 힘들다면 비무장지대에 남북 학자가 만나고 학술적 정보를 교류하고 학회도 가질 수 있는 학자들을 위한 '만남의 집'이라도 새해에는 하나 생겼으면 하는 것이 필자의 바람이며, 이를 위해 앞으로 많은 노력을 기울일 생각이다.

〈1992, 월간 『말』〉

서구의 지성, 남한의 지성

동유럽 사회주의의 위기와 종말을 긴장 속에서 직접 지켜본 서구의 지성과 ─ 지리적으로는 비록 멀리 떨어져 있지만 ─ 남북분단이 조성한 특이한 분위기 속에서 이러한 변화를 지켜본 남한의 지성이 보여주는 반응양태가 얼핏 비슷하게 보일 수도 있다. 하지만 지성들이 성장한 배경과 현재 처한 위치가 서로 다르기 때문에, 우리는 서구 지성의 오늘로부터 남한 지성의 내일을 안이하게 유추할 수 없을 것이다. 그럼에도 불구하고 서구지성이 오늘을 보는 입장과 태도는 그들의 저서들을 통해서 직접 또는 간접적으로 남한의 지성세계에 지대한 영향력을 행사하고 있다. 그러므로 남한 지성의 자기반성을 위해서도 오늘날 격변의 시기를 보내고 있는 서구의 지성 ─ 이는 반드시 비판적 지성만을 의미하지는 않고 체제유지적인 보수적 지성까지를 포함한다 ─ 의 일반적 분위기를 주의깊게 살펴볼 필요는 충분히 있다.

이러한 문제와 관련해서 제기되고 있는 문제 중 필자의 '탈(脫)역사'(post-histoire)논의는 이 책 속에도 전제되어 있다. 그러므로 중복을 피하기 위해서 이 글은 주로 비교지성사적 관점에서 서구의 지성과 남한의 지성이 처한 현실을 분석해보고, 이를 통해서 모든 것이 혼란스럽고 답답한 오늘을 벗어날 수 있는 실마리를 찾아보려는 시도에 주안점을 두고자 한다.

1. 서구 지성의 보수주의화

우리가 서구의 지성이라고 할 때 연상하는 것은 주로 영국·프랑스·독일(서독)의 지성이고 이탈리아나 스페인 또는 북구의 그것은 대개 생략되기 마련이다. 하버마스도 지적하였지만 지난 10~20년 동안 프랑스만큼 생산적인 의미에서 서구의 지성계에 충격을 준 나라는 없다. 특히 1968년 5월의 좌익적 지성의 봉기가 실패로 끝난 이후 일변하여 신보수주의의 전위로 탈바꿈한 프랑스의 좌익 — 레비(B. -H. Lévy)나 글뤽스망(A. Glucksmann) 등 — 과 반교조적 '좌익' — 푸코(M. Foucault), 카스토리아디스(C. Castoriadis), 리오타르(J. -F. Lyotard), 알튀세(L. Althusser), 보드리야르(J. Baudrillard) 등 — 을 통해서 신선한 지적 충격을 주었다. 반면 서독의 좌익적 지성은 1968년 이후에 프랑스처럼 급격한 변화를 체험할 수 없었다. 왜냐하면 무엇보다도 동서냉전의 최전선이라는 서독의 특이성과 함께, 70년대와 80년대의 보수적 지성이란 이미 68년에도 보수적이었기 때문에 좌익적 지성이 프랑스처럼 변신하거나 또는 그들과 자리를 같이 할 수 없는 조건이었던 것이다.

60년대 베트남 전쟁과 중국의 '문화대혁명'은 프랑스와 서독의 비판적 지성세계에 지대한 영향을 끼쳤다. 프랑스와는 달리 전후에 '탈(脫)나치'(Entnazifisierung)를 거쳤음에도 사회 각 분야에 남아 있는 나치 잔재는 서독 사회 안에 격심한 세대간의 갈등을 동반하였다. 따

라서 전체적으로 보아 보수와 혁신의 구도는 프랑스보다 서독의 지성
세계에 분명히 나타났으며 특히 히틀러 치하에서 망명의 길을 택할
수밖에 없었던 좌익들이 이러한 분위기 속에서 저항의 중심에 설 수
있었던 것은 당연한 논리적 귀결이었다.

　미국에서 돌아와 프랑크푸르트의 '사회조사연구소'(Institut für Soz
ialforschung)를 재건한 호르크하이머(M. Horkheimer)와 아도르노(Th.
Adorno)를 중심으로 한 '비판적 이론'(Kritische Theorie)은 68년의 변
혁운동의 중심에 자리를 잡았고, 후에 여기에 합류한 하버마스의 힘을
빌려 그 영향력을 확대시켰다. 60년대말의 서독의 비판적 지성이, 숨
겨지거나 잊혀진 나치의 기억을 재생함으로써 지성의 비판적 기능을
회복하였으나 고도 경제성장 속에서 체제 안에 많이 흡수된 노동계를
자기 편으로 흡인할 수 있는 역량을 지니지는 못했다. 따라서 이미 70
년대 초반부터 기민당은 물론 사민당마저도 이들에 대한 공세를—
대표적인 공세가 공산당 당원이면 공직에 취임할 수 없게끔 규정한
'취업금지'(Berufsverbot)의 도입이있다 — 강화하였고, 70년대 중반에
들어서서는 좌익들의 행동반경과 입지가 이미 극도로 제한되었다.

　간단히 말해서 60년대 중반부터가 아도르노를 대표로 하는 비판적
지성의 시대였다면 70년대 중반부터는 겔렌(Arnold Gehlen)을 대표로
하는 보수주의 지성의 시대로 접어들었다. 아리스토텔레스적인 전근대
적 정치적 표상, 즉 소수만이 합리적이고 비판적으로 행동할 수 있다
는 보수주의적 가치관이, 많은 사람들이 자기반성적으로 사고하고 행
동할 수 있다는 낙관적인 전망 — 마르크스주의는 아마도 이러한 방
향의 대표적 사상이라고 할 수 있다 — 을 대신해서 70년대 중반부터
서독의 지성세계를 지배하기 시작하였다. 겔렌은 이러한 관점에서 '자
유와 비판으로 말미암아 좁아진 제도적 한계'라는 문화적 위기를 치유
하는 데 주안을 두었는데, 이는 아도르노가 비판과 반성을 제한하는

이데올로기적·경제적·관료주의적 장애물을 제거하려는 노력과는 대조적이었다.

물론 겔렌은 교조적 아리스토텔레스주의자는 아니었고, 어떤 의미에서든지 '현대적 보수주의자'(moderner Konservativist)였다. 현대적 제도들을 결코 무제한적인 구조나 이념적인 존재상의 반영이 아니라 변화하고 불확실한 것으로 파악하는 점에서 그는 아도르노와 의견을 같이 하고 있다. 그러나 겔렌의 현대주의는 기능주의적인 데 반하여 아도르노의 그것은 문화적이라고 할 수 있다. 겔렌이 전위예술의 파괴적 경향을 무정부주의적이고 반기능주의적 분해능력으로만 보고 있는 데 반하여 아도르노는 바로 자율적이고 심미적인 현대의 속성에 의하여 자유는 더욱더 확장될 수 있는 것으로 믿었다. 아도르노가 칸트적 전통에 서서 '그저 적응하거나 또는 지배당하는 의무'와 '자유를 가능케 하는 자율적 자기의무'를 구별하고 올바른 삶에 대한 도덕적 질문을 탈전통적 시각에서 제기하고 있는 데 대하여, 겔렌은 진리의 문제를 떠나서 우리들이 수행할 수 있는 '존경할 만한 것'(honorige Sache)을 윤리의 기본명제로 보고 있으며, 이러한 의미에서 그는 관습적 입장에 서 있다.

특히 두 차례에 걸친 유류파동은 복지국가의 위기를 심화시켰는데, 이러한 위기는 오히려 사회를 보수방향으로 끌고 가서 겔렌이나 쉘스키(H. Schelsky) 또는 칼 슈미트(Carl Schmitt)나 요하임 리터(Joachim Ritter)로 대표되는 보수주의적 지성의 처방이 먹혀들어갔다. 이러한 처방의 주된 내용은, 정신과학이나 역사과학이 현대사회가 — 현대화를 위해서 불가피하게 — 안고 있는 모순을 '보상'(Kompensation)하는 기능을 발휘해야 한다는 것이다. 이들의 처방이 과거 프러시아제국의 보수주의적 근대화론자 — 막스 베버(Max Weber)는 이들을 '독일 관리'(Deutsche Mandarine)라고 지칭했었다 — 의 그것과 다른 점은 산업과 돈 또는 관료제도나 의회제도를 반대하지 않고, 교육이 모든 것을 결정한다거나 진리의 사회적 표징이라고는 믿지 않게끔 하는 점이다. 이들에게 사회는 '현재 있는 것' 이외 다른 어떤 것도 의미하지 않으며, 전통의 규범적 요청은 바로 이를 무비판적으로 받아들이게끔 하는 것이다.

비록 보수주의적 공략에 의해서 70년대 중반부터 서독의 지성세계가 우경화되었지만, 좌파는 다른 서구의 지성계보다 일찍 반전, 반핵, 반공해운동이라는 '신사회운동'(soziale Bewegungen)으로 방향전환하게 되는데, 이의 주요한 근거도 역시 동서냉전의 최전선에 위치한 서독 사회의 특수한 위치에 기인한다. 프랑스가 동서냉전에서 받는 압력은 서독보다는 간접적이기도 하지만 무엇보다도 프랑스의 좌익에게 큰 충격을 준 사건은 사회당 후보 미테랑의 대통령 당선(1981년 4월, 5월)이 몰고 온 희망 그리고 곧이어 온 실망이었다.

2. 탈현대주의의 확산과 '새로운 비전망성'

1968년 5월을 정점으로 해서 빛을 잃기 시작한 프랑스의 좌익 지성은 마르크스, 레닌 그리고 모택동으로부터 등을 돌리고 니체, 프로이트 그리고 라캉(J. Lacan)에 심취하기 시작했다. 이들 중 레비는 『인간의 얼굴을 한 야만』(La barbarie à visage humain), 글뤽스망은 『위대한 사상가』(Les maîtres penseurs) 그리고 클라벨(Maurice Clavel)은 『내가 믿는 것』(Ce que je crois) 속에서 마르크스주의가 표명하는 인간주의에 대한 비판과 냉소를 보내는 '신철학자'(nouvelles philosophes)군을 형성했으며, 이러한 극단적 경향과는 거리를 둔 선배그룹의 푸코, 데리다(J. Derrida), 들뢰즈(J. Deleuze), 클로솝스키(P. Klossowski), 리오타르 등은 '후기구조주의'(post-structuralisme)로 통칭되는 현

대비판으로서의 '탈현대주의'(post-modernisme)의 사상적 지주를 제공
하였다. 가히 유행이라고 할 정도로 80년대 프랑스는 물론, 전 세계적
범위로 확산된 '탈현대주의'라는 사상적 조류는 이성 중심의 세계파악
에 커다란 회의를 품고, 또 이성의 주인이라고 믿어왔던 '나'를 해체
함으로써 '현대'에 대한 비판적 내지 회의적 태도를 취한다. 현대를
내재적으로 비판하고 이의 위기를 극복하려 했던 마르크스주의도 또
파시즘도 모두 다 '계몽'이라는 신화를 추적하다 보니 결국에는 반이
성 ― 전자의 경우는 '수용소군도'(Archipel Gulag)로서, 후자의 경우
는 '아우슈비츠'(Auschwitz)로서 ― 으로 전화될 수밖에 없었다고 이
들은 믿는다.

   이들은 기존의 이분적(二分的) 사고의 틀 속에서 제기된 선과 악,
정의와 불의, 좌익과 우익, 진보와 보수의 대립에 대해서 회의하고 있
고 이로부터 도출된 윤리적이고 정치적인 논리와 주장에 대해서도 부
정적으로 대한다. "이것이냐, 저것이냐", "그렇다, 그렇지 않다"라는
양자택일을 거부하는 직접적인 동기를 제공한 사건은 앞에서도 지적
했지만, 미테랑 사회당 정권에 건 기대와 실망 속에서 번진, 정치에
대한 회의와 환멸이라고 할 수 있다. 보드리야르는 이와 관련해서
"프랑스의 지성들은 사회주의자들이 정권을 차지할 때 걸었던 희망으
로부터 아무것도 건질 수 없었다. 또 그들은 많은 기대를 걸지 않았기
때문에 어떤 의미에서는 실망할 필요조차 없었다. 문제는 아무런 충격
(coup d'éclat)이 없었다는 점에 있다. 이것이 없으면 사람들은 정치적
사건을 바라볼 흥미를 느끼지 않는다. …… 앞으로 아무것도 근본적으
로 변하지 않을 것이다. 잘못된 또는 흉내낸 정치적 그리고 이론적 영
역에서의 안정(méta-stabilité)이라는 과도기적 황량함이 지배하는 이
곳 프랑스에서 우리는 살 수밖에 없다"고 실토한다.

   80년대에 들어서서 미국에서는 레이건 행정부의 신보수주의가 맹위

를 떨치고, 영국에서도 대처가 집권하고, 서독에서는 사민당과 자민당 연정체제가 붕괴하고 보수당인 기민당과 자민당의 연정이 등장함으로써 서구 사회 전반의 보수화가 진행된 가운데 대량실업, 군비경쟁 그리고 공해문제 등의 근본적 해결 전망은 보이지 않았다. 물론 대안세력과 사회운동이 반전 · 평화 · 환경 · 여성 · 외국인노동자 문제를 내걸고 일정한 사회적 영향력을 행사할 수 있게 되었지만, 전반적으로 볼 때 기존의 진보나 보수, 좌익이나 우익이라는 시각으로 사회 발전을 바라볼 수 없게 되었으며, 하버마스는 이러한 분위기를 '새로운 비전망성'(neue Unübersichtlichkeit)이라고 표현하였다. 좌익이나 우익의 '큰 이야기' — 전자는 주로 '계급해방' 이야기이고, 후자의 경우는 주로 '민족' 이야기 — 대신에 '조그마한 이야기'를, '전체성'에 대하여 '다양성'을, '보편성'에 대하여 '차별성'을 강조하는 이러한 분위기가 위에서 지적한 '탈현대적' 분위기의 핵심이라고 할 수 있다. 또 지성도 종래 정치에 가졌던 관심으로부터 거리를 갖고 그 대신에 지성의 역할이 '심미화'(審美化, Ästhetizierung)에 경주하는 특징을 드러내기 시작하였다. '탈현대'가 무엇보다도 예술영역에서부터 문제된 사실도 따라서 우연은 아니다. 사회적 유토피아로부터 심미적 순간, 진리와 인식으로부터 환상적 정밀의 세계추구에 심취하기 시작한 것이다.

3. '페레스트로이카'의 충격과 '슬픈 적도' 생활

이러한 지적 분위기 속에서 소련의 '페레스트로이카'와 '글라스노스트'가 서구의 좌익들에게 정치적 범주로서의 사회주의의 새로운 가능성을 열어준 것은 사실이다. 특히 고르바초프의 적극적인 평화공세는 서구의 반전평화운동을 지원해주는 결과를 가져다주었다. 그러나 서구 사회 내부로부터 뒷받침되는 힘이 약한 좌익에게 획기적인 전기는 오지 않았다. 특히 페레스트로이카의 국내적 지반이 확고하지 못한 상태에서 일어난 동유럽 사회주의가 서구의 좌익들이 바랐던 '민주적 사회주의'의 방향으로 발전하지 않고 오히려 보수주의자들과 자본주의적 치유방법에 막연한 기대를 건 세력들의 전유물로 된 조건에서 서구의 진보적 세력은 큰 기대를 걸 수가 없게 되었다. 무엇보다도 서독에 의한 동독의 흡수통합형식으로 끝난 동독 사회주의의 몰락은 사회주의의 민주적 개혁가능성에 대한 희망을 묻어버리고 말았다. 물론 독일통일이 가지고 있는 새로운 민족주의적인 위협 — 이를 하버마스는 '독일 마르크 민족주의'라고 비난했다 — 을 경고하였지만, 이는 어디까지나 수세적인 방어에 지나지 않았고 '사회주의'의 내용을 새롭게 적극적으로 규정하는 단계에까지는 이르지 못했다.

'사회주의'를 적극적으로 규정하는 최고의 한계는 이의 구체적 내용이 아니라, 유토피아로서의 사회주의는 결코 사라질 수 없다는 윤리적·규범적 정당화에만 머무르고 있다는 점이다. 물론 동유럽 사회주의가 안고 있었던 엄청난 모순에 대하여 이러한 윤리적 정당화가 애초부터 한계를 지니고 있을 수밖에 없지만, '사회주의의 몰락=자본주의의 승리'라는 단순한 등식을 인정하지 않는 분위기가 좌파는 물론 사민당과 자유주의자들 사이에도 광범하게 펼쳐져 있다. 특히 이라크와의 군사적 갈등 확산에 따른 반전 분위기는 동서냉전의 종결과 더불어 급속히 부상한 미국의 전 지구적인 헤게모니 장악에 대한 비판으로서의 그동안 침체했던 반전평화운동에 새로운 활력소를 제공했다. 특히 독일에서는 통독 이후 옛동독에서 일어난 대량실업,물가고 등이 바로 '사회주의의 몰락=자본주의의 승리'라는 도식에 대한 실질적인 반증으로 나타나고 있고 동독의 국영기업체를 민영화하는 '신탁회사' (Treuhandgesellschaft)의 책임자인 로베더(Rohwedder)가 암살되는 충격적인 사건까지 발생하였다.

여기서 우리는 유토피아와 폭력이 어떻게 서구 지성 속에서 나타나고 있는가 하는 점에 잠깐 관심을 돌릴 필요가 있다. 서독에서 68년 이후 좌익들이 점차 체제에 흡수당하는 속에서 일부는 폭력을 통해서 정치적 이상을 추구했는데, 소위 '바더 마인호프'(Baader-Meinhof)파로 불리는 '적군파'(Rote Armee Fraktion)가 대표적이라 할 수 있다. 그러나 이들은 비록 오늘날까지 계속 활동은 하고 있지만 폭력을 정치적 수단으로 용인하는 사회적 분위기가 아닌 조건에서 고립될 수밖에 없다. 동독의 집권당인 사회통일당(SED)과 긴밀한 관계를 유지했던 독일공산당(DKP)이 통독 이후 괴멸하고 이들 중 일부가 한때 사회통일당 후신인 민주사회당(PDS)보다 더 좌익적인 당 결성을 시도한 적이 있지만 결국 이러한 정치조직이 지하에서나 활동할 수밖에 없다는 결론 속에서 이 계획을 포기한 것도 바로 이러한 독일의 정치적 분위기와 직결되고 있다.

동유럽 사회의 몰락 그리고 위기 속을 헤매는 소련의 페레스트로이카가 진보적 지성에게 준 충격은 서독 대학의 철학이나 사회과학강좌에도 그대로 나타나는데, 종래의 '거대이론'(Makrotheorie) — 특히 헤겔과 마르크스를 중심으로 구성된 — 대신에 예술철학이나 '행복에 대한 이론'(Theorie des guten Lebens) 또는 사회복지정책, 유럽통합문제, 여성문제 등 구체적 문제에 대한 토론이 주종을 이루고 있다. 급하게 제기된 자기 자신의 문제들 때문에 제3세계 문제도 역시 뒷전으로 밀려나고, 생존을 위한 경쟁 때문에 좌익들도 공동적인 연대보다는 자기 문제를 자기가 해결해나가야만 하는 개인주의적 성향이 강하게 나타나고 있다. 보드리야르가 지적한 것처럼 옛날 낙관적이었던 좌익들은— 레비 스트로스(Lévi-Strauss)가 식민주의와 서구문명에 의하여 파괴된 남미 원주민의 연민을 자아내는 삶을 기술한 책 이름처럼 — '슬픈 적도(赤道)'(tristes tropiques) 속의 생활을 보내고 있다.

그러나 '큰 이야기'가 설령 사라졌다 하더라도 이미 삶의 근저에 와 닿는 '작은 이야기'— 이것은 공해문제일 수도 있고 여성문제일 수도 있다 — 를 해온 이들은 쉽게 절망하지 않고 있다.

4. 축적없는 남한의 지성적 분위기

동유럽의 변혁과 페레스트로이카를 어떻게 보아야 하는가 하는 문제를 가지고 서울의 신문과 잡지가 흡사 총동원된 듯한 느낌을 필자는 한때 받은 적이 있다. 마치 동유럽의 변혁이나 페레스트로이카가 남한에서 진행되는 듯한 착각을 일으키게 하는 이러한 보도와 이를 둘러싼 논쟁은 동유럽의 변혁이나 페레스트로이카가 "자본주의화다" 또는 "그렇지 않다, 더 많은 사회주의이다" 등의 내용으로 전개된 점에서는 서구에서 논의된 것과 큰 내용적 차이는 없다. 문제는, 남한 사회가 현재 어디에 와 있으며, 이와 관련하여 동유럽 사회주의의 변화가 어떠한 방향으로 또 어떻게 영향을 줄 것인가 하는 문제로부터 출발하지 않고, 흡사 고르바초프와 옐친 또는 콜과 기지(Gysi) 사이의 논쟁처럼 전개된 데에 있는 것이다.

이러한 남한 사회의 지성적 분위기는 무엇보다도 '사회주의'가 일상적인 차원에서는 물론 학문적 차원에서도 오랫동안 금기된 조건 속에서 추상적으로 접근할 수밖에 없었던 데에 기인한다고 볼 수 있다. 따라서 문제접근에 있어서도 단편적인 이야기를 가지고 사회주의를 평가하거나, 그렇지 않으면 몇 개의 극히 개략적인 도식과 이에 근거한 입장으로써 복잡한 문제들을 편리하게 재단하려 드는 편향이 눈에 띄게 나타났다. 동유럽 사회주의나 페레스트로이카를 평가하는 것이 우리 사회문제와의 관련 속에서 제기됐다기보다는 또 하나의 편리한 지식인 편가르기식으로 나타났다는 데에 문제가 있다. 논쟁의 대상이 한국 사회의 문제인 경우에도 사정은 마찬가지이다.

한동안 떠들썩했던 '사구체논쟁'도 실증적 연구의 뒷받침이 결여된 조건 속에서 몇 가지 이론틀을 대표하는 추상적인 입장의 병렬과 이에 따르는 편가르기로 나타났고, 이것이 몇 년 지나고 나서 이내 잠잠해진 것도 아마 비슷한 예일 것이다. 동유럽 사회주의의 몰락 이후에는 '사회민주주의'가 또 그러한 역할을 넘겨받지나 않을는지 궁금하다. 물론 새로운 문제상황 속에서 새로운 이론틀의 추구와 이의 적용은 끊임없이 제기될 수밖에 없다.

문제는 흡사 유행처럼 한 이론에서 다른 이론으로 너무나도 빨리 옮겨다니다 보니 어느 한 문제도 바람직할 정도로 충분히 논의되지 못하고 있는 데에 있다. 양적인 의미에서도 또 질적인 의미에서도 자체내의 지적 축적이 결여된 데에 주원인이 있다고 생각된다. 해방 이후 일제시대에 교육을 받았던 지식인이 점차 미국과 서구에서 훈련받은 지식인으로 대치되는 과정 속에서 한국 사회의 근대화가 요구하는 지식은 어쩔 수 없이 미국이나 서구의 지식세계와 '동시적'(gleichzeitig)으로 진행될 수밖에 없었다. 그러나 한국 사회가 이러한 새로운 지식체계를 제공해주고 있는 서구 사회의 발전과는 '비동시적'(ungleich zeitig)이기 때문에 수입된 이론틀과 이를 적용하려는 대상으로서의 한국 사회의 내재적 운동 사이에는 많은 모순이 있게 마련이다. 실존주의가 그렇고 형태주의(Behaviorism)가 그렇고 가깝게는 '탈현대주의'가 그렇다.

따라서 서구 지성사의 산물인 여러 가지 이론틀을 좁게는 '번역'하거나 넓게는 '해석'하는 작업이 한국의 지성에게 요구하는 책임은 막중하다고 할 수 있다. 어떠한 이론을 해석하는 주관은 이 이론이 전개하는 전체적인 내적 연관의 파악없이는 불가능한, 소위 '해석학적 순환'(hermeneutischer Zirkel)에 빠지기 때문에 번역이나 해석이 아예 불필요하다거나 불가능하다는 극단적인 입장을 취할 필요는 없다. "정신적 유산은 이의 목소리와 의미를 천명할 수 있는 성숙한 자에게 만 속한다"는 베티(E. Betti)의 거만한 주장도 있지만, 모든 해석은 결 국 '실천'(Praxis)을 통해서 나타날 수밖에 없다는 사르트르의 주장도 있다. 여기서 우리는 '실천'을 전개하거나 매개로 하는 '해석'의 척도 가 무엇인가 하는 물음을 던질 수밖에 없다.

5. 제1세계적 시각에 길들여진 남한의 지성

한국 사회를 이론적으로 접근해본 서구의 후진국 사회학자나 정치 학자 또는 경제학자들이 대개 가지고 있는 어려움은, 무엇보다도 고도 의 경제성장을 이룩한 남한이 서구가 걸어온 발전의 이론틀로써 설명 될 수 있는 부분도 많지만 그렇지 못한 부분도 이에 못지않게 많다는 점일 것이다. 이리하여 편리하게 등장한 '중진국' 또는 '신흥공업국'이 라는 이론틀은 서구가 걸어온 '산업사회'라는 이론틀에 맞지 않는 부 분도 머지않은 장래에 맞아들어갈 것이라고 전망한다. 이러한 낙관적 전망에 배치되는 사실 — 가령 '광주민중항쟁'이나 노동자들의 격렬한 임금투쟁 또는 학생운동 — 에 대해서는 그들의 산업화과정에도 그러 한 것들은 있었다고 대답한다. 그렇지 않으면 '아시아적' 전통 때문에 비합리적인 사회갈등이 지속되고 있다고도 대답한다. 어떻든 남한 사 회가 지난 20년 이상 변화하는 속도가 너무나도 빨랐기 때문에 이것 이 서구 지성에게 있어서도 새로운 이론틀의 매력적인 대상이 되고 있음을 우리는 부인할 수 없게 되었다. 이와 관련해서 눈에 뜨이는 사 실은 소위 진보적 지식인그룹이 제기하는 문제와 이에 관한 토론이 — 엄청난 체제긍정적인 논문과 서적의 양에 비하여 비교할 수 없을 정도로 — 서구의 지식인들에게 전혀 전달되고 있지 않다는 점이다.

 물론 남미나 아프리카의 지식인들보다 큰 언어적 장애를 지니고 있
는, 우리 지식인의 글이 지니는, '국제화'되기 어려운 점은 충분히 이
해할 수도 있지만, 그렇다고 해서 좁은 울타리 속에만 갇혀 지낼 수는
없지 않은가 하는 것은 필자만의 의견은 아닐 것이다. 문제를 다시
'해석'의 척도문제로 좁혀보자.

 동서냉전의 유산이 아직도 남아 있는 남한 상황 속에서 지배이데올
로기로서의 '반공'도 그동안 내용적으로 많은 변화를 겪었다. 중국의
'문화혁명'이나 베트남의 '민족해방'에 대한 긍정적 시각도 철저히 탄
압받았던 60년대나 70년대와 달리 '북방외교'가 진행되는 지금은 반
공의 의미도 많이 변해, 현재 남한 사회에서의 반공은 '반북한'이라는
의미 정도로나 이해되고 있다. 서구에서는 반공이라고 하면 공산주의
라는 세계관을 고수하는 개인이나 집단에 대한 원칙적 반대를 의미하
고 있고, 또 이러한 원칙적 차이를 전제한 위에서 정치적 협상도 벌이
고 장사도 한다. 남한의 반공은 이러한 원칙보다도 북한 공산주의와의
관계문제가 모든 내용을 담고 있다고 해도 과언이 아니다.

 이러한 분위기 속에서 의식적이든지 무의식적이든지 진보적 지성으
로 자처하는 사람들도 페레스트로이카나 중국의 현대화문제는 진보적
지성의 표징인 양 격렬한 논쟁의 대상으로 삼으면서도, 정작 통일의
대상인 북한 사회주의 이념이나 현실에 대해서는 흡사 학문의 대상이
나 논의의 대상이 될 수 없는 '유치한 것' 또는 '위험한 것'으로 여겨
언급을 생략하거나 회피하기가 일쑤다. 후자의 입장은 그래도 이해할
수 있으나, 전자의 입장은 학문적 태도 자체가 문제된다. 북한 사회주
의 이념과 현실을 모두 안다는 전제 위에서 논의의 결론으로 끌어낸
"유치하다"는 주장이, 실은 많은 경우 논리적으로도 또 실증적으로도
전혀 뒷받침되지 않고 있다. 페레스트로이카 연구에 기울이는 몇 분의
일의 정력만으로도, 가령 북한의 '대안의 체계'가 북한식 '테일러(Tay

lor)제도'니 '주체사상'은 모택동의 '자력갱생' 철학의 모방이니 하는 근거없는 주장은 피할 수 있을 것이다.

비판적 지성이 만약 이러한 수준에만 머문다면 그들이 그토록 열을 올려 논쟁했던 페레스트로이카 문제와 그들이 지금까지 계속 비판해 왔던 보수적 지성이 옹호하는 '근대화이론' 사이에 실질적 차이는 나타나지 않는다. 전자는 고르바초프에 모든 것을 걸고, 후자는 로스토우에 모든 것을 건다는 차이밖에 없다. 한때 페레스트로이카를 둘러싼 논쟁이 보여준 열정에 비하면 지금은 기이할 정도로 모두가 너무나 조용한 것은 아닌지? 분단문제를 적극적으로 인식하고 문제제기의 출발점으로 삼지 않을 때, 밀려들어오는 여러 가지 이론틀에 스스로가 공중분해될 소지는 너무나 많다.

최근에는 제3세계문제를 연구하는 연구소도 또 잡지도 생겼다고 하지만, 남한 지성계의 특징적 한계는 남북문제를 보는 데에서 두드러지게 나타난다. 비판적 지성 가운데도 남한을 제3세계보다는 제1세계에 가까운 사회로 인식하고, 심한 경우에는 인종적 편견까지 곁들여서 이러한 자기확인 작업을 하기도 한다. 실제적으로도 미국, 독일, 프랑스 등 제1세계에 대한 지식은 종종 이들 세계에 속한 지식인들을 놀라게 할 정도로 해박하나, 가령 페루문제 전문가나 남아프리카문제 전문가는 눈을 씻고 찾아보아도 찾기 어려운 것이 남한 지성의 현주소는 아닌가?

이러한 사실은 우리 학문의 연륜이 짧다는 데에만 기인하기보다는 우리와 제3세계의 관계문제를 별로 의식하지 못하는 데에 그 이유가 있다. 제1세계의 눈으로만 보는 훈련을 받은 남한의 지성 앞에 드러난 제3세계는 게으름과 가난의 세계로 나타나고 있지, 착취와 이에 저항하는 세계의 모습으로 비치고 있지는 않다. 남한 지성이 '북'과의 일체감은 '국제화'나 '보편화'로 보고, '남'과 자리를 같이 하는 것은

'주변화'나 '개체화'로 보기 때문에 '남'이 사용하는 언어는 촌스러운 사투리로밖에 들리지 않아, 카네티(E. Canetti)가 지적한 대로, 이 사투리가 담고 있는 영혼의 생명력을 간과하기 마련이다. 분단문제와 제3세계문제를 떠나서는 우리 문제의 전체적 연관을 파악할 수도 없고, 또 '실천'을 전제로 하는 '해석'의 척도도 세울 수 없다.

6. 냉소주의와 이기주의의 굴을 벗어나

60년대만 하여도 서구의 지성사 속에서 정통과 이단을 구별하기는 쉬웠다. 70년대 중반부터는 이 둘 사이의 구별은 점차 힘들어졌고, 드디어는 "모든 것이 가능하다"(anythings goes) 또는 나아가서 "객관적 진리는 도대체 없다"는 인식의 '무정부주의'(Feyerabend)로부터 자기도취의 '나르시시즘'(narcissism)이나 '냉소적 이성'(zynische Vernunft)의 시대라고 해도 과언이 아닌 상황으로까지 발전하였다.

칸트의 『순수이성비판』(Kritik der reinen Vernunft)과 마르크스의 『정치경제학비판』(Kritik der politischen Ökonomie)으로부터 『냉소적 이성비판』으로 넘어온 서구 지성의 오늘 상황은, 서구보다는 무척 짧은 시간내에 벌어지긴 하였지만 남한사회 지성의 현주소를 연상케 하기도 한다. 독일관념론이나 미국의 사회과학이 지배하던 한국의 (철)학계가 '광주항쟁'의 충격 속에서 마르크스주의 철학과 정치경제학, 북한의 주체사상 그리고 페레스트로이카를 소개, 연구, 토론하였다. 그러다가 1987년 6월항쟁의 보람과 희망을 무산시킨 대통령선거로 그리고 동유럽 사회주의의 위기와 멸망이 던져준 충격으로 진보적 지식인들은 말할 수 없는 패배감을 안고 있고, 한동안 움츠러들었던 체제유지지향적 지식인들은 낙관적 전망을 갖게 된 것 같다.

정신을 차릴 수 없을 정도로 끊임없이 터지는 충격적인 사건들도 며칠 지나면 이내 망각되는 사회적 분위기 속에서 모든 사람의 공통 언어는 이제 '부동산'일 것이다. 전 사회를 무겁게 누르는 냉소주의는 어떠한 가치관 — 그것이 진보적이든지 보수적이든지간에 — 도 거부하고 있다. "언제는 그렇지 않았는가? 모든 것이 그렇고 그렇다"라고 표현되는 냉소주의의 본질을 뮌헨에 살고 있는 젊은 철학자 슬로터딕 (P. Sloterdijk)은 그의 『냉소적 이성비판』에서 다음과 같이 정의하고 있다. "조소(냉소)주의는 잘못 계몽된 의식이다. 그것은 근대화된 불행한 의식인데, 계몽은 이를 때로는 성공적으로 소화한 적도 있지만, 헛수고만 한 적도 많다. 냉소주의는 계몽으로부터 배웠지만 이를 끝까지 따라가지 않았고, 또 따라갈 수도 없었다. 이러한 의식은 스스로 만족하기도 하고 또 비참하게도 느끼지만 어떠한 이데올로기 비판에 대해서도 무관심하게 대한다."

냉소주의가 만나는 막다른 골목은 '발광'이거나 '자살'이다. 발광하거나 자살하지 않기 위해 남한의 지성은 무엇을 해야 하는가? 냉소주의자의 강점과 약점은 그들 스스로가 어떤 주장을 먼저 펼치는 것이 아니라 상대방의 주장에 의거하고 기생해서 이를 파기하고, 숭고한 이상에 대해서는 동물적인 본능을, 공(公)적인 것에 대해서는 사(私)적인 것을 앞세우는 데에 있다. 사회정의를 이야기하고 민족분단의 극복을 이야기하면 냉소주의자는 "사회주의, 민족분단 좋아하네. 나도 소시적에 그러한 꿈을 가졌으나 지나고 보니 말짱 헛일이야! 방 한 칸 없는 자네, 정신 차리고 돈 벌어 집마련이나 하게!"라고 할 것이다. 불행한 상황이고 답답한 상황이지만 이럴 때 우리는 스스로가 먼저 냉소주의자와의 대화를 단절할 수밖에 없다.

비판적 지성이 현재 할 수 있는 일은 이러한 무의미하고 비생산적인 대화의 단절과 함께 지금까지 설정한 목표와 현재의 위치를 재확인하고 나아가는 소크라테스적인 삶일 것이다. 냉소주의자 '디오게네

114

스'에게는 따뜻한 햇볕이 중요한 문제라면, 독약을 마시는 용기를 보여준 '소크라테스'에게는 진리가 문제였다.

우리 사회가 안고 있는 여러 가지 모순을 한두 가지의 경직된 이론 틀로 재단하려 들지 않는 여유와 함께 우리 삶의 근저에 깔려 있는 잔잔한 이야기도 들을 수 있는 예리한 귀를 가지고, 문제 하나하나 연결고리 하나하나를 놓치지 않고 차근차근 해결하려 들 때, 어느날 갑자기 올 '메시아'나 현재 행세하고 있는 '해결사'에 의하여 모든 문제가 한꺼번에 해결될 것이라는 터무니없는 발상도 사라지고, 끝없이 계속될 것 같은 냉소주의와 이기주의의 어두운 굴을 끝내 벗어날 수 있을 것이다.

〈1991,『전환기의 세계와 민족지성』〉

동구의 지성, 북한의 지성

1. 동유럽 지성의 변방적 성격

불과 몇 년 사이에 무서운 속도로 전개된 동유럽 사회주의 변혁의 와중에서 부침했던 동유럽 지성의 목소리들을 하나로 묶는 작업은 결코 용이하지 않다. 게다가 정치·경제·문화적 배경이 각이한 동유럽 여러 나라의 지성들의 현주소 그리고 이들의 미래를 하나로 그린다는 것은 ― 엄밀히 따지자면 ― 불가능하다. 그러나 여러 가지의 배경 속에서 성장한 다양한 지성의 모습에도 불구하고 변혁의 오늘을 보내고 있는 이들의 고민과 갈등 그리고 희망을 양각시켜 드러내고, 이것과 '우리식 사회주의'에 대한 확신을 표명하는 북한 지성의 그것과 비교해본다는 것은 단순한 비교지성사적 관심에서뿐만 아니라, 우리의 민족분단 극복의 사상사적 맥락에서도 극히 중요한 의미를 지니고 있다고 판단된다.

필자가 직접 접촉하고 토론할 수 있는 동유럽의 지성은 여전히 제한되어 있다. 소련 학자들과도 만나고 옛날 동독의 훔볼트대학에서 강의도 하고 있지만 이들의 갈등과 희망을 하나의 맥락 속에서 그려내기 위해서는 이들 지성의 족적을 드러내는 글에 많은 의존을 해야 하고, 20일이라고는 하지만 너무나 짧은 북한 지성과의 교류 경험 때문에 '서구의 지성, 남한의 지성'이라는 비교지성사적 고찰보다도 많은 제한성을 이 글은 띨 수밖에 없다고 생각한다.

위에서도 지적했듯이 동유럽의 여러 나라가 '현존사회주의'로부터 결별하였지만 여러 가지로 서로 다른 역사적·문화적 배경 속에서 성장한 동유럽 지성의 고민과 행동반경은 상이하다. 가령 서독에 의하여 흡수통합된 동독 지성의 극도로 위축된 모습에 비하면, 폴란드나 체코 그리고 헝가리의 지성들의 위상은 보다 더 자유분방하다. 특히 이들 나라들의 지성은 그들이 역사적으로 지니는 변방적 위치로 인하여 — 흡사 민족국가를 건설하지 못한 유대 출신의 지성이 전 세계를 무대로 활약할 수밖에 없었던 것처럼 — 서구 지성의 중심무대인 파리나 베를린 또는 빈 등지에서 일찍부터 활약하였다. 헝가리 출신으로 독일에서 활약했던 루카치나 칼 만하임, 폴란드 출신으로 독일, 파리에서 활약한 러시아의 화가 샤갈, 루마니아 출신의 조각가 브랑쿠지, 예술비평가 초오란(Cioran) 등등 이루 헤아릴 수 없이 많고, 영국에서 활약하였던 노벨문학상 수상작가 가네티 또는 파리에서 활약하고 있는 체코 출신 작가 쿤데라 그리고 역시 파리에서 주로 활약하는 폴란드 출신의 작곡가 펜데레키 등등 그 이름을 일일이 열거할 수 없을 정도로 동유럽의 지성들은 그들의 변방적 위치로부터 벗어나 서구의 중심무대로 진출하였다.

그럼에도 불구하고 이들 동유럽의 지성은 그들이 성장한 사회적·문화적 배경으로부터 벗어났다기보다는 오히려 이를 바탕으로 서구라는 중심권문화에 도전하고 이를 또 풍부하게도 하였다. 이러한 예를

우리는 루카치에게서도 전형적으로 발견할 수 있다. 그는 아도르노와
는 달리 '아방가르드'예술의 퇴폐성에 대하여 거부감을 표시하고 있는
데, 이는 변방적 지성의 중심부의 문화적 풍요가 종종 빠지기 쉬운 퇴
폐나 기교에 대한 저항이라고도 볼 수 있다. 이는 제3세계의 지성들이
취하는 서구 부르주아문화에 대한 거리감과도 일맥 상통하는 측면을
보여주고 있다고 할 수 있다.

2. 소련의 영향권 속에서 성장한 동유럽 지성

제1차세계대전의 와중에서 성공한 볼세비키혁명(1917)은 유럽 곳곳
에서 반동적 정치변혁을 야기시켰는데 이의 대표적인 사건은 뭇솔리
니 지휘 아래 이루어진 파시스트들의 1922년 10월의 로마행진이었다.
이러한 반동들의 행진은 불가리아(1923. 6), 알바니아(1925. 1), 폴란드
(1926. 5), 유고슬라비아(1929. 1), 루마니아(1930. 2), 리투아니아(1932.
12)를 거쳐 1933년 1월 히틀러의 정권장악으로 그의 정점에 이르렀
다. 바로 이러한 상황 속에서 동유럽의 지성은 제2차세계대전 종결까
지 내부적으로 이미 뿌리를 내리고 있는 파시스트 세력 그리고 이를
실질적으로 밑받침한 독일의 나치즘과 힘겨운 투쟁을 벌여야만 했다.
동유럽의 좌익 지성들은 '코민테른'(1919~43)을 무대로 모스크바에서
활동하거나 그렇지 않으면 망명의 길을 택하여 미국, 영국, 스위스 등
지로 흩어졌다. 레닌의 사후(1924) 국제 공산주의운동의 중심에서 이
론과 실천을 규제할 수 있었던 스탈린에 의한 대독선전(1941) 그리고
나치즘의 격퇴는 이들 동유럽 지성에게도 해방의 전망을 열어주었다.
그러나 반파쇼·반나치투쟁에 참여한 이들 동유럽 지성들이 모두 다
볼세비키들은 아니었고, 기독교 사회주의자, 사회민주주의자, 민족주
의자 등의 여러 가지 정치적 성향을 지니고 있었다. 그러나 파시즘과

나치즘의 전대미문의 재앙으로부터 조국을 구할 수 있었기 때문에 이들은 대체로 처음에는 소련에 대해서 호의적이었다.

그러나 소련에 대한 이러한 호의와 동정적 태도도 시간이 감에 따라 점점 차가운 반응으로 변해갔는데 중요한 이유는 새사회 건설에 대한 희망과 구상이 전승국 소련의 절대적 영향 밑에서 좌절을 경험하기 시작했기 때문이다.

독일과 러시아 양대국 사이에서 오랫동안 시달렸던 폴란드는 다시 독일의 동쪽 영토를 중심으로 국가를 찾았으나, 런던에 망명중인 정권이 들어선 것이 아니라 소련의 후견 밑에 '루블린 임시정부'에 이어 1947년에는 민족주의적인 반나치세력은 배제된 가운데 고물카 정권이 들어섰고 '농민민족당'의 당수 미콜라이치크(Mikolajczyk)는 런던으로 망명하기에 이르렀다. 공산당과 사회당은 합당해서 1948년 '통일노동당'을 결성, 야루젤스키 정권에 이르기까지 계속 집권하였다. 헝가리에서도 1945년 11월 선거에서는 '소농당'(小農黨)이 승리했으나 소련의 영향 밑에서 1947년에 이 당이 해체당하고 이 낭 출신의 수상 페렌츠 나지(Ferenc Nagy)는 스위스로 망명했고, 1948년에는 공산당과 사회당이 합당하여 '사회노동당'을 결성했으며 이 당도 역시 개혁 전까지 집권하였다. 체코의 경우에는 사정이 조금 달랐는데 런던에 망명중인 정권은 1943년부터 소련과 국가건설에 대한 협상을 이미 벌였고, 헝가리의 합스부르크 왕가의 영향으로부터 벗어나는 것과 1938년 뮌헨협정에 의하여 북부 체코의 수데텐(Sudetenland)지방이 독일에 통합되었기 때문에 이를 다시 찾으려는 데에 노력을 기울였다. 1946년 선거에서 공산당은 38%의 득표를 했으며 이를 바탕으로 민주연합정권 건설을 기도하고 1947년 7월부터 파리에서 열린 '마샬계획'회의에도 참가했으나 소련의 압력에 의해서 도중하차할 수밖에 없었다. 이미 시작된 냉전분위기에서 체코 정부의 행동반경은 극도로 제한되었고 또 소련군에 의하여 점령된 동부독일과 함께 산업화 수준이 동유럽에서는 가장 높았던 체코에 대한 소련의 이해관계가 컸기 때문에 그만큼 소련의 압력도 컸다. 점령군 소련이 진주하고 있었던 동부 독일은 반나치투쟁을 전개했던 공산당과 사민당이 1945년 '통일사민당'(SED)으로 합당되었고 피크(W. Pieck)를 대통령으로, 그리고 그로테볼(O. Grotewohl)을 수상으로 하는 '독일민주주의공화국'이 1949년 10월에 창건되었다. 제2차 세계대전이라는 비극의 산실인 독일에서의 소련의 영향은 다른 어느 동유럽 나라보다도 절대적이었음은 두말할 나위가 없다. 동유럽 가운데 유고슬라비아만이 일찍부터 소련의 영향으로부터 벗어날 수 있었는데, 그 이유 중의 하나는 티토가 나치와 집요하게 무장투쟁을 벌였던 사실로부터 연유한 권력의 정통성 때문이었으며 이는 티토의 1948년 모스크바와의 결별로서 분명히 나타났다. 전승국 소련 중심의 사회주의 건설원칙은 냉전체제의 성립과 더불어 동유럽 사회주의에서 전반적으로 관철되었고, 이로 인하여 발생한 여러 가지 문제에 대한 동유럽 지성들의 비판의 소리는 스탈린 사망(1953)에 이은 후루시초프의 스탈린 격하운동(1956년의 제20차 공산당 대회)과 함께 본격적으로 표출되었다.

3. 동유럽 지성의 가능성과 한계

스탈린적인 사회주의상에 대한 불만과 비판은 1953년 6월 동베를린에서 최초로 표출되기 시작했고, 이어서 1956년 10월 헝가리에서는 무장봉기로, 그리고 이보다 조금 전인 1956년 6월 폴란드에서도 대규모 시위로 나타났다. 물론 이러한 저항은 1968년 체코에서도 분출되었지만 동유럽 지성에게는 네가지 길밖에 다른 선택가능성은 없었다. 하나는 체제에 적극 순응하는 길이었고, 둘째로는 서방으로 망명하는 길이며, 세째로는 '내적인 망명'으로서 불만 속에서 나날을 보내는 길이었고, 끝으로 고통을 감수하면서도 사회주의 이상의 실현을 위해서 내부에서 투쟁하는 길이었다.

이러한 여러 가지 유형 가운데 동유럽 지성사적 분석에 있어서 가장 흥미있는 것은 역시 사회주의 내부로부터 이의 모순을 해결하려고 시도했던 지성의 노력 그리고 그들의 좌절이라고 할 수 있다. 특히 냉전체제의 지속과 더불어 고착될 수밖에 없었던 정치적 분위기 속에서 몸부림친 동독 지성의 모습, 그리고 서독에 의해 흡수통합된 오늘날 그들이 처한 위치는 이들의 가능성과 한계를 잘 드러내고 있어 우리에게 많은 것을 시사해 주고 있다.

나치즘과 투쟁한 공산주의자들이 주축이 되어 건설한 동독의 미래에 대한 확신 속에서 브레히트나 하임(S. Heym)과 같은 작가는 물론, 철학자 블로흐(E. Bloch), 작곡가 아이슬러(H. Eisler), 풍자적인 몽타주기법을 사용한 헤르츠펠데(W. Herzfelde) 등은 망명의 길에서 돌아와 동독에 정착하였다. 물론 블로흐는 1957년까지 라이프치히대학에 있다가 후에 튀빙겐 대학으로 옮겼으나, 얼마 전에 사망한 그의 제자 하리히(W. Harich), 볼프부부(Christa Wolf와 Gerhard Wolf) 등은 동독에 계속 남아 체제와의 갈등을 겪었다. 철학자 하리히나 작가 얀카(W. Janka)는 체제와의 갈등으로 인하여 법정에까지 섰고 실형도 언도받았으며 작가 하임, 경제학자 베렌스(F. Behrens)나 쿠친스키(J. Kuczynski) 그리고 콜마이(G. Kohlmey) 등은 수정주의자로 낙인찍혀 정치적인 핍박은 받았으나 옥살이까지는 경험하지 않았다.

1909년 로스톡에서 태어나 16세 때 사민당에 입당하였다가 32년에 공산당에 입당, 히틀러 치하에서 주로 라이프치히와 베를린에서 지하활동을 벌인 경제학자 베렌스는 전후 라이프치히대학에서 통계학과 정치경제학을 가르치다가 1955년 국가중앙통계국 책임자로서 장관서

열에까지 올랐다. 1957년 그의 정치경제학적 문제제기가 수정주의로
낙인찍혀 모든 공직에서 물러났다가 60년대 중반에 시작된 '경제 계
획과 관리에 있어서 신경제정책'(NÖS)과 더불어 복권되었으나 그의
경제개혁에 관한 많은 제안들이 접수되지 않아 실의 속에서 지내다가
1980년 심장마비로 사망했다. 그러나 그가 60년대말에 탈고했고
1978~79년에 수정한 논문「현실사회주의」(Der real existierende Soz
ialismus)는 '현실사회주의'의 모순을 지적하고 이를 내부로부터 개혁
하려는 사회주의적 지성의 태도를 잘 보여주고 있고, 이러한 입장은
70년대 폴란드의 브루스(W. Brus)나 동독의 바로(R. Bahro) 등의 사
고에 많은 영향을 미쳤다. 이 논문 가운데서 베렌스는 다음과 같이 지
적했다.

　　현실사회주의의 결점은 이미 잘 알려져 있다. 하나의 자연법이나 또는
피안의 계시로부터 도출할 필요가 없는 민주적 권리나 인권의 필요없는
제약과 제한 ── 이를 위해서 사회주의 노동운동은 수십년을 싸워왔고, 불
행히도 시민적 민주주의를 실현하는 몇 나라에서만 현재 실현되고 있지만
── 외에도 계속된 체제내재적인 비판에도 불구하고 존재하는 경제에 있
어서의 결점들이다. 공업과 농업 그리고 응용과학으로서의 기술 분야에
있어서 생산력의 낙후성은 현실사회주의가 자본주의에 계속 종속되게끔
하고 있다. 곡물과 생필품 그리고 농업과 공업에 필요한 현대적 시설과
기재의 수입은 이러한 현실사회주의에 살고 있는 인민들의 사기를 떨어뜨
릴 뿐만 아니라 외화를 가지면 자본주의에서 생산된 소비제품을 살 수 있
고 생활에 꼭 필요하지 않은 사치품까지도 살 수 있는 비정상적인 상태로
까지 몰고 가고 있다. 건축·예술·문학에 있어서도 자본주의의 유행현상
은 무비판적으로 모방되고 있고, 서방의 소비와 낭비사회를 정신없이 쫓
아가고 있으며 사회주의적 개념의 제기와 토론 그리고 이를 실현하려는

노력은 사라지고 있다. 모든 나라는 그들 스스로의 중공업을 꾸려야 한다
는 스탈린적 유토피아와 스탈린 치하에서 성립된 민족주의 ── 이는 사회
주의적 애국주의 그리고 프롤레타리아 국제주의로 위장되었지만 ── 는
실제적으로 당과 국가 관료주의의 이해공동체에 지나지 않는다. …… 현
실사회주의의 경제가 지니고 있는 비효율성은 뿌리를 깊이 내리고 있는데
그 주된 요인은 소위 소련식 기본모델의 모방에 있다. …… 소련식의 기
본 모델이 지니고 있는 관료주의적 생산양식과 전제적 국가는 혁명 전 러
시아의 반아시아적 사회적 상태에 그의 뿌리를 내리고 있다. 소련식의 현
실사회주의 사회를 성격지우는 세 가지 정의가 마르크스주의자 속에 현재
자리잡고 있는데 그 하나는 이를 새로운 전제주의라고 보는 입장, 두번째
로는 이러한 사회주의가 기형적이지만 개혁할 수 있는 노동자와 농민의
국가로 보고 있는 입장, 끝으로는 이를 국가자본주의로서 파악하는 입장
이다. 그러나 현실사회주의는 근대적인 국가독점주의(Staatsmonopol
ismus)의 하나의 유형으로서 파악되어야 한다. 현실사회주의는 자본주의
와 사회주의 또는 공산주의 사이의 과도기가 아니고 하나의 독립적인 사
회구성체이다.

현실사회주의는 사회주의 또는 공산주의로 넘어가는 과도기 사회가
아니고 독립적인 사회구성체이기 때문에 기존의 과도기 사회이론이
제기하는 가치법칙의 적용범위, 상품생산문제, 계획과 시장과의 관계
라는 사고의 틀에서 벗어나 새로운 생산, 소비 그리고 분배체계를 형
성해야 한다는 전향적인 대안 추구의 자세를 베렌스는 보여주고 있는
데, 이러한 입장은 후에 바로에 의하여 '대안들'(Die Alternative) 속에
서도 시도되고 있다. 이러한 대안 모색의 기본축을 형성하는 사상은
역시 자본주의적 경제운영의 답습이 아니라 생태계를 보존하고 삶의
질을 높이는 새로운 사회건설로서 나타나고 있어 서독의 '녹색당'의

그것과도 많은 접근을 하고 있는데 철학자 하리히도 최근에 이 문제와 씨름하고 있다. 극작가 뮐러(Heiner Müller)도 "동독에 있어서 가격정책은 경제적으로 보면 완전히 비효율적이었다. 그러한 정책은 발전을 촉진시킨 것이 아니라 오히려 이를 억제하였다. 그러나 사회주의가 하나의 경제적인 범주인가, 그렇지 않으면 오히려 윤리적인 범주인가 하는 질문은 여전히 남아 있다. 사회주의 속에서 윤리적 요구만을 내세운 것은 오래 지탱될 수 없었다. 그러나 그것을 단번에 내동댕이치는 것에 주저하는 것을 우리는 충분히 이해할 수 있다"라고 주장하고 있다.

물론 동독이 사라지고 나서 서독으로부터 쏟아지듯 들어오는 온갖 신선한 과일을 보고 일반 동독 국민들은 자본주의의 풍요로움에 눈이 휘둥그래지고 있지만, 이들은 이러한 과일을 수출하는 제3세계 민중들이 쓰레기를 뒤지면서 먹고 살아가고 있다는 사실은 모르는 안타까운 현실을 뮐러는 지적하고 "유럽이여, 빨리 사라지라!"고까지 저주를 퍼붓는다.

4. 침묵의 뜻

사회주의적 대안을 추구했고 이로 인하여 많은 고초도 겪었던 동유럽 지성의 노력에도 불구하고 동유럽에 '현실사회주의' 대신에 들어선 것은 '사회주의적 시장경제'라는 이름으로 위장된 자본주의였다. 동독은 말할 것도 없고 헝가리, 폴란드, 체코 등 모든 동유럽이 현재 새로 들어온 자본주의라는 열병을 앓고 있다. 지난 부활절 방학 때 들렀던 프라하는 밤거리에 나다닐 수 없을 정도로 치안부재였고, 이제 '유럽의 방콕'이라는 대명사가 붙은 헝가리의 수도 부다페스트는 창녀로 붐비고, 동베를린에는 실업과 주택난이 심각하고 그리고 신나치주의자들의 난동까지도 종종 벌어지고 있어 '현실사회주의'의 대안으로서의 '새로운' 사회주의의 실현을 그렸던 동유럽 지성의 좌절감도 그만큼 심했다. '모든 주체의 동시적 발전'을 추구했던 이들은 '다른 주체들에 반대해서 그리고 이들의 희생을 대가'로 이루어지고 있는 약육강식의 법칙이 지배하는 현실 앞에 망연자실하고 있다. 더 나은 소비생활을 약속하는 정치가의 분홍빛 선전에 근거한 포퓰리즘(populism)적 정치문화는 동독에서도 폴란드에서도 판을 치고, 역사적으로 다민족이 섞여 살아왔던 동유럽에는 인종주의와 민족주의가 흡사 남아 있는 마지막 정치이념인 양 유고에서도, 체코와 루마니아 그리고 폴란드에서도 — 심각한 정도는 각기 다르지만 — 분출되고 있다. '레닌그라드'가 '페테스부르그'로, 동독의 '칼 마르크스'시가 다시 '켐니츠'(Chemnitz)로 개칭되었던 것처럼 마르크스는 물론 레닌의 모든 흔적을 지우려는 작업은 모든 곳에서 진행되고 있다.

이러한 반동적 거센 흐름이 일시적인 현상인가 그렇지 않으면 '탈역사'(post-histoire)가 주장하는 것처럼 역사철학으로서의 마르크스-레닌주의는 이제 끝인가 하는 문제를 둘러싸고 사회주의적 대안이 그래도 가능하고 또 이것이 있어야 한다고 주장하는 동유럽의 지성은 현재 대부분 침묵을 지키고 있다.

기회주의자들은 재빨리 변신하고 새로운 상황에 적응하기 때문에 '개미잡이'(Wendehals)가 될 수 있지만, 사회주의적 대안과 이의 장래를 확신하는 동유럽의 지성들은 아직도 기다리고 있다. 1947년 겨울 브레히트에게 학생들이 "왜 프리드리히 볼프(Friedrich Wolf)나 폰 방겐하임(Gustav von Wangenheim)처럼 '현재'를 대상으로 하는 작품을 쓰지 않는가"라는 질문을 던지자 브레히트는 천천히 쓰는 작가도 있고 빨리 쓰는 작가도 있는데 그는 전자에 속하는 사람이라고 우회적으로 대답한 적이 있다. 시세에 너무 빨리 반응을 보여서는 안된다는 경고의 뜻을 담고 있다고 하겠다.

5. 동양전제론과 '현실사회주의'

현실사회주의의 모순의 기저에는 소련식 — 정확히 표현하자면 스탈린식 — 사회주의 모델이 뿌리를 내리고 있는 '아시아적' 내지 '반아시아적'인 러시아의 낙후성 문제가 놓여 있다는 점은 이미 비트포겔(K. A. Wittfogel)로부터 위에서도 언급된 베렌스 그리고 바로도 지적하고 있고, 이는 최근에 '시민적 사회'(Civil Society)가 동유럽에서는 결손되었다는 논의와 더불어 다시 고개를 들고 있다. 이러한 분위기와 더불어 영국에서는 사회주의의 전반적 위기에도 불구하고 왜 아시아의 중국, 베트남 그리고 북한에서는 아직도 동유럽과 같은 변화가 일어나지 않는가 하는 질문에 대한 해답을 구하는 연구 프로젝트도 있고, 필자는 다른 두 동료와 함께 이 문제를 가지고 역사적, 문화적, 철학적 그리고 비교사회주의적 관점에서 『전제주의 — 사회이론에서의 한 테마의 재현』(*Despotism, The Recurrence of a Theme in Social Theory*)이라는 책의 출간을 준비중이다.

소련이나 동유럽의 학자들을 만나면 거의 다 '천안문사태'에 대하여 부정적 평가를 내리고, 북한에 대해서는 흡사 자신의 부끄러운 과거를 보듯이 언급을 회피하거나 비판적으로 평가한다. 그들은 스탈린주의라는 개념으로 우선 이러한 아시아의 사회주의를 이해하고 있다. 특히 북한에 대해서는 '개인 우상'의 예를 들어 비판적 논평을 가하고 있다. 그러면 이러한 동유럽 지성의 북한평가는 타당한 것인가 하는 질문에 대한 북한 지성 자신의 반응과 대답은 어떤 것인지를 필자는 북한 지성과의 직접적인 토론을 통해서 알아보려고 시도하였다.

6. 동유럽 지성과 북한의 '민족간부'

낙후하였다고는 하지만 서구문화의 중심부와 끊임없는 교류 속에 있었던 동유럽의 문화와 교육수준과 식민지 조선의 그것과 비교하는 자체가 무의미하다는 것은 두말할 필요가 없다. 경성제국대학과 몇개의 전문교육기관을 빼고 나면 조선의 전문적 인텔리가 배출될 조건은 없었고, 이러한 교육기관도 대부분은 일본인을 위한 것이었다. 일본에 유학한 조선인 인텔리까지 다 합쳐서 해방 직후 우리나라 남북을 통틀어 대학 출신자의 숫자는 천여 명에 지나지 않았다. 경제적 조건이 남한보다 취약한 북한에 있어서 인텔리 문제는 더욱 심각하였다. 해방 직후 북에는 소위 대학 출신의 인텔리는 십여 명에 지나지 않아, 김일성대학을 설립했지만 가르칠 사람이 없어 어디에 대학 출신자가 있다면 김일성 수상이 직접 서명한 임명장을 들고 찾아다닐 정도였다고 필자가 김일성종합대학을 방문하였을 때 이 대학의 부총장은 당시의 상황을 설명하였다. 물론 한국전쟁중에 월북한 남한 출신의 인텔리가 심각한 인텔리 부족현상을 일부 타개했고, 전쟁중이었지만 소련과 동유럽에 내보낸 많은 유학생들이 학업을 마치고 귀국하여 북의 인텔리의 주요부분을 담당하였다.

50년대 미국에서 훈련받은 남한의 인텔리가 무비판적으로 미국으로부터 학문의 방법론을 받아들였던 것처럼 북한에서도 소련과 동유럽에서 유학한 지식인들이 무비판적으로 그쪽의 체계를 접수한 흔적은 여러 방면에서 나타났다. 육중한 기둥 그리고 직선적인 벽면처리를 한 50년대 건물에도 이러한 흔적은 남아 있고, 소련처럼 춥지도 않은 북한에서 하수도를 설치할 때 땅을 너무 깊이 파는 공법이나 소련의 정치경제학 교과서를 그대로 번역 사용한 데서도 그러한 흔적을 엿볼 수 있다. 전후 인민경제 복구를 둘러싼 노선투쟁에서 중공업을 우선적으로 그리고 농업과 경공업을 동시에 발전시킨다는 노선이 관철되고, 소련 중심의 국제분업체제를 거부하고 자립적 경제건설을 배경으로 한 주체사상이 북의 사회주의 혁명과 건설의 총노선으로 뿌리를 내린 사실과, 50년대 중반에 일기 시작한 동유럽 변혁이 좌절된 것과 비교 관찰해보는 것은 동유럽 변혁을 바라보는 북한 지성의 오늘의 입장을 이해하는 데에 있어서도 중요한 시사를 하기 때문에 의미있는 일이라고 생각된다.

소련이 동유럽의 지성을 파시즘으로부터 해방시켰지만 역사적으로 오랫동안 갈등을 야기시킨 러시아(소련)에 대한 동유럽 지성의 거리감은 상당했다. 파시즘으로부터 서구를 해방시킨 미국과 서구에 대해서는 — 비록 냉전체제는 시작되었지만 — 소련에 대한 적대감과는 반비례로 동경심으로 나타났다. 그러나 점령군으로 진주한 소련의 행동 반경 속에 갇혀 있는 동유럽 지성의 운신의 폭은 애초부터 제한될 수밖에 없었고, 이미 동유럽의 정치지도부가 소련에 의하여 장악된 조건에서 더이상 말할 필요조차 없었다. 이에 반하여 미국에 의하여 무차별 파괴를 경험한 북한 인민의 미국에 대한 적개심과 증오감은 상당히 컸으며, 전쟁의 와중에서 지주나 미국지향적인 계층(특히 기독교인)이 이미 남쪽으로 이주한 조건에서 적대적 계급의 저항도 적었다. 소련에 대해서도 동유럽에서는 볼 수 없는 거부감도 작용했는데, 러시아 중심이나 소련 중심도 결국에는 백인 중심의 맥락 속에서 이해될 수밖에 없었으며, 비슷한 현상을 중소이념분쟁 속에서도 우리는 발견할 수 있다. '간부'(Kadr)라는 단어 앞에 '민족'이라는 접두어를 붙인 이유는 바로 이러한 북한 지성 성장의 특수한 배경을 설명해주고 있다.

128

7. 북한의 인텔리성책

북한의 조선노동당 마크는 다른 사회주의 나라와는 달리 망치와 낫 그리고 이 둘 가운데 붓을 안고 있다. 노동자·농민의 위상만큼 중요한 인텔리의 사회주의혁명과 건설에서의 역할을 상징한다고 북에서는 자주 이야기되고 있다. 파시즘은 물론 볼셰비즘 안에 종종 나타나는 반지성주의적 편향을 독문학자 베링(D. Bering)은 그의 저서 『지식인 — 욕설의 역사』속에서 이미 잘 분석했다. 동요를 살하기 때문에 믿을 수 없다는 지식인에 대한 불신과 경멸은 사회주의 안에서도 예외일 수는 없다. 중국의 문화혁명기에 대대적으로 벌인 '하방'(下放)운동이 아마도 대표적인 예일 것이다. 이러한 정책이 지금은 심대한 과오였다고 지적되고 있지만 당시 북한과 중국 사이에는 특히 지식인정책을 둘러싸고 심한 비난이 상호교차하였다.

북한은 육체노동을 통한 '인텔리의 노동계급화'가 일면적으로만 강조될 때 나타나는 문제를 지적하였고 이와 동시에 '노동계급의 인텔리화'의 중요성을 강조하였다. 인텔리의 노동계급화가 궁극적 목표라면 무엇 때문에 인민을 교육시키는 학교를 세우느냐는 것이 북한의 입장이었다. 평준화는, 하향조정식도 있지만 오히려 상향조정을 통해서, 즉 노동계급 내지 전 인민의 인텔리화를 통해서 가능하지 않느냐는 것이 북한 지도부의 홍위병의 공격에 대한 대답이었다. 현재 일주일에 한 번 당생활 총화와 더불어 실시되는 '금요노동'은 북한 인텔리가 육체노동과 노동세계와 직접 접촉할 수 있는 공간으로 남아 있어 중국의 문혁기의 일면적인 정책이나 또는 이러한 문제가 한번도 절실하게 제기된 적이 없었던 동유럽과 비교해볼 때 북한의 인텔리정책의 중요한 일면을 우리는 엿볼 수 있다.

8. 마르크스 - 레닌주의 고전과 주체사상

소련이나 동유럽에 있어서의 사회주의 이론 전개를 뒷받침하는 많은 부분을 마르크스로부터 시작하는 고전이 담당하고 있는 데 비하여 북한에 있어서는 이와는 달리 김일성 주석의 교시가 주체사상의 근간을 이루기 때문에, 서구의 학자들은 물론 동유럽의 학자들도 스탈린 시기의 학문의 분위기를 지배했던 교조적인 '인용'(citatnićestvo) 분위기를 주체철학에 접했을 때 다시 발견한다. 마르크스-레닌주의와 주체사상의 관계가 하나의 연속성에서 파악되었던 60년대 초반까지만 하여도 마르크스, 엥겔스, 레닌의 저작들의 번역이 많이 나돌았고 이는 필자가 김일성종합대학을 방문했을 때도 확인할 수 있었다. 그 이후 주체사상과 마르크스-레닌주의의 관계는 마르크스-레닌주의는 주체사상에 의하여 새롭게 발전되었다는 뜻에서 오히려 불연속성의 측면이 강조되면서, 마르크스-레닌주의의 고전은 전문가들 사이에서나 토론이 되고 주체사상의 대중화가 북한 인텔리 앞에 나서는 당면 과제가 되었다.

이러한 '통속화' ─ 북에서는 부정적인 의미로 이해되는 것 같지는 않았다 ─ 를 통해서 주체사상이 인민대중 속에 뿌리를 내려야 한다는 기본 위에서 서술되는 철학, 정치경제학 그리고 문학과 예술 체계가 너무 단순하고 단조롭기 때문에 풍기는 비학문적 내지 비전문성 문제를 필자가 북의 학자들에게 제기했더니, 물론 그들 자신도 이를 잘 알고 있지만 정작 어려운 일은 바로 인민대중 누구나가 알 수 있는 언어로 철학이나 학문 체계를 설명하는 것이며, 아직 주체철학의 입문적 교과서가 나오지 못한 것도 전체 체계구성에서의 문제도 있지만 서술에서도 많은 문제가 제기되고 있기 때문이고, 이러한 문제의 해결에 있어서 내부적으로 전문가 사이에는 치열한 논쟁이 벌어지고 있다고 대답한다.

필자가 북의 사회과학원과 김일성종합대학에서 그곳의 중진학자들과 토론하면서 나누었던 여러 가지 이야기 가운데 가장 그들에게 깊은 인상을 남긴 말이 — 후에 들으니 — 언어의 한계는 세계의 한계라는 비트겐슈타인의 이야기였던 것 같다. 주체사상이 우선적으로 뿌리를 내리는 북의 인민의 언어체계로 서술되는 것은 당연하다. 그러나 이 언어체계가 다른 언어체계와 연결되지 못하고 단절될 때에는 주체사상의 세계는 그만큼 제한될 수밖에 없다는 것을 의미한다. 마르크스-레닌주의의 언어체계가 위기에 처한 오늘, 주체사상이 이러한 체계와의 연속뿐만 아니라 동시에 불연속성을 이미 이야기하였기 때문에 동유럽 지성이 갖고 있는 언어체계와 구별되는 데서부터 오는 차이성을 이제 '우리식 사회주의'라는 적극적인 언어체계로 인식하려는 분위기를 필자는 북에서 느낄 수 있었다. 그러나 멸망한 동유럽 사회주의의 과거의 언어체계와의 비교보다 더 중요한 것은 '우리식 사회주의'가 앞으로 부딪쳐나갈 다른 많은 언어체계와 어떻게 교호할 수 있는가 하는 문제일 것이다.

9. 자주성과 현대성

주체사상이 무엇보다도 중심부 강대국의 지배논리에 저항하는 주변부의 자기확인과 자기긍정의 언어체계라는 것은 의심할 여지가 없다. 보편이라는 이름 밑에 억압받는 특수의 의미를 다시 살려내려는 '구별' 내지 '차이'(différence)의 철학이 현대비판으로서의 '탈현대'철학의 하나의 중요한 구성부분을 이루고 있다는 것을 상기할 때 주체철학은 이러한 탈현대적인 맥락에서도 이해될 수 있다. 탈현대가 '반(反)현대'라는 의미론적인 함축도 동시에 지니고 있기 때문에 주체의 강조가 결국 이 주체를 에워싸고 있는 객체적인 질서를 단순히 거부하는 일방적인 행위로 오인될 소지는 많다.

현대가 안고 있는 '동시성'의 철학은 오늘 세계의 어느 구석도 결코 그대로 두지 않고 있다. 이 동시성에 저항하는 세력에 대해서는 모든 수단을 동원, 이를 '개방'시키고 '개혁'시키는 것이 현대의 과제이자 계몽의 본질이며 '신세계질서'의 수립이라고 주장하고 있다. 자주성을 지키려는 북한에게 소련과 동유럽의 변화는 충격적이었고 미국의 직접적인 압력은 날로 거세지고만 있다.

자주성을 지키면서 현대성을 동시에 호흡해야 한다는 어려운 과제에 당면한 북한의 지성이 안고 있는 고민은 어떻게 보면 주체할 수 없는 현대성의 물결 속에서 자주성을 찾아나가려는 남한의 진보적 지성의 고민과는 정반대인 것처럼 보였다. 내가 만난 북의 지성들이 이 문제를 보는 태도는 분명한 것 같았다. 즉 만약 현대성이라는 동시성의 철학이 자주성을 파괴할 때에는 그러한 현대성을 포기, 아니 철저히 반대한다는 입장이었으며 현대성은 자주성 실현의 수단이 될 때만이 그 의미가 있다는 주장이었다. 동유럽의 지성들이 현대성이 지니는 양면성 ─ 해방과 구속 ─ 을 인정하면서도 궁극에는 이의 적극적 또는 긍정적 측면을 보다 더 강조하는 것과 비교해볼 때, 북한의 지성은 이러한 현대성에 대해서 훨씬 조심스러운 태도로 접근하고 있다는 인상을 필자는 받았다. 현대적 과학과 기술도 자립적 민족경제를 보완하는 측면을 강조하고 있고, 현대음악 ─ 윤이상 선생의 음악이 현재 이의 주된 내용이지만 ─ 도 가령 『광주여 영원히』나 『나의 땅 나의 민족』과 같은 작품이 그들의 음악정서에 더 와닿는 것 같았다.

필자의 눈에는 그래도 자주성과 현대성 사이의 균형을 가장 잘 드러낸 분야는 건축예술 분야로 보였다. 100미터 이상의 폭을 가지고 곧장 뻗어나가는 새로 건설된 '광복거리'에는 다양한 형식의 현대식

건물들이 여러 가지의 지붕형태와 벽구성을 보여주고 있어 서구의
'탈현대'나 '신현대' 건축양식처럼 복잡하지는 않았지만 전통과 현대
를 새롭게 결합하려는 시도는 확실히 드러나 보였고, 이는 동독이나
소련에서 시도되었던 전통적 건물의 단순한 복원과도 많은 차이가 있
었다. 자주성만을 과도하게 주장하다가 '우물 안 개구리'가 되거나 현
대성만을 지나치게 강조하다가 '국적없는 국제건달'이 될 소지는 너무
나 많다. 북한의 지성은 자주성과 현대성 사이의 긴장을 유지하면서
'차이'와 '공존'을 어떻게 앞으로 결합시켜나갈 것인가 하는 어려운
문제를 현재 안고 있다. '주체혁명이야말로 가장 강한 개혁이다'라고
북한의 지성은 주장하면서 '주체'와 '개혁'을 대립시켜 보는 태도를
비판하고 있다.

10. 이론과 품성

주체사상의 구현이야말로 가장 강한 '개혁'이라는 논리 뒤에는 지
금까지의 마르크스-레닌주의가 이론은 실천을 위한 도구적 성격으로
파악해왔던 편향에 대한 비판이 숨어 있다. 물론 '마르크스-레닌주의
적 윤리' 또는 '사회주의적 도덕'에 관한 많은 주장들이 사회주의 사
회 안에서의 '인간상' 또는 '개성'과 연결되어 전개되었고 사회주의
노동과 공동체로 형성된 도덕체계에 관한 서술도 무수히 많다. 그러나
이 모든 논술들을 주체사상의 중요한 구성부문을 차지하고 있는 '품
성론'과 비교해볼 때 동유럽에서는 역시 마르크스-레닌주의의 정당성
을 이의 이론체계의 완벽성(유물변증법, 역사적 유물론, 정치경제학)에서
구하였다고 볼 수 있다. 이에 대하여 사람이 모든 것의 중심이라고 보
는 주체사상이 사회적 관계에 있는 사람의 도덕성 문제를 중요하게
제기하는 것은 동양적 문화체계라는 맥락에서 파악될 수 있지 않은가

하고 필자는 생각한다.

'실천적 삶'(bios praktikos)으로부터 '이론적 삶'(bios theoretikos)을 분리해낸 희랍철학에 대해서 항상 '성인'(聖人)과 '현자'(賢者)의 도덕적 완전성을 추구했던 자연철학의 전통에 서 있던 동양적 특히 유교적 전통은 '무엇' 또는 '왜'라는 논리적 범주보다는 '어떻게'라는 삶의 정향(定向)을 추구했다고 볼 수 있다. 동유럽의 마르크스-레닌주의자들이 정연한 논리구성에 밝아 정교한 체계를 구성했음에도 불구하고 그러한 체계가 너무나도 빠른 속도로 무너지고 만 오늘, 필자는 많은 이론적 공헌에도 불구하고 일본에서 마르크스-레닌주의가 뿌리를 내릴 수 없었던 사실을 연상하게 된다. 일본의 마르크스주의자가 추구했던 진리와 허위라는 인식론적인 범주는 '우리 것인가 아닌가'라는 원근(遠近)의 정서적 가치나, '옳은가 그른가'라는 전통적 윤리적 판단과는 너무나 거리가 멀었다. 사람으로부터 시작해서 사람으로 끝난다는 주체철학이 강조하는 품성문제가 주체사상이 북에서 실천적 힘을 발휘할 수 있는 중요한 근거 중의 하나임에는 틀림없다.

동유럽 마르크스-레닌주의자들의 이론의 정교성에 비교할 때 북한의 주체철학자는 미분화된 이론체계를 지니고 있다고도 볼 수 있다. 그러나 그들은 생명력이 없는 이론의 정교성보다는 무디지만 사람을 움직일 수 있는 실천의 정서를 택하는 데 주저하지 않는다고 말한다. 레닌이 혁명의 와중에서 수없이 부딪치는 문제와 씨름하면서 그때그때 논쟁식으로 대답하는 문체를 흉내내어 문장마다 몇 개의 느낌표(!)나 의문부호(?)를 집어넣는 이론전개가 얼마나 남쪽의 인민들을 설득할 수 있겠느냐고 그들은 지적한다. 물론 이상적인 것은 예리하고 냉철한 이론적 분석과 폭넓고 따뜻한 실천적 품성의 결합일 것이다. 이두 가지를 다 공유할 수 없을 때 동유럽의 지성은 전자를 택하고, 북의 지성은 후자를 택할 수밖에 없는 문화적 배경을 지니고 있다는 것이 동유럽의 지성과 북한의 지성을 직접 만나는 필자의 개인적 경험이다.

11. 맺음말

동유럽의 현실사회주의가 사라지고 나서 동유럽 지성의 반응은 여러 가지이다. 재빨리 변신하여 어느 서방의 반공주의자보다 더 적극적으로 반공을 주장하는 사람도 있고, 냉소주의자가 되어 현실의 변화에 아무런 반응을 보이지 않는 사람도 있고, 그래도 자본주의가 인류의 미래에 대한 대안일 수는 없다고 주장하는 사람도 있다. 동유럽 지식인들도 이제 남한을 방문할 수 있게 되었고 남한의 지식인들도 동유럽을 직접 볼 수 있게 되었다. 이러한 동유럽 지식인들의 대부분은 자기 자신의 면죄부로서 북한의 '스탈린주의'를 고발하고 있고, 동유럽을 주마간산격으로 관광하는 남한 지식인들의 대부분은 동유럽 사회주의의 몰락현장을 보고 이제 사회주의는 끝났다고 이야기하면서 이러한 판단의 외연을 북한에까지 확대적용하고 있다.

이러한 판단이 어떠한 근거를 가지고 있는 것인지를 확인하고 싶어서 필자는 1991년 5월 북한의 사회과학원 초청에 응해 그곳의 지식인들과 많은 이야기를 나누었다. 동유럽 지성과 그들의 입장이 — 비록 '사회주의'라는 외연 속에 들어 있었지만 — 다른 것은 간단히 말해서 두 가지였다. 하나는 민족분단을 극복해야 하는 과제를 핵심으로 삼고 있는 사회주의 혁명과 건설의 특수성이었고, 다른 하나는 제국주의와 패권주의로부터 자주성을 쟁취해야 하는 제3세계의 해방이라는 맥락에서 보는 '주체사회주의'의 보편성이었다.

오늘날 동유럽에서 베트남, 모잠비크, 쿠바 사람들이 얼마나 인종적인 멸시와 박대를 받고 있는가를 알고 있는 그들은 민족의 존엄은 스스로의 힘에 의해서만 유지될 수 있다는 것을 확신하고 있고, 설사 경제적으로 조금 어렵더라도 구걸보다는 허리띠를 더 졸라맨다는 집단적 의지에 미래를 맡길 수 있다고 확신한다. 물론 이러한 태도가 지나쳐서 일종의 오기가 깃든 '자폐증'에 빠져서는 안된다는 필자의 의견에 그들도 동조하면서도, 반동과 제국주의자들로부터 욕을 먹는 것을 그들은 두려워하지 않는다고 대답한다. 사회주의를 고수하는 마지막 지성의 외로움과 동시에 비장한 각오를 필자는 북의 지성과의 대화에서 종종 느낄 수 있었다. 이러한 분위기는 현재는 물론 과거에도 동유럽 지성에게서는 볼 수 없었다.

〈1991, 『전환기의 세계와 민족지성』〉

분단현실에의 인식론적 접근

 분단 반세기를 맞이하는 1995년에는 남북에서 모두 분단의 의미를 재조명하고 분단을 극복하기 위한 지혜를 모으는 작업들이 그 어느때보나도 활발할 것으로 예건된다. 그러나 이러한 작업들이 기왕에 있었던 발상에 획기적인 전환을 가져올 것으로 믿는 사람은 별로 없을 것이다. 기다리다가 지친 것도 사실이지만 무엇보다도 '분단'이니 '통일'이라는 단어가 전달하는 의미가 이미 너무 공식화·도식화되었기 때문에 새로운 것을 별로 기대할 수 없으리라는 생각이 우리 뇌리 한 구석에 자리잡은 지 오래되었다.

 아무도 예견치 못한 독일통일의 현장을 지켜보면서 최근 필자가 느끼고 있는 사실이지만, 통일의 환희를 구가했던 독일사람들도 불과 몇 년 사이에 지루한 일상성에 매몰되어 통일후유증에 짜증과 신경과민적인 반응만을 보여주고 있다. 물론 통일의 환희를 경험해보지도 못한 우리의 주제에 독일통일의 어두운 측면만 강조할 수 없지만, 독일통일이 우리의 통일에 타산지석의 의미를 전달하고 있다는 것을 여러 가

지로 느낄 수 있다. 백낙청교수의 『분단체제 변혁의 공부길』과 이에
대한 국내의 논의들을 멀리서 지켜보면서 떠오르는 몇 가지 생각을
간단히 정리할 필요성을 느낀다.

특히 '분단체제'라는 백교수의 접근 방식은 '분단'에 관한 기존의
논의구조를 충분히 문제화하고 있기에 '분단'이나 '통일'에 대한 우
리의 인식론적 기초가 무엇인가라는 물음이 먼저 떠오르고, 이어서 이
러한 물음이 실천적 문제와는 어떠한 관련 속에서 대답되어야 하는가
하는 고민도 몰고 온다. 필자는 어떠한 완결된 대답을 추구하고자 이
글을 쓰는 것은 아니다. '분단'이니 '통일'이니 하는 개념들이 일상성
과 반복성의 늪에 계속 빠져들어만 가는 것이 아닌가 하는 기우에서
분단과 통일문제에 대한 접근의 시각을 조금 달리 찾아보았을 뿐이다.

1. '주관철학'적 접근 : 그의 입구와 출구

'분단을 뛰어넘어', '분단의 장벽을 허물고'라는 말이 뜻하듯이 '분단'
은 대개 '대상적' 의미로 우선 이해되고 있다. 이때에 분단극복의 '주
체'나 '내적인 관점'은 대개 자명하다고 생각되기 때문에 이에 대한 물
음은 별로 제시되지 않는다. 설사 그러한 물음이 제기된다하더라도 대
체로 '정권'이냐 '민간'이냐 하는 수준의 물음에 머문다. 어떻든 분단
극복이라는 실천의 중심에는 하나의 주체가 아니라 다수의 주체가 설
정될 수 있고, 분단의 대상적 의미와 주체의 의도가 반드시 동일하지
않은 것도 드러난다.[1]

---

1) Thomas Nagel의 언어분석도 대상화하는 시선과 주체에 관련된 내적인 전망의 차
   이를 화해시킬 수 있는 경험주의적·환원주의적 방법의 불가능을 지적하고 있다.
   (Thomas Nagel, *The View from Nowhere*, Oxford University Press, 1986)

그러나 종종 이야기되는 '통일(統一)은 통이(統二)가 아니다'라는 주장처럼 통일을 남북의 내포와 외연이 동일하게 된 상태로서 이해한다. 이러한 인식의 기저에는 'A는 A이다'라는 사변적인 '동일률'(同一律)이 놓여 있다. 이러한 동일률은 자기와 '동일하지 않은 것'(das Nicht-Identishe)이나 '흡수되지 않은 것'(das Nicht-Integrierte)이 자기 바깥에 계속 존재할 수 있다는 가능성 앞에 불안과 불만을 느끼고 자기와 타자(他者)사이의 차이(Differenz)를 영원히 없애려고 시도한다. 이러한 동일률이 바로 '지배'의 핵심적 내용이라고 비판되기도 하고,[2] 또 '허상'에 지나지 않는다고 폭로되기도 한다.[3] 그럼에도 불구하고 동일률은 우리의 피치 못할 운명이라고 하면서 이를 변호하는 세력도 여전히 많이 남아 있다.[4]

분단의 비극을 야기시킨 장본인인 외세 및 그의 추종자들을 배제하고 민중주도의 통일을 지향하는 주체는 이러한 동일률의 주체와 대상의 내용을 내부와 외부세계로 바꾸어 이해하고 있다. 이러한 인식이 의거하고 있는 'A는 A가 아닌 것일 수 없다'라는 모순율도 실은 동일률을 거꾸로 한 것에 지나지 않지만, 강한 '자기 동일성'을 나타내어 보이고 있다. 전 지구를 하나의 동일한 세계로 만들어 온 역사에 있어서 하나의 획기적인 사변이었던 동서냉전의 종결을 겪고 나서 이러한 자기동일성도 흔들리는 것을 자주 보게 된다. '흡수통일'은 이제 피할 수 없는 운명이라는 소리도 들리고, 바람직스럽지 않은 통일이라는

---

2) Th. W. Adorno의 *Negative Dialektik* (Frankfurt/M. 1966)의 핵심적 주제였다.
3) 니체 이후 줄곧 제기되었던 '주관철학'(Subjektphilosophie)의 해체작업은 '탈현대' (Postmoderne)의 가장 중요한 내용을 구성하고 있다.
4) 이러한 견해는 관념철학적 전통 위에서(Dieter Henrich), 언어분석철학적 결합을 통해서(E. Tugendhat), 또는 해석학적 개체이해를 통해서(Manfred Frank) 제시 되고 있다.

이유 때문에 통일자체를 반대할 필요는 없다는 계몽섞인 주장도 나온
다. 정의가 아름답고 선하고, 불의가 추하고 악하다는 믿음의 자리에
"아름답지도 성스럽지도 그리고 좋지 않은 것이지만 이것들이 진실일
수 있다는 것을 보여주는 일상적 지혜"[5]가 들어선다. 이래서 한때 분
명히 '비관적'이었던 사람들은 '흡수통일'이라는 자기확인방식을 발견
하게 되었고, 한때 '낙관적'이었던 사람들은 비관과 체념에도 빠지는
것 같다.

이렇게 낙관과 비관이 상호교차하는 통일주체의 동일성문제는 그러
나 우선 다음과 같은 문제점을 안고 있다:

1) 다양한 경험세계를 종합적으로 구성하는 중심으로 설정된 주체
는 이미 지적했듯이 하나의 중심이 아니라 여러 개의 중심(polyzentris
ch)을 포괄하고 있다. 북한의 핵문제의 대처방식에서 드러나듯이 집권
세력 내부에도, 또 계급문제 또는 민족문제 우선을 둘러싼 변혁세력
내부에도 하나의 움직이지 않는 '실체'(Substanz)를 설정하기 어렵다.
주체는 변하지 않는 무엇이 아니라 힘을 매개로 한 관계체제의 움직
임이라고 할 수 있다.

2) 자기와 동일하여야만 한다고 생각되는 대상도 단순한 농경사회
의 '기계적' 의미의 통합의 대상이 아니라 복잡한 산업사회와의 '유기
적' 통합의 대상이다.[6] 분단극복 또는 통일은 따라서 '친척방문'이나
'고향방문'이라는 정서 속에서 드러나는 원형(Archetypus)의 재생산을
의미하지 않는다. 우리 모두에게 언젠가는 있었으나 그러나 아직 아무

---

5) Max Weber, *Gesammelte Aufsätze zur Wissensehaftslehre*, 4. Aufl. Tüb
ingen 1973, S.604
6) E. Durkheim의 '노동분업'의 진화정도에 따른 '기계적 연대성'과 '유기적 연대성'
의 구별에 주의를 돌릴 필요가 있다.

도 가보지 못한 미래의 고향(Heimat)을 의미하는 대상이다.[7] 비록 분
단 반세기가 상대적으로 짧은 시간이라 하더라도 '한국사람'(또는 '조
선사람')이라는 '동일성'과 함께 '남한'(또는 '북조선')이라는 '차별성'의
언어는 공존하고 있다.

3) 주관철학적 접근은 '극대주의적'(maximalistisch) 전략에 서 있는
데 이는 통일을 하나의 '과정'(Prozeβ)으로 보기보다는 하나의 '사건'
(Ereignis)으로 기대케 한다. 원인과 결과라는 지루한 일상성의 고리를
한 순간에 끊는 '우연'(Okkasion)으로서 통일을 이해한다.[8]

주관철학이 약속하는 자기동일성의 확인과 복권 그리고 혁명적 낭
만은 의심할 여지없이 모든 사회변혁의 추동력으로 작용해 왔다. 이러
한 주관철학적 해방전략은 그러나 '주관주의' '맹동주의' 또는 '주의(主
意)주의'로서 비판을 받아왔는데 이는 서구에서도 그리고 우리나라에
서도 비슷한 양상으로 나타났다. 특히 대선실패와 동구사회주의 멸망
은 이러한 비판을 증폭시켰다. 주관철학적 해방전략을 포위공격하고
무력화시키는 힘은 '해체주의'(Dekonstruktionismus), '구조주의'(Struk
turalismus), '탈현대'(Postmoderne), '탈역사'(Post-histoire), '탈산업사
회'(Postindustrielle Gesellschaft) 등의 여러 가지 모습으로 나타났다.
이렇게 겹겹이 포위된 상황 속에 있는 '주관철학'(Subjektphilosophie)
의 하나의 탈출구로서 루만(Niklaus Luhmann)은 '체제이론'(System
theorie)을, 하버마스는 주관철학을 '의사소통적 행위이론'(Theorie des
kommunikativen Handels) 속에서 '지양'시킨 다른 탈출구를 보여주고
있다.

---

7) E. Bloch의 '희망의 원칙'(Prinzip Hoffnung)의 결론이다.
8) '원인과 결과'를 한 선으로 연결시키는 '인과'(causa)를 부정하는 것이 '우연'(occas
io)이다. 정치적 낭만의 본질은 바로 이 지루한 인과의 사슬을 한 '순간'에 끊는
'충격'에 있다.

2. '사회체제'와 '분단체제'

'분단' '분단시대' '분단현실', '분단체제'라는 의미론적인 변화를 추적하던 필자는 '분단체제'라는 말에 이르러서 먼저 루만의 '체제이론'을 연상하게 되었다.

물론 '체제'(System)라는 단어가 일상적으로 자주 사용되고 있지만 '분단체제'와 '사회체제'가 둘 다 사회분석에 관한 체제론적 접근을 우선 전제하고 있기 때문에 별 무리없이 우리의 통일문제의 인식론적 기초와 연관시켜 토론해 볼 수 있다고 필자는 생각한다. 루만의 '사회체제이론'[9]은 위에서 언급된 주관철학에서 제기하는 움직이지 않는 주체 대신에 스스로를 생산하는 '체제'를 설정하고 이 체제와 경계하는 '환경'(Umwelt)을 전제한다. 주관철학이 전제하는 주체는 루만에게 있어서 '체제'에 속하는 것이 아니라 '환경'에 속한다.

어떤 하나의 체제와 환경 사이에는 '단순한 종속관계'도 가능하고, 복수의 '부분체제'(Teilsysteme)는 각각 상대방을 자기의 '환경'으로서 간주할 수도 있다. 이때에는 '체제 상호간의 종속관계'도 가능한데 이러한 관계는 '상호침투성'(Interpenetration)[10]을 전제하게 된다. 루만의 체제이론을 빌려 현재의 남북분단 현실을 설명하자면 남북도 상호침투성을 갖는 두 부분체제이면서 상대방체제를 각각 자기의 환경으로 경계짓는 체제라고 규정할 수 있다.

루만은 또 한 체제의 경계는 다른 체제의 작동영역 안으로 넘어갈 수는 있는데 '흡수'(Inklusion)와 동시에 이로 인해 '배제'(Exklusion)

---

9) N. Luhmann, *Soziale System, Grundriβ einer allgemeinen Theorie*, 4. Aufl., Frankfurt/M. 1991.
10) 앞의 책, 286쪽 이하

도 촉발된다고 보고 있다. 체제의 자기생산 때문에 상호침투성은 흡수가 강할수록 이를 배제하는 '구별성'(Differenz)도 강하게 만든다. 이러한 '흡수'와 '배제'를 본질로 하는 '상호침투성'을 우리의 남북관계에 적용하면 남북이 상호침투하기 위해서는 남북은 서로 구별되는 기여를 전체 체제 안에서 할 수 있어야 한다는 것을 의미한다.

상호침투관계에 있는 체제와 체제(또는 환경) 사이의 '체제경계'(Systemgreuze)는 그러면 무엇을 의미하는가? 체제경계는 체제와 체제(또는 환경)를 분리시키고 또 이를 연결시키는 이중적 기능을 한다. 남북을 가로지르는 '휴전선'은 다른 나라의 정상적인 국경과는 달리 강한 단절의 기능만을 가진 것처럼 보이나 다른 어느 나라의 국경보다도 철저한 연결기능을 보여주고 있다. 한쪽의 긴장은 곧바로 다른 쪽의 긴장을 불러 일으키는 연결기능이 우리의 휴전선만큼 철저히 작동하는 경계도 별로 없기 때문이다.

루만은 오늘날 '세계사회'(Weltgesellschaft)만이 유일한 체제라고 주장한다.[11] 백교수의 '분단체제'론이 의거한다고 보여지는 윌러 스타인(I. Wallerstein)의 '세계체제'(World system)와 비교하면 루만의 '세계사회'이론은 역사적으로 중성화된 선험적 성격을 뚜렷이 보여준다. 그는 한 시대의 구체적 경험이 집약적으로 표현되는 '집체적 단수'(Kollektivsingular)로서의 '역사'에 의해서가 아니라 체제의 '진화'(Evolution)에 의해서 하나로 되는 '세계사회' 속에서 인간은 안전을 누릴 수 있다고 본다. 이러한 '세계사회' 속에서는 따라서 '국경'이 문제가 아니라 '의사소통'(Kommunikation)이 문제가 된다.[12] '세계사회'의 '부분체제'로서 분단문제는 '세계사회'의 '자기관찰'이나 '자기서술' 속에서만 의미를 발견할 수 있고, 보통 사용되고 있는 '사회'(societas)나 '민

---

11) 앞의 책, 585쪽 이하

족국가'(Nationalstaat)라는 개념틀로서는 이해될 수 없는 것으로 나타
난다. 주체와 객체, 내부와 외부세계에 구별이 없는 '세계사회'에서 어
떠한 사회나 민족국가의 해방 또는 혁명은 이야기될 수 없다. 왜냐하
면 해방이나 혁명은 누가 무엇을 어떻게 한다는 주체와 객체를 설정
하고 있기 때문이다.

　주관철학의 흐름 속에서 형성된 국가나 인간의 소외를 극복하려는
'계급해방'은 물론, 민족국가의 형성으로서의 통일문제도 루만의 사회
체제이론 안에는 설 땅이 없다. 바로 이러한 이유로 인해 하버마스는
루만의 '사회체제'이론을 '방법적인 반인간주의'(methodischer Anti
Humanismus)라고 비판하고,[13] 지그리스트(Ch. Sigrist)는 '대안적 이
론'을 무장해제시키려는 '형이상학적인 생물학'(Meta-Biologie)이라고
통렬히 공격한다.[14]

　사회체제는 체제로서 관찰되고 서술될 뿐이라는 루만의 견해에 이
르면 우리는 이러한 이론이 '분단체제' 변혁의 문제와는 거리가 멀다
는 것을 새삼 느끼게 된다. 주관철학인 통일문제 접근이 정치행위주
체의 행동의 극대화를 지향한다면 사회체제에 대한 이론적 접근은 '저
항'이라는 개념 자체를 포기하도록 만든다. 어떤 의미에서는 또 하나

---

12) 앞의 책, 557쪽: "(사회)는 경계들을 가지고 있는 하나의 체제이다. 이러한 경계들
　　은 사회자체에 의해서 구성된다. 경계는 모든 의사소통적이 아닌 사물과 사건을 의
　　사소통(Kommunikation)으로부터 분리시키는 것이지 영토적이나 인적 구성에 묶여
　　있지 않다. (……)사회의 경계는 종족, 산, 바다 같은 자연표정과는 무관하다. 진화
　　의 결과로서 마지막에는 세계 사회라는 하나의 사회만이 있게 된다. 이러한 세계사
　　회는 모든 의사소통을 포괄해서 완전히 분명해진 경계를 갖게 된다."
13) J. Habermas, *Der Philosophische Diskurs der Moderne*, Frankfurt/M. 1985,
　　436쪽.
14) Ch. Sigrist, Das gesellschaftliche Milieu der Luhmannschen Theorie, in:
　　Das Argument, No. 178(Nov./Dez. 1989), 837~854쪽.

의 '커다란 주체'로 설정된 사회체제는 루만이 상정하는 하나의 지식
체계로서 드러나는 것이 아니라 전문화된 지식체계 안에서만 파악될
수 있다. 이 지적은 '분단체제'가 단순히 남북사회체제의 현실을 추상
화하는 개념적 수단이 아니라 주체적인 삶의 세계의 위기를 느끼고
이를 극복하는 전문화된 대안적 지식체계를 요구한다는 것을 의미한
다. 우리의 분단현실이 주관적인 문제인가 객관적인 문제인가, 또는
합리적인 문제인가 불합리한 문제인가라는 물음은 물론, '분단체제'의
위기를 인지하고 이를 극복하는 대안을 추구하는 문제는 루만의 '사회
체제이론'의 영역 밖에 있다. 주관철학적인 분단문제 접근이 봉착하는
딜레마로부터 탈출할 수 있는 하나의 가능성으로 제기된 루만의 사회
체제론적 접근은 아직 국내에서는 생소하게 들릴지 모르지만 벌써 남
북한 통일문제에 있어서 '기능주의적' 접근 —— 물론 극히 단순화된
'체제이론'의 적용으로서 —— 으로도 나타나고 있다고 보여진다.

3. '의사소통행위이론'과 분단극복

루만의 미래에 대한 전망이 체제의 자생적인 자기 적응력에 근거하
고 있고, 따라서 어떠한 사회변혁은 '아니다'라는 저항의 목소리의 문
제가 아니라 '그렇다'라는 긍정의 문제로서 나타난다. 따라서 루만은
나치의 경험마저도 도덕적인 문제가 아니라 나치의 자의적인 폭력과
이에 동조한 많은 '보통사람'의 문제로서 바라본다.[15] 주관철학으로부
터 탈출구를 제시하지만 주체없는 체제의 '서술' —— 루만처럼 —— 이나
주체를 '해체'함으로써 이성의 어두운 측면을 보여주려 했던 푸코(M.
Foucault)와는 달리 하버마스는 '의사소통행위이론'을 통해서 주체와

---

15) N. Luhmann, *Archimedes und Wir*, Borlin 1987, 128쪽 이하

체제의 긴장관계를 해결하려고 시도한다. 루만의 사회체제이론이 안정을 구축하는 진화에만 집착하고, 자기동일성을 구축하면서 침체적인 자기확인을 가능케 하는 주체와 주체사이의 의견과 의지형성문제를 전혀 도외시하고 있다고 하버마스는 비판한다.

'의사소통행위' 또는 '공론'(公論, Öffentlichkeit)은 많은 사회성원이 그들의 주관적인 견해들을 극복하고 이성의 힘에 의하여 간주관적(間主觀的)인 합의를 끌어낼 수 있다고 하버마스는 믿는다. 루만은 복잡한 오늘의 세계에서는 사회성원의 공통적 자기동일성은 확보될 수 없고, 부분체제인 경제, 기술 및 과학에 의해서만 어떠한 행동주체도 설정하지 않는 체제의 통일성은 보장된다고 본다. 루만은 따라서 전통적인 규범으로서의 법이나 정치를 통한 체제유지는 애초부터 잘못 설정된 '사회적' 통합이었고, '세계사회'에는 적용될 수 없는 것이라고 주장한다. 이러한 생각은 결국 '사회공학'(Sozialtechnologie)에 근거한 발상이며 이는 순전히 계획과제를 미래에 투영시켜 만든 삶의 형식에 지나지 않는다고 하버마스는 비판한다.[16]

하버마스는 주체와 객체, 내부세계와 외부세계의 구별이 없고 따라서 전통적 의미의 '민족국가'가 설자리 없는 루만의 '세계사회'가 현실을 지나치게 추상화시켜 본 결과이며, '민족국가'와 '세계시민'을 하나의 '지속성'의 관계로 보고 있다. "프랑스 혁명으로부터 탄생한 민주적인 법치국가·민족국가는 지금까지 유일한, 세계사적으로 성공적인 자기동일성의 형식이었다. 이는 보편성과 특수성의 계기를 서로 강제없이 합일시킬 수 있었다. 공산당도 민족국가적 자기동일성을 해체하려고 하지 않았다. 민족이 아니면 어느 토양 속에 오늘날 보편주의적

---

16) J. Habermas, *Zur Rekonstruktion des historischen Materialismus*, Frankfurt/M. 1976, 92쪽 이하

가치지향들이 뿌리를 내릴 수 있는가?"[17]라고 하버마스는 묻는다.

정치와 도덕 그리고 민족국가들이 추방된 '세계사회' 대신에 하버마스는 의사 소통과정을 매개로 한 자기동일성이 가능한 삶의 세계의 여러 형식과 내용들을 방어한다. 이러한 접근방식은 — 권력의 '미시적 구조'를 해부한 푸코나 체제의 마지막 완성인 '세계사회'를 거시적으로 서술한 루만과는 달리 — 상호소통할 수 있는 합의를 도출할 수 있는 '간주관성'의 세계에서 중요한 역할을 하는 법체제를 역시 문제삼는다.

하버마스는 법을 억압의 지식체계로서의 법이나, 법체제내에서만 기능하는 합법적인가 또는 불법적인가 하는 양자택일적 코드에 의해서 움직이는 법이 아니라 법은 도덕과 정치라는 규범성과도 밀착된 것으로 파악한다. 따라서 그는 '적법성'이라는 형식만을 빌려 관철된 독일의 통일에 대해서 기본적 의문을 제기하고 비판한다. "(독일)통일은 자의식 속에서 하나의 공통성 있는 국민국가(Staatsbürgernation)를 형성하는(동서독) 양국가의 시민의 규범적이며 의지적 행위로서는 보여지지 않는다. 서독사람(Wessis)들이 동독사람(Ossis)에게 서독기본법 23조에 의한 통합을 빨리 다그친 양식만을 허락했고, 헌정상 용인된 146조에 대한 통일논의에 대한 거의 히스테리적인 공포에서도 이는 드러난다."[18]

비록 이러한 하버마스의 민주주의적 합의 절차를 강조하는 '협의(協議)의 정치'(deliberative Politik)[19]가 현실정치의 와중에서 호소로서 끝났지만 이러한 문제제기는 우리의 통일문제에 대해서 중요한 시사점

---

17) J. Habermas, *Der philosophische Diskurs der Moderne*, Frankfurt/M. 1985, 424쪽.

18) J. Habermas, *Vergangenheit als Zukunft*, München 1993, 59쪽

19) J. Habermas, *Faktizität und Geltung*, Frankfurt/M. 1992, 349쪽 이하

을 던져주고 있다.

분단체제를 극복하는 과정중에 필수적인 통일논의는 물론 남북의
대화에서 전략적(strategisch)인 목적에서가 아니라 이성적으로 설득하
고 설득당하는 상호이해지향적(illokutionär)인 의사소통적 이성[20]을
기반으로 하는 '대화문화'가 우리의 통일에 있어서 관건적인 문제라는
것은 남북대화를 둘러싼 현실이 너무나도 잘 보여주고 있다. 자신을
비판할 수 있는 이성은 언어를 통해서 구축된 우리의 삶의 형식 속에
서 이성보다 높거나 또는 낮은 어떠한 제3의 심판자도 허락하지 않는
다는 하버마스의 지적[21]은 이 점에서 시사하는 바가 크다.

분단체제의 변혁이나 극복이 윤리적인 호소수준이나 또는 우리의
의지나 능력과는 무관하게 '세계사회' 속에서 '저절로' 이루어지리라는
낙관어린 전망수준에만 머물지 않고 남북사회의 성원이 주체로 민주
적 합의도출을 보장하는 '간주관성' 세계 속에서 우리의 통일을 새로
운 삶의 세계로 끌어들이는 데에 있어서 하버마스의 '의사소통적 행위
이론'은 새로운 발상을 열어준다고 할 수 있다.

4. '세계화'와 분단극복 문제

갑작스레 인플레 현상을 빚고 있는 '세계화'라는 단어의 정의가 아
직도 윤곽이 잡혀지지 않고 있지만, 이 단어가 통일문제와 관련하여
제기하는 내용은 주로

  1) 남한이라는 '주체'가 '외부세계'를 인식대상으로 좀더 적극적으로
     문제삼고,

---

20) J. Habermas, *Nachmetaphisisches Denken,* Frankfurt/M. 1988, 68쪽 이하
21) J. Habermas, *Faktizität und Geltung,* 11쪽

148

2) 이를 위해서 주체인 남한이 강화되어야 하고,

3) 강화수단은 주로 정보, 과학 그리고 기술에 있고,

4) 북한은 현재 우리 '내부세계'는 아니지만 '세계화'가 진척되는 과정 또는 결과로서 남한이라는 주체 속에 통합될 것이라는 결론을 포함하고 있다.

이렇게 볼 때 '세계화'는 우선 '주관철학'적인 문제접근에 의해서 파악될 수 있다. 만약 이러한 '세계화'의 내용을 '사회체제론'적인 시각으로 바라보면 다음과 같은 문제가 제기될 것이다. '세계화'는 남한이 세계로 들어가는 측면을 주로 강조하지만, 세계가 거꾸로 남한에 들어오는 측면을, 또는 이미 들어와 있는 측면을 소홀히 하고 있다. '선경인, 세계인 그리고 기술'이라는 광고가 보여주는 것처럼 세계로 들어가는 측면은 부각되지만, 가령 유치원생들도 영어를 앞을 다투어 배우도록 하는 이미 들어온 세계에 대해서, 그리고 이러한 '세계화'가 안고 있는 문제들에 대해서는 별로 주의를 돌리지 않는다.

'세계화'가 주체를 강화하는 측면을 강조하고 있지만 '세계화'가 실은 주체를 해체시키고 있는 역설이 사실 여기에 숨어 있다. '세계사회' 속에서는 내부와 외부세계의 구별이 있을 수 없다는 체제론적인 인식이 이러한 역설을 오히려 잘 설명해 주고 있다고 하겠다. 특히 우리의 의사와는 무관하게 '세계화' 과정 속에서 통일이 될 것이라는 발상에 이르러서는 더욱이나 그렇다.

그러한 '세계화' 과정중의 통일은 남한이 주체가 되고 북한이 객체가 되는 통일이 아니라 '세계사회'가 남북을 다 부분체제로 흡수하는 의미만을 담고 있다. 다시 말해서 남한의 대상으로서 북이 아니라 '다국적 기업'의 '부분체제' 또는 환경으로서 북을 의미한다. 물론 남한의 재벌이 소위 '민족기업'이라는 형식을 띠고 있으나, '세계사회'의 진화의 방향이나 폭을 결정할 수 있는 '중심'에 있지도 않고, '다국적 기

업'의 부분체제로서 기능하고 있는 현실이 이를 잘 설명해주고 있다.

만일 주관철학적 입장에서 주체를 해체시키는 '세계화'가 아니라 주체를 강화하는 '세계화'라는 수미일관된 논리를 펴자면, 먼저 우리의 '내부세계'에 들어온 '세계'에 대한 비판적 전제로서 주체에 대한 자기반성부터 시작해야 한다. '세계화' '민족통일' '지방자치'라는 순서로 문제를 볼 것이 아니라 '지방자치' '민족통일' '세계화'라는 순서로 자기반성의 폭을 넓혀야 한다. 민주적 개혁과 이를 바탕으로 한 남북관계 개선과 통일 그리고 '세계화'의 순서는 발생론적인 의미에서보다 인식비판적 의미에서 이해되어야 할 것 같다. 머리에서 지적했듯이 '분단'과 '통일'에 대한 회의가 날로 깊어가는 현실이 '세계화'라는 거창한 구호까지 소화하기에는 너무 힘들어 보인다.

'민주'니 '통일'이니 하는 채 끝나지 않은 '큰 이야기'들을 그래도 할 수밖에 없는 딱한 처지를 또 하나의 '큰 이야기'인 '세계화'는 우리를 어렵게 할 뿐만 아니라 혼란스럽게까지 만든다.

그러나 이러한 '큰 이야기'들이 어떠한 맥락에서 도대체 이해될 수 있는가에 대한 물음에 대한 인식론적 대답을 필자는 하나의 '작은 이야기'라고 여기고 지금까지 대충 정리해 보았다.

〈1995, 『창작과비평』〉

제3부 헛된 꿈에서 깨어날 때

독일 통일의 해부
북한은 동독과 다르다
헛된 꿈에서 깨어날 때
'양자택일'이 아닌 총체적 지혜를
김주석 사망소식을 듣고
김주석 이후의 한반도

독일통일의 해부
― 통일의 논리를 찾아서(Ⅰ)

 몇년 전까지만 하여도 독일통일은 불확실성의 범주에 속하였다. 예컨대 독일연방공화국의 기본법제정 40주년에 즈음하여 나온 『기본법의 통일계고(戒告)』라는 책에서 서독수상 콜은 기본법의 서문에 명시된 통일문제와 관련해서 "예나 지금이나 독일문제(통일)의 해결이 곧 된다는 전망을 우리는 가질 수 없다"라고 말하고 있다. 독일통일 반년 전의 콜의 이러한 언급은 기본법 서문에 명시된 소위 '민족적 · 윤리적 의무'로서의 통일을 통일수상이 된 자신도 전혀 예기치 못했음을 반증하고 있다.
 독일통일은 한반도 통일문제와의 연관에서 볼 때 중요한 의미를 함축하고 있다. 그러나 우리는 각자의 정치적 입장에 따라 독일통일의 특수한 구조, 동력 그리고 통일 이후에 드러난 제반 문제점을 별 구별 없이 받아들이거나, 많은 경우엔 이를 취사선택하여 평가하고 수용하기 때문에, 독일통일이 우리에게 주는 진정한 의미를 놓치고 만다.

1. 독일 통일의 요인들

특히 최근에 많은 사람들은 북한이 정말 동독처럼 될 것인가, 만약 그렇다면 어떠한 조건에서 그럴 것인가 하는 질문들을 던지고 있다. 먼저 우리는 이 유추적 질문들의 근거인 동독의 붕괴요인들을 먼저 분석해 볼 필요가 있다. 독일 학자들은 대개 다음의 7가지 유형으로서 동독의 붕괴를 설명하고 있다.

1) 서독과 관련된 동독시민의 급작스런 심리적 변화와 갈등
2) 80년대에 들어서 급격히 상실된 동독의 정통성
3) 반체제운동의 고양
4) 사회와 국가의 정치조직에서의 결손
5) 경제의 비능률과 혼란
6) 동독사회의 미분화 : 현대적 산업구조 적응에 실패
7) 외적 요인으로서 소련의 페레스트로이카와 동구의 변화

물론 이러한 요인들이 분명히 상호연관 속에서 동시에 작용했다고 말할 수 있다. 그러나 현재 남한에서 많이 운위되고 있는 '동독=북한'이라는 유추해석은 위의 요인들 중에서 주로 2), 4), 5), 6), 7)의 요인들을 염두에 두고 있는 것 같다.

우리는 먼저 반파쇼 투쟁에 뿌리를 두고 있는 정통성이 언제부터 그리고 어떻게 약화되었는가 하는 질문을 던질 수 있다. 동독의 정통성은 다른 동구의 나라들과는 달리 분단 속에서 그 특징을 드러냈다. 독일땅 위에 최초의 '노동자·농민의 국가'로서의 동독이 1961년 8월에 동서 베를린 장벽을 쌓음으로 인해 ── 그들이 비록 '반파쇼 장벽'이라 이름을 붙였으나 ── 정통성에 많은 상처를 입었음은 사실이다.

그럼에도 불구하고 동독에는 동유럽의 다른 나라들과는 달리 1989년 가을까지 적어도 조직적이고 공개적인 반체제운동은 없었다. 이렇게 약한 반체제운동에도 불구하고 동독이 급속히 붕괴한 특징을 오페(C. Offe)교수는 다음과 같이 묘사하고 있다. "동독의 혁명은 '저항의 혁명'이 아니라 하나의 '탈출혁명'이었다. 다시 말해서 새로운 정치질서 수립을 위한 집단적 투쟁에 의해서가 아니라 더이상 억제할 수 없는 개인의 대량적인 탈출로 인해 사회의 경제적 토대가 붕괴된 것이다."

그렇다면 언제부터 그리고 어떠한 이유로 동독은 자기정체성을 상실해 갔는가? 종전 직후 서독보다 더 원칙적으로 수행된 '탈(脫) 나치 정책'과 사회주의 건설을 바탕으로 동독의 공산당(통일사회당)은 많은 인민들로부터 지지를 받았다. 브레히트(B. Brecht)나 하임(S. Heym) 그리고 세거스(A. Seghers) 같은 나치에 투쟁한 지식인들도 동독을 그들의 조국으로 택했다. 이들은 1953년의 '동백림봉기'에 대해서 아무런 지지 발언도 하지 않았다. 반파쇼 경력이 있는 혁명 1세대 지도부들은 당과 행정의 지도간부들을 주로 노동계급에서 충원했으며, 동구의 다른 나라와는 달리 보다 철저한 사회개혁을 통해서 구체제 상층부의 경제적·정치적 토대를 허물어, 이들의 세력을 급속히 약화시키는 데에도 성공하였다. 그러나 사회주의 국가건설 초기에 세운 확고한 정통성은 시간이 흐름에 따라 행정관료화에 따른 경직화와 소련군의 주둔에서 오는 민족적 거부감정이 상승작용을 일으키면서 60년대말에는 점점 약화되는 조짐을 보였다. 70년대에 들어서서 울브리히트로부터 호네커체제로 넘어가는 객관적인 요인도 여기에 있었다. 호네커는 사회주의 건설을 울브리히트가 생각했던 것보다 더 장기적인 문제로 인식했다. 이에 따라 사회주의의 종국적 건설을 위한 장기적 계획을 수립했는데, 이는 당시 급성장을 구가하던 서독에 대한 경제적 경쟁에 장기적으로 대처하는 것을 의미했다. 1971년부터 실시된 '경제와 사회정책의 통일'이라는 정책을 통해서 복지정책을 강화시켰으나, 이는 동시에 물질적 재화의 생산적 부문에의 투자를 억제한 결과를 빚어냈다. 이로 인해 경제분야에서 전반적으로 발전이 정체되고, 사회적으로도 불만이 누적되기 시작하였다.

1972년의 '동서독 기본조약' 체결과 더불어 '사회주의 민족'이라는 개념도 본격적으로 등장했고, '2민족 2국가'라는 당시의 인민정서에 맞지 않는 주장도 나타났는데, 동독의 사회과학원의 역사학자 코징(Kosing)은 "독일국가를 통일한다는 이전의 목표설정은 현실적인 역사적 조건과 국내적, 국제적 계급투쟁의 관련 속에서도 비현실적이다"라고까지 주장하기에 이르렀다. 반(反)서독 또는 사회주의 독일민족이라는 자기확인은 그러나 인민들 대부분의 동의에 기초한 긍정적인 자기정체성의 확보에 기초하지는 않았고, 인민들의 사상의식 구조가 서독화하기 시작하는 보다 심각한 문제를 낳았다. 겉으로는 지지하는 체하면서도 내적으로는 동의하지 않는 이중적 도덕이 서서히 고개를 들기 시작하였고, 특히 80년대에 들어서 청소년들 사이에 이러한 의식의 변화는 눈에 띄게 나타났다.

그러면 여기서 우리는 하나의 의문을 제기할 수 있다. 즉, 청소년들은 그들의 부모세대들보다 더 경제적 상황이 나쁜 조건에서 살았는가? 그렇지 않으면 이들이 정치적으로 그 이전 세대보다도 더 핍박을 받았기 때문에 탈출하려고 했던 것인가? 물론 그들의 부모세대들은 베를린 장벽 건설 이전에 서독으로 빠져나간 고급인력들의 자리를 차지하고, 또한 사회적으로 상승할 수 있는 기회가 많았음에 비하여, 이 청소년 세대들에게는 그러한 기회가 일정 정도 제한된 것은 사실이었다. 그러나 무엇보다도 중요한 점은 가정이 이미 당과 사회생활로부터의 도피처 역할을 이들에게 제공해 주었다는 데 있다. 즉, 국가와 사회로부터 가정이 분리된 데 그 이유가 있다고 할 수 있다. '과학기술혁명'만을 통해서 사회계층간의 평등화를 달성한다는 전략은 물질적 성장에로만 눈을 돌리게 되었고, 정치사상 교육을 소홀히 하게 되었다. 16~18세 청소년 가운데 마르크스-레닌주의에 신심을 갖는 정도가 1975년 46%에서 1988년에는 13%로 격감했고, 마르크스-레닌주의를 완전히 불신한다는 비율도 같은 기간 5%에서 14%로 증가했다. 이미 80년 중반에 룃츠(M. Lötch) 같은 동독의 사회학자들은 밖으로는 체제 정체성을 표현하고 안으로는 다른 생각을 하는 이러한 의식의 이중성을 문제로 지적하였다.

그러나 정치적 불만이 갑작스런 동독의 붕괴를 결정적으로 촉발시켰는가에 대해서는 여전히 의문이 남는다. 만약 정치적 조건이 동독붕괴의 결정적 요인이었다면, '이제 동독은 그만'이라는 데모군중의 구호 대신에 대다수의 국민이 '다른 동독'을 요구했어야 옳을 것이다. 그렇다면 정치적 요인보다는 경제적 요인(대중의 경제적 이해관계)이 동독붕괴를 결정적으로 초래한 것은 아닌가? 외연적 성장이 내포적 성장 — 이것의 주요특징은 지적 역량과 질적인 성장요소들이다 — 으로 연결되지 못한 70년대 동독경제가 세련된 소비제품을 매개로 한 서방측의 경제적 공세를 이겨내지 못한 결과, 그것이 동독인민들의 서독지향성을 부채질한 것은 아닌가? 사실상 1987년의 '독일경제연구소'의 한 조사는 동독의 산업생산성을 서독의 절반으로 평가하였고, 킬에 있는 '국제경제연구소' 소장인 지버트(H. Siebert)는 오히려 이보다 낮은 1/3 정도로 평가하고 있다. 물론 이러한 평가들은 현재의 경제적 어려움을 과거 동독경제의 낙후성에서 찾지만, 물질적 생활에서 제기되는 많은 문제들이 사실 동독인민들을 서독지향으로 만들었다.

그러나 이러한 붕괴의 내적 요인보다도 오히려 외적 요인을 강조하는 학자들은 동독이 사회주의권에서는 가장 강력한 공업국이었고, 비록 서독에 비해서 낮은 수준이었지만 동구사회주의권에서 가장 높은 생활수준을 유지할 수 있었고, 그래서 당이 대중으로부터 유리되지 않았었다는 점에서 논의를 시작한다. 따라서 이들은 소련의 고르바초프 등장과 동구 다른 나라의 '개혁'이라는 외적조건이 동독 붕괴의 결정적 요인이었다고 지적한다. 1989년까지 어느 누구도 소련의 영향력이 전쟁이나 재앙없이 유럽에서 급속히 감퇴되고, 이로 인해 독일이 통일되리라고는 예견치 못했다. 물론 고르바초프도 비록 장벽이 허물어졌다고 하지만 89년 11월에 독일통일에 부정적 태도를 취했고, 영국과 프랑스도 명시적이지는 않았지만 독일통일에 비판적 입장을 견지했다. 미국만 유일하게 독일통일에 적극적이었다. 동독의 급속한 붕괴조짐과 그것의 역동성 그리고 소련의 시급한 국내문제로 인해 고르바초프는 소련이 동독에서 전통적으로 가졌던 간섭권한을 포기할 수밖에 없었다. 서독은 동독붕괴와 더불어 유리하게 형성된 주변정세를 이용하여 '2+4'협상(동서독과 미국, 소련, 영국, 프랑스 사이의)을 추진함으로써 동독을 흡수 통합시킬 수 있는 실상의 외적 조건을 만들었다.

2. 독일통일의 정통성 문제

1990년 10월 3일에 이루어진 독일통일을 둘러싸고 통일 방식과 절차에 대해 비판적 지식인들은 많은 문제를 제기하였다. 물론 그들은 대세를 바꿀 수는 없었지만, 독일통일 방식이 안고 있는 문제(절차의 합법성문제)를 예리하게 직시했다. 하버마스(J. Habermas)는 독일통일은 두 국가의 국민이 정치적으로 자아의식을 가지고 규범적 행위에 의해서 이루어낸 것이 아니었고, '서독 기본법'에 따라 흡수 통합의 요식행위를 한 것에 불과하다고 보았다. 따라서 그는 절차상 독일통일은 이미 잘못된 것이라고 비판하였다. 이보다 한걸음 더 나아가 그라스 (G. Grass) 같은 작가는 통일된 독일은 유럽통합을 가로막는 괴물에

지나지 않기 때문에 동서독 두 국가의 연방제에서만 그리고 이 연방
이 유럽통합에 기여한다는 조건에서만 통일이 용납될 수 있다고 주장
한다. 이러한 좌파적 비판에 대해서 만하임대학의 킬만세그(P. G.
Kielmansegg)는 이러한 좌파의 시각은 그들이 지금까지 서독에서 실
현시키지 못한 사회주의의 꿈을 통일을 기회로 실현시켜 보려는 데
지나지 않고, 이러한 꿈에 등을 돌린 동독과 서독국민을 원망하는 소
리에 지나지 않는다고 반론을 폈다. 동독의 집권당이었던 '통일사회당'
의 후신인 '민주사회주의당'(PDS)의 당수였던 기지(G. Gysi)는 "나는
항상 동독을 원했다. 나는 항상 다른 동독을 원했다. 나는 독일땅 위
에 자본주의 사회보다 더 정의롭고 민주적이고 효과적인 사회를 건설
하는 것이 가능하다고 믿었다. 만약 수백만의 인민이 원한다면 왜 그
것이 불가능하겠는가? 그러나 그것은 착오였다. 그러한 길을 원하는
사람은 수백만이 아니었다. 많은 사람들은 분명한 이유에서 하나의 새
로운 사회적 실험을 원하지 않았다"라고 한탄했다. 어쨌든 1990년 3
월 18일에 실시된 동독의 선거에서 우파연합인 '독일을 위한 연합'이
압승을 했다. 이는 동독 인민들이 하루라도 빨리 서독에 통합되어 그
들의 생활수준을 급격히 상승시켜 준다는 선전에 넘어갔음을 의미한
다. 이 무렵의 사회의 분위기는 이미 모드로프 동독수상이 제기한 '계
약공동체'(1989. 11. 17)와 서독수상 콜이 발표한 '10개 조항'(1989. 11.
28)에 들어 있는 점진적 통일방안에 대해서 어느 누구도 기억하지 못
할 정도로 변해 있었다.

3. 희망과 체념 사이에서

당시 서독 사민당 수상후보였던 라퐁텐뿐만 아니라 경제전문가들은
경제연합 및 통일과정이 너무 빠른 속력으로 진행되는 것에 세심한

경고를 덧붙였다. 그러나 '통화 연합'은 1990년 7월 1일에 전격적으로 실시되었고, 동서독 화폐교환율은 1:1로 책정되었다. 그것은 정치적 결정이었지 경제적 원칙에 따른 결정은 아니었다. 왜냐하면 이러한 통화 결정으로 인해 임금형성의 전과정뿐만 아니라 물가안정에 부정적인 영향을 주게 되리라는 것이 분명했기 때문이다. 모든 경제적인 합리성을 거스르면서까지 서독수상 콜은 동독주민이 자본주의적 현금통화를 하루 속히 가져야 함을 나음과 같이 역설하고 있다. "정치·경제적으로 정상적인 상황이었다면 달랐을 것이다. (……)동독의 첨예화된 위기는 용기있는 결단을 요구하였다. 이러한 상황 속에선 경제가 아무리 중요하다고 하더라도 더이상 경제가 핵심사항은 아니다. 현재의 중요한 관건은 동독주민에게 희망과 용기의 명백한 신호를 주는 것이다." 물론 그러한 환율결정이, 국경이 없는 상태에서 많은 동독인들이 서독으로 이주하는 것을 억제하는 수단이라고 하지만, 사실 정치적 전략은 개인 저축을 1:1로 바꾸어 주는 정치선심을 통해서 미리 선거득표공작을 한 거나 다름없었다. 이러한 급속한 시장경제로의 이행은 동독경제에 엄청난 충격을 주었다.

이렇게 급격히 이루어진 통화 및 경제연합은 1) 동독의 경제 잠재력을 급속히 파괴하였고, 2) 이로 인한 대량실업 사태가 발생(서독의 실업률은 현재 7.5%인데 비하여 구동독은 15%임)하였고, 3) 특히 직업여성은 직장을 잃고, 청소년들은 불투명한 미래전망 속에서 방황하고, 이는 이들을 인종주의적 폭력행위로 내몰고 있고, 4) 소위 '통일 비용'은 서독 사람들을 불안하게 만들고 있고, 5) 패배감에 젖어 있는 동독인들과 교만한 서독사람들 사이에 마음의 장벽을 높게 만들었다.

지난 4년 넘게 벌어진 통일 이후 독일내 상황의 발전은 한반도 통일 문제의 검증에 무엇보다도 다음과 같은 중요한 질문을 우리에게 던지고 있다.

1) 관찰자의 편견없이 남북한의 실제적 상태를 우리는 파악할 수 있는가? (이는 한반도에서 소위 '흡수통일'이 가능한가 불가능한가라는 물음에 답할 수 있게 하는 전제적인 물음이다) 2) 독일 통일이 보여주고 있는 부정적 요소에 영향을 받은, 현재 남한내의 상당수 지배적인 견해, 즉 통일은 급할 것이 없다는 주장은 정당한가? 3) '베트남식'이나 '독일식'이 아닌 우리의 통일 방식, 즉 '제3의 길'은 없는가?

이러한 질문들은 독일 통일의 과정과 결과를 비판적으로 검증한 결과 도출된 것이다. 이 질문들은 우리의 당면한 조국통일문제 해결을 위한 발상전환에 그리고 이의 실천과정에서 반드시 짚고 넘어야 할 문제라고 생각된다.

〈미발표〉

북한은 동독과 다르다
— 통일의 논리를 찾아서(Ⅱ)

1. 우리식 사회주의의 전망 : 동독과 중국의 교훈 사이에서

'주체사회수의' 또는 '우리식 사회주의'의 전망에 대한 질문이 어제 오늘에 와서야 부각된 것은 물론 아니다. 소련과 동구에서 '현실사회주의'가 붕괴되기 이전에도 남북한의 체제경쟁에서 북은 이미 패배했다는 식의 주장은 줄곧 있었다.

그러나 소련과 동구에서의 현실사회주의의 운명은 이러한 주장의 객관성과 타당성의 정도를 더욱 높여주었다. 따라서 북한의 운명은 동독의 그것과 비슷하거나 같을 것이라는 확신이 알게 모르게 그동안 많은 사람의 뇌리에 자리를 잡았다. 만약 북한에 또 다른 하나의 가능성이 남아 있다면 그것은 중국식 개방 내지 개혁이 아니겠느냐는 예견도 동시에 확산되고 있는 것 같다. '동독'은 북한에 대해서 부정적인 예증이고, '중국'은 최선의 가능성인 것으로 보여지고 있다. 그러면 정말 북한은 동독과 중국이라는 사회주의의 양자택일의 기로에 서 있는가? 아니면 북한이 말하는 '우리식 사회주의'는 다른 전망을 가지고 현재의 위기를 극복할 수 있는가? 이러한 질문에 대한 대답은 우선 북한과 동독 그리고 중국 사회주의에 대한 비교적인 고찰을 통해서 드러날 것 같다. 왜냐하면 '우리식 사회주의'가 동독 또는 중국의 사회주의와 어떠한 측면에서 비슷하고 또 어떠한 측면에서 구별되는가 하는 분석 위에서만 '우리식 사회주의'의 장래에 대한 윤곽이 분명해지기 때문이다.

2. 동독과 북한의 사회주의

북한이 동독처럼 될 것인가라는 질문은 우선적으로 동독의 붕괴요인들의 예리한 분석을 전제한다. 이제야 겨우 윤곽이 드러나기 시작하는 동독붕괴의 여러 요인들 가운데 우선 우리가 주목할 요인은 동독이 정치적으로 80년대에 들어서서 그의 정통성을 급격히 상실하였다는 점, 사회와 국가조직에서 나타나는 결손형태 중에서 특히 청소년들의 체제거부문제 그리고 페레스트로이카가 몰고 온 동독의 국제정치적 불안정성 문제일 것이다. 먼저 반나치 투쟁에 뿌리를 두고 있는 동독의 정통성이 언제부터 그리고 왜 약화되었는가 하는 문제는 우리가 가장 주목을 돌려야 할 요인이라고 할 수 있다.

독일땅 위에 세워진 최초의 '노동자·농민의 국가'로서의 동독이 1961년 8월 동서독 사이에 장벽이 쌓임으로서 그의 정통성에 많은 상처를 입었음에도 불구하고 동독에서는 1989년 가을까지 적어도 조직적이고 공개적인 반체제운동 ─ 폴란드나 체코에서처럼 ─ 은 없었다.

종전 직후 서독보다 더 원칙적으로 수행된 '탈나치 정책'과 사회주의 건설을 바탕으로 동독의 공산당(통일사회당)은 많은 인민들로부터 지지를 받았고 나치에 저항한 많은 지식인들도 동독을 그의 조국으로 택하였다. 반파쇼 투쟁경력이 있는 공산당의 지도부는 당과 행정의 간부들을 노동계급에서 충원했고 다른 동구와는 달리 철저한 사회개혁을 통해서 구체제의 상층부의 경제적 토대를 급속히 약화시키는 데에도 성공하였다. 그러나 사회주의 국가 건설 초기에 세운 확고한 정통성은 시간에 흐름에 따라 약화되었고 이는 소련의 직접적 영향 ─ 특히 40만에 가까운 소련군의 주둔을 통해서 ─ 때문에 민족적 서부감정까지 증폭시켰다.

1972년의 '동서독기본조약'체결 이후에는 '사회주의 민족'이라는 개념 ─ 서독의 '자본주의 독일민족'과는 구별되는 ─ 이 본격적으로 등장했고 '2민족 2국가'라는 인민정서에도 부합하지 않는 주장도 나타났다. 물론 '동독 색깔의 사회주의'라는 개념이 동독 건국 직후 있었으나 이는 점차 시들해지고 소련의 절대적 영향권 속에 있다가 페레스트로이카의 열풍이 몰아닥치자 자기방어적인 입장에서 다시 '동독색깔의 사회주의'를 주장했다. 그러나 사태는 이미 거꾸로 돌릴 수 없는 데까지 발전하였다.

50년대 중반부터 '주체'를 내세우고 소련과 중국의 영향으로부터 일찍부터 벗어난 북한이 이야기하는 '주체사회주의'나 '우리식 사회주의'는 동독의 '동독색깔의 사회주의'와는 다른 구조와 역사를 보여주고 있다는 것을 우리는 우선 확인할 수 있다. 또 동독지도부의 반나치 투쟁과 북한지도부가 내세우는 항일빨치산 투쟁전통은 국민적 동의를 얻어내고 묶어내는 면에서도 많은 차이가 있었다. 반나치 투쟁의 대상인 나치도 독일자체의 산물이기 때문에, 정통성의 강도와 지속성에 있어서 북이 내세우는 항일빨치산 전통이나 '조국해방전쟁'의 투쟁대상이었던 일제나 미제에 대한 북의 인민이 갖는 공통적인 투쟁력과 응집력을 바탕으로 하는 권력의 정통성과는 상당한 차이가 있다. 인민들

의 대다수의 동의에 기초한 자기긍정적인 정체성의 확인보다는 우선
가시적인 복지정책을 통해서 서독과 경쟁하려고 했던 동독지도부는
1971년부터 '경제와 사회정책의 통일'이라는 정책을 통해서 복지정책
을 강화시켰으나, 이는 동시에 물질적 재화의 생산적 부문에의 투자를
억제한 결과를 빚어냈고 이로 인해 경제분야에서 전반적으로 발전이
정체되고, 사회적으로 불만이 누적되었다.

　이러한 과정중에 인민들의 사상의식구조가 '서독화'하기 시작하는
보다 심각한 문제를 낳았는데 겉으로는 체제를 지지하는 체하면서 내
적으로는 동의하지 않는 도덕적 이중성이 고개를 들기 시작했다. 특히
80년대에 들어서서 청소년들 사이에 이러한 변화는 눈에 띄게 나타났
다. 특히 가정은 당과 국가의 통제로부터 점차 벗어나 안식처 내지 피
신처를 이들 청소년에게 제공해주기 시작했다. '시민사회'를 이미 경
험한 동독에서는 이렇게 가정이 당과 국가의 통제로부터 벗어날 수
있는 역사적 근거가 있었음에 비해서 북한 ─ 아시아 나라 일반이 그
렇지만 ─ 에 있어서는 아직도 가정이 국가나 사회로부터 완전 분화
되지 못하고 있고, 따라서 청소년의 정치·사회생활에 국가나 사회가
직접 개입하는 영역이 매우 넓다고 할 수 있다.

　따라서 북에 있어서 청소년의 교육에 나타나는 당과 국가의 직접적
개입은 동독에서처럼 소시민적 분위기를 이미 제공해주는 가정의 도
피적 공간을 많이 제한하고 있다. 그럼에도 불구하고 근 10년 만에
1993년 2월에 열린 8차 '전국사로청대회'는 이들 혁명후비대에 대한
북의 지대한 관심의 한부분을 다시 엿볼 수 있게 한다. 어떻든 이미
서구시민사회의 개인주의적 전통을 경험한 동독과 공동체적 삶의 형
태를 긍정적으로 그리고 적극적으로 평가하는 북한에 있어서 청소년
의 자기정체성은 다르게 나타날 수밖에 없다. 그러나 정통성의 결손이
나 청소년의 의식구조의 이중화가 동독의 붕괴를 결정적으로 촉발시

컸는가에 대해서는 여전히 의문이 남는다. 만약 그러한 조건들이 동독 붕괴의 결정적 요인이었다면 '이제 동독은 그만' 대신에 대다수의 국민이 '보다 나은 동독'을 요구했어야 했을 것이다. 세련된 소비제품을 매개로 한 서방측의 경제적 공세를 이겨내지 못한 결과 동독인민의 서독지향성이 결국 청소년들의 대량 탈출로 동독경제가 연결된 것은 아닌가? 이렇게 볼 때 남북한 사이의 경제구조 차이는 동서독과 비슷한 구조를 보여준다고도 볼 수 있다. 그러나 동독사람들이 그들의 상대적인 소비생활의 결손을 동독체제 자체문제로 환원시키면서 문제해결을 개인주의적 차원에서 시도했다면, 북한사람들은 그들의 소비생활의 상대적 결핍을 미제의 압력과 봉쇄 그리고 군사적 긴장에 따른 군사적 대응조처로 인한 과도한 군사비 때문이라고 보고 있다. 따라서 옛 동독사람이 느꼈던 긴장감과 현재 북한 사람들이 느끼는 긴장감의 원인과 정도도 무척 다르다. 긴장을 지속적으로 유지한다는 것은 무서운 인내를 전제하기 때문에 현재 북한사람들의 일반적 정서 속에 흐르는 인내와 또 이의 한계에 우리는 특별한 주목을 돌려야만 한다. 피땀으로 건설한 사회주의에 대한 애착도 크지만 '전쟁을 원하지는 않지만 두려워하지는 않는다'라는 말이 전달하는 결정론적인 의지를 단순히 수사적인 것으로 받아들여서는 안된다. 서독에 의한 동독의 흡수로서 독일통일이 평화적으로 진행되었다는 경험을 한반도에서도 반복되리라고 믿기 어려운 점이 바로 여기에 있다.

3. 중국과 북한사회주의

북한이 동독이 아니라면 북한이 나아갈 길은 중국식 개혁뿐이라는 예측이 많이 나돌고 있다. 1978년 이후 진행된 중국사회주의의 개혁은 '특색있는 사회주의'라는 이름 밑에 많은 가시적 성과를 보여주었다. 우선 1992년과 1993년에 각각 12.8%와 13.4%의 경제성장률을 기록하여 세계에서 가장 경제적 활력이 있음을 중국은 보여주었다. 그러나 이러한 경제성장이 20% 이상의 물가상승률과 소득격차를 유발시키고 부패와 범죄를 만연시키는 부정적 요소도 동반하였다. 이로 인해 '중국적 특색있는 사회주의'는 '중국적 특색있는 자본주의'라는 또 다른 이름을 얻게까지 되었다. 북한이 이러한 중국식 개발전략에 제일 관심을 돌렸던 부분은 외자와 기술을 도입하여 사회주의 경제구조 내부에 '경제특구'라는 자본주의 영역을 허락하고 이를 이용한 정책이라고 할 수 있다. 그래서 1984년에는 북한도 '합영법', 1992년에는 '외국인 투자 및 합작법' 그리고 '외국인 기업법' 등을 제정하였다. 피복의 위탁가공 등은 이미 활발히 진척되었지만 본격적인 외자와 기술도입은 현재까지 추진하지 못하고 있는데 이는 주로 한반도의 군사적 긴장, 특히 핵문제로 인한 국제적 분위기 때문이다. 김주석의 1994년의 「신년사」에도 그 윤곽이 드러난 1993년 12월 8일의 조선노동당 중앙위원회 6기 21차 전원회의의 「당면한 사회주의 경제건설의 방향에 대하여」라는 결정은 2~3년간의 완충기간의 설정과 더불어 농업, 경공업 그리고 무역제일주의를 표명하였다.

특히 무역 제일주의의 강조는 북한경제도 앞으로 대외교역에 보다 더 큰 역량을 집중하겠다는 의지의 표현이라고 할 수 있다. 그러면 이러한 강조는 지금까지 고수해온 자립경제의 근본적인 수정을 의미하는가? 이러한 경제전략은 어디까지나 지금까지 견지해온 자립경제의 보완적 성격을 띠고 있는 것이지 이의 근본적 수정을 의미하는 것은 아니다. 최근에는 '김책연합기업소' 등 대규모기업체가 자체 내부에 무역부를 갖추고 직접 대외관계를 맺고 수출입을 추진할 수는 있지만 중국처럼 성 또는 연합기업이 일반적으로 대외무역에 있어서 중앙통제를 받지 않고 거의 독자적으로 행동하지는 못한다. 북한의 대외무역은 여전히 계획경제 테두리 안에서 진행된다고 볼 수 있다.

아마도 중국경제와 북한경제의 기본적 차이는 농업전략에서 가장 분명하게 드러나고 있다고 할 수 있다. 중국은 개혁과 더불어 우선 '인민공사'를 해체하고 토지의 경작권을 농가에게 분할하는 식으로 농업 문제를 풀어갔으나, 북은 현재의 농업에 있어서의 협동적 소유를 전 인민적 소유로 발전시킨다는 전망을 여전히 갖고 있고, 농민의 노동계급화와 농업의 공업화 전략을 사상·기술·문화혁명을 통해서 달성하겠다는 목표를 1994년 2월 24일 김주석은 「사회주의 농촌 테제」 발표 30돌을 맞아 열린 전국농업대회에 보낸 서한 속에서 다시 강조하였다.

중국에 있어서는 경제규모가 커지고 구조가 복잡해진 조건이 경제를 계획적으로 관리운영하는 것을 불가능하게 만든다는 인식 위에서 경제운영을 분권화하는 경향이 강하게 대두되고 있다. 이에 대해서 중국공산당도 최근 심각한 우려를 표명하고 대응책도 강구하고 있다. 어떻든 지방분권화는 중국사회주의가 안고 있는 가장 위험한 요소임에는 틀림없다. 이에 비하여 북한은 면적과 인구 그리고 경제규모가 작기 때문에 국가의 통일적 지도를 경제생활에서 포기할 수 없는 원칙적 문제로서 파악하고 있다. 문제가 있다면 사회주의 경제를 주관적으로 그리고 행정식으로 통제하고 개별적 부문과 단위의 창발성을 무시한 것에 있지, 국가의 통일적 지도자체에 문제가 있는 것은 아니라고 보고 있다.

1994년부터 시작된 '완충기'의 경제전략을 '혁명적 경제전략'이라고 부르는 배경에는 물론 동구사태 이후 급변한 세계질서에 대한 적극적인 경제적 대응이라는 측면은 있지만, 자립적 민족경제의 기본전략에 대한 큰 수정이라고 확대해석될 수는 없다. 전반적으로 볼 때 북한이 중국의 '특색있는 사회주의'의 긍정적 측면을 연구하고 이를 자체의 조건과 구조에 비추어 적극적으로 도입하는 것은 가령 북의 전문가팀이 장기적으로 중국의 '특구'들에 상주하면서 현지에서 연구를 진행하고 있는 것으로도 알 수 있다. 그러나 중국개혁이 몰고 온 부정적 요소들 — 위에 지적한 소득격차, 물가등귀, 부정부패 — 에 대해서 촉각을 세우고 있는 것도 사실이다. 정치와 경제를 분리시킴으로써 '개혁'을 추진시킨 중국에 대하여 북은 그러한 '개혁'을 전면적으로 도입하는 것이 아니라 선별적·제한적으로 도입, 또 그의 속도도 조절할 것이다. 이는 무엇보다도 한반도가 처한 군사적 긴장과 이를 둘러싼 국제정치적 질서의 불안정에 대한 인식 때문이다.

북은 결코 '핵문제'가 풀리면 모든 문제가 풀릴 것이라고 낙관하지 않는다. 중국의 '인권문제'에 대한 미국의 최근 개입은 북에게도 타산지석을 보여주었기 때문이다. 결론적으로 말해서 '우리식 사회주의'는 '동독색깔'의 '사회주의'와 비교해서 일찍부터 자주성을 강조했고, 중국의 '특색있는 사회주의'에 비하여 사상적 요새점령 문제를 물질적 요새점령 문제 이상으로 사회주의에 있어서 중요한 고리로 여기고 있다.

금년부터 96년까지 예견되는 완충기간 동안에 물질적 요새점령의 새로운 발판을 구축한다는 전략에 있어서 미·일과 더불어 남한과의 관계정상화가 중요한 문제이긴 하지만 그렇다고 해서 모든 문제를 여기에 종속시켜서 보지 않고 있다. '무역제일주의' 전략에 있어서도 동남아, 중근동지방, 구소련, 동구 그리고 중국을 여전히 중점지역으로 설정하고 있다. 세계자본주의 체제와의 관계도 기존의 관계를 점차적으로 확장시키는 점진적 태도로 임할 것이다. 물론 완충기 마지막해인 1996년도에는 북의 현대적 생산 설비를 갖춘 기업의 생산제품 80% 정도가 국제경쟁력을 지닐 수 있는 품질로 생산한다는 목표설정이 과욕일 수도 있으나 '혁명적 경제전략'이라고 이름지을 정도로 총동원체제로 나아가고 있다.

시베리아 벌목공의 망명을 둘러싸고 또 한번 남북체제 경쟁에서 남이 승리했다는 식의 이야기와 더불어 북체제에 대한 북한주민의 일체감이 벌써 흔들리기 시작하고 흡사 동독을 대량 탈출하려고 했던 분위기가 북에도 이미 있는 것처럼 이야기되고 있다.

체제붕괴가 확실시되고 있다고 믿어지는 북한과 현재의 모순이 지양된 미래의 남한을 단순대비시켜 보는 이러한 관측은 우선 독일통일 이후에 명확히 나타나고 있는 체제 상호간의 교류가 두 체제에게 동시에 얼마나 큰 충격을 주고 있는지에 관한 경험을 잊고 있다.

그럼에도 불구하고 남한사회에 알게 모르게 자리잡은 '서독모델'은 이미 남한=서독이라는 등식 속에서 한반도 통일에 중요한 논리를 제공해주고 있다. 이와 동시에 최근에는 세계적으로 주목받고 있는 '경제대국'으로서의 '일본모델'의 궤적을 좇는 '제2의 일본으로서의 남한'의 논리마저 공존하게 되었다.

남한의 자화상 속에 알게 모르게 자리잡고 있는 이 '제2의 서독' 또는 '제2의 일본'의 논리가 통일의 논리와 연결되기 때문에 필자는 이를 특히 검증할 필요를 느낀다.

〈1994, 『한겨레21』〉

헛된 꿈에서 깨어날 때
─ 통일의 논리를 찾아서(Ⅲ)

　독일(또는 서독)이라는 나라 이름을 들으면 우리는 우선 '라인강의
기적' '복지국가' '통일' 등을 생각하게 된다. 얼마 전까지만 해도 분
단이라는 운명을 같이 나누었던 독일이기 때문에 우리도 독일처럼 통
일되었으면 하는 희망이나, 또는 한걸음 더 나아가 우리도 독일처럼
머지않아 통일될 것이라는 확신 속에서 독일을 생각하는 사람도 많을
것이다.

　따라서 이러한 희망이나 확신 속에는 남한이 서독과 꼭 같지는 않
아도 이와 비슷한 사회이고 북한은 동독과 같아서 머지않아 당연히
붕괴할 것이라는 전제가 깔려 있다. '라인강의 기적'에 버금가는 '한
강의 기적'이 있고, 서독의 복지 수준은 아니지만 복지정책도 80년대
부터 도입되었으며, 특히 가히 선진국 수준이라고 말할 수 있는 남한
'중산층'의 소비생활은 통일을 이룩한 서독의 모습을 현재의 남한 모
습이 이미 보여주고 있다는 확신이 전제되어 있다. 이러한 남한의 자
화상은 그러면 어느 정도 인정될 수 있는가?

1. 독일거울에 비친 한국의 자화상

누구나 들어온 '라인강의 기적'으로부터 복지국가(사회)모델로서의 '독일(서독)모델'을 거쳐 통일을 이룩한 독일이 사백만에 가까운 실업자와 극우세력의 준동으로 표현되고 있는 일반적 위기 속에서 최근 제기되고 있는 슬로건인 '산업입지로서의 독일'이 나오기까지의 정치·경제 그리고 사회적 흐름을 조망하는 것이 독일(서독)과 종종 비유되는 남한의 자화상의 검토에 우선 필요할 것 같다. '라인강의 기적'은 한마디로 표현해서 50년대에 들어선 서독경제가 안정된 통화를 바탕으로 사상의 자유스러운 힘에 의하여 전쟁으로 파괴된 경제력을 급속히 회복하여 거의 완전고용을 달성한 '고도성장형'경제를 이룩한 것을 의미한다. 전쟁으로 인한 폐허 속에서의 건설이었기에 상대적으로 보아 자본과 노동 사이에도 큰 긴장이 없었고, 근검 절약으로 상징되는 독일노동자의 묵계적 동의라고 할 수 있는 '밑으로부터의 소득정책' 덕택에 그러한 '기적'은 달성될 수 있었다. 이러한 경제적 성과를 담보로 해서 미국중심의 군사동맹인 나토에도 1955년 가입했다. 물론 집권당인 기민당은 이러한 군사블럭가입에 상당한 저항을 겪었지만 냉전체제와 분단체제라는 상황은 서독의 블럭화에 대해서 국민적 동의를 가능케 하였다.

그러나 점차 다양해지고 높아지는 새로운 소비수요, 사적 재생산구조의 변화(휴가와 자유시간의 증가), 격증하는 교육에 대한 관심(대학교육제도의 개혁문제), 사회보장제도의 충실화에 대한 요구(건강제도의 확충) 등은 기민당의 신자유주의적 기조에 선 경쟁과 시장력에 의한 정책의 한계와 부딪혔다. 특히 관리와 사무직에 이어서 소위 '중산층'의 대부분이 이러한 새로운 요구를 해결해 주지 못하는 보수 '기민당'으로부터 등을 돌리기 시작하여 1966년 12월 '기민당'은 '사민당'과 대

연정을 하지 않을 수 없는 위기에 빠졌다. 이러한 전후 보수적 지배구
조의 균열과 위기를 새로운 권력구조 창출의 호기로 판단한 '사민당'
은 1972년 11월의 총선거에서 그들의 집권과 개혁의 총체적 구상을
한마디로 집약해서 표현된 '독일모델'을 내놓았다. 이러한 '독일모델'
은 따라서 단순한 선거공약을 넘어서서 총체적인 정치적 전략으로서
— 특히 스웨덴과 영국의 '사회보장국가'의 궤적을 쫓아서 — 의미를
지녔는데, 이는 서독의 사민당이 유럽의 오랜 전통을 가진 사회당 가
운데 맨 마지막으로 자본주의 논리 안에서 사회적 정의를 실현한다는
개혁 프로그램을 내놓은 것을 의미한다. '독일모델'은 적어도 5% 정
도의 경제성장률을 전제하고, 공공부문에 점차적으로 투자율을 높여가
지만 생산부문의 구조개혁이 아니라 분배체제의 개혁을 통해 사회적
안정을 이룩한다는 것을 주내용으로 하고 있다.

　그러나 1974년의 경제적 위기는 그러한 '독일모델'의 물질적 바탕
마련을 이미 어렵게 만들기 시작하였다. 무엇보다도 '독일모델'의 위
기는 이미 나타나기 시작한 정치·경제 그리고 사회적 문제를 해결할
응집력있는 세력형성을 사민당이 해내지 못한 데에 그 주된 원인이
있다. 겨우 1/3 정도의 당원만이 전통적 의미의 노동계급의 당인 사민
당은 이미 사회주의적 '대안세력'이 아니라 보수세력의 집요한 도전
속에서 시장경제적 논리 안에서 시장경제의 결핍을 보완하는 또 하나
의 보수세력이 되고 말았다.

　측근의 스파이사건으로 수상직에서 물러난 브란트에 이어 74년 5월
에 등장한 슈미트수상은 바로 이러한 사민당내의 보수주의를 대변하
였다. 이러한 사민당도 결국 연정파트너인 자민당의 결별로 82년 10
월 정권을 잃었다. 사민당이 사회국가적 타협을 통해서 서독사회의 내
적 평화구축에 기여했지만 동시에 전후 서독의 발전과 더불어 생긴
부정적인 후과에 대해서는 신보수주의적인 복지사회비판을 더욱 부채

174

질하고 있다는 하버마스의 사민당에 대한 평가도 그러한 모순을 염두에 두고 있다고 할 수 있다.

자본의 가치증식을 지속적으로 보존하는 공급 위주의 경제정책, 정치가 행정과는 분리되고, 정치 영역의 자리에 여러 이익단체가 들어섰으며, 규범적인 의회주의 대신에 기능적인 협상체계가 국가를 협상대상으로 전락시키는 신보수주의의 정치는 또다시 새로운 비판세력의 도전을 받았다. 이러한 비판세력 중에 가장 주목을 끌었던 것은 녹색당이었다. 녹색당은 83년 3월의 총선에서 5.6% 득표를 해서 연방의회에까지 진출할 수 있었으나 90년 3월의 통일 후 총선에서는 다시 탈락되었다.

신보수주의적 처방이 가속되는 경제위기로 계속 효력과 신용을 잃어가는 즈음에 이룩된 예견치 못한 독일의 통일은 신보수주의에다가 민족주의를 가미한 처방이 일시적이나마 만병통치약으로 통할 수 있도록 만들었다. 그러나 사백만에 육박하는 실업자, 우심해지는 사회적 평화에 대한 폭력 — 특히 신나치주의자들의 준동 — 은 통일독일의 현실의 문제점을 단적으로 보여주고 있다. 이러한 정치경제적 위기를 극복하는 처방으로 최근 제시된 '산업 입지로서의 독일'이 얼마나 안정제의 효험을 보여줄지 모르나 자본은 자본대로 노동은 노동대로 불만과 불안감을 토로하고 있다.

'라인강의 기적'으로부터 사회복지의 대명사의 하나인 '독일모델', 그리고 세계적인 경제불황 속에서 다시 등장한 신보수주의, 예견치 못한 통일독일을 성사시키는 과정과 직면한 어려움을 남한이 걸어온 길과 비교해보면 우선 몇 가지의 차이점을 곧 발견할 수 있을 것이다. 비록 서독(독일)이 분단국이라고 할지라도 정치문화에서 남한과는 현격한 차이를 보여주고 있다. '독일모델'이라는 총체적인 정치프로그램을 세운 사회민주주의적 전통은 고사하고라도 개인의 자유를 모든 것의 출발점으로 삼고 있는 자유주의적 전통마저도 우리의 정치문화 속에서 발견하기 힘들다. 자유당, 자유민주당 하는 식으로 '자유'라는 단어는 있지만 현실과는 너무나 거리가 멀다는 것을 우리는 경험하였다.

그러나 남한에 있어서 보수주의는 서독의 보수주의와는 그래도 비슷하지 않느냐 하는 질문은 나올 수 있다. 최근에는 옛날과는 달리 '보수주의자' 또는 '보수주의의 정론지', 심지어 '신보수주의'라는 단어가 긍정적 의미를 전달하는 사회적 분위기도 있다고 들린다. 군부 독재의 야만성과는 다른 정치문화가 태동하고 있다는 것을 보여주고 있다고 할 수 있다.

보수주의라는 의미자체는 무엇을 우선 긍정적으로 보존하려는 보수주의인가부터 시작한다. 그러면 남한에서 무엇을 보존하려는 보수주의인가? 이미 유교적 세계관이 보수주의의 사상적 맥을 형성하기에 기독교의 영향력이 너무 강하고 이 기독교도 반공과 결부된 경우에나 보수주의 행세를 할 수 있다. '민중신학' 정도로 연결되면 이는 철저히 배제되기 마련이다. 위에서도 지적했지만 (신)보수주의의 정치형태 속에서 이익 단체가 국가를 협상대상 정도로 격하시키고 있는 데 반해 우리의 경우에는 아직도 국가가 그렇게까지 무력하지도 않고 '대권'을 손에 거머쥐어야만 이익단체들을 통솔할 수 있다. 정치자금문제가 이를 잘 보여주고 있다. 또 보수주의는 경제적 근대화가 동반하는 여러 가지 심리적인 충격과 모순을 문화적인 수단으로 치유해야 한다고 믿기 때문에 전통에 대해서 무서운 애착을 보여주는데 우리의 보수주의는 실은 '서편제'보다는 서양의 '포르노'영화를 더 좋아하는 이중성을 가지고 있다면 너무 심한 평가일는지?

'한강의 기적'이 '노동자도 인간이다. 근로기준법을 준수하라!'고 외치면서 분신자살한 전태일의 역사를 담고 있는 데 반하여, 1951년에 이미 강력한 노동조합의 압력 밑에서 탄생한 '노사공동결정법'이 광산업종에서 감사역에 노동자가 사용자와 동수로 선출되어 일하는 규정까지 둘 수 있었던 것이 '라인강의 기적'이었다.

역시 서독(독일) — 비록 우리가 바라는 통일을 먼저 이룩했지만 — 은 여러 가지 의미에서 일본보다는 멀게 느껴지고 있다. 사실 1975년에 도입된 '노사협의제'도 일본에서 관습적으로 통용되는 '노사협의제'를 염두에 둔 것이고, 제5차 경제개발5개년계획(1982~86)을 '경제사회 빌진계획'이라고 이름지은 것도 일본의 제5차 경제계획(1967~71)이 '경제사회 발전계획'이라는 이름 밑에 그간 진행된 양적성장에 따르는 사회복지문제해결을 기도했던 일본의 경험을 고려한 것이다.

2. 통일을 잊게 하는 '일본모델'

'민자당'이라는 보수대연합이 90년 2월에 출범하자 55년 이후 계속 집권해온 일본의 '자민당' — 그후 93년 여름 선거에서 패배하였지만 — 을 우선 연상하게 되고 이어서 남한도 기나긴 군부독재를 청산하고 보수대연합의 장기집권시기로 들어설 것으로 예상되었다. 경제적으로도 '제2의 일본'이라는 생각이 확산되어 있다. 문화적으로는 — 식민지적 경험 때문에 — 일본으로부터 별로 배울 것이 없다는 생각이 자리잡고 있으면서도 사실은 일본의 소비문화의 복사판이 된 것이 남한이라고 한다면 별로 할말이 없을 것이다. 이렇게 보면 남한이 '제2의 서독'보다는 '제2의 일본'이라는 진제 밑에서 우리의 통일논리를 전개시키는 것이 보다 설득력있게 들릴 것이다. 그러면 남한은 정말 '제2의 일본'이 될 수 있는가? 남한이 '제2의 일본'이라면 이러한 남한은 통일문제와는 어떠한 연관을 맺을 수 있는가?

'경제대국' '기술대국' '정치대국'에 이어서 '군사대국' 그리고 마지막으로 '문화대국'의 꿈을 실현하고자 하는 일본을 총체적으로 이해하지 않고, 가령 개인당 국민소득이 남한보다 약 5배나 높고, 국민총생산이 약 12.6배 큰 모델로 간주하고, 대략 20년 이후면 남한은 현재의 일본과 비슷하게 될 것이라고 전망하면서 그전에 통일이 되면 더 빨리 격차를 줄일 수 있다고 내다보는 통념이 지배하고 있는 것 같다. 이와같이 '어른' 일본과 '어린아이' 남한을 단순비교하는 사고 속에는 개체발생론과 유(類)의 발생론을 뒤섞는 잘못 — 이러한 잘못은 '유년기'의 '동양세계'와 '노년기'의 '게르만세계'를 대비시킨 헤겔의 역사철학이나 피아제(J. Piaget)의 발생학적 인식이론에서도 나타나고 있지만 — 이 자리잡고 있다.

우선 남한을 일본의 작은 모델로 단순환원시키기에는 문제가 너무나 복잡하다. 일본경제는 여전히 내수 위주의 경제로서 무역의존도가 대략 10~15% 수준을 유지하고 있는 데 반하여 남한경제는 그동안 내수시장이 확충되었음에도 불구하고 92년에도 54.5%라는 높은 무역의존도를 보여주었다. 국민총생산 규모에 있어서 일본이 남한보다 12.6배 크지만 일본은 기술과 연구투자를 남한보다도 약 20배나 더 많이 하고 있다.

경제력과 기술력을 바탕으로 일본은 이제 유엔 상임이사국이 되려고 하고 있고, 군사적으로도 약 25만의 현대적인 장비로 갖추어진 자위대는 이미 세계에서 여섯번째로 많은 군사비(미·옛소련·프랑스·독일 그리고 영국에 이어)의 지원 속에서 아시아에서 최강을 자랑하게 되었다. 87년부터는 '예술의 노벨상'이라는 '제국상'(Praemium Imperiale)을 제정, '문화대국'으로까지 발돋움하고 있다.

이렇게 일본이 경제력을 바탕으로 대국이 되는 과정을 지켜보면서 우리도 통일만 되었다면 '제2의 일본' 아니 일본 그 자체를 능가할 수 있다는 생각을 하게 된다. 바로 이러한 '제2의 일본'이라는 모델논의 속에는 그러나 이중적 의미가 숨겨져 있다. '제2의 일본' — 분단과

178

통일이라는 내재적 의미를 전달하는 '서독(독일)모델'과는 달리 — 은 우리의 통일문제를 잊게 하는 수면제 역할도 하지만 과거의 쓰라린 경험을 반추하고 현재를 반성케 하는 각성제 역할도 한다.

일본의 '관서경제권'에 들어가고, '미·일·남한'이라는 '삼각동맹'체 속의 '림팩'에서 한팀이 되어 북한을 위협하는 '제2의 일본'으로서 한국(남한)의 현실을, 식민지 운명을 지켜보면서 '작은 중화(小中華)인 이 나라를 직은 일본(小日本)으로 바꾸어 놓은' 친일파를 통렬히 비난했던 최익현의 눈으로도 볼 수 있고, 한걸음 더 나아가 일본의 과학과 기술까지 배척할 필요가 있느냐 하는 곽기락의 개화상소의 눈으로도 볼 수 있을 것이다. 어떻든 '제2의 일본' 또는 '일본모델'이 우리의 분단현실과 통일을 우리의 시야로부터 더욱 멀어지게 만들고 있다고 보는 것이 사실에 더 가깝다고 보아야 할 것 같다.

'서독(독일)모델'이 여러 가지 의미에서 우리의 실천적 모델로서 문제가 많지만 통일에 대해서는 적극적 의미를 전달하고 있는 데에 비하여, '일본모델'은 역사적·문화적 배경 때문에 우리에게는 더 친근하면서도 우리의 통일문제를 쉽게 잊게 만든다고 할 수 있다.

남한이 서독도 아니지만 또 일본도 아니라는 자명한 사실인식조차 전제되지 않은 통일논의가 너무나도 무성하다. 바로 이러한 까닭에 우리는 남한을 서독과 일본의 거울에 자주 비추어 볼 필요를 느낀다. 이를 통해서 우리의 남북통일 논의에서 자주 드러나는 관습적인 사고의 틀을 교정할 수도 있을 것이다.

〈1994, 『한겨레21』〉

'양자택일'이 아닌 총체적 지혜를
— 통일의 논리를 찾아서(Ⅳ)

　우리는 북한을 동독과 중국사회주의라는 거울을 통해서, 그리고 남한을 서독과 일본이라는 자본주의 거울에 비추어서 각각 자리매김을 해보았다. 그러한 자리매김은 — 너무나 당연한 결론처럼 보이지만 — 북한은 동독도 중국도 아니며, 또 남한은 서독도 일본도 아니라는 반성된 결론에 도달하였다. 그러한 자리매김은 실은 우리의 분단체제 현실을 더 적극적으로 인식하게 하는 방법론적인 회의로부터 시작되었다.

　지금은 상당히 저조된 '북한 바로알기 운동'은 굴곡이 심한 거울에 비친 북한을 민족통일이라는 새로운 거울에 비추어 보려고 한 시도였다. 그러나 소련과 동구에서의 현실사회주의의 붕괴는 그동안 반공이라는 거울에 비친 북한의 모습이 오히려 북한의 실상에 더 가깝다는 것을 증명하였기 때문에 '북한 바로알기 운동'은 이제부터 새출발을 해야 한다는 비난섞인 주장과 함께 '북한 바로알기 운동'은 북한체제의 긍정적 성격뿐만 아니라 동시에 그외 모순까지도 포괄해야 한다는 자기비판적인 소리도 나오게 하였다.

1. '북한 바로알기 운동'의 문제제기

'북한 바로알기 운동'은 그러나 여러 가지 측면에서 — 이 운동에 대한 여러 정치적 평가를 떠나서도 — 중요한 문제제기를 하고 있다. '북한 바로알기 운동'은 '북한'이라는 '실재(또는 실체)'를 바로 안다는 단순한 인식관심을 넘어서서 통일운동이라는 실천의 영역에서 북한을 대상화하고 있기 때문이다.

북한의 실재(또는 실체)가 이미 객관적으로 존재하는데 우리가 이를 어떠한 이유에서든지 모르고 있다가 '발견'한다는 의미로서도 '북한 바로알기'를 해석할 수도 있을 것이다. 그러나 북한은 그러한 실재론적인 인식의 대상이라기보다는 우리에 의하여 그의 실재의 의미가 '만들어지고' 있다고 할 수 있다. 다른 말로 표현해서 북한이라는 실재는 자연현상처럼 객관적으로 그리고 독립적으로 존재하는 실재가 아니라, 사회적 그리고 역사적인 구성물이라고 할 수 있다. 그렇기 때문에 반공이라는 거울에 비친 북한의 모습이 통일문제와 연관되어 문제되고 있고, 또 '북한 바로알기 운동'도 시작되었다. 따라서 반공에 의하여 그동안 굴절된 북한의 진정한 실재를 발견하고 나서 이에 의거하여 통일운동을 발전시켜야 한다는 발상에는 문제가 많다.

이러한 발상으로부터 출발하여 제일 먼저 도달하는 결론은 아마도 북의 실재를 모르는데 통일운동을 어떻게 할 수 있느냐 하는 현실주의적 타산일 것이다. 북한이라는 실재는 어떻게 보면 여론매체들을 통해서 만들어지고 있는 의미체계 — 요즈음 이를 '해체주의자'들은 '텍스트'라고 부르고 있지만 — 라고 할 수 있다. 북한이 이미 하나 둘 정도의 핵무기를 보유하고 있다는 주장도 있고, 매년 4~5개 정도의

핵탄두를 생산할 수 있을 양의 플루토늄을 곧 저장할 수 있다는 예측
이 있는가 하면, 아직 핵무기를 생산할 수 있는 능력이 없다고 보는
견해도 있고, 핵무기를 생산할 의도도 능력도 없다는 주장 등 도저히
종잡을 수 없는 '진실'들이 만들어지고 있다. 북한의 핵문제가 '북한
바로알기 운동'의 중요한 문제라면 이는 북한에 핵무기가 있는가 없는
가라는 양자택일적인 실재와 관련된 진위의 문제가 아니라, 핵문제가
우리의 통일이라는 의미체계를 어떻게 변형시키고 있고 앞으로 또 어
떻게 변형시키겠느냐 하는 문제라고 할 수 있다.

　'북한 바로알기 운동'이 이와같이 의미체계의 새로운 구성이라고 할
때 이러한 구성이 직면하는 방법론적인 어려움도 많다. 우선 북한을
바로 안다는 것은 북한에 대한 여러 가지 개별적 사실을 안다는 것을
전제하는데 그러나 이러한 지식도 전체를 모를 때에는 별 의미가 없
다.

　그러나 전체를 알기 위해서는 우리는 동시에 개별적인 경험이나 정
보를 풍부하게 가져야 한다. 이러한 '해석학적 순환'문제는 북한사회
에서 살았거나 또는 북한 방문을 경험한 사람들의 북한에 대한 평가
가 '지옥'에서부터 '지상낙원'에까지 이르는 것을 보아도 알 수 있다.
북한사회주의가 머지않아 붕괴하리라는 전망이나 예측도, 북한사회주
의가 당면한 위기를 극복할 수 있다고 보는 견해나 주장도 따지고 보
면 모두다 '해석학적 순환'이라는 고리에 묶여 있다고 볼 수 있다. 이
는 흡사 '장자'와 '혜자'의 '물고기의 즐거움'에 대한 논쟁(『장자』의
「외편」 가운데 「추수」)과도 같다고 할 수 있다. 장자가 혜자와 함께
'호수'다리 위에서 산책할 때 장자는 혜자에게 "저 작은 물고기들이
놀고 있는 것을 보라. 저것이 물고기의 즐거움이다"라고 하니 혜자가
장자에게 "당신은 물고기가 아닌데 어떻게 물고기의 즐거움을 아십니
까?"라고 물었다. 장자는 "당신은 내가 아닌데 어떻게 내가 모르는

줄 아는가?"라고 되물으니 혜자는 "나는 당신이 아니니 당신이 아는 것을 내가 모른다면 당신도 역시 물고기가 아니니 물고기의 즐거움을 모를 것이 아닌가?"라고 다시 물었다. 장자는 이에 "처음 우리 대화로 돌아가자. 당신은 내게 어떻게 물고기의 즐거움을 아는가 하고 물었다. 당신의 묻는 말은 곧 내가 아는 것을 당신이 안 것이다. 이 다리 위에서 내 경험으로 나는 알았다"라고 대답했다는 내용은 남북체제의 상호이해에도 해당되는 이야기이다. '당신은 북한(또는 남한)사람이 아닌데 어떻게 북한(또는 남한)사람의 즐거움(또는 고통)을 아십니까?'로 표현될 수 있는 질문은 그동안 당연하게 생각해 왔던 상대방체제에 대한 평가가 이제는 자기반성의 과정을 겪어야 한다는 것을 의미한다.

북에 대한 정보수집과 판단의 많은 부분을 미국의 정보기관에 의존하고 있는 남한정부가 자기나름의 행동반경을 결정하는 데에 있어서 어려움을 겪고 있는 사실은 어제 오늘의 일은 아니다. 얼마 전 이기택 대표의 '김정일 비서 유고'설도 그러한 예의 하나일 것이다. 우리 민족의 사활적 문제일 뿐만 아니라 세계평화에 있어서 극히 중요한 문제라고 간주되고 있는 핵문제가 거의 매일 전파를 타고 신문지상에 오르고 있지만 미국사람의 22%가 미국정부를 핵문제로 골치아프게 만드는 나라가 북한이라고 겨우 대답할 수 있다는 사실은 많은 것을 생각케 한다. 북한은 말할 것 없지만 남한에 대한 이해와 관심도 비슷한 수준이다. 필자가 최근 거의 탈고를 마친 독일어로 쓴 한국문제에 관한 책을 출판하려고 독일에서는 유수의 출판사 — 이 출판사는 1988년 서울 올림픽과 관련하여 우리나라 문제에 관한 나의 책을 이미 출간하였기에 — 의 책임자와 상의했더니 핵문제나 수출공세로 인하여 한국에 관한 관심이 최근에 높아진 것은 사실이지만 그의 경험으로 미루어보아 초판 5,000권이 팔리기 힘든 것이 한국문제에 관한 서적

이라고 했다. 사실상 지난 4월 30일 일본의 『요미우리 신문』이 발표
한 한 여론조사의 결과가 밝힌 대로, 이곳 유럽에서의 남북한 신뢰도
거의 같은 수준 — 즉 31개국 가운데 남북이 모두 25번째 바깥에 들
어 있다 — 에 있기 때문에 출판사의 입장으로 보아도 한국관계서적
을 출간하는 것이 별로 수지맞지 않는 장사임이 뻔하다.

답답한 것은 사정이 이런 데도 '국제화'니 '세계화'니 하면서 남북문
제마저 '국제공조체제'를 통해 풀어보려고 하는 발상이다.

우리의 민족문제에 대해서 우리 자신만큼 사회적 관심을 가지고 대
하는 나라도 민족도 없는데 '국제화'라는 조류에 너무 많은 것을 의존
한다면 이는 결국 우리 자신의 역량을 그만큼 감소시키는 것이 된다.

우리 자신보다 북에 대해서 더 모르거나, 또는 관심도 없는, 기껏해
야 자기 이해타산으로부터 출발하는 '동맹국'과 더불어 통일이라는 우
리의 민족문제를 해결해 보겠다는 생각이야말로 안이한 정도가 아니
라 위험하기까지 하다.

2. 미래에 대한 책임과 상상력

우리는 통일이 되면 지금보다는 물질적으로 더 풍요하고 정신적으
로도 더 여유있는 생활을 모두가 즐길 수 있을 거라고 믿는다. 물론
통일 이후 독일이 안고 있는 문제나 통일된 예멘의 최근 무력분쟁에
서도 타산지석을 발견할 수 있지만, 분단의 고통과는 비교될 수도 없
는 통일이 가져다 줄 즐거움을 항상 그리고 있다. 이러한 기대와 희망
이 현실적으로 가능한 시점을 1995년 또는 2000년 하는 식으로 설정
하는데 과학적인 근거를 갖고 있다기보다는 다분히 희망사항의 표현
이라고 할 수 있다. 물론 그러한 희망이나 소원없이는 우리의 통일도
상상력이 메마른 일상적인 일처럼 될 것이다. 그러나 이러한 포기할

수 없는 희망이 통일된 미래사회의 내용을 담지 못하면 희망은 역시 희망으로서만 남게 된다. 미래사회의 내용이 얼마나 구체적인 실현가능하느냐에 따라 희망도 역동적으로 움직일 것이다.

그러나 이와 같은 희망도 결국에는 오늘을 살아가는 우리의 희망이지 미래에 살아갈 세대들 자신의 희망은 아니다. 따라서 미래에 대한 책임으로서의 통일문제는 분단된 땅의 남북에서 살고 있는 우리 모두에게 풍부한 상상력을 요구하고 있다. 통일이 되었다고 하더라도 다음 세대들이 도저히 살아갈 수 없을 정도로 공해에 찌들린 강토를 물려준다면 그러한 통일은 분명히 많은 문제를 안고 있다. 자본주의와 사회주의의 경쟁에서 자본주의의 승리로 막이 내렸다고 평가되고 있는 동서냉전이 아직도 계속되고 있는 한반도이기에 우리는 미래에 대한 책임문제를 쉽게 지나칠 수 있다. 체제경쟁에서 당장에 이겨야 하는데 그렇게 먼 장래에 대한 이야기를 할 여유가 없다는 이야기를 우리는 종종 들을 수 있기 때문이다. 체제경쟁은 경제력 경쟁이고, 경제력 경쟁은 곧 소비수준의 경쟁으로 환원되는 사고체제 안에 통일이 자리잡고 있는 한 미래에 대한 책임으로서 통일은 계속 어려운 이야기로 남을 수밖에 없다.

통일을 미래에 대한 책임으로 받아들이기 위해서 먼저 우리는 오늘의 우리의 모습을 검토해야 할 것 같다. 통일된 독일의 동쪽 — 즉 옛날의 동독 — 이 낙관할 수 없는 위기에 처한 자본주의 세계체제의 한 부분으로서 서독이 이미 걸어왔던 길을 단순히 답습해서는 안되고, 사회주의를 '산업주의'로만 이해했던 잘못된 '현대'에 대한 이해는 물론, 자본주의가 '현대'라는 이름 밑에서 숱하게 낳은 모순까지도 극복하는 '이중적인 현대'를 지향해야 한다고 동독 출신의 사회학자 '디에터 클라인'(Dieter Klein)은 주장한다. 마찬가지로 서독 출신의 사회학자 울리히 벡(Ulrich Beck)도 동서냉전의 종결과 함께 밀어닥친 혼란

과 속수무책의 상태에 있는 자본주의체제도 이제는 자본주의냐 사회
주의냐라는 양자택일적인 사고의 틀로부터 벗어나서 '또 다른 현대'
또는 '반성적인 현대'로 진입해야 한다고 주장한다. 물론 남북한의 상
황이 동서독의 그것과는 상당히 다르다 할지라도 통일이 일차원적인
시장논리의 공간적 확충이 아니라 다양한 형식의 미래지향적인 자기
비판이어야 한다는 것은 우리에게도 해당되는 충고라고 할 수 있다.

미래에 대해서 책임을 지는 정치 — 통일 이후의 경험을 반성하면
서 — 는 독일과 같은 중심부에서는 '개체화', '계급'이나 '계층'개념의
해소와 더불어 '좌익'과 '우익'의 동시적 소멸을 전제하고, 국가나 정
당이 정치의 기본이었던 기존의 정치개념과 결별하는 것을 의미하는
'새로운' 정치를 요청하고 있다. 그리고 그러한 정치철학의 핵심을 '회
의주의'라고까지 공공연히 이야기한다. '발전', '해방'이니 하는 '커다
란 이야기'보다는 이제는 실현가능하고 믿을 수 있는 '조그마한 이야
기'에나 귀를 기울이겠다는 것이다. '회의'는 몰라서 생기는 것이 아니
라 너무나 많이 경험했기 때문에 생긴다는 '몽테뉴'의 지적도 있지만,
우리의 통일이 미래에 대한 책임을 동반하여야 한다는 이야기도 듣기
에 따라서는 또 하나의 '커다란 이야기'로도 들릴 수 있다. 그동안 '통
일'이라는 '커다란 이야기' 때문에 실망스러운 일들을 한두번 경험한
것이 아니기 때문에 '통일'이라는 말이 가슴을 뜨겁게 하기보다는 회
의, 나아가서는 냉소를 불러일으키는 것이 현실인 것이다. '북한은 곧
망한다'라는 확신을 갖고 있는 사람조차도 이로 인해서 자신의 생활에
조그마한 부담이라도 온다면 통일도 별로 달가운 것이 못된다고 여기
는 것이 현실이다.

이러한 분위기 속에서 미래에 대한 책임윤리로서의 통일의 논리는
그러한 회의, 심지어는 냉소를 이해하면서도 통일이 주는 우리의 미래
에 대한 희망과 낙관 위에 서야 한다. 통일에 대한 회의 그리고 냉소

까지도 안을 수 있는 낙관은 통일을 미래의 영역 안에 남겨두는 단순한 희망이 아니라, 과거와 미래가 공존하고 있는 오늘, 우리가 미래에 대해서 함께 책임진다는 연대감없이는 불가능하다. 내 자신이 스스로 체험할 수 없는 미래에 대해서 책임을 공유한다는 생각은 좁게는 핏줄로 연결되는 가족과 친족 안에 머무를 수도 있고, 넓게는 전 세계를 대상으로 확충될 수도 있다. 미래에 대한 책임과 연대감의 외연이 한반도라고 할 때, 이러한 외연이 너무 넓다고 생각하는 사람도 있을 수 있고 또 너무 좁다고 느끼는 사람도 있을 것이다. 남과 북, 경상도와 전라도, 'TK'와 'PK', 함경도와 평안도 등등 계속 미분을 해서 끼리끼리 모여야 미래에 대한 책임과 연대감을 확인할 수 있다면 이는 통일과는 너무나도 거리가 먼 이야기이다.

또 '국제화', '지구화' 또는 '세계화'라는 보편주의 속에서 통일이라는 단어를 사투리 정도로 여길 때 통일이 담고 있는 생명력은 사라진다. 이렇게 현재의 희망과 미래에 대한 책임, 회의와 낙관; 좁거나 넓은 연대성의 이해 사이에 놓여 있는 통일을 긴장된 하나의 개념으로 총체적으로 이해하지 못할 때 '남과 북'의 변증법적 이해로서의 통일은 결국 '남이냐 북이냐'라는 양자택일적인 논리 앞에 서게 마련이다.

베트남은 총으로, 독일은 돈으로 이러한 양자택일적 논리를 현실적으로 가능케 하였지만 미래에 대한 책임으로서의 우리의 통일이 그러한 방법들을 통해서 가능한지 또는 바람직스러운지에 대해서 깊은 생각을 나누어야 할 것 같다. 우리가 사는 경험공간 안에서 이루어지는 통일이 아니라 미래의 세대들이 살아가야 할 세계를 마련한다는 책임 속에서 꾸려지는 통일은 풍부한 상상력을 요구한다. 알게 모르게 상식과 경험에 안주하려는 우리의 통일에 대한 생각, 동서독 중국과 일본이라는 동시대적인 거울에 비추어 반성해보는 것이 우리의 통일에 대한 상상력과 지혜를 풍부하게 만들 수도 있다는 발상의 하나라면 앞으로 그러한 풍부한 상상력과 지혜를 위해서 철학과 사회과학의 지식도 필요하고, 과학과 기술은 물론, 문화·예술 그리고 종교 등 모든 것이 동원되어야 한다.

〈1994,『한겨레21』〉

188

김주석 사망소식을 듣고

김일성 주석의 급작스러운 죽음이 격변기를 맞고 있는 한반도의 장래에 깊은 충격을 주리라는 것을 부정하는 사람은 없을 것이다. 특히 한국의 현대사에서 차지하는 김주석의 비중을 생각할 때 위기적 상황을 간신히 넘기고 이제 겨우 제자리를 찾아가려는 한반도의 정치적 기류가 앞으로 김주석 없이 어떻게 흐를 것인지에 대해서 우려하지 않을 수 없다. 이러한 긴박한 상황을 맞아 우리는 먼저 김주석의 삶이 우리의 현대사에 던진 의미를 확인하고, 이러한 바탕 위에서 북한의 진로, 그리고 이와 불가분의 관계 속에 있는 통일문제를 냉정히 생각해 보아야 한다.

왜 카터 없이는 만날 수 없었나

역사적인 인물이 '시대정신'(Zeitgeist)의 산물이라는 말의 이면에는 역사적인 인물은 동시에 '시대적 공동체'(Zeitgemeinschaft)의 정신을 만들어왔다는 적극적인 의미가 들어 있다. 그러면 어떠한 '시대정신'이 김주석의 일생을 지배했고, 또 그는 어떠한 '시대적 공동체'를 만들려 했던 것일까? 20세기 문턱을 들어서자마자 열강의 각축 속에서 시달리던 한반도는 끝내 인류사에서 그의 유례를 찾아볼 수 없는 무자비한 일제의 식민지로 전락되고 말았다. 따라서 식민주의와 제국주의의 지배로부터 자기 민족을 해방시킨다는 의지와 실천은 김주석의 전 생애를 규정한 '시대정신'이라고 말할 수 있다.

민족의 존엄과 자주를 모든 문제의 핵심에 놓고 사고하고 행동한다는 '주체'의 철학체계를 현실화시킨다는 문제는 그러나 결코 쉬운 작업은 아니었다. 소련과 중국이라는 대국 사이에서, 또 분단된 상황 속에서 초강대국 미국의 압력을 받아가면서 자기 정체성을 지키기 위한 노력은 많은 대가를 요구했다. 현시대를 '자주성'의 시대라고 외친 이러한 자기확인의 철학은 강대국 중심의 지배논리에 대한 도전으로 받아들여져 이단시되었고 따돌림을 당했다. 그러나 민족해방과 강대국이 지배하는 세계질서를 개편하려는 제3세계와 비동맹세력은 바로 이러한 김주석이 추구했던 '시대적 공동체'의 정신을 높이 평가했다고 할 수 있다.

80년대 중반부터 시작된 '사회주의 종주국'이라 했던 소련의 격변과 해체 그리고 이에 따른 동유럽 사회주의의 연쇄반응적인 붕괴의 와중에서 '우리식대로 살아가자'라는 자기중심적 세계를 지켜나가는 북한도 어려움을 겪게 되었다. 여러 가지의 어려움 가운데 특히 미국을 정점 — 여기에는 물론 일본과 남한이 적극적으로 가세하고 있다 — 으로 한 '국제공조체제'의 가중된 정치적, 군사적, 경제적 압박은 '핵문제'로서 표출되어 한반도는 또 한번 걷잡을 수 없게까지 보일 정도의 위기적 상황에 도달했다. 다행히 카터의 전격적 평양 방문을 고비로 위기를 넘기고, '북미 3차 고위급회담'과 '남북 정상회담'이라는 두 궤도를 동시에 달리는 대화체계가 가동되려는 시점에서 김주석의 갑작스러운 죽음이 남북간의 긴장완화와 통일에 엄청난 손실임에는 두말할 필요가 없다.

김주석의 탁월한 정치적 능력을 마지막으로 보여주었던 카터를 통한 미국과의 외교적 협상이 있기 전에 서방측 언론의 김주석에 대한 평가는 한결같이 "예측할 수 없는 독재자"였다. 그러나 카터가 김주석을 만나보고 "김주석은 지적이고 인민들로부터 존경을 받고 있는 정치가이며, 모든 문제에 대해서 자세히 알고 있다"고 내린 인상과 평가에 대해서는 서방언론들은 못 들은 체하거나 카터가 순진해서 속았다고 보기도 하였다. 이렇게 김주석에 대한 상반된 평가 가운데 어느 것이 진실인지는 외국사람보다는 그래도 같은 민족인 우리들이 더 정확히 가릴 수 있다고 생각하는 필자는 여전히 하나의 아쉬운 생각을 버릴 수 없다. 왜 카터의 중재 없이는 남북의 지도자가 만날 수 없는가 하는 안타까운 생각이다.

어려운 고비를 넘기고 시작된 남북 긴장완화의 국면을 놓치지 말고 적극적으로 밀고 나아가 남북한 지도자의 상호이해의 폭과 깊이를 계속 확충시켜야 한다. '정상회담'은 예정된 시간에, 설사 성사되지 못하더라도 조만간에 꼭 이루어져야 한다.

이미 굳어진 김비서 체제 간과

남북이 서로 상대방을 모르고 남이 주는 정보에나 의존해서야 어떻게 어려운 남북 통일문제를 풀어갈 수 있는가. 현재 가장 많이 나도는 북의 장래에 대한 시나리오의 기본틀은 다음의 몇 가지로 요약될 수 있다. 김주석 없는 북한의 체제는 오래 가지 못할 것이라는 전망도 있다. 김주석이 지녔던 카리스마적 권위가 김정일 비서에게는 없기 때문에 권력 내분이 일어나 북은 결국 붕괴할 것이라고 내다보는 이러한 발상은 그러나 지난 20년 이상 '후계자' 문제해결을 준비해 온 북한에 있어서 모든 정책의 실질적 구조 — 최근의 핵문제에 대한 북의 대응을 포함해서 — 는 이미 오래 전부터 김정일 비서체제를 중심으로 구축되어 왔다는 사실을 간과하고 있다.

또 다른 시나리오는 김정일 권력체계는 군부와 심한 마찰을 야기시켜 끝내는 군부가 집권할 것이라고 내다보고 있다. 이러한 시나리오는 북한에 있어서 당과 군부의 관계를 문화혁명으로 인해 발생한 사회적 혼란을 수습하기 위해 군부가 동원된 중국의 경험이나, '연대노조'의 파업시기 군이 동원된 폴란드의 경험, 나아가서는 제3세계 일반에서 나타나는 군부의 정치적 역할을 염두에 두고 있는 것 같다. 그러나 북한에 있어서 군은 당의 '혁명무력'이라는 정치적 통제 속에서 줄곧 성장했는데, 이는 분단상황이 군의 정치적 영향력을 높여주기도 했지만 '주한미군'의 절대적 영향 밑에 성장한 남한의 군부와는 다른 성격을 보여주고 있다.

또 하나 자주 논의되는 시나리오는 북한은 앞으로 과학·기술·외교·경제분야 등을 다루는 '테크노라트'(기술관료)와, 정치와 군사 우선의 원칙을 고집하는 '강경파' 사이에 벌어지는 갈등의 심화로 인해 정권의 안정이 계속 힘들 것으로 전망하고 있다. 가령 지금 대남관계를 전담하고 있는 김용순 비서는 외교관 출신이기 때문에 실용주의 노선을 택하고 있고, 지금 국제담당 비서인 황장엽 비서는 김일성 대학 총장을 지냈고 사상담당 비서를 역임했기에 역시 '온건파'에 속하고, 만경대 혁명학원 출신인 오극렬은 군 출신이기에 '강경파'로 분류해오고 있는데 이는 문제해결의 방법상에 나타날 수 있는 차이를 정치적 노선의 차이로 확대해석하는 태도라고 볼 수밖에 없다. 북한의 장래를 일차원적인 해법으로 풀어보려는 시도는 사회주의 대국인 소

련이 해체되고 동구의 사회주의 나라들이 줄줄이 넘어질 때도 많이
나돌았다.

복잡한 '마음의 논리' 전제

"소련과 동유럽이 저렇게 망하는데 북한이 얼마나 더 버티겠는가?
기껏해야 1∼2년이 아니겠느냐!"라는 전망조차도 필자는 들었다. 이
제 김주석이 없는 북한의 장래에 대한 더 많은 시나리오가 앞으로도
나돌 것이다.

수없이 많은 과제를 여지껏 안고 있는 예기치 못한 독일의 통일이
우리에게 시사하는 여러 가지 교훈 가운데 아주 중요한 것이 하나 있
다. 오래 떨어져 살아왔던 사람들의 복잡한 '마음의 논리'를 전제하지
않는 미래 전망은 모두에게 많은 문제를 안겨주고 있다는 점이다. 오
랫동안 김주석을 마음의 기둥으로 삼고 살아왔던 북녘동포의 마음을
헤아리는 것이 그래서 우리 모두에게 중요하다. 김주석을 불구대천의
원수처럼 여겨왔던 서방 7개국의 정상들이 김주석의 서거에 애도를
표시하는 마당에 북녘동포의 마음도 헤아릴 줄 모르는 미래 전망이나
분석이 우리의 통일에 도대체 무슨 도움을 줄 수 있는가? 김주석이
우리 현대사에 남긴 의미의 가감없는 평가와 더불어 슬퍼하는 북녘동
포의 마음을 헤아리는 건전한 양식으로부터 우리의 북에 대한 전망도,
그리고 통일에 대한 전망도 열리는 것이라고 믿는다.

〈1994, 『한겨레21』〉

김주석 이후의 한반도

갑작스러운 김주석의 사망으로 겨우 물꼬가 트일 것처럼 보이던 한반도의 긴장완화가 다시 예측불능의 상태로 되돌아갔다. 북미관계는 상당히 호전된 것에 비하여 남북관계는 그 어느 때보다도 전망이 어둡다. 이러한 새로운 국면을 맞아 국내외 언론에 자주 등장하는 질문들은 대개 "김주석이 없는 북의 체제는 안정될 것인가?" "북의 지도자 김정일 비서는 누구인가?" "남북관계는 앞으로 어떻게 발전할 것인가?" 등으로 나타나고 있다.

필자는 이제 탈고상태에 있는 독일어 저서 『한국이라는 거울 : 통일의 맥락』(Korea im Kaleidoskop)에서 그러한 질문들에 대한 필자 나름대로의 대답을 정리할 새로운 장(章)을 덧붙여야 할 필요성을 느끼던 차에 1994년 7월 10일 새벽 '국가장의위원회'에서 나를 초청한다는 연락을 받고, 17일로 예정된 영결식에 참석키 위하여 13일 오후 베를린을 출발, 모스크바를 경유하여 14일 오후 평양에 도착하였다.

1. "슬픔을 힘과 용기로!"

물론 독일에서도 텔레비전 화면을 통해서 남녀노소 할 것 없이 북녘동포들이 땅을 치고 발을 동동 구르며 김주석을 잃은 애통함을 표시하는 것을 보았기 때문에 침통한 평양의 거리 분위기와 사람들의 모습은 즉각적으로 나에게 와 닿았다.

출발하던 날 아침 독일의 한 라디오방송의 진행사가 북한사람들이 정말 그렇게 진정으로 슬퍼할 수 있을까 하는 의심과 함께 북한사람들이 슬퍼하는 모습은 '연극'이 아닐까 하고 비아냥거렸던 것도 생각났고, 남한에서는 또 어떠한 반응들을 보일까 하는 궁금증이 평양에 내린 나의 뇌리를 스쳐갔다.

내가 평양에서 가장 많이 들었던 말은 아마도 "슬픔을 힘과 용기로!"라는 말이었다. 사람은 졸지에 큰 불행을 당했을 때 실망해서 주저앉을 수도 있지만, 그러한 불행이 오히려 인간의 심성을 순화시키고 슬픔이 용기로 전환되는 계기를 마련해 주는 경우를 우리는 많이 보아왔다. 나는 이러한 감정과 결의의 승화된 모습을 평양에서 계속 확인할 수 있었다.

필자가 평양으로 출발하기 전 『한겨레21』에 송고한 글에서 마음의 기둥을 잃고 슬퍼하는 북녘동포들의 마음을 헤아리는 건전한 자세야말로 남북화해와 통일의 시작이라고 했지만 나의 이러한 기대 섞인 주장은 그러나 부질없는 희망사항이었다. 미국과 일본 등의 국가수반까지도 공식적으로 김주석의 서거에 조의를 표하는데 남한정부로부터의 조의표시는 끝내 없었고 오히려 '조문파동'으로 남한사회가 온통 들끓고 있는 것처럼 보였다. 특히 김주석의 서거와 함께 남한에 내려진 '비상경계령'은 북녘동포들을 극도로 자극하였다. "초상집에 불을 지른다"는 말로 표현되는 이러한 북녘동포들의 분노의 감정은 김영삼

정부의 통일대화의 자세를 한마디로 의심할 수밖에 없다는 확고한 결론으로 연결되고 있었다. 즉 김영삼정권이 정상회담에 응한 진정한 의도는 남북화해와 통일을 위해서가 아니라 정권이해였다는 사실을 증명하고 있다고 보고, 앞으로 정상회담이 열리면 어떻게 '반인륜적인 행태'를 변명하려들지 모르겠다며 한 고위간부는 분노를 표했다. 그는 또 남측이 앞으로 남북간에 긴장을 격화시켜 이를 이유로 북미회담에 인위적 난관을 조성시키려는 전략이 이미 서 있는 것이라고 덧붙여 이야기했다. 그러나 우리는 어떠한 경우에도 카터 방북 이전의 대결구도로 다시 돌아가는 어리석음을 피해야 한다.

2. 북을 모르고서야…

나는 이렇게 남북관계가 정상화되지 못하고 항상 좌초할 위험을 안고 있는 이유 가운데 중요한 것이 하나 있다고 보아왔다. 그것은 남의 정권담당자가 북의 실체를 너무나 모른다는 사실이다. 북한이라는 사회의 총체적 구조와 역사를 '붉은 왕조'라는 단순한 규정으로 환원시키다 보니 김주석의 서거소식이 전파를 타자마자 '비상경계령'이 내려진 것이다. 즉 김주석이 사망하면 북은 대혼란에 빠지고 이를 기회로 북의 지도부가 이판사판식의 전쟁을 일으킬 것이라는 것이 남한 지도부의 김주석 서거 이후 북에 대한 생각이었다. 비슷한 발상은 영결식 날짜가 17일에서 19일로 연기되자 나돌았던 여러 가지의 예측에서도 나타나고 있다.

국가장의위원회가 16일 공식적으로 발표한 이유 — 너무나 많은 인민들이 조의를 표하지 못해 애통해 하기 때문에 이틀간의 조의기간을 연장한다 — 에 대해서도 권력승계에 문제가 있어서 장의 일자가 연기된 것이 아니냐는 추측이 나돌고 있다는 서울발 통신을 평양에서 받아 보았기 때문이다. 그러한 예측과 상상력에 의거한 북에 대한 관찰보다는 오히려 장마철의 변덕스러운 날씨 때문에 영결식을 연기했을 거라는 발상은 왜 못하느냐는 질문을 나는 평양에서도 해 보았다. 사실상 17일 오전에 억수처럼 쏟아지는 비를 예견하고, 영결식을 비오지 않는 19일로 연기해서 영결식에 참석할 200만을 생각한 '국가장의위원회'의 의도를 왜 남쪽의 소위 북한 전문가들은 생각하지 못했는가라는 질문을 지금도 가끔 해본다.

3. 처음 만난 김정일 비서

평양에 도착해서 여장을 풀자마자 장의위원회의 관계자 한 사람이, 원래 계획된 15일의 '금수산의사당'에 안치된 김주석의 영구를 찾아 조의를 표하기로 되어 있던 예정이 김정일 국가장의위원회장이 오늘 조문을 받게 되었기 때문에 앞당겨졌다고 통고하였다. 1992년 5월 북의 '사회과학원' 초청으로 평양을 방문했을 때 필자를 접견하고 자신의 '건강비결'은 낙관주의에 있다고 했고, 실제로도 아주 건강하게 보였던 김주석의 영구를 돌아보고 호상을 선 김정일 비서와 처음으로 대면하였다. 사진에서 보았던 것보다 수척해 보인 김비서는 이렇게 먼 길을 와주어서 고맙다는 인사를 했고 필자도 간단한 위로의 말을 건넸다. 김주석 접견시 필자가 김비서와의 면담을 부탁했더니 "언제 다시 오면 그러한 기회가 있을 것"이라고 대답했던 김주석은 이미 고인이 되었고, 그때 만나고 싶었던 '후계자'는 전혀 예견치 못했던 상황 속에서 만나게 되었다. 당시 동행했던 간부에게 왜 김비서와의 면담이 불가능하냐고 물었더니 김비서는 여지껏 공화국 공민만을 만났고, 김주석이 이미 접견한 사람을 또다시 만날 필요가 없는 것은 '수령'과 '지도자'가 이미 하나이기 때문이라고 설명했었다. 이제 명실공히 북의

운명, 나아가서는 한반도의 장래를 두 어깨에 걸머진 김비서의 지도자
적 자질을 두고 무수한 추측과 주장들이 난무하고 있다.

특히 김비서와 군부와의 관계에 집중된 관심은 군수뇌부가 김정일
총사령관에게 충성을 다짐했다는 보도를 너무 일면적으로 강조하다
보니 지금까지는 김비서와 군부와의 관계가 마치 석연치 못했던 것처
럼 보이게끔 한다. 평양으로 출발하기 전날 본대사관으로부터 보내온
페터 샬러(Peter Schaller) — 그는 91년부터 93년까지 평양에 있는 독
일의 '이익대표부'의 책임을 맡았다 — 의 『북한』(*Nordkorea*)이라는
책도 북의 체제는 인민들의 저항에 의해서가 아니라 군부의 동요에
의해서 무너진다고 진단하고 있는데, 물론 이런 류의 진단은 지금까지
하나 둘이 아닌 것을 필자는 잘 알고 있다. 하기야 독일에 있는 북한
문제 전문가라는 ㅈ박사도 김정일체제는 일 년도 지탱할 수 없다고
자신있게 그의 견해를 최근까지 피력하고 있으니 말이다.

4. 김정일 체제와 군부

이러한 점에서 이번 북의 체제기간 동안 외부인사들에게는 처음 공
개된다는 '인민무력부 사적관'의 참관은 위에서 지적된 추측과 주장의
정당성을 검토할 수 있는 좋은 기회였다.

김주석이 해방 이후부터 서거 전까지 약 3,000회 이상 인민군 부대
를 찾아 '현지지도'를 했는데, 김비서는 지금까지 약 650회 정도 '현지
지도'를 했다는 기록을 보고, 안내자의 설명을 들으면서 김정일체제의
군기반이 취약하다는 추측이 얼마나 신빙성없는 것이었는지를 새삼
확인할 수 있었다. 물론 '현지지도'의 횟수가 군부의 지지기반의 탄탄
한 정도를 그대로 반영하는 것은 아니지만 중요한 징표의 하나임에는
틀림없다.

영결식과 추도식장에서도 직접 확인할 수 있었던 것이지만 항일빨치산의 경력을 지닌 군의 원로(오진우, 최광 등)와 '조국해방전쟁'의 경험이 있는 장령(장성)들은 물론, 그 이후에 성장한 고위지휘관들도 세대적 일체감까지 더해서 김정일 비서를 대하는 동작 하나하나에 이르기까지 너무나도 신경 — 존경하는 의미에서 — 쓰고 있었다. 또 하나 특기할 점은 추도식에서 인민군대를 대표해 추도사를 한 김광진 차수가 공식적으로 처음 김주석 서거에 보인 남한정부의 태도를 거론하고 경고했다는 사실이다. 당과 인민의 '혁명무력'인 인민군대가 김주석의 혁명유업을 김정일 비서를 중심으로 해서 완수하는 데 앞장서겠다는 결의의 표명이라고 나는 이해하였다.

5. 연속인가 불연속인가

앞으로 김정일체제가 김일성체제를 그대로 답습할 것인지 아니면 이전과는 다른 정책을 펼 것인지에 대해서 많은 논란이 있는 것 같다. 워낙 경황이 없는 북의 상황에다가 또 열흘간이라는 나의 짧은 체재일정 때문에 북의 고위간부들과 장시간에 걸친 의견교환이 불가능했지만 당의 대남담당 김용순 비서와, 사상담당 비서로 오래 일하다가 작년 말부터 당의 국제관계를 맡아보는 황장엽 비서와는 꽤 오랜 시간에 걸쳐 의견을 나눌 수 있었다. 대남과 대외관계를 맡아보는 당의 책임비서들이기 때문에 이들과의 만남은 위에서 언급한 많은 논란에 대해서 내 나름대로 입장을 정리하고 대답할 수 있게 하는 좋은 기회를 만들어 준 셈이다.

먼저 김정일체제의 기본 노선과 정책은 김주석의 그것과 크게 틀리지 않을 것이라는 결론을 먼저 말하고 싶다. 물론 두 비서들이 말하는 "어버이 수령님과 친애하는 지도자 동지는 둘이 아니고 하나입니다."

라는 원칙을 너무 도식적으로 해석하려 든다는 비판이 있을 수도 있
지만, 김주석이 개척한 주체혁명의 위업을 완수하기 위한 원칙적 문제
들 — 특히 자주적 평화통일과 자력갱생의 기초 위에 선 사회주의 물
적 토대마련 문제 — 은 철저히 지켜나가고 이를 실현시켜 나감에 있
어서는 유연성을 발휘한다는 데에 김정일체제의 기본노선과 정책의
기초가 놓여 있다고 볼 수 있다. 이러한 연속의 측면에서 본 북미관계
와 남북관계의 전망은 따라서 일부에서 추측하듯이 어둡지는 않다. 비
록 김주석의 서거 이후에 보여준 남한정부의 태도에 대해서 북은 분
노하고 있지만 김주석이 마련해준 한반도 위기극복의 돌파구는 북에
있어서 쉽게 포기할 수 없는 김주석의 유언이기 때문이다.

    그러나 이러한 연속성의 전망에도 불구하고 '조문파동'에 이은 해묵
은 사상공세가 계속 기승을 부리고 북을 계속 자극한다면 남북대화의
전망은 어두워질 수밖에 없다. 20일 저녁 목련각에서 열린 조문 겸 해
외동포들을 위한 위로연에서 나의 옆자리에 앉아 있던 임모라는 고위
관리 — 그는 연형묵총리의 서울방문 때 총리보좌관으로 서울에 다녀
왔었다 — 는 사견이라고 전제하면서 정말 남이 북을 몰라도 너무나
모를 뿐만 아니라, 남쪽이 계속 남북대화의 분위기를 흐리고 있는데
이는 또 다시 북미고위급회담에서 미국의 발목을 붙잡으려 하는 저의
에서 비롯하고 있다고 분석했다. 이미 '핵 문제'를 단순한 기술적 문제
의 차원이 아니라 정치적 차원의 문제로 시각을 정리한 미국의 입장
과 비교할 때 남측의 남북대화에 임하는 바람직스럽지 못한 최근 분
위기는 한반도에 있어서 평화정착의 기본구도를 또 다시 흩트려 놓을
위험을 안고 있다. 민족의 염원인 통일과 남북대화의 정상화를 위해서
도 남한 정부는 상대방이 이해할 수 있는 정상적이고 수미일관된 논
리와 분위기를 마련해 주어야 한다는 것이, 여과되지 않은 '여론'의 폭
력이 난무하는 남한사회의 최근 모습을 멀리서 바라보며 느끼는 필자

의 솔직한 심정이다.

6. 칼 슈미트와 노재봉

이북에 고향을 둔 반공 실향민들이 "주체사상 맹신분자 이 땅에서 싹쓸이하자"는 살벌한 내용의 피켓을 들고 시위를 벌이는 성서에 필자는 동의는 못해도 이해는 할 수 있다. 문제는, 남한사회의 최고지성의 전당을 지킨다는 총장의 입에서 아무런 증거 제시도 없이 통일문제에 관심을 가지고 민족화해의 입장에서 조문을 제기한 학생들이 북의 조종에 의해서 움직인다는 발언이 나오고, 또 이러한 돌출적 발언을 지지하고 나서는 교수와 총장들의 비이성적인 편들기에 더 있다고 본다. 대화와 토론의 장이 열릴 수 없게 만드는 이러한 반이성적 사회분위기는 집권당 내부에서조차 나타나고 있다.

정치학 교수의 전력이 있고 총리를 역임한 노재봉 의원이 국회외무통일위 전체회의에서 같은 정치학교수의 경력이 있는 한승주 외무부 장관에게 정치개념으로서 누가 우리의 적수인가를 밝히라고 요구하였다. 노의원이 염두에 두고 있는 정치적인 적(hostis)과 윤리적인 의미에 있어서의 적(inimicus)의 구별은 독일의 바이마르 공화국 시기의 '민족 볼셰비즘' 또는 '우익의 좌익'이라는 보수주의자 칼 슈미트(Carl Schmidt)의 「정치적인 것의 개념」(Der Begriff des politischen, 1923) 이라는 소책자에서 유래하고 있다. 노의원의 이러한 원용된 구별은 결국, 한 외무장관에게 다그쳐 물은 "지금 한장관의 말을 순수한 시민들이 듣는 경우에 조문사절을 갖다가 보내야 된다"는 해석으로 비약, 조문에 대한 논의자체가 대한민국의 적인 북의 추종자라는 증빙이나 되는 것처럼 살벌한 마녀사냥을 하고 있다. 그가 말한 공적인 또는 정치적인 적 개념이 실은 개인적인 원한을 담은 적 개념과 궁극에는 구별되어 사용되는 것 같지 않다. 노의원의 논리에 따르면 또 이 지구상에 북한만이 유일한 남한의 적으로 남게 되는데 ― 위에 말한 슈미트의 견해를 빌리면 ― 그러한 적은 물리적으로 파괴되어야만 할 대상인데 북을 그러한 적으로 보면 민족화해나 통일문제는 아예 말도 꺼내지 말아야 한다. 칼 슈미트의 견해인 적과 아를 구별하려는 결정주의적 논의의 근저에는 "예외적인 것은 정상적인 경우보다 더 흥미롭다. 정상적인 경우는 아무것도 증명하지 못하나, 예외적인 것은 모든 것을 증명한다"는 낭만주의적인 정치철학이 놓여 있는데, 오늘날 정치로부터 새로운 충격과 아름다움을 기대할 수 없는 남한 정치의 어두운 한 구석을 지키고 있는 노의원에게는 칼 슈미트류의 보수주의적인 '정치의 미학'은 너무나 거리가 멀 뿐만 아니라 그의 이론을 들먹이는 것조차 지적 사치에 가깝다고 느껴진다.

7. 「텍스트」로서의 북한

김주석의 서거에 대한 서방언론의 대개의 논평은 천편일률적인 부정적 의미를 전달하는 단어들 ― "최후의 스탈린주의자" "붉은 왕조건설자" 등등 ― 을 나열하고 있는 데 반하여, 김주석의 서거를 국가적 행사로 애도하는 나라들 ― 중국 쿠바 인도 니카라과 베트남 네팔 시리아 등 ― 이 그래도 많다는 것을 나는 평양에서 알게 되었다. 하기야 전후 세계질서를 좌지우지한 강대국에 대해서 자주성을 강조하고 자기 길을 걷겠다는 원칙에 따라 행동해온 김주석을 강대국들은 싫어했지만, 민족의 자주와 존엄을 위해 독립 이후에도 계속 투쟁해온 제3세계와 비동맹세력은 김주석을 그들 세계의 지도자로서 바라보았다. 김주석의 어떠한 모습이 그러면 우리에게는 진실에 가까운가? 오늘날 철학에서는 진실 또는 진리가 객관적으로 있어서 '발견'될 수 있다고 생각하는 실재론자가 있는 반면에, 진리는 '만들어질' 뿐이라고 생각하는 상대주의자 또는 극단적인 회의론자도 있다. 이러한 후자의 입장에 서서 진리는 단순한 의미체계를 구성하고 있는 '텍스트'(Text)에 지나지 않는다는 '해체주의'(Deconstructionism)의 견해는 오늘날 '탈현대'(postmodernity)의 지류의 하나로 나타나고 있다. 김주석이나 북에 대한 객관적인 진실이 있기 때문에 그것이 언센가는 '발견'될 수 있다는 생각보다는, 오히려 그러한 진실을 만들어 나가려는 세력과 이에 대항하려는 세력 사이의 투쟁의 과정이 더 중요하다는 생각을 나는 종종 하게 된다. 평양에 있을 때 어느 '한총련'간부가 기자회견을 하면서 "언론인들은 정말 반성하여야 합니다"라고 몇번이나 경고하는 모습을 담은 보도를 본 적이 있지만, 민족화해는 말할 것도 없이 남한 사회 내부통합마저 어지럽히는 무책임할 뿐만 아니라 '교만한' 폭력까지 휘두르는 언론이 만들어내는 '북한'이라는 '텍스트'에 대해서 내가 만들어내는 '텍스트'가 참으로 무력하다는 느낌을 자주 받는다. 그럼에도 불구하고 격동하는 한반도의 장래운명에 하나의 커다란 전기를 가져다줄 김주석의 영결을 담은 나의 '텍스트'는 그래도 필요한 것이 아닌가 하고 자문도 해본다.

평양에 도착했을 때 내가 본 "위대한 수령 김일성 동지의 만수무강을 삼가 축원합니다"라는 글발은 7월 23일 평양을 떠날 때에는 "위대한 수령 김일성 동지는 영원히 우리와 함께 계신다"라는 글발로 이미 바뀌어 있었다. 남북분단 속에서 생긴 경험공간의 차이가 만들어내는 상대방에 대한 상이한 '텍스트'의 다양성은 인정해야 하지만 그러한 기저에는 적어도 민족화해라는 공통분모는 있어야 하지 않느냐는 생각을 하면서 북경행 비행기에 몸을 실었다.

〈1994, 『한겨레21』〉

제 4 부   북한사회를 어떻게 볼 것인가

북한사회를 어떻게 볼 것인가
북한사회의 내재적 비교연구
북한 연구에 있어서 '내재적 방법' 재론
북한의 이데올로기와 주체사상
북한은 중국의 길을 걸을 것인가

북한사회를 어떻게 볼 것인가

1. 북한사회의 정당한 인식과 민족통일

최근 한국사회 내부의 격동 속에서 통일을 위한 여러 가지 실천적 문제제기와 함께 이를 위한 새로운 이론적 작업이 요구되고 있다. 이러한 이론적 작업은 특히 분단 이후 각각 다른 발전의 길을 걸어왔던 남북한 사회가 현재 어떠한 단계에 와 있으며 이것이 통일문제와는 어떠한 관련 속에서 파악되어야만 하는가 하는 물음과 직결된다.

물론 남한사회의 현재 발전단계를 어떻게 규정해야 하는가 하는 문제만 하여도, 분석의 입장과 방법에 따라 여러 가지 상이한 결론과 주장들('신흥공업국' '주변부 자본주의' '신식민지국가독점자본주의' 등등)이 대립되고 있지만, 8·15 이후 북한에서 건설된 사회주의를 어떻게 평가하느냐 하는 문제는 더욱 어려운 문제로 남아 있다. 북한사회를 정확히 인식하기에는 너무나도 많은 주객관적 장애로 인하여 북한사회는 논리적으로는 '통일'의 대상임에도 불구하고 실질적으로는 여전히

'금기'의 대상으로 남아 있다.

이러한 어려움이 유독 우리에게만 있는 것은 아니다. 동·서냉전 속에서 소련, 동구, 그리고 중국사회주의의 연구도 비슷한 어려움을 겪었고, 앙골라, 모잠비크 또는 니카라과 사회주의 이념과 현실을 어떻게 평가하느냐 하는 문제도 정도의 차이는 있을지언정 비슷한 문제를 안고 있었다. 그러나 이러한 국제정치의 미묘한 갈등 속에서도 사회주의사회를 분석하는 연구들의 방법과 기술적(記述的) 문제도 점차 정교해졌고 객관화되었다. 이 글은 현재까지 진행된 사회주의사회 연구방법의 변화와 성과를 토대로 앞으로 기대되는 북한연구에서 요구되는 방법론적 문제제기와 이에 근거한 간략한 접근을 시도해 본다.

사회주의 또는 공산주의 분석의 기본틀로서 2차세계대전의 종결과 더불어 시작된 냉전체제의 산물인 '전체주의'이론이 제일 먼저 등장하였다. 이 분석의 기본틀을 제공한 이론가는 우선 프리드리히(C. F. Friedrich)를 들 수 있고, 나치 독일의 경험을 스탈린 치하의 소련에 투사한 아렌트(H. Arendt)나 '동양적 전제주의'를 사회주의에 적용한 비트포겔(K. A. Wittfogel)도 들 수 있다. 프리드리히에 의하면 전체주의는 우선 여러 가지 속성(① 하나의 이데올로기 ② 하나의 당 ③ 테러적인 비밀 경찰 ④ 정보독점 ⑤ 무력의 독점 ⑥ 중앙집권적 통제 경제)을 지녔는데, 바로 이 점들이 '민주주의'와는 근본적으로 모순되는 제도인 사회주의 내지 공산주의의 본질이라고 지적하였다. '전체주의 대 민주주의'라는 이분법적인 시각은 한걸음 더 나아가 사회주의를 '숙청' 또는 '개인우상'의 역사로만 간주하였거나(브레진스키), 공산당의 권력구조 분석 자체가 곧 사회주의 분석이라고(울란, 샤피로 등) 이해하였다. 물론 예외적으로 '계획경제'를 사회주의의 본질적 문제로 보고, 이를 근거로 사회주의를 전체주의와 동일시했던 하이에크(F. A. Hayek)도 있지만, 전체주의 시각에서 사회주의를 본 이론가들은 대체

로 '공산당' 분석으로부터 사회주의 분석의 기본틀을 구하였다. 그러
나 이러한 전체주의적 분석 시각은 '민주주의'(시민적 자본주의)를 우
선 절대적인 가치체계로 설정해 놓고, 사회주의를 이에 대립되는 절대
악으로 양분하는 단순논리 위에 서 있을 뿐만 아니라, 이상의 여섯 가
지 전체주의 속성들이 소위 '자유세계'에 속하는 많은 나라에서도 똑
같이 발견되고 있다는 자체 모순도 논증되었다. 물론 이러한 소위 '자
유세계' 속에 나타나는 전체주의적 모순은 '권위주의'라고 하여 전체
주의와는 구별되는 용어를 사용하였지만, 이도 역시 궁색한 변명에 지
나지 않았다.

  그러나 소련 공산당 제20차 당대회(1956)에서의 후루시초프의 '탈
스탈린'선언, 그리고 그간 이룩한 산업화 성과(소위 최초의 인공위성 스
푸트니크 발사 성공으로 온 쇼크), 쿠바 위기의 평화 공존적 해결, 그리
고 사회주의 세력권내의 다원적 변화(중·소 이념 분쟁 등)로 사회주의
를 하나의 불변적인 악으로 규정한 전체주의적 분석 논리는 자체 수
정을 할 수밖에 없었다. 왜냐하면 '평화공존'의 논리는 우선 상대방인
사회주의를 전제해야만 성립가능했기 때문이다. 이러한 평화공존 논리
를 배경으로 해서 양체제가 '산업사회'에 이르면 정치적 이데올로기
는 점차 퇴색되고 두 체제는 서로 접근 내지 '수렴'할 것이라는 사회
주의 이론이 60년대 초부터 서서히 대두하기 시작하였다. 러시아 출
신의 사회학자 소로킨(P. Sorokin), 네델란드의 경제학자 틴베르겐(J.
Tinbergen), 그리고 벨(D. Bell) 같은 사회학자의 이론이 이러한 사회
주의 접근의 새로운 시각의 기초를 제공하였다. 이러한 산업사회 내지
근대화 이론에 근거한 양체제 수렴 이론은 정치 분석 위주의 전체주
의 이론이 전제하고 있는 고정불변의 실체주의적 입장과는 달리, 양체
제의 공존을 전제한 상대주의적 그리고 기능주의적 접근방식을 토대
로 주로 경제, 과학 및 기술을 중시하면서 자본주의(전체주의 이론에서

처럼 '민주주의' 대 '사회주의'가 아니라)와 사회주의간의 체제 비교를 분석의 중점적 과제로 삼았다.

물론 이러한 산업사회에 근거한 수렴이론이나 체제비교론적 상대주의는 60년대 중반부터 본격화된 '신좌익 운동'의 보수 반공주의에 대한 도전과 사회민주당 세력의 부상이라는 서구 자본주의사회 내부의 변화와도 밀접한 관계가 있다. 동시에 이러한 산업주의적 분석은 '미래사회 연구'(Futurolgie)와 맥을 같이 하면서 평화공존의 전진적 자세를 지녔음을 간과해서는 안된다.

그러나 이러한 산업사회이론을 바탕으로 한 '탈이데올로기'가 내다본 사회주의와 자본주의의 수렴도 사회주의가 원래 추구했던 이념을 포기한 것이 아니라는 사실과 때로는(레이건 취임 직후처럼) 냉전체제적인 긴장의 파고가 다시금 높아지는 사실을 증명하지 못했다. 따라서 산업사회에 근거한 두 체제 사이의 수렴이론은 마르크스가 자본주의를 비판한 이래 현실적으로 구성된 사회주의 이념의 독자성을 과소평가하는 오류를 범하고 있다.

산업사회론에 근거한 체제비교론은 결국 전체주의 이론과 마찬가지로 사회주의를 '밖'으로부터, 즉 시민적 민주주의나 자본주의의 척도로 분석해내려 하는 점에서는 마찬가지였다. 이러한 방법론적인 약점을 극복하기 위해서 사회주의 이념과 현실을 내재적으로 즉 '안'으로부터 분석 비판하여, 사회주의 사회가 자본주의 사회와는 다른 이념과 정책의 바탕 위에 서 있다는 것을 인정하고, 이 사회수의가 이룩한 '성과'를 이 사회가 이미 설정한 이러한 이념에 비추어 검토·비판해 보아야 한다는 주장이 강력하게 대두하였다. 따라서 이러한 내재적인 접근태도는 이분법적 전체주의이론적 접근태도나 기능주의적 산업사회이론적 접근방법과는 달리, 사회주의 스스로가 설정한 이념에 근거하여 사회주의 현실을 평가하고 비교하는 데 중점을 두고 있다. 이러한 내재적 사회주의 분석방법은 예를 들어 동독 연구가인 루츠(P. C. Ludz)나 사회주의 비교연구가인 바이메(K. V. Beyme) 그리고 필자에 의한 소련과 중국사회주의 비교연구에 적용되었다.

이러한 접근은 사회주의를 극단적으로 추상화하여 사회주의가 흡사 '하나'의 모델만 갖는 것처럼 보는 태도나, 반대로 사회주의 각 나라의 특수성만을 강조하고 사회주의 사회가 지니고 있는 이념과 정책의 공통성을 부정하는 신역사주의적 약점도 극복하며 사회주의 국가 사이에 존재하는 일반성과 특수성 양측면을 종합적으로 분석하고 있다.

물론 이러한 내재적 접근이 지니고 있는 방법론적인 결함이 전혀 없는 것은 아니다. 특히 각국 사회주의에 내재하는 이념적 차이에 대한 연구자의 가치판단의 문제가 남아 있지만(가령 소련과 중국사회주의 이념논쟁이 동시에 서구의 사회주의 이론가들 사이에 격렬한 논쟁을 유발시킨 것처럼), 사회주의를 '밖'에서 들여다보는 '선험주의'적 태도와는 달리 자본주의와는 구별되는 사회주의 독자성은 물론 그 발전의 다양성도 인정하고 있다.

2. 사회주의사회에 대한 '내재적' 접근

이러한 내재적·비판적 사회주의 접근은 어떠한 조사방법과 기술(記述)에 의거하고 있는가? 전체주의적 접근이 주로 역사적인 기술을 통해서 '개인우상'이나 '일당독재'의 생성과 발전과정을 주로 분석하는 데 비하여, 수렴론적인 접근은 주로 산업화과정과 관료주의의 분석이나 국제정치적 역학관계의 기능·구조적 분석에 초점을 맞추고 있다. 사회주의사회의 내재적 접근은 우선 사회주의가 지향하는 이념(예를 들어 사회적 평등)이 어떠한 '성과'로서 현재 사회주의사회에 구체적으로 나타나고 있는가를 유형론적으로 비교·분석하고 있다. 바이

210

메는 그의 사회주의 비교·분석에서 생산·분배·정통성의 분야를 각기 재분배·효율·안정 그리고 참여라는 목적영역과 결합시켜 사회주의의 여러 정책(가령 생산영역과 결합된 재분배목적은 생산수단의 사회화와 노동조직의 집단화나 안정정책의 범주로 나타나고 있다)을 사적(史的) 및 계량적(計量的) 기술(記述)을 통해서 이념과 현실을 비교·검증하고 있다. 필자는 소련·중국사회주의를 노동자·농민·인텔리라는 사회주의 스스로가 인정하는 기본계급·세층범주와 이들과 각각 결합된 조직화·분화·재분배(임금 내지 소득문제), 정통성 문제 등을 '통시적'(通時的) 및 '공시적'(共時的) 방법을 통해서 두 사회주의를 비교 연구하였던 것이다.

　이러한 내재적인 비교사회주의 연구가 근거하는 양적·질적 '자료'는 어떠한 것이며 이는 믿을 만한 것인가 하는 물음은 역시 남아 있다. 양적 수치로 표현된 사회주의사회 스스로 발표한 통계수치나 집계와 같은 일차적 자료는 우선 비판적으로 재해석되고 재평가되는 작업이 전제되어야 한다. 왜냐하면 사회주의에서 사용되는 통계는 정의나 항목이 자본주의와는 다르고(가령 사회주의사회에서의 국민소득 개념은 자본주의의 그것과는 달리 보통 자본주의사회 국민소득의 3분의 1 이상을 점하는 서비스나 3차산업이 포함되어 있지 않고 순전히 물적 재화 생산을 의미한다), 또 자본도 비밀엄수나 선전효과를 위해서 축소되거나 또 과장될 수가 있기 때문이다. 이렇게 재해석된 사회주의의 '성과'는 동시에 주관적·직관적 서술(인터뷰 여행기 등)과의 일치 또는 상이를 검증하는 작업을 통해서 사회주의에 접근하고 있다. 이러한 내재적인 사회주의 접근방식은 전체주의나 산업사회이론이 근거하는 '선험적' 입장의 오류를 극복할 수 있는 장점을 지니고 있다. 즉 사회주의가 무엇을 지향하고 있고 이러한 목적은 실제적으로 어떻게 얼마나 달성되었는가를 사회주의 스스로 이야기하게 함으로써 사회주의의 실체와 기능을 드러내고자 하는 데 내재적 접근의 특징이 있다.

　북한사회주의에 관한 연구의 질과 양은 우선 소련, 동구, 그리고 중국에 관한 연구의 그것과 비교해볼 때 아직 미미한 단계에 와 있다. 우선 남한의 학계나 연구실의 북한연구는 분단 이후 현재까지 지속되는 반공분위기 속에서 이미 서구에서는 60년대말에 대체적으로 극복된 전체주의적 접근방식으로, '유신' 이후 물량적 '경제성장'과 더불어 정권적 차원에서 추진된 평면적인 '남북한 체제비교' 연구이거나 북한의 대외관계, 특히 북한의 중·소관계를 중심으로 한 국제관계에 대한 기능주의적 접근이 지배적이었다. 해외의 학계나 연구소에서 발표된 북한연구도 몇몇 예외를 제외하고는 대부분 한국 유학생들의 학위논문이고, 그 내용도 한국전쟁, 정치행위론 내지 국제관계론적인 북한연구가 대부분을 차지하고 있다. 외국인 학자(소련과 중국 그리고 동구를 포함해서)나 해외거주의 한인 학자들에 의한 북한연구는 남북한 안에서보다 자유스러운 분위기에서 진행된다고 볼 수 있으나, 외국인들은 주로 언어의 장애 때문에, 그리고 해외거주 한인학자들은 전공분야별로 극히 제한된 내용의 논문을 발표하고 있어, 전체적 조망을 주는 북한연구는 아직도 외국에서도 나오지 못하고 있다. 그럼에도 불구하고 할리데이(J. Halliday), 헤르시(J. Hersh), 정상훈 등에 의해 추진된 북한연구는 내용적으로나 객관성에서도 인정할 만한 것이고, 긍정적이든지 부정적이든지간에 직관적인 북한접근(루이제 린저의 『북한여행기』와 1986년에 출판된 파비간의 『평양에서의 불면』)도 주관적 관찰에 근거하고는 있지만, 아직 종합적인 분석 단계에 오르지 못한 북한연구의 미비점을 보완하고 있다는 점에서 그 가치를 인정해야 한다. 지금까지의 북한연구에서 나타나는 여러 가지 제한성은 이같은 방법론적 문제에도 있지만, 자료공개가 '반공' 선전에 이용되지 않을까 하는 불안과 우려 때문에 필요 이상으로 자료나 정보 공개를 기피하거나 통제하는 북한의 태도에도 그 중요한 원인이 있다.

그러면 이러한 주객관적 어려움 속에서 북한사회주의 연구의 '내재적' 접근은 가능한가? 필자는 이러한 내재적 연구가 지녀야 할 두 가지 전제를 우선 지적하고 싶다. 북한사회주의 내재적 연구는 소련을 비롯한 동구, 중국 등 여러 사회주의와의 '비교연구'를 전제해야 한다. 북한사회주의와 다른 나라 사회주의 사이의 공통점과 차이점이 무엇인가 하는 문제는 종국적으로 '공산주의'사회를 건설하고자 하는 '현존 사회주의'와 보편적인 지향을 같이 하면서도 식민지적 낙후성과 국토분단 속에서 진행된 북한사회주의의 혁명과 건설에서 제기된 특수성을 보다 분명히 드러낼 수 있어, 북한사회주의의 내재적 이념과 현실을 상대적으로 파악할 수 있다. 특히 북한사회주의 내부에서 계급모순 문제 해결과 더불어 '분단'이라는 민족모순 구조 속에서 제기된 '통일'이라는 문제는 이러한 비교연구에서 더욱 분명히 드러날 것이다. 북한이 직면하고 있는 민족모순 문제는 소련, 유고슬라비아, 중국에서도 소수민족 문제나 앙골라, 모잠비크의 종족문제와는 근본적으로 다른 북한사회의 내재적 요건을 구성하고 있다. 바로 이러한 계급모순, 민족모순의 동시적 해결과제가 북한사회주의의 내재적 이념 즉 '주체사상'으로 표현되고 있다고 할 수 있다. '주체사상'이라는 북한 사회주의 이념을 전제하고 이 이념이 정치·문화·경제·사회 전 분야에서 어떠한 구체적 결과를 가져왔는가 하는 내재적 비판 속에서 북한사회주의 연구는 진행되어야 한다.

이러한 전제에 서 있을 때 북한과 소련이나 중국과의 관계를 남한과 미국이나 일본의 관계에서 유추하거나 또는 수출지향적 남한경제와 자급자족지향적 북한경제체제를 평면적으로 비교하는 '잘못된 비교 레벨'(misplaced level)의 오류도 피할 수 있을 것이다. 이러한 내재적·비판적 북한사회주의 연구는 그동안 북한 연구를 지배했던 전체주의론적인 이분법적 시각이나, 평면적인 수렴론적 남북 사이의 인위적 '접목' 구상을 극복할 수도 있을 것이다.

사회주의 물적 토대를 구축하는 문제에서 자급자족의 원칙은 서방 제국주의로부터 정치적·경제적 독립을 유지하기 위해서 공업화를 즉각적으로 단행해야 한다는 소련공산당 14차 당대회(1925. 12) 결정에서도, 중소 이념분쟁 속에서 '자력갱생'의 원칙을 내세운 모택동 지도 하의 중국에서도 우리는 주체적 발전전략의 내재적 요구를 발견할 수 있다. 그러나 '발전된 사회주의' 소련 중심의 수직적 국제분업의 압력과 전통적으로 중화사상에 시달렸던 북한이 한국전쟁 이후 내걸었던 주체적 발전전략은 중·소 분쟁 속에서 가능한 북한의 중·소 등거리 외교 이상의 의미를 지니고 있다.

사회주의 건설 측면에서도 북한은 여러 가지 점에서 소련이나 중국과는 다른 길을 걸었는데, 가령 소련이 택한 농업의 희생 위에 중공업 발전을 우선하는 정책, 이것과 맞선 모택동의 농업기초 위에 중공업과 경공업을 동시에 발전시킨다는 전략에 대하여 북한은 중공업을 우선적으로 발전시키면서 농업과 경공업을 동시에 발전시킨다는 전략을 세웠다. 이러한 북한의 발전전략의 내재적 요구는 두 사회주의 대국으로부터 정치적·경제적 독립이라는 요구와 동시에 분단 속에서 농업의 구조적 취약성을 극복하지 않을 수 없는 데에도 기인하였다. 특히 후진국 사회학자나 경제학자들이 관심을 가지고 추적하고 있는 문제는 북한사회주의 건설에서 농업경제 분야에서의 성과이다. 사회주의국가 대부분이 처해 있는 농업위기와 관련하여 북한 농업의 생산과 분배의 조직 문제는 세계식량농업기구에서도 최근 많은 관심을 가지고 지켜보고 있다. 유고슬라비아에서는 이미 1950년 이후, 체코슬로바키아나 헝가리에서는 1953년경부터 그리고 1956년부터 단행된 사회주의 농업의 재사유화(再私有化) 경향은 말할 것도 없이, 중국에서도 문화혁명기간 특히 비판의 대상이 되었던 농지의 농가단위의 경작과 소득분배(包產到戶 또는 到退)가 1978년 '현대화'와 더불어 전면적으로 다시 도입되고 있고 구소련에서도 콜호즈(집단농장)나 소프호즈(국영농장) 농민의 생산의욕을 높이기 위해서 농가단위의 장기적 경작위임체계가 도입되었다. 이러한 사회주의 농업 내부에 나타나는 일반적 탈집단화 현상에 대하여 북한은 여전히 집단적인 생산·분배단위('작업반' 채산제도)를 유지하면서도 상당한 수준의 농업생산을 유지하고 있어 후진국 농업발전을 위한 농업협동화 전략과의 관련 속에서 흥미있게 연구되고 있다. 즉 농업생산의 사회화 내지 집단화가 반드시 농민의 생산의욕을 떨어뜨리고 비효율적이라는 주장에 대한 반증으로서 북한 농업경제의 '성과'는 제시되고 있다.

농업발전 전략과 밀접한 관련을 가지고 있는 농촌과 도시간의 격차 극복이라는 전략에서도 북한은 특징적 발전전략을 지니고 있다. 소련에서 50년대 중반에 추진되었으나 실패한 집단농장의 대형화를 통한 농촌의 도시화 전략이나, 이와 비슷한 것으로 최근 문제되고 있는 루마니아의 '농공단지' 조성계획, 또 이와는 정반대의 중국의 경험 ― '하향'(下鄕) 또는 '하방'(下放)을 통한 도시의 농촌화 경향 ― 과 달리 북한은 도시와 농촌의 중간고리인 전통적 행정단위인 '군'(郡)을 강화 발전시킨다는 전략을 고수, 오늘 '과도도시화'문제에 고민하는 제3세계 국가의 지역발전계획에도 상당한 시사점을 주고 있다.

사회주의적 자립경제 건설 문제와 관련해서 일반적으로 이야기되는 원칙, 즉 국토가 크고 인구와 자원 등이 풍부한 나라에서만 자급자족적 경제운용이 가능하다는 원칙이 북한과 같은 이 조그마한 나라에서도 가능하다는 사실은 일찍이 로빈슨(J. Robinson) 같은 경제학자나 최근 후진국 사회학자인 젱하스(D. Senghaas)나 지그리스트(Ch. Sigrist) 등에 의해서도 연구되고 있다. 즉 1930년대 이후 계속해서 줄어든

소련경제에서 대외수출이 차지하는 비중(수출이 국민총생산에서 차지하는 비율은 대개 5 내지 6%) 또는 이보다는 낮은 수준을 유지하고 있는 중국경제와 비교할 때 조그마한 북한의 자급자족적 경제운용은 비록 풍부한 북한의 지하자원을 고려하더라도 분명히 특징적 발전유형을 보여주고 있다. 젱하스는 인구와 면적을 고려한 북한경제가 실질적으로 가능하다고 예견되는 무역의존도([{수출＋수입}/2] × {100/국민총생산})는 1980년 15.9%인데 실질적으로는 4.8%를 유지하는 철저한 자급자족지향적 경제인 데 비하여, 남한경제의 그것은 각각 19.9%와 29.9%를 보여주고 있어 실질경제능력보다 과도한 대외무역의존을 보이고 있다고 지적하고 있다.

중국이 '네 가지 현대화'를 위해서 '합영법'을 제정하여 경제'특구'를 설치하고 구소련도 고르바초프 개혁정책과 더불어 시베리아 개발을 위한 합영과 수출지역 설정을 도입하였지만 북한의 전략은, 비록 1984년 합영법을 제정하여 외국자본과 기술유치를 도모하고 있다손치더라도 이들 큰 사회주의 나라와 비교해서 볼 때 완만한 개방속도를 유지할 것으로 예견된다.

북한의 경제개방 속도를 완만하게 만드는 객관적 요인은 무엇보다도 북한경제가 중국이나 소련과 같이 영토가 큰 나라가 가지고 있는 지역간 경제개발 불균형의 부담을 현재 지고 있지 않다는 데에 있다. 그러나 남북분단 이후 너무나도 다른 발전의 길을 걸어온 남북한사회 — '수출지향'적 남한경제와 '자급자족'적 북한경제 — 가 통일을 지향하는 속에서 하나의 민족단위인 경제권을 형성할 때 발생하는 남북 통상 교역관계는 단순한 대외무역관계 이상의 뜻을 지니게 될 것이다. 남북 물자교류를 순전히 무역적 차원에서나 없는 이웃을 도와주는 동정적 차원에서 생각한다면 이는 큰 문제를 안게 된다. 위에서 지적했듯이 북한경제체제는 비록 이러저러한 어려움을 안고는 있지만 '개방

적'인 소련이나 중국의 압력에 의해서 남한의 '북방정책'이 유도하고
자 하는 그러한 '개방체제'로는 급격히 변화하지 않을 것이다. 이러한
객관적인 한계를 인정한 바탕 위에서 서로가 서로의 장단점을 보완할
수 있는 하나의 민족경제권 구상은 동시에 남북한 긴장완화, 특히 군
사적 긴장완화를 전제해야 한다는 것은 두말을 요하지 않는다.

3. 남북화해와 북한 내부의 질적 변화

사회주의사회 일반이 현재 사용하고 있는 '현대' 또는 '현대적'이
라는 말의 의미와 관련해서, 구체적으로는 최근 소련에서의 '페레스트
로이카'(perestrojka)와 중국의 '네 가지 현대화' 정책과 관련해서 '주
체사상'의 전망은 어떠한가 하는 질문이 종종 제기되고 있다. 낙후한
조건과 자본주의의 포위 속에서 사회주의 혁명과 건설을 추진할 수밖
에 없었던 사회주의에서 일반적으로 등장한 '자본주의를 뒤따라 잡는
다'는 당위적 명제는 사회주의 이념을 단순한 성장이데올로기로 환원
시켰다. 이러한 생산력 내지 하부구조결정론적 사회주의 이해는 러시
아 10월혁명 직후 일련의 신디칼리스트나 좌익공산주의자들의 '공장
위원회'(fabzabkomy)운동에 의해서도, 서방의 마르크스주의자들(루카
치 그람시 콜시 블로흐 등등)에 의하여서도 비판을 받았고, 중국에서는
문화혁명 기간에 특히 '홍전'(紅專:우선 공산주의자가 되고 나서 전문가
가 되라) 또는 생산력신봉(唯生産力論)의 비판 등으로 나타났다. 사회
주의는 '전력+소비에트권력'이라는 레닌의 등식에서도, '기술이 모
든 것을 결정한다' '간부가 모든 것을 결정한다'는 스탈린의 명제나
'직접적 생산력으로서의 과학기술'이라는 60년대 중반 이후의 구소련,
그리고 중국의 '네 가지 현대화'를 지배하는 '생산력 결정론'에서도
우리는 결정론적 객관주의 논리를 볼 수 있다.

　모택동의 발전전략을 구소련이 '맹동주의'(voluntarism)나 '한(漢)쇼비니즘'이라고 공격한 점과 프랑스 공산당이 1968년 공장과 학교를 접수한 프랑스의 좌익들을 '주관주의자' 또는 '맹동주의자'라고 비판했고, '역사주의'적이고 '인간주의'적인 마르크스 해석을 거부한 '구조주의적 마르크스주의자'(특히 알튀세르)들의 입장들을 고려할 때 '인간중심' 내지 '민족중심'의 '주체'적 사회주의 이념과 이러한 객관주의 내지 구조주의적 결정론과의 차이는 분명하다. 사회주의라는 또 다른 형태의 보편주의 이념 속에서 개체와 특수성을 특별히 강조하는 '주체사상'은 종종 서구의 전문가들로 하여금 후진적인 독일에서 발생한 피히테적인 '주관적 관념론'이나 칸트의 보편주의적, 형식주의적 윤리를 거부한 셸러(M. Scheler)의 '철학적 인간학'을 연상케 하거나, 바일 공화국 시기 독일에서 발흥한 '민족볼셰비즘'(Nationalbolschewismus)에 가깝다는 인상을 갖게끔 한다.

　최근 소련을 비롯한 사회주의국가내에서 급격히 제기되는 소수민족 문제가 보여주듯이 사회주의라는 보편주의적 요청(가령 국제주의)에도 불구하고 '특수'로서의 민족문제는 계속 남아 있다. 그러나 민족단위로 사회주의가 건설되고 있는 조건에서 북한사회주의가 내세운 '주체사상'이 자기방어적인 본능이라는 성격을 넘어 다른 체제나 사상과 공존하면서 현대의 보편적 이념을 추구할 수 있는가 하는 물음이 특히 북한사회의 '폐쇄성'과 관련되어 제기되고 있다. 주체를 세운다는 것이 국제적 흐름을 모르거나 이를 무시하는 자폐증이 아니라 다양한 시대적 흐름까지 호흡하는 비판적 자의식의 확립이라고 이해한다면 북한사회주의가 현단계에서 당면하고 있는 '질의 변화문제'는 남북통일 문제와도 직결되는 것이기 때문에 극히 중요한 문제이다.

　질의 변화는 한마디로 표현하자면 '관계체계'의 변화를 의미한다. 특히 남북한 사이에 현존하는 긴장관계의 기본적 변화 없이는 이러한 북한사회주의 내부의 질의 변화는 기대하기 힘들다. 현재 한반도를 둘러싸고 있는 국제관계 변화는 남북한 긴장관계 해소에 분명히 긍정적인 방향으로 움직이고 있다. 이러한 주변정세에 적극적으로 조응하는 남북한 각계 각층의 민족화해 분위기 조성 노력은 분단 이후 오랫동안 지속되고 있는 굴절된 상대방인식의 시각 교정을 전제하고 있다. 이런 뜻에서 북한사회주의의 내재적 연구는 지금까지 우리의 시각을 고정시켜왔던 여러 편향들을 극복하면서 북한이해의 새로운 지평을 열어줄 수도 있을 것이다.

〈1990, 『현대와 사상』〉

북한사회의 내재적 비교연구

　북한의 정치이념인 주체사상을 연구하는 데서 우선 제기되는 '방법론적'인 문제는 지금까지 충분히 논의되지도 못한 채 냉전의 산물인 '전체주의'적 접근방법에 의해서 주도되어 왔었다고 할 수 있다.

　이러한 전체주의적 시각은 '평화공존'이 동반하는 '탈이데올로기'적 현상도 설명할 수 없을 뿐만 아니라, 최근 소련을 비롯한 동구사회주의의 '개혁'문제조차도 정확히 설명할 수 없다. 최근 사회주의의 위기를 자본주의의 사회주의에 대한 '승리'라고 보는 견해도 있으나 자본주의가 내부적으로 안고 있는 많은 문제는 어떻게 되느냐 하는 문제제기와 함께 오늘의 사회주의의 위기가 정말 '사회주의의 종언'을 의미한다면 오늘날 소련과 동구에서 진행되는 '개혁'은 도대체 어떻게 설명되어야만 하는가라는 질문도 동시에 제기되고 있다.

　현존 사회주의를 전체주의적 시각에서 보았던 점에서는 냉전적인, 반공보수적인 이론이나 스탈린주의적 유산을 청산하고 '인간적 모습을 띤 사회주의'를 실현하기 위한 개혁을 추진하는 '개혁파'의 사회

220

주의 이론들 사이에 차이가 없는 것처럼 보이고 있으나, 전자는 '개혁'을 결국 사회주의의 '자본주의화' 내지 자본주의에 의한 사회주의의 '흡수'로 이해하고 있는 데 대해서, 후자는 '더 많은 사회주의'를 위해서 개혁이 필요하다는 전혀 다른 전제 위에 서 있다. 사회주의의 위기라 하더라도 다민족국가인 소련, 분단국가인 동독, 사회주의 성립 이후부터(벌써 50년대 중반부터) '재사유화' 경향이 분명했던 헝가리와 폴란드기 보여주는 위기의 양상이 나르고, 또 위기극복과 관련된 개혁적 처방도 반드시 동일하지는 않다. 동독의 무혈적인 위기극복과 중국과 루마니아의 유혈적 사태가 대비적으로 보여주듯이 사회주의의 변화의 모습도 다양하다.

북한의 사회주의가 이러한 사회주의의 위기와 관련하여 어떠한 입장을 취하고 있느냐 하는 중요한 물음은 우선 '주체적' 사회주의가 제기하는 사회주의의 혁명과 건설에 관한 일반적 원칙과 북한이 처하고 있는 역사적 구조적 특수한 위치와 관련지어 '주체사상'의 구현이라는 북한사회주의의 이론과 실천을 '내재적'으로 드러내 주도록 하여야 한다.[1]

특히 북한이 분단이라는 구조 안에서 사회주의를 건설한다는 특수성으로 인하여 사회주의권의 외교적 지원이 필요한 상황 속에서 사회주의권 내부의 문제에 대해 직접적으로 분명하게 이야기할 수 없어 가령 '중·소이념분쟁' 때처럼 '좌우경 기회주의' '수정주의' '대국주의' '패권주의' 등의 일반적 용어로 그들 스스로의 입장을 싱대직으로 나타냈고 또 헝가리가 남한과의 외교관계를 수립하자 '사회주의에 대한 배신행위'라고 비판하였지만 사회주의 이론과 실천에 대한 전반적이고 자세한 논쟁의 내용이 알려지지 않은 상황 속에서는 북한의 주

---

1) 송두율, 「북한을 어떻게 볼 것인가?」 ;송두율, 『소련과 중국』(한길사,1990) 참조.

체적 사회주의가 무엇을 지향하며 이를 위해 어떠한 이론과 실천을 전개해나가는가를 '스스로'가 이야기하도록 하는 내재적 접근이 무엇보다 중요하다고 생각된다. 그러나 이러한 내재적 연구가 소련, 동구 그리고 중국 사회주의 등과 상호 '비교'될 때만이 '신역사주의적' 오류(즉 모든 역사적 사실의 '유일무이성'을 들어 다른 것과의 비교를 처음부터 아예 거부하는 태도)를 극복하면서 사회주의의 일반적 테두리 안에서 북한의 주체사상과 이의 구현의 특성도 드러낼 수 있다.[2]

이러한 '내재적' 방법론과 '비교적' 분석과 서술을 기초로 우리는 다음에서 (1) 주체사상의 철학적 조명, (2) 주체사상과 사회주의 정치, (3) 주체사상과 사회주의 경제, (4) 사회주의 위기를 포함하여 제국주의 그리고 제3세계 문제를 바라보는 주체사상의 국제정치적 시각을 분석하고, 끝으로 (5) 남북통일에 대한 주체사상의 입장을 검토해보자.

1. 주체사상의 철학적 조명

우선 주체사상의 철학적 근원이 마르크스-레닌주의와 어떠한 관계 속에 있느냐 하는 문제는 가장 중요한 문제로 등장하고 있다. 주체사상이 마르크스-레닌주의의 '조선혁명'에 창조적 적용과 계승·발전이라는 '연속적' 측면과 동시에 마르크스-레닌주의가 주체사상에 의해서 새롭게 해석되고 발전되었다는 '불연속적' 측면이 동시에 이야기되고 있다. 앞의 지적이 주체사상이 가지고 있는 구체성과 특수성이라면, 후자의 지적은 주체사상이 지니는 일반성과 보편성이라고 할 수 있는데, 최근에는 주로 후자의 측면이 강조되고 있다. 그러나 마르크스-레

---

2) 송두율, 「페레스트로이카, 개혁 그리고 주체」, 『사회와 사상』 1989년 7월호 ; 『소련과 중국』, pp.263~85 참조

닌주의가 10월혁명 이후 러시아 이외의 다른 사회에서 구체적인 사회 실정에 적용되기 위해서는 교조적 태도가 지양될 수밖에 없는 당연한 논리도 코민테른과 코민포름이 매개하는 10월혁명이나 스탈린주의라는 패러다임에 의해서 많이 제약되었다. 식민지·반식민지적 조건에서 농촌을 중심으로 전개된 중국의 사회주의 혁명과 건설을 주도했던 모택동 사상이 마르크스-레닌주의의 중국혁명에서의 창조적 적용과 발전이라는 주장도, 그리고 소련의 페레스드로이카가 하이테크(High-Tech)시대의 마르크스-레닌주의[3]라는 주장도 실은 앞에서 지적한 연속적 측면을 강조하고 있다. 그러면 주체사상이 특별히 강조하여 주장하는 불연속적 측면 — 즉 마르크스-레닌주의가 주체사상에 의하여 새롭게 해석되고 발전되었다는 주장 — 은 어떠한 철학적 논거 위에 서 있는가? 우선 주체철학은 "마르크스주의의 유물변증법에서 출발해 그것을 완성함으로써 제시된 것이 아니고 세계에 대한 주체철학의 독창적인 견해에 의하여 유물변증법의 원리 자체도 새롭게 발전되고 완성되었다는 것이다. 나시 말하여 세계에 대한 견해에서 마르크스주의 철학의 중심차원은 세계의 물질성과 물질세계의 합법칙성에 대한 일반적인 강조였으며 주체철학의 중심차원은 인간에 의한 세계의 지배와 그 개조발전의 합법칙성의 '코페르니쿠스'적 해명이었다고 할 수 있다. 따라서 어떤 이들이 말하는 '주체의 유물론' '주체의 변증법'의 표현은 주체철학의 독창성을 올바르게 이해하지 못한 데서 비롯된 잘못된 해석이라고 지적하고 싶다"[4]고 주장한다.

주체철학의 기초인 '사람이 모든 것의 주인이며 모든 것을 결정한다'는 원리가 '사회적 존재'(gesellschaftliches Sein)가 '사회적 의식'

---

3) Wolfgang F. Haug, Gorbatschow, *Versuch über den Zusammenhang seines Denkens*(Berlin, 1989, Argument).
4) 『주체철학입문』(평양, 1988), p.125

(gesellschaftliches Bewuβtsein)을 규정한다는 유물사관의 이론을 전제
하나 동시에 사회의 구조는 '사람'을 출발점으로 하고 그에 의하여
지배되는 사회적 재부와 사회관계로 이루어진다고 주체철학은 인식하
고 있다. 사람의 '자주성' '창조성' 그리고 '의식성'이 세계와 자기운
명의 주인으로서 자유롭게 세계를 개조하고 사회적 이해관계에 맞게
자기활동을 규제하는 인간활동의 원인과 추동력이라고 봄으로써 자주
성, 창조성, 의식성은 사회적 존재의 객관적 조건을 사람의 이익에 맞
게 개조하기 위한 인간활동을 추동하는 요인으로 인식하고 있다. '의
식'에 대한 '존재', '사회적 의식'에 대한 '사회적 존재'의 규정성이
일면적으로 강조되고 있는 데에 대한 비판은 코르시(K. Korsch),[5] 루
카치(G. Lukács)[6], 그람시(A. Gramsci)[7]에 의해서도 이미 제기되었
고, 모택동의 『실천론』의 실사구시(實事求是) 정신이 '능동적 · 혁명적

---

5) K. Korsch, *Marxismus und Philosophie*(Frankfurt/M., EVA, 1975), p.135.
   "혁명적 계급이 경제투쟁을 해서 경제적 투쟁의 필요가 없어지는 것도 아니고, 또
   경제와 정치투쟁을 통해서 정신적 투쟁이 불필요하게 되는 것은 아니다. 오히려 투
   쟁은 프롤레타리아에 의한 국가권력 장악을 위하여 혁명적, 학문적 비판과 선동작
   업으로서 그리고 국가권력 장악 이후에는 조직화된 학문적 노력과 이데올로기적
   독재로서 이론적으로 그리고 실천적으로서 끝까지 수행되어야 한다." 이러한 코르
   시의 입장을 하버마스는 마르크스주의의 헤겔철학화라고 비판하였다 (Jürgen Hab
   ermas, *Theorie und Praxis,* Frankfurt/M.,1963, p.330).
6) G. Lukács, *Geschichte und Klassenβebtsein*(Berlin, 1923), p.228. "객관적인 경
   제발전은 생산과정 속에 자기의 관점을 규정하는 프롤레타리아의 위치를 창출한다.
   그러나 이러한 것은 프롤레타리아에게는 단지 사회의 변화에 대한 가능성과 필연
   성을 창출한다. 변화는 오직 프롤레타리아 자신의-자유스러운-행동일 수밖에 없
   다." 프랑스 구조주의적 마르크스주의자 알튀세르는 루카치에게서도 헤겔주의를 발
   견한다.
7) A. Gramsci의 "토대와 상부구조는 하나의 역사적 블록(historisches Block)을 형
   성한다."는 주장은 상부구조 또는 국가 또는 혁명적 인텔리의 역할을 상대적으로
   강조한 셈이 된다. 이에 대한 연구로는 Ch. Buci-Glucksmann의 Gramsci und
   der Staat, Fur eine materialistische Theorie der Philosophie(Koln,1981)참조.

반영론(反映論)'으로 이해되었으며, 또 스탈린의 「러시아 공산주의자
들의 전술과 전략에 대한 문제」[8]에서도 노동운동의 '객관적'요소를
운동의 '자연발생적'인 것으로, 노동운동의 주관적 요소를 의식적이고
조직된 합목적적인 것으로 보는 조야하고 단순한 구분에 대하여 비판
적인 입장을 취하며 객관적 요소와 '주체적 요인'(Subjektiv faktor)
의 상호관계를 강조하는 여러 연구도 소련과 동구에서 60년대 중반부
터 발표되었다.[9] 일반적으로 자연발생성(Spontaneität)에 내비시키고
있는 의식성(Bewuβtheit)은 룩셈부르크(R. Luxemburg)와 레닌의 대중
과 당을 보는 시각차이 — 즉 대중의 자연발생적 운동을 강조한 룩셈
부르크와 이에 대하여 혁명을 목적의식적으로 조직하고 영도하는 당
의 역할을 강조한 레닌의 견해차[10] — 에서도 드러나고 있지만 인간
의 본질적 특성으로 자주성, 창조성 그리고 의식성을 강조하는 주체철
학은 객관적 세계에 대하는 주관적 요인을 자주성, 창조성 그리고 의
식성으로 세분하고, "자주성과 창조성은 상호 제약하며 담보한다. 자
주성은 창조성의 전제이다. (……)의식성은 자주성과 창조성의 담보이
다. 자주성에 대한 사회적 인간의 요구와 이해관계는 의식성에 기초하
여 이루어진다"[11]고 상호관계를 규정하고 있다.

자주성이 인간의 본질적 속성으로 되는 이유를 자주성은 사회적 존

---

8) J. W. Stalin, *Werke*, Bd. 5(Berlin), p.160.
9) 이에 대한 연구로는 소련에서 V. I. Pripisnov의 『사적 유물론에서 주체적 요소의
   역할』(1966), M. O. Antonjan의 『사회주의의 객관적 조건과 주체적 요건의 상관
   관계』(1967), B. A. Čagin 『주체적 요소-구조와 법칙』(1968) 그리고 불가리아의
   T. Vlov의 『사회발전에서 주체적 요소의 역할』(1957) 등이 있다.
10) 로자 룩셈부르크와 레닌의 조직이론적 관점의 차이에 대해서는 Gilbert Badia,
   "Rosa Luxemburg und Lenin", Claudio Pozzoli(Hg.), *Rosa luxemburg oder
   die Bestimmung des Sozialismus*(Frankfurt/M., 1974, Suhrkamp), pp. 199~209
   참조.
11) 『주체철학 입문』, p.121

재인 인간만이 가질 수 있고, 이는 또 인간의 개별적 속성이 아니라 인간의 모든 활동에서 발현되는 근본적 성질이라고 규정하고 있다. 여기서 우리는 자주성이라는 범주가 칸트의 『실천이성비판』에서 "모든 도덕률과 이에 따른 의무의 유일한 원리인 의지로서의 자율성(Autonomie)"과는 구별되는 사회성을 전제하고 이는 동시에 집단적 자주성, 즉 민족의 자주성 문제와 직결되고 있다. '세계의 지배자'를 의미하는 자주성이 담보하는 창조성은 '세계의 개조자'로서의 사람의 속성, 주로 대상적 행위라는 의미로 이해되고 있다.

이에 대하여 의식성은 때에 따라서는 사상의식과 동의어로 이해되기도 하고 있으나, 지식과는 분명히 구별되는 의미로 사용되고 있다. "지식은 어디까지나 인간의 활동을 규제하는 요인일 뿐 인간의 활동을 결정하고 조절, 통제하는 기본요인은 아닌 것이다. 인간의 모든 활동을 규정하고 조절, 통제하는 결정적 요인은 사상의식인 것이다."[12]

사상의식이라는 개념은 그러나 전통적 마르크스주의 철학용어에서는 발견되지 않는다. 가령 의식성(Bewuβtheit 또는 soznatl'nost)이라는 개념이 특히 레닌에게서 노동계급의 투쟁이론을 행동의 지침으로 하고 이를 통해 노동계급의 투쟁조직의 발전과 공고를 위한 마르크스-레닌주의당과 국가를 위한 사회주의적인 정치적 입장의 적극성을 뜻하고 있지만[13] 주로는 사회적 의식(gesellschaftliches Bewuβtsein — obsčestvennoje soznanije)의 하나의 형식인 정치적 의식이라는 협의의 의미로 이해되어왔다. 물론 울레도프(A. K. Uledov)[14] 등에 의한 사회적 의식의 구조와 형태들을 도덕, 철학, 정치적 의식, 예술, 법적의식

---

12) 『영생불멸의 주체사상』(평양:조선로동당출판사, 1985), p.258.
13) 『레닌 전집』, 33권, p.48.
14) U. K. Uledov, *Die Struktur des gesellschaftlichen Bewuβtseins*(Berlin, 1972), Dt. Verlag der Wissenschaft.

등으로 나누어 보는 분석적 태도는 북한의 사상의식 분석에서도 나타
나고 있다.[15]

어떻든 사상의식이 강조하고 싶어하는 점은 "마르크스주의 철학에
서는 객관적 물질세계의 반영이 의식이라는 원리에 기초하여 의식의
역할을 주로 지식의 역할에 귀결시켜 보았다고 보는 것이 옳을 것이
다"[16]는 점이다. 즉 지식과 구별되는 인간의 의식적이고 주동적인 그
리고 계급적이고 집단적인 의식인 사상의식의 역할을 강조하려고 한
다. 바로 이러한 주장이 동시에 주체사상을 극단적인 '주의론'(主意論,
voluntarism) 또는 '유아론'(唯我論, solipsism)으로 오해되는 소지를 안
고 있다. 그러나 의식, 의식성, 사회적 의식 또는 사상의식이 세계의
물질성을 인정한 기초 위에서 물질세계의 주인인 인간의 사상의식의
적극성을 의미하고 있어서, 인간의 의식이나 감정을 의지(Wille)로 환
원시키는 퇴니스(F. Tönnies)나 파울젠(F. Paulsen) 등의 '주의론'이나
자아라는 의식 속에만 객관적 실재는 존재한다는 버클리(Berkeley)의
'유아론' 또는 '자아가 비아(非我)를 정립한다'는 피히테(Fichte)의 주
관적 관념론과는 구별된다고 주체의 사상론은 주장한다.

그러면 자주성, 창조성, 의식성이라는 본성을 지닌 사회적 인간이
모든 것의 주인이라고 파악하는 주체철학은 현재 진행되고 있는 소련
내지 동구 그리고 중국에서 마르크스주의 철학체계를 둘러싼 논쟁과
관련지어 볼 때 어떠한 공통점과 차이점을 보여주고 있는가?

마르크스-레닌주의 철학이 셸러(M. Scheler)의 '철학적 인간학'(Phi
losophische Anthropologie)의 비역사적이고 추상적인 '인간'을 인간은
'사회적 관계의 총체'(Ensemble der gesellschaftlichen Verhältnisse)라

---

15) 손영규, 「의식의 근본특성」, 『철학연구』 1987년 4월호, pp.29~35.
16) 『주체철학입문』, pp.264~65.

는 마르크스의 포이어바흐 테제 중의 여섯번째 테제를 통해서 비판해
왔다는 것은 지금도 변함이 없다. 이는 소련에서도, 동구에서도 또 중
국 그리고 북한에서도 마찬가지이다. 하나 특기할 점이 있다면 페레스
트로이카와 더불어 소련과학원 철학연구분과내에 '철학적 인간학' 연
구분야를 설치하자는 논의가 있고,[17] 중국에서는 가령 1981년 6월 11
일부터 19일까지 '전국 마르크스주의 철학연구회' 주최로 마르크스철
학에서 '인간의 위치'에 대한 토론회가 열려 마르크스주의 철학에서
의 '인간학'(人學이라고 함)을 특히 청년마르크스의 사상과 관련지어
조명하였다.[18] 북한에서는 '인간학주의'라는 관점을 포이엘바흐, 셸러,
그리고 실존주의자들에 의하여 주장된 인간은 구체적인 사회역사적
관계로부터 인위적으로 분리시켜 그를 추상적으로 또는 생물학적인
존재로서만 이해하는 관념론적인 견해[19]라고 '철학적 인간학'을 비판
하고 있다.

주체철학에서 강조되는 인간의 자주성, 창조성, 의식성이라는 적극
성과 관련하여 볼 때 흥미있는 사실은 소련에서 최근 페레스트로이카
의 철학적 문제와 관련되어 특히 인간적 요소(čelovečeskij faktor), 인
간을 단순히 생물학적·사회적 존재로만 보지 말고 '사회적·문화적'
인 창조의 주체로서의 능동성(dejatel'nost)이 철학자들(Koval'zon, Myš
livčenko)과 사회과학자(T. Zaslavskaja)들에 의해서 강조되고 있다.[20]그
러나 이러한 소련철학과 사회과학의 최근 경향이 집단주의의 원칙보

---

17) 송두율, 「페레스트로이카의 철학과 철학의 페레스트로이카」, 『현대와 사상』 제1부
    3장 참조.
18) 『中國百科年鑑』 1982(北京 — 上海, 1982), p.496.
19) 『철학사전』(평양: 사회과학출판사,1970), p.801.
20) Ju. d. Granin, "Čelovečeskij faktor razvitija sovetskogo obščestva," Vopro
    sy filosofii,1983. 3, pp.145~48.

다는 개체성(licnost')의 관점 위에 서 있는 데 반하여 주체철학이 상조하는 인간의 자주성, 창조성, 의식성은 인민 또는 민족의 집단적 주체를 보다 강조하고 있다고 볼 수 있다.

주체철학은 또 물질이 정신을 변화시키고 정신이 물질을 변화시킨다는 중국의 '양변론'(兩變論) 또는 정신문명과 물질문명의 발전이라는 절충주의적 중국철학이 '현대화'와 더불어 제기하는 철학적 입장의 '실사구시'적인 실용주의 태도와는 구별된다고 할 수 있다. 이와같이 내재적 그리고 비교적 관점에서 볼 때 주체철학이 강조하는 사상·기술·문화혁명이라는 3대혁명에서 사상의식 혁명의 특수한 역할로 나타나고 있고 이는 사회주의 정치에서는 북한의 정치에서의 자주성의 옹호라는 원칙으로 나타난다고 할 수 있다.

2. 주체사상과 사회주의 정치

근로인민대중으로 하여금 국가와 사회의 주인이 되도록 하며, 사람들의 사상과 행동의 통일성을 보장하며, 노동계급의 의사와 요구에 따라 사회가 움직여나가도록 사람들의 활동에서의 목적의식성을 보장하도록 규정된 사회주의 정치의 혁명적 역할은 (1) 정치적 영도력과 영도체계, (2) 정치적 권력구조, (3) 정치실현방식으로서의 '사회주의적 민주주의'에 관한 문제와 관련지어 일반적으로 논의되고 있다. 소련으로부터 시작하여 동구의 사회주의 여러 나라까지 파고를 높인 정치적 개혁 문제가 핵심적으로 제기했던 문제가 바로 노동계급의 당의 영도적 역할 문제였다. 헝가리, 폴란드, 동독, 체코슬로바키아, 불가리아, 유고슬라비아, 루마니아가 대변혁 이전에 벌써 헌법에서 공산당의 '영도적' 역할 조문을 삭제하고 다당제를 도입하였고, 구소련도 공산당의 '영도적 역할'(rukovodstvo)을 얼마 전까지는 고수하였으나 이의 수용

문제는 가령 발틱해연안공화국의 다당제 도입과 공산당의 독립과 더불어 이미 논의되고 있고 7월초로 예견된 당대회에서는 공산당의 '영도적' 역할에 대한 근본적 수정이 있을 것으로 예견된다 (이에 대하여는 「갈림길에 선 페레스트로이카」를 참조). 이러한 경향에 대하여 중국은 이미 1970년대 말부터 시작된 현대화와 함께 '사회주의 4원칙' 중에 '공산당의 영도 견지'를 내세웠고 천안문사태의 유혈적 진압을 '반당·반사회주의적 세력'이 이러한 공산당의 영도적 역할의 부정에 대한 필연적 대응형식이라고 설명하고 있다. 북한사회의 정치이념의 기본은 "혁명과 건설의 성과는 전적으로 당의 영도적 역할에 달려 있으며 당의 영도를 강화하는 것은 혁명과 건설에서 승리를 이룩하기 위한 결정적 담보."[21]라고 파악하고 있다. 한편 중국이 당의 영도적 지위를 고수하고, '사회주의 4원칙'의 첫째로 '마르크스-레닌주의와 모택동사상의 견지'를 내세워 당의 지도사상을 창시한 모택동의 수령으로서의 위치와 역할을 강조하고 있다. 그러나 북한의 주체의 정치사상은 당의 영도는 본질에서 수령의 영도라고 보고 있고, "프롤레타리아 독재체제에서 수령·당·계급·대중은 서로 떼어낼 수 없는 전일체를 이루고" "현명한 수령이 없는 당은 진정으로 노동계급의 선봉대로서의 역할을 할 수 없다."고 주장한다.

바로 이러한 수령과 당 또는 수령과 대중과의 관계를 규정하는 북한의 주체적 정치사상이 '스탈린적 개인우상' 또는 전근대적이고 가부장적인 유교적 유산이라고 흔히 비판되고 있다. 이에 대하여 북한은 '수정주의의 해독', 또는 단결과 영도의 중심으로서의 수령은 뇌수가 인간활동에서 결정적 역할을 하는 것과 같은 원리라는 '비유'(analogia)로써 응답하고 있다. 아마도 주체사상이라는 '텍스트' 중에서 가

---

21) 『정치용어사전』 (평양:사회과학출판사, 1970), p.381

장 난이한 이 부분을 서독의 여류작가 루이제 린저(Luise Rinser)는
괴테가 나폴레옹을 보고 "여기 한 인간이 있구나"(Voilà un homme)
고 경탄했던 비슷한 감정을 김주석과의 개인적 만남에서 얻었으나 동
시에 이에 걸맞지 않는 '개인우상'은 종교가 없는 사회에서 종교적 우
상이거나 유교적 봉건적 정치문화의 유산이 아니겠느냐고 지적한 적
이 있다.[22] 수령과 대중과의 관계를 북한 스스로 '혈연적 관계'로서도
설명하고 있지만, 이 관계기 현대적인 당 및 국가 관료제도를 매개로
성립되었다는 점에서 단순한 전통적인 지배양식도, 또 철저한 '사람에
관계없는 심급순서(審級順序)' (unpersönlicher Instanzenzug)를 전제한
합리적 지배양식도 아니다. 이러한 점에서 전통적 그리고 합리적 지배
양식 이외 제3의 비일상적인 카리스마적 지배양식을 제기한 베버(M.
Weber)의 '지배사회학'은 우리에게 흥미있는 시사를 해주고 있다. 이
러한 카리스마적 지배양식은 비합리적인 것이 아니라'기회적 합리성'
(okkasionelle Rationalität)을 지니고 있으며 이는 '유일적'(singulär),
'공간적'(raumgebunden), 그리고 '개성석'(persönlich)인 득성을 내용으
로 하고 있다.[23] 이러한 의미에서 북한의 수령론이 지적하는 '수령의

22) Luise Rinser, *Nordkoreanisches Reisetagebuch*(Frankfurt/M., 1981, Fischer),
   pp.132~43 ; Günter Freudenberg, "Archipel Gulag oder Musterland sozial
   istischer Entwicklungspolitik?," Rainer Werning(Hrsg.), *Nordkorea*(Frankfur
   t/M., 1988, isp, Verlag), pp.89~110.

23) 최근의 막스 베버 연구 가운데 '카리스마적 지배양식'에 대한 연구도 많은 진전이
   있는데 Helmut Spinner는 카리스마 지배양식이 "때에 따라서는" 합리적 지배양
   식으로 나타나는데 '일회적'이고, 어떠한 '규범'(Doktrin) 속에 제약을 받지 않고,
   "다른 사람들은 그렇게 이야기하지만 나는 너희들에게 다음과 같이 말한다"라는
   상대화, 시간적으로 공간적으로 위기나 극렬한 혁명적 투쟁이 벌어지는 시간과 공
   간에서 나타나는 카리스마적 지배는 다른 사람들로 하여금 인간적인 관계의 모범
   을 보여주는 '개성의 질'(Qualität der Persönlichkeit)을 내용으로 하고 있다고 본다.
   Helmut F. Spinner, "Weber gegen Weber : Der ganze Rationalismus einer
   'Welt' von Gegensätzen,' Zur Neuinterpretation des Charisma als Gelegen

징표'는 카리스마적 지배양식의 중요한 특성들을 잘 드러내주고 있다
고 할 수 있다. 수령의 유일적 영도체계는 혁명과 건설에서 노동계급
의 당과 대중을 연결시키는 데도 핵심적 문제로 파악되고 있다. 혁명
과 건설에 대한 당적 지도는 정치적 지도와 정책적 지도라고 할 수
있는데, 정치적 지도가 당조직이 대중의 사상을 발동하는 방법으로 혁
명과 건설에 대한 영도를 실현하는 것임에 반하여, 정책적 지도는 수
령의 사상과 의도, 당의 노선과 정책의 요구에 맞게 혁명과 건설이 진
행되도록 모든 당조직들이 해당한 부문, 단위들을 장악하고 통제하며
필요한 대책을 취하는 것을 의미하는 것으로 당이 행정을 대신하여
행정사업을 벌여서는 안된다는 당의 영도와 행정(upravlenie)의 원칙
적 구분 — 레닌 때부터 강조되었다 — 을 고수하면서도 북한은 당이
국가와 근로단체들(노동조합인 '직맹', 공산주의청년동맹인 '사로청' 등)의
활동에서 근본적 의미를 지니는 문제들(가령 '노동조합'의 개편문제 등)
을 외면해서도 안된다고 주장하고 있다. 당과 대중을 연결시키는 가장
포괄적인 '인전대'(引傳帶. Transmissionsriemen)로서의 국가정권이 가
령 중국에서처럼 현대화와 더불어 당이 행정에 많이 흡수되어 이와
동시에 당간부들의 부정부패문제가 제기되어 천안문사태까지 몰고 간
경우도 있고, 근로단체인 노동조합이 폴란드에서처럼 당이 지도하고

---

heitsvernunft," Johannes Weiβ(Hg.), *Max Weber Heute*(Frankfurt /M., 1989,
Suhrkamp), pp.250~95. 이러한 카리스마적 지도자의 속성을 북한은 '수령론'에서
다음과 같이 정리한다. "그러면 누구나 다 이러한 수령이 될 수 있는가. 그렇지 않
다. 수령은 비범한 예지와 과학적 통찰력, 자연과 사회에 대한 풍부한 지식과 실천
적 경험을 가지고 있는 것으로 하여 누구보다도 멀리 내다보고 사회발전과 혁명발
전의 정확한 길을 밝혀낼 수 있는 위대한 사상리론과 세련된 령도기술을 가진 탁
월한 령도자만이 될 수 있다. 수령은 혁명에 대한 무한한 충실성, 강인한 혁명적
의지와 비상한 전개력, 어떤 역경 속에서도 추호도 흔들리지 않는 원칙성과 인민의
원쑤에 대한 타협없는 투쟁정신, 인민에 대한 뜨거운 사랑을 지닌 혁명가, 인민의
어버이만이 될 수 있다."(『영생불멸의 주체사상』, pp.174~75).

있는 노조로부터 독립하여 연대노조를 결성하였는데 이러한 경향은 동구에서도 일반적인 경향으로 나타나고 있다.

북한의 권력구조의 핵심은 최고인민회의로서 이는 구소련의 최고소비에트나 중국의 전국인민대표대회와 마찬가지로 사회주의의 유일한 입법기관으로서 헌법의 제정 또는 수정, 대내외정책에 관한 기본원칙들을 수립하며, 최고인민회의의 상임위원회를 선거하고, 내각을 조직하며, 최고재판소를 선거하고 검찰총장을 임명하며, 인민경제계획과 국가예산을 승인하는 등 기본적인 역할을 수행하나, 북한은 주석제를 통해서 국가권력에 대한 최고지도권을 집중시키고 있다. 구소련에서도 고르바초프 공산당 총서기가 동시에 최고 소비에트 의장으로서 그리고 후에는 대통령으로서 국가주권을 대표하여 종래의 최고 소비에트 의장단이 행사했던 '집단책임제'(kollegialnostj)로부터 '개별책임제'(jed inonačalie)로 — 페레스트로이카의 적극적인 추진을 위해서라는 이유에서 — 전환되었고, 중국에서는 국가주석제가 부활되었으나 다분히 상징적인 국가원수에 지나지 않아 인민대표대회의 상무위원회 위원장, 국무원 총리, 군사위원회 주석이 개별책임제 원칙에 기초하면서 합의제기관 형태로 중앙권력이 조직되어 북한의 주석제와는 비교될 수 없을 정도이다. '정치적 개혁'과 더불어 소련과 동구 사회주의국가에서 공산당의 지위가 약화되고 그의 역할이 상대적으로 감소됨과 더불어 주권기관의 기능과 역할이 이와 반대로 강화되는 추세는 구소련에서처럼 최고 소비에트선거에서 복수후보제, 또는 중국에서처럼 인민대표회의에서의 입후보를 당선자의 1.5 내지 2배를 더 세울 수 있는 제도로부터 거의 서구사회의 '의회제도'에 가까운 '다당제'를 도입하는 헝가리, 동독, 체코슬로바키아 등의 변화에까지 이르렀다. 이에 대하여 북한은 이러한 조처들이 당권이 주권에 흡수되어 결국에는 국가권력기관에 대한 당적 지도를 약화시키는 결과를 가져올 것이라고 주장하면서 권력과 행정에 대한 당적 지도원리를 고수하고 있다. 정치이념으로서의 민주주의는 언제나 계급적 성격을 띠고 있고 소수의 자산계급에 의해서 국가정책이 좌우되는 '형식적' '부르주아민주주의'에 대하여 인구의 절대 다수를 차지하며 사회발전에서 결정적 역할을 하는 인민대중에 의한 '사회주의적 민주주의'가 '실질적' 민주주의로서 '집단주의'의 우월성을 발휘할 수 있다고 주장하는 북한은 정치에 대한 경제의 상대적 자율성만을 강조하는 '생산적 민주주의'(이에 의한 기업의 '독립채산제'나 '기업자치제')나 상이한 이해계급, 계층과 그룹들이 '다원적'(pluralistic)으로 권력에 참여하는 서구의 정치모델에 가까운 '전사회적 민주주의'이론도 비판하고 있다. 사회주의 정치를 보는 북한의 기본관점은 당의 영도적 역할, 수령·당과 대중과의 관계, 주석제도 그리고 사회주의적 민주주의에서 강조되는 집단주의가 보여주는 것처럼 자주를 옹호하기 위하여 인민정권을 강화해야 하고, 또 이를 위해서 주체사상은 정치에서 철저히 구현되어야 한다는 것을 내용으로 하고 있다. 북한의 사회주의 정치에서도 다원주의가 어떠한 형식으로든지 도입될 가능성이 있고 또는 그렇게 될 수밖에 없다는 주장이 있으나(특히 이러한 주장은 '후계자' 문제와 관련하여 서방과 남한측 북한전문가들에 의하여 제기되고 있다), 50년대 소련파, 중국파(소위 연안파)라는 심각한 '반당 종파분자'와의 투쟁을 통하여 성립된 당의 '유일사상체계'가 현정세를 '미제에 의한 남조선 강점'이라고 보는 조건하에서 변화될 것이라고 예견되지는 않는다. 물론 한반도 그리고 이를 둘러싼 국제정세가 급격히 긴장완화의 방향으로 발전할 때 지금까지의 경직된 북한사회의 정치문화도 변화되겠지만 이는 남북한 다 같이 지니고 있는 문제라고 볼 수 있다.

3. 주체사상과 사회주의 경제

레닌도 경제에 대한 '정치의 우위성'을 이야기했고, 북한의 주체사상도 사상의식을 개조하는 사업이 가장 중요한 문제라고 강조하지만 그러한 정치 그리고 사상의식의 개조를 담보할 물질적인 토대없이는 정치도 사상의식도 공허한 말에 지나지 않는다. 사회주의 정치를 물질적으로 담보할 사회주의 경제문제는 우선적으로 ① 소유관계, ② 경제관리 ③ 상품·화폐관계 그리고 이의 이용문제로 압축하여 설명할 수 있다.

특히 정치에서의 자주를 실현하기 위해 이를 물질적으로 보장하는 것을 목적으로 하는 북한의 사회주의 경제가 민족적인 자립경제를 내용으로 구성되었다는 특성을 우리는 이러한 사회주의 경제문제 논의에 항상 고려하여야 한다.

우선 주체의 사회주의 경제가 전제하는 소유관계는 1946년의 토지개혁, 주요산업의 '국유화'에 이어 1958년 기술개조에 앞서 경리형태를 먼저 개조하였던 '농업협동화'와 개인수공업, 소상업 및 자본주의적 상공업의 '사회주의적 개조' 이후 '국가적·전인민적' 소유, '협동적' 소유 그리고 '개인적' 소유형태의 세 가지로 되어 있다. 이러한 기본적인 사회주의 소유형태는 모든 사회주의국가에 다 같이 존재하고 있지만 문제는 이들 상호관계문제이다. 즉 소련, 중국 그리고 동구에서 경제적 개혁이 제기하는 협동적 소유의 재사유화(再私有化) 경향(특히 소련에서의 콜호즈 농토의 장기 임대화나 중국에서의 가족생산책임제)이나 개인적 소유의 확대 등을 의미하고 있어 이 문제를 바라보았던 주체의 사회주의 경제관점이 무엇인가 하는 문제이다. 생산수단에 대한 소유관계는 계급을 규정하는 기본요인이고, 계급은 생산수단에 대한 소유의 형태에 따라 갈라지는 사람들의 사회적 집단이며, 일정한 소유형태에는 일정한 계급이 상응한다는 고전적인 명제에 서 있는 주체의 사회주의 소유관은

따라서 계급을 철폐하고 무계급사회를 건설하기 위해서는 생산수단에
대한 기존의 분화를 없애고 단일한 '전인민적·국가적' 소유제를 확립
하여야 한다고 보고 있다.[24] 따라서 중국, 소련 그리고 특히 동구에서
주장되었던 소유에 대한 입장, 즉 소유관계의 분화성을 넓히고 소유형
태를 더욱 다양화시켜야 한다는 입장이 아니라, 전인민적 국가적 소유
의 주도적 역할을 높이는 기초 위에서 소유관계의 분화를 극복하고 전
인민소유제의 유일적 지배를 지향해나가야 한다고 주장하고 있다. 따라
서 북한은 협동적 소유를 점차 인민적 소유로 발전시켜 전인민적 소유
의 유일적인 지배를 확립하는 것을 중심문제로 보고 있다. 이러한 협동
적 소유를 전인민적 소유로 전환하기 위해서 협동적 소유에 대한 전인
민적 소유의 지도적 역할을 높이는 공업과 농업과의 직접적·생산적 연
계 강화는 도시와 농촌을 연결시키는 '군'(郡) 역할을 강화하는 문제로
보고 있다.[25] 이와 같은 전통적 행정단위인 군을 중심으로 한 사회주의
소유문제 해결은 1950년대 중반에 소련에서 시도되었다가 콜호즈농민
의 거센 반발을 받아 취소되었던 콜호즈들을 인위적으로 통합시켜 성립
된 '농촌도시'(Agrogorod) 건설을 통한 개발전략, 그리고 이와 비슷하
게 추진되었다가 끝내는 공산당정권의 붕괴까지 가져왔던 루마니아의
소유문제 해결과는 다른 모습을 보이고 있다.
　경제개혁에서 소련보다 일찍 시작한 중국이 1987년 공산당 13차대

---

24) "협동적 소유를 전인민적 소유로 전환시키는 것은 사회주의사회의 합법칙적 요구
　　입니다. 사회주의는 집단주의에 기초한 사회이며 협동적 소유와 전인민적 소유는
　　다 같이 우리 사회의 경제적 기초를 이루는 사회주의적 소유입니다. (……)사회주
　　의적 소유의 낮은 형태의 협동적 소유는 그 사회화 수준이 높아지는 방향으로 발
　　전하여야 하며 결국에는 사회주의적 소유의 높은 형태인 전인민적 소유로 전환되
　　어야 합니다."(김일성, 「사회주의의 완전한 승리를 위하여」, p.10)
25) 「군의 역할을 강화하며 지방공업과 농촌경리를 더욱 발전시켜 인민생활을 훨씬 높이자」,
　　『경제사전』, pp. 250~54.

236

회에서 '사회주의 초급단계'를 조자양(趙紫陽)이 이야기했고 이에 앞서 경제학자들이 "사회주의사회의 구조에 관한 견해 확립을 사회주의사회가 단일한 공동소유로 될 수밖에 없다는 관념을 버리게 하였다. 사회주의사회에서 소유의 다원성을 인정하는 것은 사회주의적 공동소유를 주체로 하고 생산발전에 유리한 비사회주의적 소유를 포괄하는 소유의 합리적 배치에 길을 열어놓았으며 우리나라 소유구조의 근절과 개혁을 촉진하게 하였다. (……)사회주의 공동소유형태의 발진문제를 제시하고 사회주의 소유형태의 다양성의 개념을 확립한 것은 사회주의 공동소유에 대하여 정치적이며 굳어진 것이라고 하는 관념을 타파하고 사회주의적 소유형태의 풍부하고 생기발랄한 발전을 탐구하는데서 사상적 애로를 제거하였다"[26] 고 주장하였다. 현재 소련의 경제개혁의 기수 가운데 한 사람인 보고몰로프(Oleg Bogomolov)도 "협동적인 활동형식도 재산에 대한 주인다운 태도를 가지게 한다. 협동조합들은 생산수단의 자원적인 통합, 공동작업, 완전한 민주주의, 관리의 독자성에 기초하여 크게 발전할 수 있다. 많은 사회주의 나라에서의 경험은 농업분야에서뿐만 아니라 공업, 상업, 운수, 서비스분야들에서도 협동조합의 효과성을 확증하고 있다."[27]

이러한 중국과 구소련에서의 사회주의 소유형태를 보는 새로운 견해에 의한 경제운영이 중국에서는 1979년 개혁시작 때 31만 정도의 개인기업체수가 1988년말 1,450만의 개인기업체에 2,300만 명이 종사한 정도로 확산되어 빈부격차의 심화와 부정부패의 만연이라는 심각한 사회문제를 야기시켰다. 천안문사태 이후 중국지도부는 이러한 개인기업에 종사하는 노동자들을 위한 생명보험의 의무화, 노동시간 제

26)『中國社會主義經濟理論的回顧與展望』,『經濟研究』, 1985. 6期, p.5.
27) O. Bogomolov, "Mir socializma na puti perestrojki," *Kommunist*, 1987, 16 호, p.95.

한, 16세 미만의 미성년노동 금지와 20 내지 60%에 이르는 높은 소
득세를 부과하여 개인적 소유에 일정한 제한적인 조치를 취했으며, 소
련에서 특히 개혁과 더불어 우후죽순처럼 생겨난 상업 특히 서비스업
종의 협동조합의 폭리적 영업행위에 대한 일반시민의 '노동자의 동전
을 긁어모아 살찐 협동조합'에 대한 불만과 불평이 점증하고 있어 이
에 대한 가격동결 등의 조치를 취하고 외국으로부터 대량의 소비제품
을 우선 수입하여 위기적 상황에 대처하기도 했었다. 이러한 소유제에
대한 북한, 중국 그리고 구소련의 서로 다른 입장과 더불어 소유형태
들의 성격과 기능상 변화에 대한 견해에서도 차이를 확인할 수 있다.
중국에서는 전인민소유제의 경제체제를 개혁하려면 반드시 경제건설
을 지도하고 조직하는 국가의 직능과 경영관리에서의 기업의 자주권
을 분명히 분리시켜 각급 정권기관들이 철도, 체신, 은행 등 사회화
수준이 높은 부분들을 제외하고는 원칙적으로 기업에 직접 경영관리
를 맡겨 소유권과 경영권을 분리시켜야 한다고 주장되고 있고,[28] 구소
련에서도 1987년 6월 30일 통과된 '국영기업(생산연합)법'은 기업의
물질기술적 토대와 자산을 이루는 것은 공동기금과 유동자금 및 기타
물질적 재부와 재정예비이며 기업(생산연합)은 이 재산에 대한 소유권,
이용권, 처분권을 가진다고 규정하여[29] 기업(생산연합)의 상품생산자
역할을 높이고 있다. 이에 대하여 북한의 사회주의 경제이론은 이러한
조처들이 결국에는 사회주의 국가의 경제적 기초인 국가소유를 변질
시켜 전체 인민대중의 공통된 경제적 이해관계의 기초를 허물고 이의
확립된 사회주의 소유제도를 과도기의 초기상태로 뒷걸음치게 만들어

---

28) 日本總合硏究所・中國社會科學院工業經濟硏究所(편), 『現代中國經濟事典』(東京:
    東洋經濟新報社, 1982), pp.441~45.
29) Jörg Huffschmid(Hg.), Die Wirtschaftsreform in der Sowjetunion(Köln, 1987,
    Pahl-Rugenstein), pp. 80~137.

개조된 낡은 소유형태의 복구 또는 자본주의적 성격이 농후한 소유형태라고 비판하고, 국가적 소유의 주도적 역할을 높이고 전인민소유제의 유일적 지배를 지향해나가야 한다고 주장하고 있다.

이와 같은 소유형태들의 성격과 기능규정에 대한 시각차이는 사회주의의 경제관리문제와도 직결되어 있다. 즉 경제에 대한 지도와 관리를 어떻게 하느냐 하는 문제에 대해서 주체의 사회주의 경제는 정치적 지도와 경제기술적 지도, 국가의 통일적 지도와 매개단위의 창발성, 민주주의와 유일적 지휘, 정치도덕적 자극과 물질적 자극을 옳게 결합하는 것이 기본원칙이라는 입장을 밝히고 있다.[30] 당이 혁명과 건설의 각 단계에서 인민대중의 요구와 이해관계에 맞게 경제정책을 세우고 그것을 관철하기 위한 투쟁과업을 규정하며 그 집행을 정치적 방법으로 지도하는 정치적 지도와 객관적 경제법칙과 경제적 타산에 기초하여 생산경영활동을 계획하고 조직하며 물질적·기술적 수단을 생산의 과학적·기술적 요구에 맞게 제때에 대주고 생산기술공정을 개선할 수 있도록 하는 경제기술적 지도의 결합문제는 국가의 통일적 지도와 각 생산단위의 창발성을 옳게 결합하는 문제라고도 할 수 있다. 이 문제는 결국 중앙경제기관과 기업소들 사이에 권한을 어떻게 분담하는가 하는 문제에 귀착된다. 국가의 통일적 지도를 끊임없이 강화하는 기초 위에서 기업소들의 창발성을 최대로 발양시키지 못하고 기업의 독자성만을 강조할 때 계획지표(Kennziffer) 설정, 자재 공급 해결과 제품판매, 가격제정, 이윤분배 등의 문제에서 각개 기업소가 독자적으로 움직여 결국 이윤도 공장기업소 단위로 챙기는 소위 '기업본위주의'(중국 : 企業本位主義) 또는 '지역이기주의'(소련 : mestničest

<hr>

30) 김일성, 「주체의 혁명적 기치를 높이 들고 사회주의, 공산주의 위업을 끝까지 완성하자」(1988), pp. 15~16.

vo)가 발생하게 마련이다. 이러한 문제는 구소련에서는 이미 1917년 12월 모든 경제의 중앙집권적 지도를 원활히 하기 위해서 세워진 최고인민경제위원회(VSNCH)가 안고 있는 중앙의 중추부(Glaviki)와 지방경제를 관장하는 인민경제위원회(Sovnarchoz) 사이의 갈등에서도, 집중영도(集中領導), 분산경영이라는 이상이 강조되었지만 중앙관서와 기업소간에 발생하는 갈등문제가 항상 제기되었던 중국에서도 볼 수 있다.

사회주의국가의 통일적 지도와 각개 생산단위의 창발성을 옳게 결합하여 사회주의적 협동생산의 질을 높이기 위해, 1961년 12월 도입된 북한의 '대안의 사업체계'라는 경제관리체계는 구소련의 '지배인 유일관리제'(edinonačalie)나 중국의 '당위원회 영도 밑에 공장장책임제'(黨委領導的工廠長責任制)와는 달리 당위원회의 집체적 지도 밑에 지배인은 생산기술부문을, 공장당비서는 정치사업을 책임지는 제도이다.

이와 함께 경제규모의 대량화, 과학과 기술발전의 요구에 경제규모의 대량화, 과학과 기술발전의 요구에 맞게 연합기업소가 조직되어 정무원의 통일적 지도 밑에 위원회와 '부'의 직접적 지도를 받아 연합기업소에 조직된 기업을 책임적으로 관리운영한다. 이러한 연합기업소라는 기업형태는 1973년부터 구소련에서는 소련산업의 기본단위로 되었던 생산연합소(proizvoditelnoe ob'edinenie 또는 firma)와의 현대화와 더불어 건설된 중국의 경제연합체와 같은 맥락 속에 있다. 그러나 북한의 연합기업소는 하나의 경영단위나 연합기업소와 이에 딸린 기업들이 각기 독립채산을 할 수 있는 이중독립채산제의 경영활동이고 이 점에서 주로 생산연합소를 독립채산제로 하는 소련이나, 경제연합체나 '종합공장'(綜合工廠)에 망라된 '위성기업'(衛星企業)이 주로 독립채산을 실시하는 중국과도 구별된다고 할 수 있다. 북한의 기업이나

240

연합기업소가 생산성과 노동자의 생산의욕을 높이기 위해 설치한 상여금기금은 초과이윤이 생겼을 때 이의 50% 범위 안에서 설치되며 연합기업소 수준에는 기본운영비의 1% 안에서, 기업단위에서는 분기예산의 10% 정도의 범위내에서 적립하여 사용할 수 있다. 이러한 상여금이 전체적으로 매월 표준임금 중 차지하는 비율이 북한에서 얼마쯤인가는 밝혀지지 않고 있지만, 중국에서 이의 최근 수치가 16 내지 25%이고,[31] 구소련에서는 1981년 기업의 총이익의 42%가 임금, 그리고 17%가 '물질적 자극을 위한 기금'에 사용된 것[32]을 감안할 때 대체로 이보다는 조금 낮은 수준일 것으로 추측된다.

　정치도덕적 자극을 위주로 하면서 여기에 물질적 자극을 결합시켜 정치사상사업우선원칙 위에 물질적 생활조건을 개선한다는 북한이 중국의 문화혁명기의 극단적 정치우선주의나 '개혁중의 소련과 중국의 물질적 자극우선주의자 사이에 중도적 위치를 추구한다'는 사실로써 위와 같은 추측을 밑받침할 수 있을 것이다. 공업생산에서 '대안의 사업체계'는 농업생산에서 '청산리방법'에 상응한다고 지적될 수 있으나 무엇보다도 중요한 것은 1961년 12월부터 실시된 '군협동농장경영위원회'로서 군인민위원회로부터 농촌경리를 분리시켜 농업지도체계를 국가농업위원회→도농촌경리위원회→군협동농장경영위원회로 구성시킨 점이라 할 수 있다. 이는 농업생산에 대한 기술적지도를 강화하여 농촌경리도 기업적 방법으로 지도하기 위한 것으로 도농촌경리위원회는 폐지된 농업성이 수행하던 생산지도사업을 맡아서 하게 되었다. 연방정부 농업성 그리고 각 연방의 농업성 또 이의 행정적 하부단위인 '지역'(Oblast 또는 Rajon)에 있는 콜호즈(협동농장)나 소프호즈(국영농장)로 내려가는 체계로서 기업적인 농업생산지도가 라욘(Raj

31) 『現代中國經濟事典』, p.711.
32) David Lane, *Soviet Economy & Society*(Oxford, 1985, Basil Blackwell), p.15.

on)의 농업위원회에서 이루어지도록 되어 있는 구소련이나 '정사분리' (政社分離) 원칙에 따라 인민공사가 해체되고 '향'(郷)이 종전의 생산 대대의 행정적 역할을 맡고 있으나 생산대(生産隊)가 농업의 기업적 경영의 책임을 맡도록 되어 있는 중국과는 달리 도시와 농촌의 차이 를 극복하는 고리인 군의 군협동농장 경영위원회는 기사장을 참모장 으로 각 협동농장 기사장과 작업반 기술지도원을 망라하여 군으로부 터 협동농장 작업반에 이르기까지 생산기술을 지도하고 군내의 농업 기술자들과 농기계작업소, 농기구공장, 관개관리소, 가축방역소 등 농 촌경리에 직접 관여하는 기업들까지 통일적으로 관장하고 있다. 즉 농 업의 기업적 경영의 지도가 생산기술적 지도를 도시와 농촌의 고리인 군(郡)에서 해결한다는 전략이다. 구소련과 중국이 국토가 광활한 조 건에서 바로 국가의 농업에 대한 직접적인 생산기술적 지도가 어려운 현실을 감안할 때 북한이 누리는 작은 나라의 '이점'을 여기에서 엿 볼 수 있다. 일반적으로 보아 구소련과 동구 그리고 중국에서는 경제 관리체제가 소유권과 관리권을 분리시키고 기업의 자주권을 높여 완 전독립채산제에 의한 기업운영방향으로 나가고 있다. 이러한 경향을 북한은 전인민적 국가소유를 기업소단위로 넘겨 관리는 자본주의식으 로 하는 것이라고 비판하며 이는 사회주의 경제의 균형적 발전을 저 해하는 것이라고 주장하고 있다. 특히 농업분야에서 실시되는 중국의 '가정생산책임제'(包産到戸)나 구소련의 '분조'(zveno)계약제 등이 농 촌에서 협동 경리제도를 폐지하고 개인농경리제도를 복구하는 것으로 보고 있다. 또 이러한 농촌경리제도가 객관적으로 농업생산을 근본적 으로 촉진시키지도 못하고 있는 중국과 구소련의 농업현실이 어느 정 도 이러한 북한의 주장을 밑받침한다고도 볼 수 있다. 사회주의 개혁 이 '사회주의의 종언'이며 자본주의화냐, 그렇지 않으면 자본주의와 현존 사회주의 모순을 극복하는 '제3의 길'로서 '올바른' 사회주의 건

242

설을 위한 몸부림이냐 하는 물음은 특히 사회주의에서의 '상품·화폐
관계' 문제와 관련되어 제기되었다. 사회주의에서의 상품·화폐관계가
일반적으로 부정적으로만 이해되었다는 비판은 고르바초프의 「사회주
의 사상과 혁명적 페레스트로이카」[33]라는 「프라우다」 1989년 9월 26
일자에 실린 논문에서도 났었고, 이른바 개혁지지파들은 보수파를 '반
상품주의자'(antitovarniki)라고 불렀다. 즉 사회주의경제와 상품·화폐
관계를 어떻게 대하며 이를 어떠한 입장에서 어떻게 이해하느냐 하는
문제가 개혁을 둘러싼 논쟁의 중요한 실마리를 이루었다. 소련 경제개
혁의 이론가 중 한 사람인 아간베기안(A. Aganbegjan)은 "소위 '반상
품주의자'들은 공식적으로 중요한 자리들을 아직 차지하고 있어 정치
경제학 교과서 어느 곳에도 상품생산에 대한 서술이 없다. 단지 상품
·화폐관계의 존재에 대한 나쁜 기억들만 서술되어 있고 또 정치경제
학 교과서 어느 구석에도 경제의 메커니즘에 대한 서술도, 또 효율성
에 대한 설명도 없다. 그들은 보수주의자들이지만 경제운영에서는 아
직도 중요한 자리를 차지하고 있다. 이러한 보수적 사고의 지주가
바로 모스크바에 있는 경제과학연구소였다"[34]고 지적하였다.

현재 90% 정도의 상품이 시장가격에 의하여 결정되고 있는 중국에
서도 "사회주의경제가 의연히 상품경제인 만큼 가치법칙은 자연발생
적으로 작용하게 마련이다. 사회주의에서 가치법칙은 상품의 공급과
수요를 조절할 뿐만 아니라 사회주의적 구매력과 상품공급관계도 조
절한다. 사회주의적 생산에 대한 가치법칙의 조절적 작용은 형태적 소
유에서뿐만 아니라 전인민적 소유 안에서도 일어나고 있으며 사회주
의사회의 사회경제생활 전반에서도 나타나고 있다.[35] 이에 대하여 주

33)『사회와 사상』, 1990년 1월호.(한길사), p.131.
34) Jörg Huffschmid(Hg.), 앞의 책, p.183.

체의 사회주의 정치경제학은 "사회주의사회에서의 상품생산은 자본가가 없는 상품생산이며 따라서 가치법칙도 자본주의사회에서처럼 맹목적으로 작용하는 것이 아니라 제한된 범위에서 작용하며 국가가 경제관리를 잘하기 위한 경제적 공간으로서 계획적으로 이용합니다"[36]라고 주장하고 있다. 즉 사회주의에서 상품화폐관계를 과대평가하면 자본주의적 경제체제가 되고 과소평가하면 전시공산체제처럼 경제와 생산활동이 위축되기 때문에 사회적 분업이 소멸되고 소유가 전면적으로 전인민적·국가적 소유가 되었을 때 사회주의내에서의 상품관계는 없어질 것이라고 보고 있다.

구소련과 동구에서 전개되었던 이 문제에 대한 토론은 '사회주의적 상품생산'은 '계획적인 상품경제'로서 '계획'에 의한 것이 아니라 '가치법칙'에 의하여서만 조절된다고 보고 있어 상품생산은 사회주의 경제에서도 소멸될 수 없는 일종의 '초역사적'인 범주로 보는 경향을 드러내었다.[37] '계획'과 '시장'이 단순히 '공존'하느냐 그렇지 않으면 '제3'의 새로운 사회주의적 시장경제를 형성시키느냐 하는 문제에 대해서는 구소련과 동구의 최근 논쟁에서도 결론이 나지 않은 문제였으나 북한은 계획을 중심으로 오히려 이의 합리적 기능을 확대시키는 방향으로 문제를 풀어나가야 한다고 주장하는 데 반하여, 개혁중의 구소련과 중국은 '시장'의 역할을 높임으로써 경제운영을 활성화시킬 수 있다고 주장하고 있어 전략의 차이를 엿볼 수 있다. 지금까지 다룬

35) 中國社會科學院經濟硏究所政治經濟硏究室(編), 『經濟改革的 政治經濟學問題探討』(북경 : 중국사회과학출판사, 1980), p.160.
36) 『김일성저작집』, 23권, pp.454~55.
37) Thomas Sauer, "Paradigmenwechsel in der Politischen Ökonomie des Sozialismus?" *Zu einigen Grundlinien des neuen ges ellschaftswissenschaftlichen Denkens in der UdSSR*(Berichte des Bundesinstituts für ostwissenschaftliche und internationale Studien, 46-1988).

소유문제, 경제관리문제 그리고 '상품·화폐관계' 문제가 북한사회주의 경제의 자주성 즉 '자립적 민족경제'를 관철하기 위한 방도에 관한 이론적 고찰이며 부존자원과 이를 사회주의적 노동과 현대적 기술을 결합시키는 방식의 문제에 관한 고찰이라고도 할 수 있다. 북한은 중국과 함께 구소련 중심의 경제상호원조회의(COMECON)에 들어가지 않은 채 사회주의를 건설하였다. 이러한 북한의 독특한 주체적 발전노선은 그러면 최근 격동하는 국제관계를 어떻게 평가하고 대처하고 있는가?

4. 주체사상의 국제정치적 시각

우선 주체사상의 국제정치적 시각은 "우리식대로 살아나가자!"는 구호에 분명히 나타나고 있다. 이 전략적 구호가 나올 때가 1978년이었다. 당시의 국제정세 중 중요한 변화는 우선 중국이 '네 가지의 현대화'를 택하여 경제개혁을 단행하고 개방의 길로 나갔다. 이 개방정책이 10년 후 1989년 6월 천안문광장의 유혈적 사태로 발전하였고 1985년 4월부터 일기 시작한 고르바초프의 페레스트로이카와 글라스노스트의 소용돌이는 전 동구 사회주의에 가히 혁명적이라고 할 만한 변화를 일으켰다.

그러면 북한은 이러한 사회주의의 위기와 변화 원인이 어디에 있다고 보는가? 헝가리가 남한과 외교관계를 수립하자 북한은 "오늘 사회주의 웽그리아가 딸라에 팔려 남조선 괴뢰들과 손을 잡고 미제와 국제반동들의 반공, 반사회주의적 책동의 물방앗간에 물을 대주는 사환군으로 전락된 것은 공산주의자들에게 참으로 가슴아픈 일이 아닐 수 없다. 비극은 웽그리아가 이러한 수치스러운 행동을 하면서도 자기가 마치 그 무슨 '새로운 사고방식'과 '새로운 사조'의 앞장에 선 '영웅'

이라도 되는 것처럼 과대망상하고 있는 데 있다"[38]고 비난하였다. 여기에서 인용부호로 표시된 '새로운 사고방식'(novoe mšlenie)이 고르바초프의 페레스트로이카의 구호라는 점을 감안할 때 이에 대한 북한의 비판적 시각은 간접적으로나마 잘 드러나고 있다. 또 중국정부가 천안문사태를 무력으로 진압했을 때 이러한 조처의 당위성을 '외부'로부터 제국주의자들의 반사회주의적 책동에 대한 사회주의의 자위적 행동이라고 보았다. 그러나 북한과 가까운 루마니아가 인민의 봉기로 무너지자 북한은 새 정부를 곧 승인하고 루마니아 인민의 결정을 존중한다는 반응을 보여 동구 사회주의의 위기가 '내부'로부터도 연유한다는 사실을 인정하고 있다.

그러나 동구 사회주의의 전반적 위기가 고르바초프의 '수정주의적' 노선에 원인이 있고 동구 사회주의가 지도에서 사라지게 한 장본인이 고르바초프라는 1989년 12월말에 중국당 간부 사이에 회람된 문서의 내용과 비슷한 입장을 북한이 취하고 있다는 것은 충분히 상상될 수 있다. 1989년 11월의 김일성 주석의 비공식 북경방문도 중국과 북한 지도부가 사회주의의 위기를 보는 데에서 비슷한 시각을 지니고 있다는 것을 간접 시사하고 있다. 오늘날 소련과 동구 사회주의에서 운위되는 개혁은 북한에서는 필요없고 전 사회의 주체화라는 보다 철저한 개혁이 이미 많은 진전을 보았다고 북한은 주장하고 있다.

따라서 인민정권의 강화와 사상·기술·문화의 3대 혁명을 더욱 추진시키는 것이 북한의 주체적 사회주의 승리를 담보하고 있고 이러한 길이 북한이 취하는 개혁의 올바른 길이라고 보고 있다.

이러한 노선이 그러나 북한의 자본주의와의 교류를 완전 차단하는 것을 의미하는 것은 아니고 가령 1984년에 제정된 합영법이 보여주는

---

38) 『국제생활』, 1988년 10월호, p.40.

것처럼 자본주의로부터의 기술과 자본 도입에도 소극적이지는 않다.

미·소가 유럽지역에서는 긴장을 완화하고 있지만 아시아 태평양지역에서, 특히 한반도에서는 미국이 긴장을 당분간 완화시킬 것으로는 보지 않고 특히 경제대국에서 군사대국으로 변화하는 일본의 군국주의 재생을 실증시키는 '미·일·한 삼각군사동맹'이 이미 가동하고 있다고 북한은 보고 있다. 특히 미국의 제3세계에 대한 무력적 개입 — 가령 필리핀이나 파나마에서처럼 — 이 노골적으로 나타나고 있는 조건에서 비동맹세력의 반제자주화 역량의 강화단결이 정치적으로 뿐만 아니라 경제적으로도 중요하다는 국제정치적 시각을 북한은 여전히 가지고 있다. 이와 함께 세계의 진보적 인민의 반전반핵 평화운동도 한반도의 비핵지대화 구상과 관련하여 중요한 국제적 지지세력으로 판단하고 있다.

제국주의의 경제·문화사상적 침투에 의한 사회주의의 전반적 위기라는 인식을 북한도 가지고 있으나, 이러한 위기극복을 위하여 여전히 사상혁명을 강조하고 있다. "주체화, 현대화, 과학화"라는 구호가 내세우는 명제들이 상호 배타적이지 않기 위해서, 즉 주체를 세운다는 것이 현대화를 거부하거나 주체의 사상혁명을 수행하는 것이 과학적이고 합리적인 사고를 부정하지 않기 위해서, 사회주의는 물론 자본주의 세계의 변화에 적극적으로 대응하는 문제는 북한에는 우선 '국제화'라는 '현대화'의 흐름 속에 있는 남한과의 관계문제로 나타나고 있고 이는 한반도의 통일문제로 집약되어 나타난다고 할 수 있다.

5. 남북통일문제를 보는 주체사상

자주성의 실현이라는 문제는 철학은 물론 정치·경제 그리고 국제관계를 관통하는 북한의 중심축이며 이는 남한을 보는 관점에서도 나타난다. 즉 남한을 자주화하는 것이 자주적 통일을 위한 전제이며 담보라는 것이다.

이러한 남한사회에 대한 인식은 우선 '남조선혁명'을 '반제반봉건 민주주의혁명'이라고 규정하는 데서도 잘 나타났다. 이러한 인식이 남한의 산업화가 급속히 진행되었던 70년대부터 남한사회가 '자본주의로 나아가는 것'은 인정하고 있으나 이의 (신)식민주의적 성격을 강조, 남한을 '식민지 반(牛)자본주의'라고 규정하고 있다.

이러한 인식은 남한에서 80년대 중반에 진행되었던 사회구성체 논쟁 가운데 제기된 '신식민지 국가독점자본주의'나 '중진자본주의'적 남한사회성격 규정과는 다른 전술적 결론을 유도하고 있다. 북한은 남한사회변혁의 중심고리를 반제, 특히 반미자주화 성격을 띤 민족해방에서 찾고 있는 데 반하여, 신식민지 국가독점자본주의론은 그동안 양적·질적으로 성장한 노동계급을, 중진자본주의론은 중산층의 정치적 영도에서 남한사회변혁 가능성을 보고 있어 변혁주체를 보는 입장은 서로 다르지만 남한사회의 계급적 변화와 모순을 중요시하고 있다. 그러나 남한사회변혁의 이러저러한 성격규정에도 불구하고 중요한 사실의 하나는 남한의 변혁이 곧바로 남북통일을 의미한다든지, 또는 남한의 변혁은 남북통일문제와는 전혀 별개의 문제라는 극단적 입장을 북한은 배격하고 있다. 바로 이러한 입장이 남북한의 현재의 체제를 그대로 두고 '연방제' 형식의 하나의 통일민족국가를 결성하자는 논리를 구성하고 있다. 북한은 이러한 연방국가 창립안이 외세의 힘에 의한 것이 아니라 민족의 주체역량에 의해 평화적으로 그리고 민족대단결의 원칙에 서 있다고 주장하며 이의 실현을 위해 우선 현재의 휴전상태를 종전시키는 미국과의 평화협정을, 남북간에 불가침협정 체결을 제기하고 있다.

그러면 이러한 북한의 연방제통일안이 현재 급격히 진전되고 있는 동서독 통일논의 내용과는 어떠한 맥락 속에서 이해될 수 있는가? 동독의 마지막 정부였던 모드로(Modrow)정부는 '계약공동체'(Vetrags gemeinschaft)라는 두 국가 사이의 계약을 통한 '국가공동체'를 상정하고 있는 데 대하여, 서독정부는 '연방제적 구조'(konföderative Strukturen)를 우선 동·서독 사이에 확립시키고 이를 점차적으로 하나의 '연방'(Föderation)이라는 국가적 통합을 이룬다는 것이다. 이 마지막 단계는 현새 있는 '독일연방공화국'(Bundesrepublik Deut schland 즉 서독)에 '동독'(독일민주주의공화국:Deutsche Demokratische Republik)이 '주정부'(Landesregierung)의 형식으로 흡수·통합되는 것을 실질적으로 의미한다. 이렇게 볼 때 북한의 연방제적 통일방안은 동독의 '계약공동체'가 의미하는 '1민족 2국가'보다는 서독정부가 현재 추진하고 있는 '연방제적 구조' 확립이라는 '동독흡수' 이전 제시한 '1민족 2체제'적인 성격이 강하다. 물론 형식적으로 나타나는 이러한 유사성과 차이는 이를 뒷받침하는 사회경제적 구조를 충분히 감안하지 않을 때 이는 한반도의 통일모델로서 오랫동안 논의되었던 동·서독 통일모델처럼 관념의 유희에 지나지 않는다. 북한은 그들이 현재 처하고 있는 입장이 동독과는 다르다는 것을 확신하고 있다. 군사블럭에 가담하지 않고 비동맹운동에 참여하고 사회주의권의 중심인 구소련으로부터 자주적인 그들의 입장을 강조하고 있다. 이는 동시에 미군이 주둔하고 있는 남한의 입장을 상대적으로 약화시키고 있다. 남한 내부의 자주·민주·통일의 이념을 내세운 민족민주운동의 역량이 90년대 들어서 약화되었다고 판단하는 북한이 소련과 동구 사회주의 몰락이 조성하는 남한 내부의 승공통일적 분위기를 의식하고 있기 때문에 남북대화에 오히려 적극적으로 임하지는 않을 것으로 예견된다. 그러나 90년대에는 세계적인 범위에서 긴장 완화가 더욱더 추진되고 다소 시차는 있으나 아시아·태평양지역에서도 미·소 긴장완화가 올

것이며 이는 남한으로부터 미군철수문제를 포함한 한반도의 군사적 긴장 완화와 평화정착이라는 압력을 가져올 것이다. 북한도 후계자가 공식적으로 전면에 부상하는 변화를 겪어야 할 90년대에 순조로운 남북관계를 원하고 있어 한반도의 긴장은 전반적으로 완화될 것으로 보인다.

북한을 분석하는 데서 지금까지 주로 사용되었던 '기능주의적' 방법('국제관계론')이 결국에는 북한을 움직이는 '내재적' 힘의 분석에 별로 주의를 돌리지 못한 점을 상기할 때 주체의 철학, 정치경제학, 국제관계론의 종합적 이해가 우선 요구되고 있다.

6. 맺음말

주체사상이 내포하는 혁명과 역사의 의미를 우선 이의 철학적 전제에서 나타난 인간 중심의 자주성·창조성·의식성이라는 체계에 비추어 보았고 이어서 우리는 이러한 원칙이 정치에서의 자주, 경제에서의 자립 그리고 국제관계와 남북관계 원칙인 자주성이라는 구조에 어떻게 구체적으로 나타나고 있는가를 구소련과 중국 그리고 사라진 동구 사회주의와의 비교를 통해서 내재적으로 드러내려고 시도하였다. 북한에 대한 일차적인 자료들을 다른 사회주의의 그것과 비교하는 작업이 일반성만을 드러내는 작업이거나, 이와 반대로 특수성만을 드러내는 작업일 수는 없다.

북한사회주의의 혁명과 건설의 특수성을 부정적으로만 음각시키는 태도는 구소련과 동구 사회주의의 개혁을 '더 많은 사회주의'를 위한 것인데 이를 거부하는 북한의 주체사회주의는 '시대에 뒤떨어졌다' '마르크스-레닌주의와는 무관하다'는 주장을 펴고 있고, 이와는 반대로 특수성을 긍정적으로만 양각시키는 태도는 이러한 북한사회주의

혁명과 건설을 분단 속에서 또 다른 역사적 배경을 지닌 남한에 무비 판적이며 교조적으로 접수하는 식으로 나타난다.

이 양자의 태도는 모두 분단체제를 극복하고 남북통일을 이루는 데 중요한 하나의 요소인 주체사상에 대한 정확한 인식을 결여하고 있다. "사회주의는 이제 끝이고 자본주의가 결국 승리했다"는 식으로 동구 사회주의의 몰락을 바라보는 시각은 사회주의와 자본주의의 일반성을 북한과 남한에도 각각 확장적용시켜 오늘 남한사회에 산저해 있는 문제를 덮어두려는 태도이다. 이는 언급할 필요조차 없을 정도로 극히 단순한 유추논리를 펴고 있지만, 이러한 시각이 현재 지배적인 상태에서 우선 주체사상의 내재적 검토는 남북통일을 위한 새로운 발상의 전환에 도움을 줄 것으로 기대된다.

〈1990, 『현대와 사상』〉

북한 연구에 있어서 '내재적 방법' 재론

　독일의 유명한 주간지 『더 짜이트』(Die Zeit)는 김주석의 사망을 애도하는 북한사람들의 모습을 집권층의 사회통제기술에 의해 조작된 '집단적 히스테리'라고 논평했다. 또한 얼마 후에 북한의 핵문제에 대한 북한과 미국의 협상이 2년여의 줄다리 끝에 작년 10월 제네바에서 타결되자, 이 신문은 즉시 '파산된 테러정권'의 협박에 못 이긴 '문명세계'의 양보의 결과라고 논평했다. 얼마 전 필자가 참석했던 독일 트리어(Trier)대학의 한반도 통일문제 토론회에서도 비슷한 이야기가 오고 갔다. 토론회의 한 토막을 소개하면 다음과 같다.

　북한사람들은 계약 후에 분명히 다른 소리를 하기 때문에 "믿을 수 없다"라는 견해를 한 지리학전공의 교수가 펴자, 전 주한독일대사는 남한에서도 이와 유사하게 계약이 성립되고 나서야 다시 진짜 일들이 시작되었다고 자신의 서울 근무 경험을 토로했다. '한국사람은 원래 그렇다'느니 '동양사람은 다 그렇다' 하는 식의 이야기가 토론회의 핵심 주제와는 무관하게 지속되었다.

위의 짧은 이야기 속에서 우리는 서구인들이 남북을 포함한 '우리'에 대한 이해의 왜곡된 단면을 엿볼 수 있다.

북한사회를 한마디로 이렇다 저렇다라고 규정, 평가하는 일이 최근의 현상만은 아니지만, 북한의 핵문제가 세계여론화되고 김주석이 사망한 후에 더욱 단정적·노골적인 판단형태를 취하고 있는 것이 사실이다. 서구인들의 문화적 전통이 다른 북한사회에 대한 이해는 차치하더라도, 비록 반세기에 걸친 분단상태에 살고 있지만, 오랫동안 하나의 경험공간 속에서 삶을 영위해 온 남북의 상호이해 수준이 서구인들의 그림과 본질적으로 큰 차이가 없다는 것이 필자의 평소의 관찰이다.

몇년 전 필자는 월간지 『사회와 사상』에 「북한사회를 어떻게 볼 것인가?」(1988년 12월호, 104~116쪽)라는 짧은 글을 발표했었다. 이 책에도 재수록된 이 글에서 필자는 북한사회를 이해하기 위해서 '비교사회주의 연구'를 수반하는 '내재적' 연구방법론이 필요하다는 것을 제기했었다.

필자는 논지에 대해서 그동안 비판에 대답할 필요성을 느끼던 차에 강정인씨의 「북한연구방법에 대한 새로운 제언」(『역사비평』, 1994년 가을호, 318~342쪽)이라는 글을 접하게 되었다.

이 글에서 제기된 비판이 몇 가지 중요한 문제점들을 지니고 있었기 때문에 이번 기회에 필자의 북한사회이해에 대한 기본틀을 다시 정리해서 보여주려고 한다. 이 글은 북한사회연구에서 제기되는 사회과학적 방법론의 철학적 지평들을 중점적으로 검토하려고 한다.[1]

---

1) 분단현실 파악에 있어서 제기되는 인식론적 문제에 대한 필자의 새로운 논의는 「분단현실에의 인식론적 접근」『창작과 비평』(1995년 봄호) 참조.(이 책에도 수록)

1. 북한연구에 나타나는 '동양주의'(Orientalism)

이집트 출신으로 현재 뉴욕의 콜롬비아대학에서 영문학과 비교문학을 가르치는 사이드(Edward W. Said)는 출간 이후 많은 주목을 받고 또 여러 가지 논쟁을 야기시킨 『동양주의』(*Orientalism*, New York, 1978)라는 저서 속에서 서구의 동양연구 ── 그는 '동양'을 주로 그의 성장배경을 이루었던 '이슬람문화권'으로 이해하고 있다 ── 속에 내재하는 인식관심의 역사, 구조 그리고 연구방법론을 첨예하게 문제삼고 있다. 나폴레옹의 이집트 원정에 동행했던 프랑스의 동양학자들에 의해 본격적으로 심화된 동양(이슬람문화) 연구에서 비롯된 근대적인 '동양주의'는 동양에 관한 지식의 심화에 힘입은 체계적 연구를 통해서 '타자'(他者)로서의 동양의 발견자라는 의식이 서구의 '동양학자'들의 자의식 속에 자리잡기 시작했다고 사이드는 보고 있다. 한마디로 말해서 동양사회의 본질을 담고 있는 재료들은 비논리적이고 비합리적인 동양사람 자신들에 의해서는 파악될 수 없고, 서구의 '동양학자들'의 과학적 연구 및 서술에 의해서만 정리되고 드러날 수 있다는 유럽중심적 관점을 '동양주의'의 출발점으로 삼고 있다. 이 관점은 가령 19세기 중엽 프랑스의 이집트 전문가 레낭(E. Renan)의 지적 ── "인간은 자유스럽고 도덕적이지만, 종족, 역사 그리고 학문에 의해서 묶여 있기 때문에 동양은 동양학자들에 의해서 파악될 수 없다"[2] ── 에서 분명히 드러나고 있다.

'동양' 또는 '동양적'이라는 개념이 결국 '서양' 또는 '서양적'이라는 지식체계에 의하여 만들어져 왔고, 현재도 통용되고 있다는 사이드의 분석을 북한연구와 연관지어 구태여 문제삼는 필자는 우선 북한연구

---

2) Ed. W. Said, *Orientalism*, New York 1978, 137쪽 이하

의 태도와 방법에도 이러한 '동양주의'와 유사한 구조가 자리잡고 있다는 사실을 지적하고 싶다. 필자는 최근들어 국내의 여러 대학에 북한학과가 생기고, 언론사에도 북한부라는 부서가 생겼다는 소식을 듣고 있다. 동양세계 분석에 있어서 필수적인 언어의 해독과 구사에 많은 시간과 정력을 쏟아야만 하는 서구의 동양학자들에 비하면 같은 언어를 구사하는 우리의 북한문제 전문가는 비교할 수 없는 좋은 조건에 있다고 할 수 있다.

그러나 필수조건이 충분조건이 아니듯이, 언어가 같다고 해서 북한사회를 이해하는 데에 어려움이 없다는 것을 의미하지 않는다.

통일 이전 서독에도 동독연구만을 전담하는 굵직한 연구기관과 많은 연구자들이 있었으나, 하이델베르크대학의 정치학교수 본 바이메 (Klaus von Beyme)가 토로했듯이, 이러한 연구기관 또는 연구자 가운데 어느 하나도 1989년 가을의 동독을 예견치 못했다.

타자의 이해만이 이 타자를 종국에는 파괴하거나 정복할 수 있다는 힘으로서의 지식에 내한 신념에 있어서 남한의 북한연구에 결코 뒤진다고 할 수 없었던 서독의 동독연구가 동독사회 붕괴 앞에 속수무책이었던 점은 우리에게 시사하는 바가 크다 할 수 있다.

이러한 사실의 중요한 원인을 필자는 서독의 사회과학이 주로 물량으로 환원된 범주 속에 안주하고, 복잡한 사회적·문화적 논리 또는 마음의 논리분석에 주의를 돌리지 못한 데서 찾고 있다.

그러면 북한사회의 마음의 논리는 과연 어떻게 파악될 수 있는가?

김주석 사망 이후의 북한사회 내부에 흐르는 정서를 집권자들이 의식적으로 조작한 결과로 나타난 '집단적 히스테리'라고 진단하는 측도 있고, '하나의 대가정'을 이끌어온 '어버이 수령'의 사망에 대한 인민의 진실된 슬픔이라고 판단하는 측도 있다. '참여해서 관찰한다'는 '질적인 사회조사방법'도 있고, 사회와 문화의 특징적인 의미구조를 드러

내는 '객관적 해석학'[3]이라는 접근방법이 있긴 하지만, 현재와 같은
한반도의 정치상황 아래서 이러한 조사방법을 사용한다는 것은 동양
을 여행하고 연구조사했던 유럽의 동양학자들이 살았던 19세기 중엽
당시보다는 쉽지 않은 것 같다.

이러한 어려움에 직면하여 필자는 '해석학적 순환'(hermeneutischer
Zirkel)이라는 고리를 끊는다는 의미에서 —— 흡사 장자(莊子)와 혜자
(惠子) 사이의 문답처럼[4] —— 북한사회 이해에 있어서 '내재적 접근방
법'의 필요성을 제기하였다.

2. '내재적 방법'은 무엇인가?

'내재적'(immanent)이라는 뜻은 우리 인식이 경험에 의거하고 있다
는 것을 우선 강조한다. 또 '내재적'이라는 뜻의 반대말은 '외재적'
(extern)이 아니다. '선험적'(transzendental)이다. 즉 우리의 경험의 한
계 개념으로 설정된 '선험적 이념' —— 이를 칸트철학에서는 '신'이나
'물자체' 등이 경험과 이의 가능성을 넘어선다는 뜻에서 사용되기도

---

3) U.Oevrmann, Die objektive Hermeneutik als unverzichtbare methodolog-
ische Grundlage für die Analyse von Subjektivität, in : Th. Jung/S. Mü
ller-Doohm(Hrsg.), "Wirklichkeit" im Deutungsprozeβ, Frankfurt/M. 1993,
S. 106 – 189.
4) 莊子, 秋水, 17 : "장자가 혜자와 함께 호수(濠水)다리 위에서 소요할 때, 장자는
'저 작은 물고기들이 놀고 있는 것을 보라. 저것이 물고기의 즐거움이다'라고 하
니, 혜자는 '그대는 물고기가 아닌데 어찌 물고기의 즐거움을 아는가?'라고 물었
다. 장자는 '그대는 내가 아닌데 어떻게 내가 모르는 줄 아는가?' '나는 그대가 아
니니 그대가 아는 것을 내가 모른다면 그대도 역시 물고기가 아니니 물고기의 즐
거움을 모를 것이 아닌가.' 장자는 '처음 우리 대화로 돌아가자. 그대는 내가 어떻
게 물고기의 즐거움을 아는가 하고 물었다. 그대의 묻는 말은 곧 내가 아는 것을
그대가 안 것이다. 이 다리 위에서 내 경험으로 나는 알았다'라고 하였다."

한다 —— 과 '외재적'이라는 뜻을 혼동하다보니 '밖'에서 들여다본다는 의미에서의 '외재적'이라는 뜻을 '객관적'이라는 뜻으로 이해하는 오류를 범하고 있다.

따라서 '내재적' 접근방법이 북한사회의 긍정적인 측면만을 일방적으로 부각시키고 북한체제에 대한 비판적 태도의 회피 또는 결여를 의식한다고 주장하는가 하면, '내재적' 접근방법의 결함이 이 접근 방법에 본질적으로 내재하는 결함이 아니고, 남한에서의 그 '적용양상에 관해 더 커다란 우려'를 품게 한다는 검찰논고식의 논리로도 비약한다.[5] 북한사회의 '내재적' 접근이 북한사회주의가 스스로 제시한 이념을 그의 경험적성과에 비추어 본다는 관점에 서 있기 때문에, 이러한 접근방법은 이념과 경험의 긴장관계를 드러내보일 수밖에 없다. 이는 불완전한 경험적 인간에 대하여 절대자인 '신'이라는 '한계이념'이 항상 설정된다는 뜻에서 칸트가 '내재적 —비판적'(immanent-kritisch)이라는 '내재적'과 '비판적'이라는 말을 같이 사용하고 있는 데서도 잘 드러나고 있다. 내재적인 방법이 경험세계에 근거를 둔 방법이기 때문에 내재적인 방법이 무비판적이라는 비판으로부터 '연구방법론'이 문제가 아니라 '연구자' 또는 '내재적 접근론자'가 문제라는 식으로 비판의 초점을 바꾸는 것은 상당히 심각한 문제라고 느껴진다.

'사회주의 연구는 괜찮은데 이를 선전하는 것이 문제'라는 식의 논법을 가깝게는 경상대학교 교수들의 『한국사회의 이해』라는 책을 문제삼았던 공안사건에서도 볼 수 있는데, 도대체 '연구자' 없는 '연구방법론'이 무슨 의미를 가지고 있는가? '내재적 접근론자'가 있기에 '내재적 방법론'이 있는 것이지, '내재적 방법론' 때문에 '내재적 접근론

---

5) 강정인, 「북한 연구방법에 대한 새로운 제언」, 『역사비평』 1994년 가을호, 323쪽. 주9.

자'가 있는 것은 아니다. 그러면 '선험적 이념'에 의한 — '외재적' 방법에 의한 것이 아니라 — 북한 사회접근은 무엇을 의미하는가? 사회주의 분석에 있어서 자주 등장하는 '개인의 자유'나 '인권'이라는 개념은 중국 천안문사태 이후 계속 제기되었고, 남한에서도 얼마 전부터는 남북대화에 있어서 북한의 '인권문제'를 거론해야 된다는 주장도 고개를 들기 시작하였다. 프랑스혁명의 산물로서의 천부적 인권에 대하여 중국이나 북한은 '발전에 대한 권리' '사회권' '민족 자주권'이라는 개념 등을 내세우고 있다.

얼마 전 싱가폴 정부가 자동차에 낙서를 하다 붙잡힌 미국청년에게 태형을 가하고, 4kg의 헤로인을 소지하고 있다가 적발된 홀란드 사람을 교수형에 처하자, 서방언론은 이를 연일 비판적으로 논평했다. "동양과 서양은 인권에 대하여 같은 생각을 갖고 있지 않은가?"라는 비판적 질문에 대하여 싱가폴의 전 수상 이광요(李光耀)는 "먼저 나는 그렇지 않다고 말하고 싶다. 왜냐하면 두 세계는 서로 다르고 서로 격리되어 발전해왔다. 그러나 현재 우리들이 하나의 세계에 살고 있고 보스니아, 하이티, 동부 티모에서 일어나는 사건들을 똑같이 텔레비전에서 보기 때문에 어떤 정부가 옳은가 또는 그른가, 한 사회가 어떻게 조직되어야 하는가, 그리고 그 성원을 어떻게 다루어야 하는가에 대한 확실히 하나의 어떤 보편적인 기준은 생기고 있다. 그러나 이러한 기준이 서구적 가치체계여야만 하는 것은 아니다. 왜냐하면 서구는 너무 방종하게 돼버렸기 때문이다. 가령 '국제사면위원회'와 같은 조직들은 끔찍한 살인을 한 범법자를 사형에 처하는 것을 인권의 침해라고 주장한다. 아시아 사람들에게 그러한 비난은 터무니없는 것으로 들린다. 만약 아시아 사람들이 그와 같은 주장을 받아들인다면 사회에서의 혼란은 피할 수 없게 될 것이라고 생각한다."[6]라고 대답했다.

'내재적 접근'의 반대개념으로 '외재적'이라는 접근방법이 거론되는

데, 이는 은연중 '외재적=보편적=서구적'이라는 등식에 빠져 있음을 보여준다. 북한사회에 대한 '내재적' 접근은 남한사회에 대한 동등한 수준에서의 '내재적' 접근을 요구한다. 이는 남한사회가 스스로 제기한 가치와 이념 — 가령 '자유민주주의'라는 정치이념 — 에 비추어 경험적 성과나 현실을 평가한다는 것이 남한사회의 '긍정적' 측면만을 드러내주고 비판정신이 결여된 것으로 이해될 수 없듯이, 남북사회에 수미일관된 '내재적' 접근은 경우에 따라서 '객관적'이라고 잘못 인식된 '외재적' 척도의 자의성을 배제함은 물론이거니와, 사회과학적 논리와 방법의 일관성도 보여준다. 이러한 '내재적' 접근은 남북한 사회가 각각 반세기에 걸쳐 각기 구축해온 경험세계의 차이를 무시하고 하나의 경험세계를 다른 경험세계로 단순하게 환원시킬 수 없다는 — 예컨대 통일문제의 해결에 있어서 — 하나의 중요한 원칙을 우선 제기해 주고 있다.

분단 반세기가 하나의 민족으로 살아온 기나긴 역사 속에서 상대적으로 짧은 경험공간을 의미하너라도 우리는 이 의미를 결코 무시할 수 없다. 그러나 이러한 두 경험공간 사이의 '환원불가능성'(Irreduzier barkeit)은 '통약불가능성'(Inkommensurabilität)이나 '담론포기'(Diskursverzicht)를 결코 의미하지는 않는다. 비록 남북 사이의 경험이 상호환원될 수 없다 하더라도, 통약(通約)하고 대화할 수 있는 공통의 역사를 전제하고 있고 남북사회의 다른 경험세계가 단순히 독립된 개별적인 '이야기들'(Geschichten)이 아니고 '집단적 단수'(Kollektivsingular)로서의 '역사'(Geschichte) 속에 응축되어 있음은 분명하다.[7] 분단을 이야기하는 것이 결국 통일을 이야기할 수밖에 없도록 만드는 이유가 바로 여기에 있다.

---

6) Die Zeit, Nr.49(2. 12. 1994), S.7

3. '나'와 '타자' 사이의 '북한연구'

남북한 사회에서의 내재적 접근이 안고 있는 경험과 이념, 배제와 통합 그리고 분단과 통일 사이의 긴장성은 남과 북이 현재 타자이지만 타자로만 남을 수 없는 '경계체험'(Grenzerfahrung)을 의미한다. '나는 타자의 인질이다'라는 레비나스(E. Lévinas)의 타자의 흔적에 대한 실존적 체험[8]이나 '자신이 타자에 가까이 가면 갈수록 자신과는 멀어진다'라는 레비 스트로스(Cl. Lévi-Strauss)의 인류학적 자기반성[9]이 지적하듯이, 우리 한반도를 가로지르고 있는 '휴전선'이라는 경계는 '타자로서의 나'(alter ego)를 끈질기게 그리고 긴장 속에서 상기시키고 있다. 우리의 경계체험으로서의 '휴전선'은 오늘날 여러 유형의 의식행위체계로서 드러나고 있다. 첫째 타자가 타자로서 남아 있다는 사실 앞에 참을 수 없는 불안을 느끼고 타자를 정복하거나 파괴해야 된다는 강박감을, 둘째 타자를 신비화하는 동시에 자신을 비하시키거나, 셋째 나와 타자 사이의 담이 너무 높아 이의 극복은 불가능하다는 무력감이 그것이다.

첫번째의 인식과 행동양식은 결국 힘에 의거한 타자의 정복과 파괴 욕망으로 나타나는데, '조문파동' 때 제기된 '우적논쟁'(友敵論爭)이 이러한 타자의 이해양식을 잘 보여주고 있다.[10] 이러한 첫번째의 타자

---

7) 코셀레크(Koselleck)는 '역사'가 개인사의 단순한 집합이 아니라 '힘'과 '방향'을 가진 시대와 민족의 '총체적 결과'(Generalresultat)로 파악하였다. 이러한 의미에서 그는 역사를 '집단적 단수'라고 보고 있다. R. Koselleck, *Vergangene Zukunft*, Frankfurt/M. 1985, 4. Aufl., S. 50ff.

8) E. Lévinas, *Totalität und Unendlichkeit*. Versuch über die Exteriorität, Freiburg/München 1987.

9) H. Fink-Eitel, *Die Philosophie und die Wilden*. Über die Bedeutung des Fremden für die europäische Geistesgeschichte, Hamburg, S. 34ff.

260

이해양식이 '감상적 통일론'이라고 비판하는 두번째의 이해양식은 휴전선 저쪽에도 '사람이 살고 있었네'라는 화두로서 극명하게 드러나고 있다. 이러한 유형의 '경계체험'은 분단으로 고통당하는 동족에 대한 이해와 함께 자기가 몸담고 있는 가해자의 세계에 대한 비판으로 나타난다.[11] 휴전선 저쪽에는 미개인이 살지 않고 우리와 같은, 또는 우리보다 때묻지 않은 사람이 살고 있다는 주장에도, 그리고 그쪽에는 적들이 살고 있기 때문에 파괴하거나 정복해야 한다는 주장에도 무관심한 세번째의 경계체험양식이 있다. 그것은 '이곳과 지금'(hic er nune)의 삶을 즐기는 데 최고의 가치를 두고 있다. 이러한 유형은 힘의 논리도, 감상도 동시에 거부하는 '젊은 늙은이'(Kindesgreis)의 지혜

---

10) '우적논쟁'의 포문을 연 당사자인 노재봉은 '우적논쟁'의 개시자인 칼 슈미트(Carl Schmitt)에 대해서 전혀 언급을 하지 않기 때문에 필자는 여기서 '우적논쟁'의 정신사적 근원에 대해서 간단히 언급하고 싶다. 바이마르 공화국의 정치적 혼란 속에서 칼 슈미트는 '정치적인 것의 개념'(Der Begriff des Politischen)이라는 저서에서 '정치적인 것'은 적과 아를 구분하는 것이라는 결정론적인 견해를 피력하였다. 이러한 정치적 견해는 제1차 세계대전 패망 이후의 독일의 '젊은 보수주의자들'(Jungkonservativen)의 부르주아 문화의 퇴폐성에 대한 경멸과 증오에서 비롯되었으며, 동시에 강한 민족주의적 지향성을 담았다. 이러한 경향은 따라서 '민족볼셰비즘' '우익의 좌익' '니체적 공산주의' '반동적 혁명주의' 등으로 불리우기도 하였다. 이러한 사상계열에 속하는 사람들로서는 『서구의 몰락』을 쓴 스펭글러(O. Spengler), 루드비히 클라게스(L. Klages), 융거(E. Jünger) 등이 있다. 이들의 이상적 인간상은 따라서 개인주의에 탐닉한 '즐기는 인간'(Genußmensch)이 아니라 집단을 위해서 피땀흘리는 노동자와 병사였다. '우적논쟁'을 펼쳤던 '민족볼셰비키' 슈미트와 한국판 '우적논쟁'을 편 노재봉의 차이는 여기에 있다.
11) 데리다(J. Derrida)는 레비 스트로스의 '구조주의적 인류학'이 지니는 타자를 이상화하고 자기를 비판하는 속성을 '우울'(Melancholie)이라고 보았다. '레비 스트로스의 종족중심주의에 대한 비판은 먼저 원초적이고 자연스러운 아름다움이라는 모델 속에서 타자가 나타나게끔 한다. 자기자신을 폄하하고 자신이 받아들일 수 없는 것을 비판하게끔 하는 이러한 양심고백을 인류학이 실현하도록 만들었다고 루소는 가르쳤다.' ― J. Derrida, *Grammatologie*, Frankfurt/M. 1983, S. 201.

라고 부를 수 있다.[12]

제국주의의 식민지 경략에 봉사한 '문화 인류학' 범죄자를 사회로부터 유리하여 감금시켜온 지식체계로서 '형법'에 대한 푸코(M. Foucault)의 지식과 힘의 관계분석이 잘 보여주듯이, 힘의 논리에 대한 신봉이 우리의 북한연구에도 큰 흐름을 차지하고 있는 것 같다. 타자로서의 북한의 이해를 통해서 이를 종국에는 파괴시킬 수 있다고 믿는 첫번째 유형의 북한연구가 두번째 유형을 '감상적'이라고 비판하지만, 사실 두번째 유형의 지식체계는 우선 도덕적 신념으로부터 출발할 뿐만 아니라 동시에 자기비판을 전제하고 있다. 그러나 이러한 체계는 북한사회에 대한 변혁의 책임을 스스로가 질 수 없는 '관찰자'의 역할에 머무를 수밖에 없다. 그럼에도 불구하고 '참여자'의 용기와 '관찰자'의 무력, 타자에 대한 사랑과 자신에 대한 비판 사이의 긴장성을 유지하려는 북한연구는 타자에 대한 물음을 항시 수반하게 된다.

만일 한반도가 독일식으로 통일되면 남한 사람들은 서독인들이 동독인들에 대하는 태도보다도 북한사람들에게 더 심하게 굴 것이라는 주장도 있고, 이와는 정반대로 남한사람과 북한사람 사이에는 동질감이 크기 때문에 통일 이후 독일사회가 안고 있는 문제는 쉽게 해소될 수 있으리라고 낙관적으로 보는 사람도 있다. 그러나 '동족상잔'이나 '고향'이라는 직접적인 경험공간 속에서 자라지 않은 새로운 세대들은 역시 세번째로 지적된 유형의 '휴전선' 체험을 대체로 하고 있다고 보여진다.

---

12) 더글러스 커플랜드(Douglas Coupland)의 'X세대'에 관한 논의가 '신세대' 논쟁으로 남한에도 번지는 것 같다. 회의적·허무적이지만 그러면서도 실용적인 태도를 보여준다는 미국의 'X세대'와 가령 독일의 비판적이고 저항적인 '68년 세대'와 비교·구별되는 '89년 세대'가 반드시 같다고 볼 수 없는 점을 감안한다면, 우리나라의 과열된 '신세대' 논의에는 반성이 따라야 할 것으로 필자는 생각한다.

　북한연구는 지금까지도 그렇지만 앞으로는 더욱 자신의 새로운 분
신인 냉소나 회의적 태도와 싸워야 할 것 같다. 통일은 순전히 현재의
우리의 희망만이 아니고 미래에 대한 우리 스스로의 책임이기 때문에
이 문제는 극히 중요하다. 북한연구는 따라서 단순한 힘의 도구나 바
람의 표현이 아니고, 허무와 냉소를 극복하는 이론으로서 계몽과 해방
의 새로운 과제를 안고 있다고 필자는 끝으로 지적하고 싶다.

〈1995. 『역사비평』〉

북한의 이데올로기와 주체사상

1. 머리말

우리가 직접 경험할 수 없는 세계에 대해서 어떠한 평가를 내릴 때
는 많은 경우 — 비코(G. Vico)가 지적한 대로 — 우리는 유추(anal
ogy)에 의거한다. 즉 우리에게 이미 알려져 있거나 또는 알고 있다고
믿는 사실에 우선 의거하여 모르는 대상에 접근하는 것이다. 북한사회
를 이해하는 데 있어서도 사정은 비슷하다. 특히 '현실사회주의'가 붕
괴하는 모습을 지켜보고 이러한 사회가 안고 있는 모순들을 북한사회
에도 그대로 투영시켜 보는 경향이 지난 몇 년 사이에 분명해졌다. 현
실사회주의가 안고 있는 보편적인 모순구조가 북한사회에도 똑같이
또는 비슷하게, 나아가 더 나쁜 방식으로 관철되고 있다고 보는 이러
한 입장에 대해서 북한은 '우리식 사회주의'라는 구별성 또는 특수성
을 내세우고 있다.

이와 같은 현실사회주의사회 모순의 보편성에 대해 북한 스스로 내

264

세우는 특수성이 가장 함축된 것이 주체사상이라는 데에 이의를 제기
하는 사람은 별로 없을 것이다. 바로 이 주체사상을 내재적·비판적[1]
으로 드러냄으로써만 우리는 위에서 지적된 보편과 특수, 동일성과 차
별성이 지닌 현재적 긴장을 이해할 수 있다. 보편없는 특수도, 또한
특수없는 보편도 없기 때문에 이 둘 사이의 긴장을 놓치지 않을 때에
만 북한 사회는 남이냐 북이냐의 양자택일적 관계가 아니라, 남과 북
이라는 새로운 사고 안에서 공존할 수 있게 하는 '이해하는 변증법'
(verstehende Dialektik)을 통해서 접근될 수 있다.

2. 주체사상의 시원과 전개

북한에서 발행되는 공식적인 출판물에는 주체사상, 주체철학 또는
주체의 세계관, 주체의 사상의식 등 비슷한 개념들이 동시에 사용되고
있다. 철학을 세계관에 관한 학문이라고 할 때 주체철학은 역시 주체
사상이라는 통일적인 체계의 한부분을 이루고 있다. 주체사상의 통일
적인 체계는 크게 나누어보면 이러한 철학적 원리와 함께 사회역사적
인 원리 그리고 실천적인 방법론을 포괄하고 있다.

중국·일본 그리고 우리나라를 포함한 동양문화권에서 자주 쓰이고
있는 '사상'은 서구문화권에서 자주 쓰이는 Idea, Thinking, Denken,
Pensée 그리고 Ideology 등을 포괄하는 보다 폭넓은 개념이다. 가령
중국에서 말하는 모택동사상을 서구에서는 간단히 모택동주의(Maoi
sm)로서 이해하고 있고, 마르크스-레닌 사상이라고 부르기보다는 마르
크스-레닌주의라고 통칭하는 이유도 비슷한 문화적 차이에 근거하고
있다.

---

1) 송두율,『현대와 사상』, 한길사, 1990, 114쪽 이하 참조.

모택동주의나 스탈린주의가 전달하는 부정적인 의미와는 반대로 주체사상을 김일성주의와 동의어로 해석 또는 이해하는 경향이 1970년대부터 북한에서는 강하게 대두하였다.[2]

북한에서 주체사상이 이와같이 김일성주의로서 곧장 이해될 수 있는 근거는 무엇보다도 주체사상이 김일성 개인의 혁명활동 역사와 불가분의 관계를 맺고 있기 때문이다. 따라서 주체사상의 시원(始原) 문제도 김일성의 혁명활동 역사와 직결되어 있다.

북한의 공식적 문헌은 1930년 6월 30일 카륜에서 진행된 공청 및 반제청년동맹 지도간부회의에서 조선혁명의 주체적인 노선을 밝힌 때부터라고 기록하고 있다.[3] 이에 대하여 이는 지나친 소급확대해석이라고 비판하고 주체사상의 시원을 이보다 훨씬 뒤인 1955년 12월 28일 김일성이 당 선전선동일꾼 앞에서 한 「사상사업에서 교조주의와 형식주의를 퇴치하고 주체를 확립할 데 대하여」라는 연설로 잡는 경향도 있다. 그러나 어떠한 사상이나 이론체계가 하나의 완성된 것으로 갑자기 나타날 수 없는 것처럼, 주체사상도 원초적 사상내용이 시간의 흐름과 더불어 새롭게 제기되는 상황과 문제 속에서 보다 더 체계화되었다고 볼 수 있다.[4]

---

2) 김정일, 「온 사회를 김일성주의화하기 위한 당 사상사업의 당면한 몇 가지 과업에 대하여」(1974년 2월 19일): 김정일, 「김일성주의의 독창성을 옳게 인식할 데 대하여」(1976년 10월 2일) 등의 문헌 속에 이러한 경향들이 분명히 나타났다.

3) 김일성, 『회고록 ── 세기와 더불어2』, 35쪽 이하 참조.

4) 김정일, 『주체사상에 대하여』(이 책자는 「주체철학의 리해에서 제기되는 몇 가지 리론 문제에 대하여」「주체사상에 대하여」「마르크스-레닌주의와 주체사상의 기치를 높이 들고 나아가자」 그리고 「주체사상교양에서 제기되는 몇 가지 문제에 대하여」라는 4편의 논문을 수록하고 있다), 평양, 1991, 16쪽. "혁명의 지도사상은 어느 한 시점에서 단번에 완성되어 나올 수 없습니다. 혁명의 지도사상은 시대적, 력사적 조건에 기초하고 혁명투쟁경험을 일반화하는 과정을 거쳐서 나오게 되며 오랜 기간의 투쟁 속에서 진리성이 검증되고 내용이 풍부화됨으로써 전일적인 사상리론체계로 완성되게 되는 것입니다."

1920~30년대의 반제민족해방이라는 과제와 1950년대의 전후 복구
건설시기의 북한사회주의가 안고 있던 과제가 분명히 다름에도 불구
하고, 열강들의 각축 속에서 오랫동안 시달림을 받아온 지정학적 조건
에서 연유한 정치사상적 특성과 분위기는 별로 다를 것이 없었다.
1920~30년대 식민지사회에서의 반제민족해방투쟁의 이론과 실천을
규제했던 코민테른에 대한 조선 공산주의자들의 과도한 기대로부터
연유한 좌파 내부의 심각한 분열과 전후 복구시기 북한사회 지도부가
'소련파' '연안파' 및 '국내파' 등으로 분열된 조건은, 상황은 달랐지
만 갈등의 모습은 비슷하였다.

특히 스탈린 사후 등장한 후루시초프의 스탈린 격하운동은 중국 공
산당 지도부로 하여금 수정주의 논쟁을 야기시켰고, 이러한 중소이념
논쟁은 북한 지도부에게도 심각한 문제의식을 안겨주었다. 이러한 상
황에서 사대주의와 교조주의를 극복하는 문제가 사회주의 혁명과 건
설에 있어서 전면에 제기되었고, 이를 위한 주체의 확립 문제가 체계
적으로 정리된 문헌이 바로 위에 언급한 「사상사업에서 교조주의와
형식주의를 퇴치하고 주체를 확립할 데 대하여」였다.

1970년대 들어서서 남북공동성명도 발표되었고, 중국과 미국 사이
에 외교관계도 수립되는 등 변화된 국제정치적 조건 속에서 나온 문
헌『우리 당의 주체사상과 공화국 대내외정책의 몇 가지 문제에 대하
여』(1972년 9월 17일)를 필두로, 북한의 혁명과 건설의 지도사상으로
서의 주체사상은 사람 중심의 철학적 세계관과 혁명이론, 영도방법의
전일적 체계라는 모습을 드러냈다. 특히 1970년대부터는 이러한 체계
화작업이 후계자인 김정일에 의해 주도되었는데, 중요한 문헌으로는
「주체사상에 대하여」(1982년 3월 31일), 「주체사상교양에서 제기되는
몇 가지 문제에 대하여」(1986년 7월 15일), 「주체의 혁명관을 튼튼히
세울 데 대하여」(1987년 10월 10일) 등이 발표되었다.

1980년대 중반부터 시작된 소련에서의 페레스트로이카, 동유럽 여러 나라에서 벌어진 현실사회주의가 맞은 위기의 심화과정에서 발표된 「반제투쟁의 기치를 높이 들고 사회주의, 공산주의 길로 힘차게 나아가자」(1987년 9월 25일), 「인민대중 중심의 우리식 사회주의는 필승불패이다」(1991년 5월 5일), 「사회주의 건설의 력사적 교훈과 우리 당의 총로선」(1992년 1월 3일), 「혁명적 당건설의 근본문제에 대하여」(1992년 10월 10일) 등의 논문은 주체사상에 의거한 북한의 사회주의가 변화된 국제정세 속에서 앞으로 어떻게 나아갈 것인가를 보여주는 중요한 문헌이라고 할 수 있다.

3. 주체사상의 철학적 전개와 내용

주체사상의 철학적 내용과 그 전개를 살펴보기 전에 우리는 서구나 남한의 철학논의에서 등장하는 개념 또는 서술체계로는 주체사상을 다루기 힘들거나 이해하기 힘들다는 일반적 인상에 대하여 우선 언급해야 할 것이다. 비슷한 문제는 가령 서양철학과 동양철학에서도 나타나고 있지만, 오랫동안 동일한 문화적 전통에서 성장하였으나 지난 반세기 가까운 분단 속에서 형성된 담론(Diskurs)의 체계와 이의 전개 차이를 분명히 우리는 인정해야 한다. 그러나 이러한 차이가 통약불가능(Inkommensurabilität), 즉 이들 상이한 담론의 체계가 서로 통할 수 없음을 뜻하는 것은 아니다. 이러한 이해와 해석 가능성은 무엇보다도 오랫동안 형성된 문화적 동질성과 정서 때문이다.

가령 운명이나 인생관 등의 통속적 개념들이 주체철학에 자주 등장하는데, 이는 서양철학의 개념들이 지배적인 남한의 전문적인 철학논의에는 비학문적인 것으로 비칠 수도 있다. 철학의 모든 언표들이 철학(자) 자체를 위한 것이 아니라 당파성과 계급성을 전제한 인민대중

의 세계관으로서 나타나야 한다고 보는 주체철학은 따라서 통속성 자
체를 부정적인 의미에서 보고 있지 않다. 이 문제는 마르크스-레닌주
의와 주체사상과의 관계에서도 특히 많이 제기되고 있는데, 마르크스-
레닌주의의 치밀한 구성력과 방법론적인 전개력에 대하여 주체사상
내지 주체철학의 통속성과 비학문성이 종종 대비되고 있기 때문이
다.[5]

그러므로 마르크스-레닌주의와 주체사상의 관계는 우리가 무엇보다
우선 논의해야 할 문제일 것이다.

인간의 자주성, 창조성 의식성을 철학적 토대로 하는 주체사상에는,
마르크스-레닌주의를 조선혁명과 건설이라는 구체적 과제 속에서 전개
시키고 있다는 계승적 측면과 동시에 마르크스-레닌주의라는 선행사상
이 오늘날 풀지 못하는 복잡한 문제를 해결할 수 있는 새로운 풍부한
내용을 담고 있다는 불연속적인 측면이 동시에 존재하고 있다.

혁명사상의 사명의 견지에서 볼 때 주체사상과 맑스-레닌주의는 나 같
은 과학적 공산주의사상으로서 공통성을 가집니다. 주체사상은 맑스-레닌
주의 전반을 일관하고 있는 로동계급의 혁명적 입장과 유물론적이며 변증
법적인 원리와 과학적인 리론을 계승하고 있습니다. 그러나 오늘에 와서
는 맑스-레닌주의 창시자들이 활동하던 시기에 비하여 혁명의 주체인 인
민대중의 자주성과 창조성, 의식성이 훨씬 높아졌으며 사회발전에서 그들
이 차지하는 력사적 환경에 맞게 혁명의 리론과 방법을 창조적으로 발전
시키는 것이 중대한 문제로 제기됩니다.[6]

5) G.Freudenberg, "Archipel Gulag oder Musterland sozialistischer Entwic-
klungspolitik?", in : R. Werning(ed.) *Nordkorea*, Frankfurt/M, 1988, S.89.
6) 김정일, 앞의 책, 144쪽.

그러면 마르크스-레닌주의철학에서 전개된 유물론적 세계관과 물질 세계는 끊임없이 변화하고 발전하는 것으로 보는 변증법이 주체사상 에서는 어떻게 나타나고 있는가.

사실상 유물변증법과 주체철학을 대립시켜 보는 경향이 북한에도 최근까지 없었던 것은 아니지만[7], 주체철학은 인간을 포함한 세계의 일반적 특징과 인간의 고유한 특성을 해명하는 데서 유물변증법을 전 제하고 있으면서 사회적 존재인 사람의 본질해명에 주된 관심을 돌리 고 있다고 주장한다.

맑스주의 고전가들은 인간문제에 대한 유물변증법적 견해를 확립함으로 써 인간에 대한 철학적 해명에서 커다란 전진을 이룩하였습니다. 그들은 사람의 본질을 사회관계의 총체로 규정하고 인간의 활동에서 물질적 생산 과 사회경제관계에 결정적 의의를 부여하였습니다. 그들은 인간 문제에 대한 유물변증법적 견해를 세웠지만 자연과 사회의 지배자, 개조자로서의 사람의 본질적 특성을 전면적으로 밝히지 못하였습니다.[8]

이러한 인간의 본질해명에 있어서 우선 주체철학은 철학적 인간학 (philosophische Anthropologie) —— 이를 북한에서는 부르주아 인간철 학이라고 부르고 있다 —— 의 추상적 · 고립적인 인간파악을 정면으로 부정하고 있다.[9] 그러면 물질의 최고 발달형태인 사람을, 의식성을 본

---

7) 같은 책, 140쪽. "그런데 지금 일부 일꾼들 속에서는 주체철학은 사람 중심의 철 학이기 때문에 마치 유물변증법의 일반적 원리와는 아무런 인연도 없는 것처럼 잘 못 생각하고 있습니다. 주체철학은 유물론과 변증법의 원리를 버린 것이 아니라 그 것을 전제로 하여 물질세계에서 차지하는 인간의 특출한 지위와 역할을 과학적으 로 밝힘으로써 유물변증법도 더욱 완성하였다고 볼 수 있습니다."
8) 김정일, 앞의 책, 2쪽.

270

질로 하는 사회적 존재로 파악하는 마르크스주의적 인간파악[9] 과 주체철학의 인간파악은 동일한가 동일하지 않은가, 동일하지 않다면 강조점이 조금씩은 다른 데가 있는가. 이 문제와 관련하여 주체철학이 어떤 의미에서 창조성이나 의식성이라는 인간의 본질보다도 더 기본적이라고 보고 있는 자주성이라는 범주를 살펴보도록 하자.

생물학적 진화를 통하여 인류가 획득한 것은 생물학적 생명력과 질적으로 구별되는 사회적으로 획득한 생명력, 즉 자주성이다. 주체철학은 바로 이 자주성을 출발점으로 삼고 있다.

주체철학은 처음으로 사람은 자주성을 생명으로 하는 사회적 존재라는 것을 밝혔습니다. 이것은 사람의 본성, 사람의 지위와 역할을 해명하는 데서 력사적 전환으로 됩니다. (……)자주성은 사회적 존재로서 사람이 가지는 속성이며 따라서 그것을 생명물질의 자연적·생물학적 속성의 발전으로 보아서는 안됩니다. (……) 그러나 사람은 진화의 산물이지만 사람의 자주성은 진화의 산물이 아닙니다. 자주성은 사회적 산물입니다. 자주성은 자연이 아니라 사회가 인간에게 부여하는 속성이며 자연계로부터 물려받은 것이 아니라 사회력사적으로 형성되고 발전하여온 속성입니다.[11]

유물론적 세계관 속에서 인간의 자유와 창발성을 이론적으로 확보하려는 노력은 세계를 구성하는 기본적인 물질적 입자들의 증가되고 고차적인 관계적 속성 중 새로운 속성이 나오고, 이런 속성이 어느 단계에서는 자율적인 인간관계에 이른다는 해명으로 나타난다. 이와 비

---

9) 같은 책, 1쪽 이하의 「주체철학의 리해에서 제기되는 몇 가지 문제에 대하여」 (1974년 4월 2일)는 철학적 인간학에 대한 비판으로 시작된다.
10) G.Märkus, *Anthropologie und Marxismus,* Hamburg, 1981.
11) 김정일, 앞의 책, 6～7쪽.

교해볼 때 주체철학이 주장하는 자주성과 창발성의 전제인 인간의 사
회성은 유물론적이자 사적인 인간파악을 전제하고 있다. 일반적으로
인간정신에만 자율성을 인정하거나 나아가 모든 생태계에도 자율성과
자주성을 인정할 수 있다는 창발론(Emergentism)[12]과는 달리, 생물학
적 생명력은 본능적 욕망을 충족하는 데 머무르고 있는 것에 비하여
인간은 이러한 생명력을 전제하지만 여기에만 머무르지 않고 사회적
관계로 결합된 성원으로서 언어와 노동을 통해 자주적·창조적으로
움직인다고 주체철학은 주장한다.[13]

　이러한 자주성과 창조성을 의식성에 의하여 담보되는 것으로 보는
주체사상은, 뇌수가 의식의 기관이며 감각은 객관세계의 주관적 형상
이고 물질 일반이 지니고 있는 반영(obraz/Abbild)이라는 인식론을 인
정하면서도, 이러한 반영론이 의식과 물질과의 관계에서의 선후차 문
제라는 의식의 본질을 밝힌 것이지 인간의 고유한 생명활동과의 관계
속에서 의식성 문제를 해명하지 못하고 있다고 본다.

　물론 반영론이 주는 일반적 오해, 특히 인식활동이 객관세계에 대
해서 수동적으로만 대응하는 것이 아닌가 하는 오해를 레닌 스스로도
"변증법을 반영론에 그리고 인식의 과정과 발전에 적용할 수 없는 무
능"[14]으로부터 비롯한다고 이미 비판하였다. 그렇지만 주체철학은 물
질세계에 일반적으로 적용될 수 있는 작용과 반작용이라는 반영에 대
해서 객관세계를 자기 요구에 맞게 개조하는 인간의 주체적이고 적극
적인 활동의 측면을 강조하고 있다. 인식활동은 인간의 인식과 객관세
계의 구체적 관계로서의 '과정'이자 '교호' 속에서만 가능하다[15]는 것

---

12) C. Lloyd Morgan, *Emergent Evolution,* London, 1923.
13) 박용곤, 『주체의 세계관』, 동경 1990, 134쪽 이하 참조.
14) W. I. Lenin, *Aus dem philosophischea Nachlaβ*. Berlin 10, 1949, 1. 28
15) S. L. Rubinstein, *Sein und Bewuβtsein,* Moskau, 1957, S. 65 이하 참조.

을 인정하는 주체철학은 동시에 인간의식의 적극적인 측면에 관심을 돌린다.

이러한 상대적 강조가 종종 주체사상이 주관주의 내지 맹동주의적이라는 오해와 비판을 받는 주된 이유 중의 하나이다. 특히 이러한 강조가 인간의 자주성을 결정적으로 규정하는 요인으로서의 자주적 사상의식과 직결되었기 때문에 그러한 오해를 더욱 증폭시켜왔다. 그러나 인간의식이 객관세계의 순전한 반영이라는 객관주의적인 반영이론의 오해처럼 이러한 주관주의적 오해도 우리 인식과 객관세계의 구체적 관계로서의 과정을 이미 당연히 전제하고 있는 유물론적인 인식원칙을 간과한 까닭에 주로 발생한다.

자주성과 창조성 의식성을 사회적 인간의 본성적 요소로 보는 주체사상은 따라서 "사람은 세계에서 가장 우월하고 힘있는 존재로 되며 세계에 숙명적으로가 아니라 혁명적으로, 수동적으로가 아니라 능동적으로 대하고 세계를 맹목적으로가 아니라 목적의식적으로 개조"[16]한다고 보고 있다. 이러한 철학적 선세는 서구의 근대적인 주관철학(Subjektphilosophie) — 이는 특히 데카르트의 '나는 생각한다. 따라서 존재한다'(cogito ergo sum)는 명제에서 분명히 드러나고 있다— 의 전제와는 어떠한 관계에 있으며, 또 이러한 주관철학의 극복을 위한 여러 가지 시도들 — 가령 탈현대적(post-modern)이성 및 자아의 비판[17]이나 간주관적인 의사소통 공동체(intersubjektive Kommunikationsgemeinschaft)[18]라는 대안 — 과는 어떠한 관계 속에서 이해될 수 있는가.

주관철학은 나(Ich)를 세계의 인식과 이를 바탕으로 한 실천에 있어

---

16) 김정일, 앞의 책, 19~20쪽.
17) 송두율, 앞의 책, 155쪽 이하 참조.
18) J. Habermas, *Theorie des kommunikativen Handelns, 2Bde.* Frankfurt/M, 1981.

서 요지부동한 것(incocussum)으로 전제하고 있다. 이에 비하여 주체
철학이 말하는 "사람이 모든 것의 주인이며 모든 것을 결정한다는
것, 바로 이것이 주체사상이 기초하고 있는 철학적 원리" 속의 사람은
나 또는 많은 단순한 합(合)이 아니라 총체적인 유(類)의 개념(Gattun
gsbegriff)이며 동시에 사회적·역사적 산물을 뜻하고 있다.

주체철학의 출발점인 사람은 구체적으로는 마르크스의 사회적 노동
개념을 통해서 지시되고 있는 노동계급이 영도하는 인민대중을 뜻한
다. 이 노동계급이나 인민대중이 역사의 주체가 될 수 있는가 하는 회
의와 함께 역사발전 자체에 대하여 냉소를 보내는 이른바 탈역사적
분위기가 최근 서구의 사상계 속에 깊숙이 흐르고 있다. 이러한 모든
주체에 대한 비판과 이의 해체(déconstruction) 시도에 대하여 주체사
상은 어떠한 입장을 견지하고 있는가.

4. 주체사상의 사회와 역사 파악

역사와 동시에 그의 주체개념을 해체시키고 있는 허무주의적 경향
에 대해서 주체사상은 "역사의 주체에 관한 문제는 사회발전, 혁명발
전을 주체적인 관점과 립장에서 리해하는 것이 기초적인 문제[19]"라고
보고 있다. 또한 "력사의 주체는 인민대중이며, 이것은 력사의 중심에
인민대중이 서 있으며 사회적 운동이 인민대중에 의하여 진행된다는
것을 의미[20]"한다는 입장을 견지하고 있다.

사회를 생산력과 생산관계와 그것을 토대로 하는 상부구조의 통일
로 보는 마르크스주의의 사회파악이 인간을 사회의 기본으로 보고 있

---

19) 김정일, 앞의 책, 23쪽.
20) 『김일성저작집』 9, 84쪽.

지 못하다고 판단하는 주체사상의 마르크스주의 철학에 대한 비판[21]은 무엇보다도 사회적 관계들의 총체라는 인간의 본질을 밑받침하는 실체적(substantiell) 인간이 우선 전제되고 이로부터 관계양식이 도출된다는 입장으로부터 제기되고 있다.

사회는 사람들과 그들이 창조한 사회적 재부와 그것을 결합시키는 사회적 관계로 이루어져 있습니다. 여기서 주인은 어디까지나 사람입니다. 사회적 재부와 사회적 관계는 다 사람이 창조하는 것입니다.[22]

이러한 인간주의(Humanismus)와 역사주의(Historizismus)적인 마르크스주의 해석에 정면으로 도전한 알튀세르(L. Althusser)는 "인간주의와 역사주의는 정치적 독립과 사회주의를 위해 싸우는 제3세계 인민들의 정치적 투쟁 속에서 진정한 혁명적인 반향을 일으키고 있다. 그러나 이러한 이데올로기적 그리고 정치적 장점들은 — 놀랍게도 레닌이 인지한 것처럼 — 바로 그로 인하여 지불해야 하는 논리의 대가를 치러 경제적·정치적 구상과 실천에 있어서 이상주의와 맹동주의적 경향에 빠질 것이고, 적어도 — 유리한 조건 밑에서는 — 하나의 필연적이고 역설적인 방향전환을 통해서 개량적이고 기회주의적인, 또는 단순한 수정주의적 구상을 촉진한다"[23]고 비판하고 있다.

구조주의적 마르크스주의가 사회를 이미 주어진 복잡한 구조화된 전체로서 파악하고 사회를 하나의 실체(Substanz) 또는 하나의 본질(Wesen)의 단순한 통일로 보는 것이 의식관념론(Bewuβtseinsidealismus)이라는 비판에도 역시 인간 또는 계급인간주의(Klassenhumanis

21) 박용곤, 앞의 책, 302쪽 이하 참조.
22) 김정일, 앞의 책, 141쪽.
23) L. Althusser/E. Balibar, *Das Kapital lesen,* Bd. 1, Reinbek, 1972, S.189.

mus) ─ 노동계급이 사회와 역사의 주인이라는 주장 ─ 는 윤리적 ·
정치적인 이데올로기의 표현에 지나지 않는다는 비판을 그 배경으로
삼고 있다.

그러나 사회를 자주성과 창조성, 그리고 의식성을 가진 사람과 사
회적 재부와 사회적 관계로 이루어졌다고 보는 주체사상은 사회를 발
전시키기 위해서는 무엇보다도 인간개조(사상문화생활)를 앞세우고 자
연개조(경제생활)와 사회개조(정치생활)를 동시에 진행시켜야 한다고
주장한다. 인간의 창조물인 사회적 재부와 사회적 관계가 그것들의 창
조자인 인간을 제약하는 면보다 인간의 자주적 의식의 발전수준이 사
회적 재부와 사회적 관계를 규정한다고 보는 주체사상의 인간주의는
"물질적 생활의 생산방식이 사회적 · 정치적 및 정신적 생활과정 일반
을 제약한다"[24]는 마르크스의 『정치경제학비판』(1859년) 「서문」에서
의 환원주의적 지적에 대해서도 그의 제한성을 지적하고 있다.

> 물론 생활수단이 없이는 사람이 살 수도 없고 발전할 수도 없습니다.
> 그런 의미에서 경제는 사회생활의 물질적 기초를 이루고 있다고 말할 수
> 있습니다. 그러나 생활수단은 어디까지나 사람을 위한 것이지 사람을 떠
> 나서는 무의미한 것입니다. 또 생활수단을 창조하고 생활조건을 개선하는
> 것도 사람입니다.[25]

사회를 생산력과 생산관계, 토대와 상부구조의 통일로 보는 사회관
을 사람중심의 시각에서 분석한다는 이러한 주체사상의 사회관은 이
의 역사관 속에서도 나타나고 있다. 역사발전에 있어서 결정적 역할을

---

24) K. Marx, Zur Kritik der politischen Ökonomie, Berlin(Ost), 1968, S.15.
25) 『김일성저작집』 27, 400쪽.

하는 것은 객관적 조건이 아니라 인간이라는 주체사상의 역사파악은 "세계는 완성된 사물들의 복합체로서가 아니라 과정들의 복합체로서 파악되어야 하는"[26] 역사 속에서 인간의 적극적 역할에 주목해야 한다는 입장을 취하고 있다.

그러나 역사의 주체가 인간이라고 했을 때 이는 추상적인 인간이 아니라 인민대중이라는 계급성을 전제하고 있고, 이는 객관적 역사 서술을 가능하게 하는 신적인 이념 — 가령 랑케(Ranke)의 역사주의적 입장에서처럼 — 은 물론, 역사를 무의미한 것에 의미를 부여하는 행위로 보는 입장 — 니체와 레싱(Theodor Lessing)에서 나타나는, 역사가 진보한다는 믿음에 대한 냉소와 회의[27]에서 가장 잘 나타나고 있다— 에 대한 비판도 전제하고 있다.

사회적 운동의 주체인 인간의 개조사업을 앞세우는 주체사관은 생산력 발전에 모든 역사의 동력이 놓여 있다 — 중국의 유생산력론(唯生産力論)이라는 최근의 주장처럼 — 는 이론은 새로운 생산방식의 수립과 새로운 경제제도의 수립으로써 낡은 사회로부터 새로운 사회로의 이행이 끝난 것으로 문제를 너무 단순하게 보고 있다고 비판한다.

이와 함께 인류역사는 계급투쟁의 역사라는 명제도 통일은 상대적이고 투쟁과 대립은 절대적이라는 식으로 해석되어서는 안된다고 주체사관은 주장한다. 인민대중의 창조적 활동에서는 통일을 소홀히 하고 투쟁에 치우치면서 내부분열을 조장하는 좌경모험주의 — 중국의 문화대혁명처럼 — 는 물론, 통일과 안정의 중요성을 일면적으로 강조하고 투쟁 자체를 포기하는 우경기회주의 — 후루시초프의 평화 공존

---

26) S.L.Lubinstein, 앞의 책, S.36.

27) Song Du-Yul, "Ende der Geschichte? Post-histoire und Dritte Welt", in : *Peripherie, Zeitschrift für Politik und Okonomie in der Dritten Welt*, H. 43/44(1992), S.21~30 참조.

이론 — 도 경계해야 한다고 강조하고 있다.

생산력 발전과 생산관계, 토대와 상부구조, 그리고 대립과 통일을 사람 중심으로 보아야 한다는 주체의 사관은 생산양식의 계기적 발전이라는 시대구분 — 원시공산제, 봉건제, 자본주의제도, 사회주의 그리고 공산주의제도 — 도 사람의 자주성 실현이 높아지는 정도와 상응한다고 지적하면서 현시대를 자주성의 시대라고 규정하고 있다.[28] 이 동서냉전의 종결과 함께 등장한 역사의 종언(Ende der Geschichte)논의는 이데올로기의 종언뿐만 아니라 국가간의 갈등도 공동시장화를 통해 해소될 것으로 내다보고 있다.[29]

그러나 이러한 탈역사(post-histoire)적 전망은 제3세계의 역사를 제1세계의 역사발전 곡선에 쫓아 설명하려고 할 뿐만 아니라, 민족 단위의 제국주의를 대신하여 몇몇 강대국이 연합해서 제국주의적 이해를 계속 관철시키고 있는 현실 — 독일의 경제사가 오토 힌제(O. Hintze)는 이를 연방주의적 제국주의(föderalistischer Imperialismus)[30]라고 1920년대에 이미 지적하였다 — 을 무시하고 있다. 제국주의적 억압과 착취구조가 사라지지 않는 한, 이에 저항하는 제3세계의 역사에 대한 의미부여로서의 자주성 문제는 계속해서 남아 있을 것이라고 주체의 사관은 주장하고 있다.

---

28) 김일성, 『외국기자들이 제기한 질문에 대한 대답』 3, 147쪽. "현시대는 지난날 억압받고 천대받던 인민들이 세계의 주인으로 등장하여 자기 운명을 자주적으로 창조적으로 개척해나가는 자주성의 시대입니다."

29) F. Fukuyama, "The End of History?", in : *The National Interest*, No.16 (summer 1989). p.18.

30) O. Hintze, "Wirtschaft und Politik im Zeitalter des modernen Kapitalismus", in : Ders., *Feudalismus-Kapitalismus*(hg.v.G.Oestreicher), Göttingen, 1970(urspr. 1929)참조.

5. 주체사상의 실천문제

주체사상의 철학적·사회적·역사적 논의와 전개가 주체사상의 보편적 성격을 지향한다면 주체사상이 북한사회에서 어떻게 구체적으로 구현되는가 하는 문제는 주체사상의 지도원칙으로서의 사상에서 주체, 정치에서 자주, 경제에서 자립, 그리고 국방에서 자위로 집약되어 표현되고 있다.

주체사상의 실천에 있어서 근본적인 문제로 제기되는 사상에서 주체를 확립한다는 것은 특히 사대주의와 민족허무주의 및 공미숭미(恭美崇美)사상에 젖어온 한반도의 정신사적 특수구조와 관련지어 설명되고 있다. 사회주의적 애국주의와 사회주의적 민족문화의 고취라는 원칙에 선 사상에서의 주체확립 문제는 정치와 경제 영역에서의 주체확립과도 직결된다.

정치에서의 자주의 핵심이 인민정권 수립문제에 있는 것으로 파악하는 주체사상은 이러한 인민성권의 정치적 영도체계, 이의 권력구조 그리고 이의 실현방식인 사회주의적 민주주의와 관련지어 그 내용을 설명하고 있다. 수령·당·인민대중의 유기적인 통일체라는 인민정권의 정치적 내용 가운데 수령의 문제는 주체혁명의 과업을 수행하는 데서 본질적인 것으로 파악되고 있다.

인간활동에서 뇌수의 역할에 비견되는 주체사상의 수령에 관한 논의는 일찍이 소련의 'vozd'와 중국의 '領首'에도 나타났지만, 주체사상에 있어서 이 문제는 특별히 강조되고 있다. 수령의 유일적 영도체계는 나아가 혁명과 건설에서 노동계급의 당과 대중을 연결시키는 데서도 핵심적 문제로 파악되고 있다. 그러나 이러한 수령론은 개인우상의 다른 표현이라는 집중적 비난에 대하여 수령과 대중의 운명공동체를 이루는 것을 파괴하려는 제국주의와 기회주의자들의 책동에 지나

지 않는다고 응수하고 있다.[31]

당과 대중과의 관계는 당조직이 대중의 사상을 발동하는 방법으로서의 정치적 지도와, 수령의 사상과 의도, 당의 노선과 정책의 요구에 맞게 혁명과 건설에 대한 당적 지도를 강화함으로써 모든 당조직들이 해당된 부문을 장악하고 통제하는 정책적 지도로 구분된다. 이것은 당이 행정을 대신해서는 안된다는 당과 행정의 원칙적인 구분 — 레닌 자신도 이 문제를 특히 강조하였다 — 에 근거하고 있다.

당이 행정에 지나치게 개입할 때 행정의 실무적 능력을 저하시킬 뿐만 아니라 당기관과 일꾼들이 행정기관 또는 행정일꾼으로 전락되기도 쉽다. 반대로 당이 행정을 제대로 지도하지 못할 때 행정은 행정대로 당은 당대로 따로 움직이게 된다. 또한 당과 근로단체들(노동조합 농민조합 청년조직 부녀조직 등)과의 관계에서도 비슷한 현상이 나타나는데, 가령 당이 노동조합이 갖는 특수한 이해관계를 무시하고 사사건건 간섭할 때 이들의 활동은 위축되어 급기야는 폴란드 연대노조의 경우처럼 당에 반기를 드는 경우까지 생긴다.[32]

이러한 모든 문제의 핵심은 무엇보다도 당과 인민대중과의 관계가

31) 사라진 소련의 전 연맹볼셰비키공산당 중앙위원회 총비서인 니나 안드레예바(N. Andrejeva)는 1992년 10월 6일 김일성종합대학에서 「사회주의 위업은 필승불패이다」라는 강연을 하였는데, 그녀는 소련공산당이 우경기회주의적이고 수정주의적인 당으로 전락된 시기를 제20차 당대회로 보고 있다. "개인 미신이라는 허위적 구호 밑에 벌어진 스탈린을 반대하는 깜빠니야가 기회주의적 변질의 사상적 전주곡으로, 사상적 전제로 되었다. 스탈린의 높은 위신은 도발적으로 전 세계에 개인미신으로 광고되었으며 이른바 폭로하는 것 자체가 더러운 소시민적인 저속한 성격을 띠었다. (……)이런 정책을 반대해 나선 공산당원들은 자기 직책에서 해임되고 소련공산당에서 제명되었으며 스탈린주의자로서 도덕적 테러를 당하였다. (……)위대한 수령 김일성 동지께서는 혁명과 사회주의 건설의 주체는 다름아닌 수령·당·대중의 통일체라고 옳게 가르치고 계신다."『로동신문』 1992년 10월 26일.
32) 송두율,『소련과 중국』, 한길사, 1990, 263쪽 이하 참조.

어떻게 정립되어야 하는가 하는 물음 속에 놓여 있다. 소련과 동유럽으로부터 현실사회주의가 소멸되는 과정에서도 이는 핵심적인 문제로 등장했는데, 다당제(多黨制)를 둘러싼 첨예한 대립이라고 할 수 있다. 이 문제에 대한 북한의 입장 ─ 중국, 베트남 그리고 쿠바의 입장도 마찬가지지만 ─ 은 정치이념으로서의 민주주의는 언제나 계급적 성격을 띠고 있고 소수의 자산계급에 의한 형식적 민주주의에 대해서는 인민대중에 의한 사회주의적 민주주의가 실질적 민주주의라는 것이다.

또한 "사회주의사회에서는 이른바 다원주의가 허용될 수 없습니다. 다원주의가 표방하는 사상에서의 자유화, 정치에서의 다당제, 소유에서의 다양화는 개인주의와 자유주의에 기초한 생존경쟁이 지배하는 자본주의사회의 정치방식입니다. 사회주의는 집단주의에 기초한 사회이며 인민대중의 통일을 생명으로 하는 사회이므로 사회주의와 다원주의는 량립될 수 없습니다. (……)력사적 경험은 사상을 자유화하여 반사회주의적 사상조류들이 류포되고 다당제 민주주의를 허용하여 반사회주의 정당들의 활동이 보장되면 계급적 원쑤들과 반동들이 머리를 쳐들고 반사회주의 책동을 감행하며 로동계급의 당을 정권의 자리에서 내쫓는 대로 나아간다는 것을 똑똑히 보여주고 있습니다"[33]라고 지적하고 있다.

인민대중에 의거한 자주적 정치도 이를 담보할 물질적 토대 없이는 공허한 말에 지나지 않는다. 이러한 물질적 토대를 자립적으로 구축하려는 북한의 사회주의 경제는, 1946년의 토지개혁과 중요산업의 국유화에 이어 1958년 기술개조에 앞서 경리형태를 먼저 개조한 농업협동화와 개인상공업의 사회주의적 개조 이후 국가적·전인민적 소유분야

---

33) 김정일, 『사회주의 건설의 력사적 교훈과 우리 당의 총로선』, 1992, 12쪽 이하 참조.

를 계속 확대시켜왔다. 현재 북한에는 농업분야의 협동적 소유형태와
농촌에 있어서의 텃밭이라는 개인적 소유형태와 더불어 국가적·전인
민적 소유형태라는 세 가지 소유형태가 존재하지만, 단일한 국가적·
전인민적 소유형태를 완전히 실현하는 것을 궁극적 목표로 하고 있다.

이러한 입장은 소련과 동유럽의 개혁과정에서 제기된 소유관계의
분화성을 넓히고 소유형태를 더욱 다양화시켜야 한다는 입장과 정반
대일 뿐만 아니라 개혁중인 중국이 실시하고 있는 협동적 내지 사적
소유형태의 확장정책과도 분명한 대조를 보여준다. 사회주의가 집단주
의를 발양하지 못하고 개인주의에 의존하며, 동시에 물질적 자극에만
의존하는 경제활동의 활성화 방안이 사회주의의 전반적 위기를 촉진
할 뿐이라고 보는 북한은, 정치사상사업 우선원칙 위에서 인민대중의
물질적 생활조건을 개선한다는 방침을 갖고 1961년 12월부터 공장 당
위원회의 집체적 지도 밑에 공장 당비서는 정치사업을 책임지고, 지배
인은 생산기술부문을 책임지는 대안의 사업체계를 도입하였다.

또한 개혁중의 소련과 동유럽, 그리고 현재 중국에서 소유권과 관
리권을 분리시키고 기업의 자주권을 높여 완전한 독립채산제로 나갔
거나 나아가고 있는 경향에 대해서도 북한은 국가적·전인민적 소유
를 기업소 단위로 넘겨 사회주의 경제의 균형적 발전을 저해하는 것
이라고 비판하고 있다.

생산수단의 소유형태와 운영관리에 대한 이러한 북한의 입장은
1984년에 제정된 '합영법', 1992년 10월에 채택된 '외국인투자법'
'합작법', 그리고 '외국인기업법' — 이는 자본주의의 사적 소유와 관
리운영을 당연히 전제하고 있다 — 이 안고 있는 문제를 어떠한 맥락
에서 이해하고 있는가. 특히 라진·선봉 자유무역경제지구대 설치는
자본주의적 경영방식뿐만 아니라 이의 사고와 행동양식의 급속한 전
파는 지금까지 고수해왔던 자립적 민족경제의 근본을 위협하는 것은

아닌가.

중국에서 일정한 성과를 보여주고 있는 경제특구(經濟特區)가 광활한 중국영토에서 전개되고 있는 경제활동에 있어서 상대적으로 제한적인 무게를 지니고 있는 데 비하면, 좁은 북한땅 안에 이러한 외자(外資)와 외국의 기술과 결합된 북한의 노동력이 가져다 줄 사회경제적 충격은 결코 작지 않을 것이다. 따라서 이 충격의 속도를 어떻게 조설하며 발달된 현대기술이 요구하는 경제적 구조와 사회적 조직을 자립경제 건설이라는 기본원칙 속에서 어떻게 창출하는가는 북한 경제가 앞으로 직면하게 될 문제이다.

물론 북한의 인구와 면적을 고려한 북한 경제가 실질적으로 가능하다고 예견되는 무역의존도는 1980년 15.9%인 데 반하여 실질적으로는 4.8%를 유지하였기 때문에[34] 북한 경제의 수출잠재력은 결코 작지 않다. 소련과 동유럽 경제의 급속한 와해로 인한 기존 보상무역(補償貿易)의 종결은 이러한 잠재력을 하루빨리 현실화시킬 것을 요구하고 있다. 풍부한 지하자원에 의존하여 중공업을 우선적으로 발전시키고 농업과 경공업을 동시에 발전시킨다는 자립경제건설 기본노선의 근본적인 수정은 아니지만, 급격히 변화하는 국제 경제질서와 새로운 기술경쟁시대의 도래와 함께 가중되는 남북한 사이의 체제경쟁은 북한의 자립경제에도 분명히 새로운 전환을 요구하고 있다.

이러한 전환을 현재 객관적으로 제약하고 있는 장애는 말할 것도 없이 과도한 군사비부담이다. 1950년대초부터 국방에서의 자주원칙을 확인하고 전국요새화, 전군간부화, 전군현대화, 전인민무장화라는 4대 군사노선을 세웠다. 또한 1960년대 중반부터 월남전이 본격화되면

34) U. Menzel/D. Senghaas, *Europas Entwicklung und dier Dritte Welt*, Frankfurt/M. 1986, S.134.

서 경제건설과 국방건설의 병진노선을 채택, 7개년계획(1961∼67년)의 수행도 1970년까지 3년 더 연장하였다. 이 기간 동안에는 매년 총예산지출의 평균 30%를 웃도는 과도한 군비투자를 했으나, 7·4공동성명이 체결된 1972년부터는 이 비율도 약 반 정도로 떨어져 15% 정도를 유지하다가 지난 수년 동안에는 대략 12% 수준을 유지하고 있다.[35]

북한의 국민총생산(GNP) — 이의 산출기준은 다분히 자본주의 사회를 전제하고 있다 — 에 있어서 군사비지출이 차지하는 비율은 지난 수년 동안 비록 8∼10% 전후로 추측되고 있지만,[36] 남한의 4∼5%에 비하면 북한 경제에 있어 군사비부담은 분명히 막중하다고 할 수 있다. 물론 현대전이 요구하는 새로운 무기와 전쟁수행 기술도 중요하지만 정치사상적 우월성과 자위적 무장력을 담보할 수 있는 민족국방공업 육성을 북한은 계속 강조하고 있다. 사상에서 자주원칙을 고취하고 이를 정치, 경제, 군사부문에서 구체적으로 실천한다는 주체사상의 지도적 원칙이 어떻게 인민대중 속에 뿌리내릴 수 있는가 하는 문제는 인민대중의 일상적인 삶의 규범과 이의 실천을 떠나서는 생각될 수 없다.

6. 주체사상의 윤리학

물질적 삶의 생산양식이 모든 사회, 정치, 문화적 삶의 과정을 구체

---

35) 함택영, 「주체사상과 북한의 국방정책 : 자위노선의 업적과 한계」, 경남대학교 극동문제연구소 편, 『북한의 정치이념 : 주체사상』, 경남대학교, 1990, 176쪽.
36) 이영희, 「남북한 전쟁능력 비교연구」, 『사회와 사상』 창간호(1988년 9월), 140쪽 이하 참조.

적으로 규정한다는 마르크스의 주장은 물론 경제와 정치, 또는 경제와 도덕의 관계를 일방적으로 전자가 규정하고, 후자는 또 규정당한다는 단순한 관계를 의미하지 않는다. 경제적 제조건들이 도덕적인 규범과 원칙, 내용과 그 발전의 방향을 직접적으로 규정하기보다는 정치와 법을 통해서 결정적으로(in letzter Instanz) 제약하기 때문에 이러한 관계가 보다 복잡한 관계를 형성한다는 것은 자본주의사회에서는 쉽게 확인될 수 있다.

그러면 경제적 조건과 도덕적 생활 사이의 관계가 사회주의에서는 어떻게 나타나고 있는가. 사회주의사회에서는 이 둘 사이의 관계가 자본주의사회에서보다 더 단순하고 투명하게 나타난다는 주장을 일반적으로 펼치고 있는데, 이에 대한 설명은 주로 사회주의사회에서는 계급이 철폐되었기 때문에 인간관계도 자본주의사회에서처럼 복잡하지 않다는 논리에 의존하고 있다.

사회주의사회에서 윤리학이 단순한 당위에 관한 이론이 아니라, 사회주의라는 삶의 생산양식이 뒷받침하는 새로운 인간과 사회에 대한 높은 자각성 위에 성립된다는 발상은 또 다른 의미의 당위에 관한 이론으로 종종 전락되었다. 가령 동독의 사회주의통일당(SED)의 강령에 나타나는 노동계급의 국제주의적 연대성이나 민족해방투쟁과의 연대성이라는 덕목이 통독 이후 드러난 것처럼 극히 피상적이었을 뿐만 아니라 오히려 이와는 반대되는 사회현상들을 불러일으키고 있는 것처럼, 사회주의사회에서의 도덕언어(Moralsprache)도 언어의 규제적(präskriptiv) 기능이거나 또는 신호기능(Signalfunktion)에 주로 의존하였다.

동양문화권에서 항상 강조되었던 지행일치(知行一致)에 비할 때 '이론적 삶'(bios theoretikos)과 '실천적 삶'(bios praktikos)을 일찍부터 분리시킨 희랍철학의 전통[37]에 서 있는 서양에서는 '무엇'과 '왜'가 항상 인간의 인식과 실천활동에서 '어떻게'보다 중요시되었다. 주체사상에서 가장 자주 등장하는 도덕언어는 아마도 이신작칙(以身作則)일 것이다. 즉 행동으로 남에게 모범을 보인다는 것이 혁명적이고 공산주의적 사업방법과 작풍의 기본이라고 보고 있는 것이다. 이러한 사업방법을 통해서만 대중의 창발성을 끌어내고 관료주의와 주관주의 그리고 교조주의의 경향을 막을 수 있다고 보고 있다.[38]

더불어 '전체는 하나를 위하여, 하나는 전체를 위하여'라는 도덕언어의 내용에 대해서도 주목할 필요가 있다. 개인과 집단 사이의 긴장관계는 물론 어느 사회에나 있다. 개인을 집단보다 중시하는 경향도 있고, 반대로 집단을 개인보다 더 중시하는 경향도 있다. 고대희랍사회에서 개인은 atomos(더이상 나눌 수 없는 원자적인 의미로, 이는 후에 Individuum이라는 라틴어로 일반적으로 사용되었다)라는 말도 있었지만, 동시에 idiótes라는 말도 있었는데 — 이는 idiót(백치)라는 말의 어원이다 — 도시국가의 시민으로부터 제외된 천한 인간을 뜻하였다.

같은 서양이지만 이 개인이라는 단어는 가령 생시몽주의자들에 의해서는 연합(association)의 반대 개념인 이기주의(egoism)의 동의어로서 부정적인 뜻으로 사용되었고, 이와는 달리 영국·미국에서는 — 벤덤(J. Bentham)이나 밀(J. St. Mill)에 있어서처럼 — 자유주의의 근본으로서 적극적으로 평가되었다.

독일에서는 프랑스에서처럼 부정적인 의미의 개인 또는 개인주의로서 대개 이해되었으나, 반대로 이에 적극적인 의미를 부여했던 낭만적 전통도, 또 니체처럼 "전체에 대하여 개체로서 나타나는, 겸손하나 아직은 무의식에 있는 권력에의 의지"를 나타내는 초인의 맥락으로부터

37) B. Snell, *Die Entdeckung des Geistes,* 5. Aufl. Göttingen, 1980, S.275ff.
38) 김정일, 「주체사상에 대하여」, 앞의 책, 64쪽 이하.

개인을 긍정적으로 이해한 전통도 있다. 아무튼 집단주의를 강조하는 주체사상은 개인주의를 이기주의의 동의어로 파악하고 사회정치적 생명체를 파괴하는 부정적인 것으로 이해하고 있다.

생명 가운데서도 육체적 생명보다 사회정치적 생명이 더 귀중하며 개인의 생명보다 사회적 집단의 생명이 더 귀중합니다. 사회적 집단의 생명이 있고시야 개인의 생명이 있을 수 있습니다.[39]

소련과 동유럽의 현실사회주의가 몰락하고 나서 제기되는 많은 질문 중의 하나는 왜 중국·북한·베트남의 사회주의는 여전히 존재할 수 있는가 하는 것이다. 이에 대한 해답은 아시아에서는 시민사회(Civil Society)의 전통이 없기 때문에 권위주의적 지배체제가 유지될 수 있다고 설명되기도 한다.[40]

개인주의를 근간으로 하는 자유주의의 종국적인 승리를 확인하는 최근 분위기 속에서도 이러한 자유주의의 한계를 지직하고 있는 미국의 공동체학파(Communitarian) — 센들(M. Sandel), 테일러(Ch. Taylor) 등 — 는, 개인과 개인의 계약을 전제하고 있는 자유주의는 우리(We)를 이미 파기하고 있고, 사회적 정의를 적극적으로 규정하는 긍

---

39) 같은 논문, 159쪽.
40) 예를 들면 스위스의 『Neue Zürcher Zeitung』은 1992년 2월 2일자의 「아시아적 현상」이라는 제목의 사설에서 다음과 같이 지적하고 있다. "쿠바를 예외로 하고 공산주의의 마지막 커다란 성은 모두 동아시아에 있다. 현실적인 형태의 사회주의적 사회모델이 바로 여기에 아직도 남아 있는 것은 아시아사회의 전통적인 그리고 수직적인 구조와 관계가 있다. 당의 지배와 무산계급의 독재는 이러한 민족에게는 역사적·철학적 이유에서 국가권력 아래 억눌림당하고, 일반적으로 엄격하게 유지된 신분서열 때문에 결코 낯설지 않다. 계몽과 프랑스혁명의 개인주의적이고 평등하고 자유스러운 이념이 지배하고 있는 서구와는 분명히 다르다."

정적 자유(positive freedom)라는 개념 대신에 부정적 자유(negative freedom)만을 알고 있다고 비판한다.[41] 이와 함께 시민사회는 흡사 구축함 속의 수영장처럼 제국주의 속에 들어 있는 계몽주의라는 모순을 지적하는 좌파적 시각도 있다.

아무튼 북한에서는 개인주의를 주체사상의 집단주의적 · 사회정치적 생명체의 분열적 요소의 핵심으로 보고 있기 때문에 교육과 사회생활의 전반에 걸쳐 모든 인민은 하나 이상의 조직생활을 하는 것을 원칙으로 하고 있다. 이른바 품성론으로 표현되고 있는 주체사상의 윤리학은 집단주의에 의거한 전형적인 생활을 창조하는 문제로 집약되어 있다고 볼 수 있다.

7. 주체사상의 현대적 의의와 과제

자주성 · 창조성 그리고 의식성을 인간의 본질로 파악하는 주체사상은 그 형성과정이 보여주듯이, 식민지적 질곡으로부터 해방투쟁을 거쳐 국토분단이라는 상황하에서 북한이 사회주의 혁명과 건설을 추진하는 데서 제기된 복잡한 문제를 해결하는 북한 사회주의의 총노선의 핵심이라고 할 수 있다.

물론 주체사상은 북한에서의 사회주의 혁명과 건설에서 제기되는 문제를 풀기 위한 제한적 성격을 가졌다고 하지만 이 사상이 북한 이외의 세계에서도 통용될 수 있다는 보편적인 요구 자체를 포기한 것은 아니다. 제3세계의 여러 곳에 주체사상연구소나 주체사상연구회는 물론, 남한에도 이른바 주사파(主思派 : 主體思想派)라는 용어가 생겨날

---

41) M. J. Sandel, *Liberalism and the Limits of Justice,* Cambridge University Press, 1982 : Ch. Taylor, *Negative Freiheit?,* Frankfurt/M, 1988 참조.

288

정도로 주체사상이 요청하는 보편타당성에 대한 반응은 여러 가지로
나타나고 있다.

국토분단 속에서 자본주의적 발전의 길을 걸어온 남한사회는 1970
년대 이후 본격적인 수출산업주도의 산업화과정을 거쳐 신흥공업국
(NICs)의 대열에 이미 들어선 특수한 경험을 하였다. 산업구조의 고도
화에 따른 사회계급계층 이동도 활발해졌고 이에 따른 정치·사회·
문화 등 각 분야에서 제기되는 문제들은 일부 선진국이 지니고 있는
것과 표면적으로는 적어도 유사하게 나타나지만 — 가령 도시중산층
의 소비문화처럼 — 자세히 들여다보면 역시 남한 자본주의가 지니는
특수한 성장배경을 보여주고 있다.

남한 자본주의를 보는 여러 시각들 — 신식민지 국가독점자본주의,
식민지 반자본주의 그리고 신흥공업국 또는 중진국 — 가운데 북한이
지닌 시각은 역시 민족통일 문제를 밑바탕에 깔고 있는 민족모순에
초점을 맞추고 있다. 여기서 주체사상이 자주성의 실현을 모든 문제의
중심에 놓고 본다는 것을 상기할 때, 북한이 남한 자본주의를 바라보
는 시각은 현대적인가 아니면 낙후한가라는 질문보다는 자주적인가
예속적인가 하는 질문에 향하고 있다는 것도 쉽게 알 수 있다.[42]

물론 현대적인 것과 자주적인 것은 항상 상호배제적인 관계 속에만
있지 않다. 현대적인 경제와 사회구조를 지니고 있는 제1세계 — 비

---

42) 북한의 조국통일연구원은 『로동신문』(1992년 12월 26일)에 「남조선 경제 —허영의
종말과 암담한 미래」라는 장문의 논설을 발표하였는데, 이 논설은 남한 경제의 본
질을 다음과 같이 지적하고 있다. "남조선 경제는 근 반세기에 걸치는 미제의 침
략정책으로 말미암아 철저한 식민지 예속경제로 전락되었다. 미국은 원조니 차관이
니 직접투자니 하는 명색으로 남조선에 독점자본을 대대적으로 침투시켜 매판자본
을 육성하고 식민지 하청기업을 이식하였으며, 경제명맥을 장악하고 식민지 초과이
윤을 가혹하게 착취하고 있다. 남조선 경제는 미국을 비롯한 외래독점자본의 이익
에 복무하고 외국독점체를 살찌워주는 식민지 예속경제이다."

록 이러한 범주에 속하는 나라들 상호간의 관계가 규제적 제약적으로
도 나타나지만 — 는 대외적으로 제3세계보다는 정치적 행동 반경을
자기중심적으로 확장할 수 있기 때문이다. 지난 20여 년 동안 남한의
경제구조가 급속히 고도화되었음에도 불구하고 정치 · 경제 · 군사 · 문
화적으로 이에 상응하는 자주성을 확보하지 못하고 있다는 것이 북한
이 남한을 바라보는 관점이다.

대외관계에서 자주성을 철저히 실현해야 한다[43]는 원칙은 그러면
오늘날같이 발달된 기술과 거의 동시에 정보를 통해 움직이는 세계
체제 속에서 얼마나 실현 가능한 것인가. 즉 자주성과 현대성은 공존
할 수 있는가 하는 문제에 대하여 주체사상은 그 가능성을 다음과 같
이 보고 있다.

자력갱생의 원칙에서 자립적인 민족경제를 건설한다는 것은 결코 문을
닫아매고 경제를 건설한다는 것을 의미하지 않습니다. 자립경제는 다른
나라에 의한 경제적 지배와 예속을 반대하는 것이지 국제적인 경제협조를
부인하는 것이 아닙니다. 특히 사회주의 나라들, 신흥세력 나라들이 서로
경제기술적으로 긴밀히 협조하는 것은 이 나라들의 경제적 자립을 보장하
고 경제적 위력을 강화하는 데서 중요한 역할을 합니다.[44]

43) 김정일, 「주체사상에 대하여」, 앞의 책, 53쪽. "정치에서 자주성을 보장하기 위하
여서는 대외관계에서 완전한 자주권과 평등권을 행사하여야 합니다. 당과 국가의
자주성은 결국 대외관계에서 표현됩니다. 대외적으로 완전한 자주권과 평등권을 행
사하는 것은 정치적 자주성을 보장하는 데서 근본문제로 나서는 것입니다. 자주권
은 모든 당, 모든 나라와 민족의 신성한 권리입니다. 세계에는 큰 당과 작은 당,
큰 나라와 작은 나라, 경제적으로 발전한 민족과 뒤떨어진 민족은 있으나, 모든
당, 모든 나라와 민족은 다 평등하고 자주적입니다. 그 누구도 남의 자주권을 침해
하지 말아야 하며 또 자기의 자주권을 침해당하지 말아야 합니다."
44) 김정일, 「주체사상에 대하여」, 앞의 책, 58쪽.

290

자주성이 폐쇄성을 의미하지 않고 오히려 자주성을 통해서만 현대 성에 접근할 수 있다고 보는 이러한 태도는 인민경제의 주체화, 현대 화, 과학화라는 구호 속에서도 잘 드러나고 있다.

과학과 기술 그리고 정보가 지배하는 현대라는 동시성(Gleichzeiti gkeit)의 시대 — 세계의 구석구석까지 침투하는 소비문화와 정보는 모든 것을 동시에 움직이게끔 하고 있다 — 에 차별성(Differenz)의 원칙에 선 이와 같은 자기긍정의 철학은, 모든 것을 하나로 만드는 동 일성(Das Identische)에 대해서 그러한 전체성은 진리가 아니라고 외 치는 비동일성(Das Nicht-Integrierte), 그리고 비동시성(Ungleichzeiti gkeit)의 세계에 대한 신념을 표출하고 있다.

소련과 동유럽에서 현실사회주의가 이미 사라지고, 제3세계의 반제 자주역량도 신국제질서 속에서 시련을 맞고 있는 오늘날, 이러한 자기 긍정의 철학의 장래를 회의적으로 바라보는 경향도 분명히 많아졌다. 특히 현실사회주의가 안고 있던 문제의 핵심이 현대없는 현대화[45] (Modernization without Modernity) — 개인의 자유를 전제한 계몽의 산물인 현대를 오직 물질적 조건이라는 토대 구축으로서의 ‘현대화’ 로만 이해하였다는 비판 — 라고 할 때 인간의 자주성, 나아가 민족의 자주성 실현을 출발점으로 하는 자기긍정의 철학이 내건 자연개조, 사 회개조보다도 선차적인 과업으로 제기하는 인간개조가 정말로 가능한 가에 대한 기본적인 회의도 날이 갈수록 깊어지고 있다.

공산주의적인 새로운 인간을 창출한다는 이상 — 이것을 겔렌(Ar nold Gehlen)은 금욕적인 엘리트들의 사회행복주의(Sozialeudämon

---

45) Song Du-Yul, "Sozialismus als Moderne, Sowjetunion und China", in: Ders, *Metamorphasen der Moderne,* Münster, 1990, S.56~80 ; 송두율, 『현대 와 사상』, 28쪽 이하 참조.

ismus)적인 꿈에 지나지 않는다고 비판했다[46] ─ 과 마찬가지로 주체형
의 새로운 인간창출이라는 이념도 애초부터 잘못 설정된 것이었을까.

　이러한 인간학적인 기본문제의 해명을 통해서 그러한 새로운 인간
창출이 가능한가 또는 불가능한가 ─ 흡사 성선설과 성악설의 대비처
럼 ─ 하는 물음보다는 교육과 조직생활을 통한 인간개조라는 과정에
주체사상은 선차적 관심을 돌리고 있다.

　그러면 이러한 인간개조사업이 지향하는 이상은 무엇인가. "우리의
리상은 모든 사람들이 다 잘 먹고 잘 입고 오래 살 수 있는 사회, 한
사람도 뒤떨어진 사람, 열성이 적은 사람이 없고 모두가 진보적이며
다 같이 몸바쳐 일하는 사회, 한 개의 큰 가정과 같이 모든 사람들이
다 화목하게 사는 단합된 사회를 건설하는 것"[47]이라고 주체사회주의
의 이상을 그리고 있다. 한 개의 큰 가정이라는 비유는 강유위(康有爲)
와 모택동(毛澤東)의 대동(大同)사상에서도, 또는 탄자니아의 니에레레
의 아프리카사회주의의 이상인 우자마아(Ujamaa, 대가족)에도 나타나
고 있다.

　큰 가정이라는 이상 속에서 전개되는 사회주의사회 건설은 서구의
개인주의를 바탕으로 한 비판적 시각에는 분명히 하나의 가부장적 사
회주의의 전형적 모습으로 비치고 있다. 그러나 이러한 비판은 같은
동아시아문화권의 일본이나 남한 대만 홍콩 싱가폴 등 신흥공업국의
자본주의 발전에 있어서 산업관계의 가부장적 내지 가족주의적 성격
에 대해서는 오히려 긍정적으로 평가하는 것과 비교할 때 수미일관하
지 않은 논리적 모순을 보여주고 있다.

　수령·당·인민대중이라는 하나의 사회적 유기체로서 큰 가정을 이

46) A. Gehlen, "Die Rolle des Lebensstandards in der heutigen Gesellschaft",
　　in : Ders. *Gesammelte Werke*, Bd. 7(Einblicke), Frankfurt/M, 1978, S.410.
47) 『김일성저작집』 15, 328~29쪽.

룬다는 주체사상은, 현실사회주의가 소련과 동유럽에서 급격히 몰락하였지만 새로운 전망은 전혀 드러나지 않는 대전환기를 찾고 있는 사회주의 앞에 현재 어떻든 하나의 체계화된 이론으로, 그리고 이에 의거한 실천을 국가적인 차원에서 보여주는 예외적인 현상으로 나타나고 있다. 그러나 이러한 예외도 머지않아 소련과 동유럽의 전철 — 그것도 몇 년 안에 — 을 밟을 것이라는 예측은 물론, 한반도의 통일도 서독에 의한 동독의 흡수통합식으로 될 것이라는 전망까지 많이 나돌고 있다.

어떠한 경우든지 주체사상이 현재 맞고 있는 분위기는 낙관적이지 못하다. 그러나 진정으로 위대한 사상은 바로 시련기에 진가를 드러낸다. 주체사상이 현재 북한이 처한 여러 난관을 돌파하는 강력한 무기로서 그 생명력을 보여줄 수 있을 때, 통일한반도의 역사 속에서는 물론 인간해방을 지향한 인류의 모든 사상적 노력의 좌표 위에도 정당한 평가에 따른 주체사상의 위상은 기록될 것이다.

〈1994, 『한국사』 22권〉

북한은 중국의 길을 걸을 것인가

중국 '현대화'의 화신인 등소평의 사망이 임박했다는 소식과 함께 중국의 미래를 진단하는 여러 가지 전망이 나도는 가운데 김주석이 없는 북한과 연결시켜 중국과 북한을 비교하는 기사가 요즈음 심심치 않게 눈에 뜨인다. 물론 그러한 기사가 전문적인 연구나 검증을 거친 것이라기보다는 피상적인 관찰 또는 추측에 머물고 있지만, 아시아의 두 사회주의 국가를 어떤 식으로든지 대비해보려는 시도가 최근 두드러지게 나타나고 있다. 특히 북한의 장래를 중국식 사회주의가 지난 1978년부터 추진한 '현대화'와 연결시켜보는 시도는 여러 가지로 의미 있는 것이지만 중국과 북한 사회주의의 역사와 구조 차이를 염두에 두지 않은 단순비교는 많은 문제를 안고 있다. 가령 1949년 사회주의 중국 건국 이후 모택동으로부터 등소평의 지도체제를 둘러싼 정치적 격변 — '대약진운동' '문화대혁명' '천안문사태' 등 — 을 겪었던 중국과 달리 북한은 김주석으로부터 김정일체제로 오기까지 일관된 지도체제를 유지하여 왔기에 북한의 장래를 중국의 경험으로부터 단순추론할 수는 없다.

따라서 중국과 북한사회주의의 장래전망을 비교하면서 '북한은 중국의 길을 걸을 것인가'라는 질문에 답하기 위해서 정치, 경제, 사회 그리고 문화적 제영역에 나타나는 기본적인 차이(또는 유사성)를 드러내 보이는 데에 이 글의 주안점이 놓여 있다. 이와 관련하여 우리가 특히 주목을 돌릴 문제는 북의 지도부가 1989년 동구사회주의의 몰락과 소연방의 해체 그리고 김주석의 사망이라는 충격 속에서 그들의 사회주의를 어떻게 앞으로 건설해나가겠는가에 대한 그들 나름의 견해를 '내재적'으로 드러내고 이러한 '내재적' 견해를 '현실'과 '비판적'으로 비교검증하는 것이다. 물론 북한사회의 '현실'을 '내재적' 논의와 충분히 그리고 종합적으로 비교 검토하는 문제가 현재 여러 가지 제약으로 불충분하고 미흡하지만 그래도 어느 정도는 가능하다는 것이 필자의 평소 지론이다.

특히 김주석 사망 이후에 발표된 김정일 비서의 「사회주의는 과학이다」(1994년 11월 1일)라는 논문이 동구사회수의 몰락 이후에 발표된 주요논문들 ── 「인민대중중심의 우리식 사회주의는 필승불패이다」(1991년 5월 5일), 「사회주의 건설의 력사적 교훈과 우리당의 총로선」(1992년 1월 3일) 그리고 「사회주의에 대한 훼방은 허용될 수 없다」(1993년 3월 1일) ── 의 내용을 종합정리하고, 김주석 사망 이후 당면한 문제와 북한사회주의의 진로를 다시 한번 논의하고 있기 때문에 '내재적' 연구의 하나의 중요한 자료라고 생각된다.

1. 당과 군부

사회주의정치의 핵심이라고 할 (공산)당이 동구와 소련에서 너무나도 쉽게 와해된 사실은 중국과 북한에 심한 충격을 주었다. 특히 천안문 사태 이후 '중앙권위'(中央權威)를 강조하고, '네 가지 복종'(四個服從) — 당원은 당조직에, 소수는 다수에게, 하급은 상급에 그리고 전당 각 조직은 당중앙에 — 을 요구하고 있다. 또 인민과 직접 사업하는 당과 행정간부들의 형식주의와 부정부패에 관련해서 당간부 선발 문제를 아주 심각한 문제로 받아들이지만 —가령 『해방군보』의 1994년 10월 31일자 사설— 중국이 안고 있는 특수한 조건 때문에 이러한 당간부사업에서 제기되는 어려운 문제는 계속 숙제로 남아 있다. 하나의 나라라기보다는 오히려 대륙이라고 하는 것이 옳은 중국의 지방과 중앙정부 사이의 복잡한 관계는 역사적으로 보아도 뿌리깊은 문제를 안고 있다. '천하통일'을 하고 나서 어느 정도 시간이 흐르면 지방의 군웅들이 할거하고 이것이 내란으로 번져 결국에는 '역성혁명'(易姓革命)이 일어나 중앙의 정권이 바뀌어졌던 역사를 우리는 기억하고 있다. '왜란'과 '호란'을 겪었던 이씨 왕조가 300년 가까이나 더 지속되었음에도 불구하고, 정작 중국과 일본에서는 지배 권력이 바뀐 사실 하나만 보아도 중국과 우리 나라에서의 중앙권력이 차지하는 정치적 역할의 차이를 알 수 있다. 이러한 차이는 광활한 대륙과 조그마한 나라의 중앙권력이 지니는 '공간'의 정치학적 의미차이라고도 볼 수 있다. 이러한 문제는 단순히 정치적 영역에서만 드러나는 차이가 아니라 경제적·문화적 영역에서도 드러나게 된다. 가령 '중국특색사회주의'(中國特色社會主義)가 '경제특구'(經濟特區)라는 자본주의 요소를 연안지방을 따라 허용하고 이에 따른 자본주의적·사상적·문화적 충격에 대해서는 '중체서용'(中體西用)적인 입장으로부터 어느 정도의 여유를 보일 수 있지만 조그마한 북한은 이 문제를 심각하게 받아들일 수밖에 없기 때문에 평양으로부터 떨어진 '라진·선봉'지역을 '자유경제무역지구'로 선정하게 된 것은 어떻게 보면 너무나 당연한 일이다. 어떻든 중국에 있어서 심각하게 도전받고 있는 당의 영도적 역할을 염두에 두고 북한은 이러한 문제의 핵심인 '수령·당·인민대중' 관계를 어떻게든 풀어나가는 데에 있다고 본다: "사회 중의 사회에서 참다운 인덕정치를 실현하자면 인민에 대한 끝없는 사랑을 지닌 정치지도자를 내세워야 한다. 사회주의 정치지도자는 능력도 있어야 하지만 무엇보다도 인민을 끝없이 사랑하는 숭고한 덕성을 지녀야 한다. 그것은 사회주의정치가 본질에 있어서 인덕정치라는 사정과 관련된다. 사회주의 정치지도자가 능력이 부족하면 사회주의 발전을 저해시키는 결과를 가져올 수 있지만 인덕이 없으면 인민을 배반하여 사회주의를 망하게 하는 결과까지 가져올 수 있다. (……)당을 어머니당으로 건설하는 것은 사회주의 사회의 국가기관들과 모든 조직들을 인민의 복무자로 건설하기 위한 선결조건이다. (……)적지 않은 당들이 인민대중의 지지와 신뢰를 잃고 결국 자기의 존재를 끝마치게 된 것은 당을 인민의 운명을 책임지고 따뜻이 보살펴주는 어머니당으로 건설한 것이 아니라 행세하고 권력을 남용하는 관료당으로 전락시킨 결과이다.(……) 력사적 교훈이 보여주는 바와 같이 사회주의 집권당이 간부들 속에서 세도와 관료주의, 부정부패를 허용하는 것은 스스로 제 무덤을 파는 것과 같다."(김정일, 「사회주의는 과학이다」) 이와 같이 지적된 사회주의 정치에서의 핵심적인 문제로서 제기된 당의 '현실'은 그러면 어떠한 상황에 있는가? 국가주석과 당총서기직 승계가 아직까지 이루어지지 않고 있는 점과 관련된 여러 가지 추측과 주장이 난무하고 있다. 군부의 저항 때문이라느니 또는 김정일 비서의 건강 때문이라느니 하는 등의 추측이 동원되고 있으나 어느 하나라도 신빙할 만한 자료를 제공하지 못하기 때문이다. 이러한 '설'에 대하여 '아니다' '그렇다' 그리고 또 '글쎄' 하는 반응 모두가 가능하다는 기이한 현상까지 빚어지고 있다.

북의 공식 비공식 답변은 '김정일 비서는 이미 20년 전부터 후계자

로서 당을 지도하여 왔다'는 것이다. 물론 천안문 사태 이후 등소평의
후광 속에서 주석직과 당총서기직을 장악한 장쩌민(江澤民)과 비교해
볼 때 북에서는 후계자 문제를 오래 전부터 준비해왔기 때문에 어려
움이 없다고 하더라도 김주석 사망 이후 반 년이라는 시간이 이미 지
났음에도 불구하고 권력 승계가 공식적으로 끝나지 않은 것을 보면
분명히 무슨 문제가 있는 것이 아니냐고 주장되고 있다. 이러한 의심
에 대한 북의 대답은 너무나 간단하다. '김정일 비서가 오랫동안 당을
실질적으로 지도해왔기 때문에 서두를 것 하나도 없다. 준비가 없을
때 허둥지둥 서두르는 것 아니냐'라는 내용의 대답이다. 김주석 사망
으로부터 오늘에 이르기까지 당영도의 지속성을 보여주는 하나의 예
로써 핵문제와 관련된 북미협상을 들 수 있다. 김주석과 카터와의 북
미관계개선을 포함한 핵문제 타결의 기본합의는 김주석 장례식기간의
짧은 공백을 제외하고는 특별하게 일관된 정책수행은 기본적으로 김
정일 체제가 어제 오늘 확립된 것이 아니라는 사실을 보여줄 뿐만 아
니라 당정책 수립의 핵심적 간부도 아무 변동없이 계속 일하고 있다
는 사실을 말해주고 있다. 1994년 7월 9일 발표된 김주석의 '국가장
례위원회'의 서열도 그 이후에는 아무런 변동이 없다. 구태여 변화라
고 한다면 정치국 후보위원이었던 강희원이 노환으로 사망한 정도이
다. 현재 조선로동당의 권력구조의 핵심에서 빨치산 세대는 오진우
(1995년 2월 25일 사망) 박성철 최광 전문섭 정도에 지나지 않고, 대개
는 전문적 교육을 받은 세대가 속해 있다. 이들 중에는 일제시대 전문
교육을 받은 사람들도 약간 있지만(이종옥), 대개는 6·25를 전후해서
해외유학을 한 전문가집단(강성산 김영남 연형묵 최태복 황장엽 윤기복
등)이 당 정치국과 비서국에 포진하고 있다.
　전문별 가운데는 역시 경제분야 출신(한성룡 최영림 홍성남 등)이 많
다. 정치국에 이은 당중앙위에는 역시 군부의 최고지휘관들, 당의 부

298

장과 부부장, 정무원의 부(部)와 위원회의 부장과 위원장, 사회근로단체('직맹' '농근맹' '사로청' '여맹')와 문화교육부문의 책임자들이 약 200여 명 망라되어 있다. 중국과 비교해서 볼 때 흥미있는 사실은 중국에 있어서 군부가 당정치국이나 중앙위원회에 많이 진출하고 있는 데 비하여 북한에는 위에서 지적한 빨치산 세대에 속하는 몇 사람만이 정치국원이고, 군부의 최고지휘관이라 할지라도, 나머지는 거의 당중앙위원에 속하고 있다.

당내에 있어서 군부의 역할이 항상 강했던 중국 — 이는 거슬러 올라가면 '군벌'에서도 볼 수 있었지만, 항일과 내전에서도, 또 문화대혁명과 천안문사태와 같은 혼란을 수습하기 위해 동원되었던 군의 역할에서도 이러한 현상은 발견된다 — 과 비교할 때 북한에 있어서 당과 군부와의 관계는 항일 빨치산과 '조국해방전쟁'을 경험한 세대 그리고 그 이후 세대로 내려오면서 일관되게 유지되어 왔다. 최근 미군 헬리콥터 조종사 송환을 둘러싼 북한과 미국 사이의 협상 속에서 외교부의 온건파와 군부의 강경파가 대립하고 있는 것처럼 보도되기도 했지만 이러한 당과 군부와의 불화설의 근거는 그러나 보다 더 단순한 데에 있다. 즉 김정일 비서가 비록 군의 총사령관직을 맡고 있지만 그는 군대경력이 없기 때문에 군을 장악할 수 없다는 논지이다. 김주석이 해방 이후 사망할 시기까지 근 3,000여 회의 군대에 대한 현지교시를 했지만 김정일 비서는 그의 당생활의 시작부터 최근까지 이미 근 750여 차례나 현지교시를 했다는 사실 하나만으로도 이러한 추측이 반증된다. 또 중국의 장쩌민 주석이 군대 경력이 없기 때문에 군지반이 약하다는 논거를 그대로 북한에 적용시켜 보는 시각의 문제점도 드러난다. 김정일 체제는 현대 간부의 부정부패와 앞으로 심해질 수 있는 군부에 의한 지방분권화 문제를 가지고 있는 중국의 등소평 이후의 체제보다는 훨씬 안정된 체제라고 할 수 있다.

2. 경제발전전략문제

　정치적으로 안정된 체제라고 할지라도 그것이 경제적으로 뒷받침받지 못할 때 그러한 체제는 단명으로 끝난다. 설사 정치적으로 불안정한 체제라고 할지라도 경제적으로 안정을 회복하면 그러한 체제가 오히려 예상보다 오래 지속되는 것 — 남한의 군사정권처럼 — 을 우리는 경험하였다.

　남북의 분단상황 속에서 여전히 지속되는 체제경쟁은 '탈냉전'이라는 분위기와 맞물리면서 더욱 경제적 영역에서의 정통성의 경쟁으로 넘어가고 있다. 물론 경제생활에서 정통성을 어떻게 내용적으로 규정하느냐 하는 문제는 상당히 복잡해서 '일인당 국민소득'이라는 단순한 개념으로부터 '삶의 질' 문제라는 현대사회의 새로운 관계체계 구성문제까지도 포함한다. 이 문제와 관련해서 위에 지적한 「사회주의는 과학이다」라는 논문은 "인민대중은 사회주의의 모든 것의 주인으로서 값 높고 행복한 생활을 누려야 한다. 인민대중의 값 높고 행복한 물질생활은 중요한 자리를 차지한다. 물질생활은 사회생활에서 기초를 이루는 분야이다. (……)우리가 자력갱생, 간고분투하여 건설해놓은 자립적 민족경제의 잠재력은 매우 크며 그것은 전체인민의 건전하고 안정된 물질생활을 보장하는 귀중한 밑천으로 되고 있다. 우리는 사회주의 경제건설에 계속 큰 힘을 넣어 나라의 경제적 위력을 더욱 강화하며 우리 인민의 물질생활 수준을 사회주의적 요구에 맞게 끊임없이 높여나갈 것이다"라고 지적한다.

　중국이 보여주는 경제성장속도와 비교되는 북한 경제의 침체현상, 또는 1970년대 중반까지 남한의 경제사정보다 나았다고 일반적으로 인정되는 북한경제가 침체로부터 벗어나는 길은 중국과 남한의 경험으로부터 도출된 결론, 즉 외국의 자본과 기술을 도입하는 길밖에 없다는 견해에 대하여 북한 스스로도 귀를 기울인다. 그러나 그러한 길이 지금까지 건설해 놓은 자립적 민족경제의 기조를 흔들어 놓고 정치적 사회적 혼란을 야기시키는 쪽으로 나아간다면 그러한 길을 걸어가는 것을 북한은 단연코 거부할 것이다. '농업제일주의' '경공업제일주의' 그리고 '무역제일주의'도 따라서 자립적 민족경제를 대신하는 것이 아니라 이를 강화하는 수단으로서만 인정하고 있다. 중국의 '현대화' 그리고 남한의 '근대화'가 '불균형적 발전'(unbalanced development)이라면 북한은 '균형적 발전'(balanced development)을 추구하는 기본전략을 고수하고 있다고 볼 수 있다. 중국의 '치부론'(致富論)이 소득격차를 전제한 발전은 시간이 지나면 모든 사람에게 골고루 파급효과가 미쳐 모두 부자가 될 수 있다는 견해에 서 있다면, 북한은 '건전하고 평등한 물질문화 생활'이 경제생활의 목적이라고 보고 있다.

이러한 기본적 발전전략의 차이에도 불구하고 북한은 중국의 경험을 오래 전부터 연구하고 가령 '연합기업소'처럼 큰 기업은 자기 기업소 안에 '무역부'를 두고 자체적으로 대외무역을 추진하고 도와 군에서도 무역품목을 전적으로 개발하는 사업을 추진하고 있다. 그러나 이러한 변화가 북의 통일적인 계획경제의 근간을 위협할 정도까지는 용인되지는 않는다.

현재 약 상품의 90% 정도가 '시장가격'에 의해서 거래하는 중국이 안고 있는 문제 중의 하나가 '지방주의' 또는 '분산주의'의 경향으로서 경제의 중앙통제력이 급속히 약화되는 점이다. 이러한 '항거중앙'(抗拒中央)의 경향에 대해서 중앙정부는 수없이 경고를 발하고 1986년 이후부터 지방에 대한 재정감사를 강화하고 있지만, 1994년 전반부에 중앙정부의 수입은 11.5% 는 데 비하여 지방정부의 수입은 39%나 늘어 중앙의 지방경제의 유기적 통제는 상당히 힘들게 되었다. 이러한 모든 변화에 있어서 중요한 것은 '소유권'(所有權)에 대한 기본적 변화이다.

이미 '국유'(國有)기업의 총생산액이 국내 전체 생산액의 반에 미달하고, 소위 '공유민영'(公有民營) — 기업은 공유이지만 경영은 민영화하는 — 이 급속도로 추진되는 이러한 경향은 북한에 있어서는 기대될 수 없다. 이러한 차이가 가장 뚜렷하게 드러나는 것이 농업분야인데, 중국이 개혁과 더불어 가장 먼저 전통적인 사회주의 농업경영방식을 해체한 것과는 달리 북한은 현재의 '협동적' 소유형태를 '전인민적' 소유형태로 발전시킨다는 기본전략을 고수하고 있다. 자본주의로부터 자본과 기술이 유입되면 이러한 자본과 기술만 들어오지 않고 자본의 노동통제조직과 기술도 들어오게 마련이다.

북한의 노동조직이 단순한 경제적 차원에 머무르지 않고 정치와 하나가 되어 오랫동안 움직인 관성 때문에 경제적 이윤추구를 위해서 들어온 외국자본의 새로운 기업경영방식과 갈등을 일으키는 사실을 재일교포 투자가들이 이미 지적하고 있다. 정치적 행사에 자주 종업원들이 동원되거나 지배인들이 자주 바뀐다는 사실은 정치와 경제가 분리되지 않았다는 것을 의미하는데, 이와는 반대로 외국기업에서 일하는 것이 선망의 대상이 된 중국사회에서는 소득을 따라 움직이는 노동력 이동이 개혁과 더불어 이제는 통제될 수 없는 상황에 이르렀다. 북한은 이러한 중국의 경험을 그들의 경제정책에 참고하면서 경제활성화의 폭과 속도를 조절하고 있다. 이러한 조절이 정말 가능하겠는가 하는 질문에 대해서, 또 중국의 개혁이 수반한 숱한 문제를 피할 수 있는가에 대한 회의에 대해서 북이 던지는 대답은 '주체사회주의'에 근거한 그들의 장래에 대한 확신이다.

3. '현대화' '주체화' 그리고 '세계화'

중국의 '개혁' 골자는 '4가지 현대화'로 표현된 철저한 경제적 정책이었다. 이에 대하여 북한은 지금까지도 '개혁'이나 '개방'이라는 단어 자체도 사용하고 있지 않다. 북한에서의 '개혁'은 '주체사상의 완전한 구현'이라는 의미로 이해되고 있고 그 내용도 '주체화 현대화 과학화'라는 '3대 혁명'의 실현이라고 보고 있다. 중국의 '현대화'가 '주체화'를 전제하지 않기 때문에 '중국특색사회주의'가 '중국특색자본주의'로 이해될 정도로 빠른 '서구화' 속도를 보여주고 있는 데에 비하여, 북한이 '현대화'보다 '주체화'를 앞세우는 데에는 역사적 뿌리를 달리하는 근본적 문제가 있다. 앞서도 지적했지만 중국은 하나의 나라가 아니라 대륙이라 할 정도로 광활하고 '중체서용'이라는 보수적 전통도 강하고 이에 따른 자신감도 강하다. 이와 달리 강대국 사이에서 사회주의를 건설하려는 조그마한 북한은 절대적 자기긍정이라는 출발점없이는 사회주의는커녕 민족의 존엄노 지킬 수 없고, 세다가 분단상황 속에서 첨예한 긴장을 이겨낼 수도 없다고 믿고 있다. 이러한 까닭에 '현대화'라는 구호 하나로서는 북한은 사회주의 혁명과 건설문제에 제기된 많은 문제를 풀 수 없다는 확신을 지닌 지 오래되었다. 남한이 60년대부터 추진한 '조국근대화'라는 '현대화'가 '국제화'를 거쳐 오늘날 '세계화'라는 구호로 변천해 오기까지 북한에서 말하는 '주체화'라는 개념은 아예 설 땅도 없었다. 구태여 '주체화'라고 표현될 수 있는 개념이라면 최근 '세계화'와 더불어 하나의 내용으로 설명되고 있는 '세계의 중심'에 남한이 서겠다는 정도일 것이다.

그러나 '주체화'가 민족국가의 '국경'을 의식하고 있는 데 비하여 '세계화'는 바로 이러한 민족국가의 개념 자체를 설정할 수 없고, 또 민족국가의 '분단'이라는 문제도 설자리를 없게 만든다. 전통적으로 중화(中華)사상이 골수에 밴 중국이 '주체화'를 구태여 밖으로 내걸지 않는 중국의 '현대화'와 '주체'문제를 첨예하게 제기하지 않는 남한의 '세계화' 사이에도 커다란 차이가 있다. 북한이 '주체화'와 '현대화'를 변화된 국제적 질서 안에서 앞으로 어떻게 결합해 나가느냐 하는 문제에 대한 여러 가지 전망이 나돌고 있다.

'주체화'와 '현대화' 과제를 새롭게 결합해서 풀어나간다는 것은 관계체계의 변화를 의미하는데 이러한 전제로서 우선 정치적 안정이 요구된다. 이 분야에서 북한은 후계자 준비를 오랫동안 해왔다. 이 점이 중국과도 다르다. 김주석이 사망하면 북한사회가 대혼란에 빠질 것이라는 예상이 완전히 틀렸는데도 많은 '북한문제 전문가'들은 여전히 그러한 '기대전망'(Wunschprognose)에 대한 미련을 버리지 못하고 이제는 이를 경제분야에 걸어본다. 물론 사회주의 경제권이 소멸된 오늘날의 '세계체제' 속에서 북한도 옛날 방식 경제운영을 고집하지 않는다. 북한지도부는 이러한 '세계체제'와 하나의 새로운 질의 '경제사회'를 연동시키는 데에 걸리는 시간을 단축시키기 위해서 고심하고 있다. 김주석의 사망은 엄청난 충격이었지만 바로 이 충격이 '수령·당·인민대중'의 단결을 강화시키고 있는 사회적 분위기가 북한을 강하게 지배하고 있다. '북미회담'을 돌파구로 해서 '주체화'와 '현대화'의 결합방식을 새롭게 찾아나가는 북한을 '세계화'라는 구호를 든 남한이 어떻게 대응해 나가느냐 하는 문제는 상당히 중요하다. 특히 '주체'를 설정하지 않은 '세계화'가 앞으로도 피할 수 없는 '민족국가'라는 '주체'의 운명을 소홀하게 취급할 때 이 문제는 남북화해와 통일을 지금보다도 더 어렵게 만들 수밖에 없다. 북한의 장래가 단순히 중국의 '현대화'의 재판이 될 것이라는 안일한 사고방식이 '세계화' 속에 자리잡고 있다면 이는 상당히 많은 문제를 안고 있다. '중국도 별것 아닌데, 북한이야 뭐 볼 것이 있겠는가'라는 안이한 발상으로는 중국도 북한도 실은 이해할 수 없는 '세계화'에 지나지 않는다.

〈1995, 미발표〉

제 5부 　새로운 지성의 모색을 위하여

신흥공업국의 사회학
큰 이야기와 작은 이야기
'민중'과 '시민'
속도에 대한 단상
과학 · 기술 · 인간

신흥공업국의 사회학

1. 성장과 해방 : 논쟁사의 소묘

어느 나라는 발전했고 이와 비교해서 다른 나라는 발전하지 못한 원인에 대한 규명, 그리고 이러한 후진의 극복을 위한 처방에 관한 논쟁의 역사는 대략 18세기 초엽까지 거슬러올라간다고 할 수 있다. 자유무역과 경쟁을 통한 경제의 자율적 조정능력만이 국가의 부를 형성할 수 있다고 본 스미스에 대하여 당시 후진적이었던 독일의 리스트는 이와는 반대로 보호무역만이 후진적인 국민경제를 발전시킬 수 있다고 보았다. 그러나 서구에서 자본주의적 생산양식의 일반적 관철과 더불어 '발전'이라는 문제 자체는 고전경제학에서는 그리 큰 관심사가 되지 못했다. 그것은 후에 자본주의 경제의 합법칙성, 위기 내지 이의 조정문제 등이 자유주의(또는 신고전파)나 국가개입주의(케인스)적 논쟁을 통해서 주로 전개되었다.

마르크스는 이러한 고전경제학적 이론과의 접촉, 그리고 이의 비판을 통해서 생산력발전을 위한 생산의 자본주의적 조직의 혁명적 의의에 주목하면서도 이의 내재적 모순으로부터 새로운 사회의 혁명적 도래를 예견하였다. 자본주의적 발전과 관련된 식민지의 착취문제는 그의 『정치경제학비판』 체계 속에서 중심적 문제가 되지 못하였다. 그러나 가령 그의 '아시아적 생산양식'이나 '러시아 촌락공동체'에 관한 지적들은 자본주의에 의한 전통사회의 무자비한 파괴와 자본주의적 발전 사이의 변증법 그리고 비서구사회의 사회주의적 혁명에 관한 가능성을 보여주고 있다.

바로 이러한 마르크스의 지적들이 후에 레닌의 '제국주의'이론이나 남미의 '종속이론' 등을 통해서 체계화되었다고 할 수 있다. 1880년 이후 본격적으로 다시 전개된 제국주의국가간의 식민지쟁탈전과 더불어 고전적인 제국주의이론들이 힐퍼딩, 룩셈부르크, 부하린 등에 의해서 전개되었다. 이들은 주로 제국주의국가내의 자본증식을 위한 자본수출이 국제적 범위에서의 종속과 착취의 근본이라고 보거나(힐퍼딩), 식민지국가의 자연경제적 질서의 해체는 식민지 모국이 필요로 하는 생산자재와 노동력을 창출하는 세계자본주의의 전제라고 보았거나(룩셈부르크), 제국주의와 세계경제발전 사이의 관계는 불평등한 국제 노동분업(부하린)으로부터 유래한다고 보았다.

1920년대에 이르러서 코민테른 테두리 안에서 이러한 식민지국가와 제국주의간의 관계문제가 처음 종합적으로 토론되었는데, 단순한 '발전' 전략적 차원에서가 아니라 '민족해방'이라는 차원에서 토론이 전개되었다. 1918~19년만 해도 서구에서의 사회주의혁명 승리가 식민지의 민족해방을 가져올 수 있다는 견해가 지배적이었다. 그러나 그후 독일에서의 혁명좌절, 이에 반한 중국에서의 혁명적 운동의 앙양을 계기로 해서 점차 식민지문제가 중요한 관심사로 등장하였다. 특히 인도출신의 로이(Roy)는 "세계공산주의 운명은 동방의 공산주의의 승리에 달려 있다"고 주장했다. 이러한 입장이 코민테른의 집행부에 의해서 처음에는 받아들여지지 않았다. 그러나 점차 식민지와 반식민지의 혁명적 발전이 서구에의 혁명적 발전에 영향을 준다는 명제에 1920년의 코민테른 제2차 회의에서는 합의를 보게 되었다. 코민테른의 집행부를 주로 구성한 러시아공산당의 입장은 그러나 대체적으로 식민지 국가의 낙후성 때문에 반식민지운동이 '시민적 민주주의' 성격을 띠어야 한다는 것을 강조했던 것에 대해서, 로이는 식민지에서의 부르주아는 이미 지배계급에 지나지 않는다는 점을 강조하였다.

코민테른 내지 로이와는 직접 관련없이 페루의 마리아테귀(J. C. Mariategui)도 로이와 비슷한 입장을 취하였다. 즉 제국주의 지배하의 식민지의 부르주아는 반제투쟁의 동맹자가 될 수 없다고 주장하였다. 이러한 식민지사회의 민족해방에서 부르주아의 역할에 대한 부정적 시각은 후에 식민지의 부르주아는 "백인보다 더 흰 피부색깔을 가진 자"라는 알제리아혁명기의 파농의 주장이나, 60년대와 70년대의 '제3세계주의'(Tiers-Mondisme), 그리고 종속이론의 일각에서도 나타나고 있다. 30년대와 40년대에는 파시즘과의 투쟁이라는 당면과제로 인하여 식민지와 반식민지 해방문제는 코민테른 제2차 회의의 결정 — 제국주의와의 투쟁과 민족해방투쟁에서 모든 진보적 세력, 반봉건 반제 세력(민족부르주아를 포함한)의 연합전선 구축 — 은 60년대까지는 적어도 식민지, 반식민지 국가의 공산당에 의해서 대체로 받아들여졌다.

1) 부르주아적 개발이론과 이에 대한 비판

60년대에 들어 신생국가에서의 정치적, 경제적 독립과정 속에서 이러한 연합전선전략의 어려움 내지 실패의 경험(가령 인도의 예처럼)을 바탕으로 소련은 민족해방으로부터 사회주의 건설로 나아가는 점차적인 단계를 거치면서 자본주의적 발전단계를 동시에 단축시키는 '비자본주의적 발전'전략을 제시하였다. 이러한 비자본주의적 발전의 길을 걸어나가는 나라로 탄자니아 알제리아 리비아 이라크 시리아 등이 제시되고 있다. 특히 혁명과 건설에서 국가의 역할에 초점을 맞추고 최근에는 '비자본주의적 발전'이라는 개념 대신에 '사회주의적 정향(定向)'이라는 개념을 즐겨 쓰고 있다. 그러나 비자본주의적 발전 또는 사회주의적 정향의 범주 속에 열거되고 있는 나라들이 주로 소련과의 관계가 좋은가 또는 나쁜가 하는 관점에서 임의적으로 나열되어 있고, 또 국가의 권력을 장악한 계급(이를 Elsenhans는 '국가계급'이라고도 부른다)의 구체적 속성에 대해서 미분화된 입장이 문제시되고 있다.

신생국가들이 독립과 더불어 봉착한 경제적 낙후성의 문제는 특히 50년대와 60년대에는 '해방'적 의미에서보다는 주로 '발전'이론적 측면에서 연구되었다. 후진성과 낙후성 문제는 '결여된 경제적 성장' 문제로 환원되었고 '발전'이라는 의미는 서구 산업화의 답습으로서 주지되었다. 1953년에 발표된 로스토우의 『경제발전의 과정』을 시점으로 쿠츠네츠(S. Kuznets), 루이스(W. A. Lewis) 등에 의해서 보완되고 수정된 이러한 성장이론은 간단히 말해서 발전을 선진적 자본주의적 요소의 후진국에로의 '확산'으로 이해하였다. 후진국에서 이러한 경제발전이 이루어지기 위해서는 생산을 촉진하고 수요를 조정하는 전체적으로 균형적인 투자를 통해서 가능하다는 주장(R. Nurkse)과 이와는 반대로 후진국에 있어서 제한된 투자능력 때문에 전략적으로 중요한 요소에 집중시켜 '비균형적 발전'을 촉진하여 이의 파생효과를 다른 요소에까지 확산시켜야 한다(A. O. Hirschman)는 주장이 맞섰다. 이러한 성장이론과 더불어 후진국의 정체성의 원인을 규명하는 '이중구조이론'도 50년대에 활발히 전개되었다. 이 이론의 원조인 네덜란드 라이덴대학의 뵈케(J. H. Boeke)는 인도네시아 연구를 중심으로 전개시켜 후진사회에 있어서 전통적 사회가 지니고 있는 지배구조, 사회적 행동양태 등이 근대적 요소의 발전을 저해시키고 있다고 보았다.

성장이론의 경제학적 관점이나 분석적인 이중구조이론에 대해서 사회학적 내지 정치학적인 성격을 강하게 나타내는 '근대화이론'은 이미 베버(M. Weber)의 종교사회학 내지 지배사회학에서 제기된 '전통적' 요소와 '합리적' 요소의 대칭적 성격에 그 뿌리를 두고 있다. 파슨스(T. Parsons)의 '근대사회'이론의 기능주의적 접근, 시카고에서 발간되는 잡지 『경제발전과 문화변천』(*Economic Development and Cultural Change*)의 창설자로서 50년대와 60년대에 '근대화이론'을 주도했던 호셸리츠(B.F.Hoselitz), 후진국사회의 근대화를 위한 사회심리적 성취동기 측면을 강조한 러너, 맥클릴랜드, 아이젠스타트, 정치적 근대화를 연구했던 애프터 등을 축으로 진행된 연구가 지니는 비역사적 접근을 비판하고 역사적 분석을 통해서 산업화과정 분석과 이의 비교가 거셴크론, 틸리, 벨러, 켐프 등에 의해서 행해졌다.

이와 같은 여러 성격을 띠고 있는 부르주아적 발전이론 입장에 대하여 — 마르크스주의적 입장은 아니지만 — 비판적 태도를 견지한 뮈르달, 페루, 플레비시 등이 있는데, 뮈르달은 중심부의 발전이 주변부의 저개발을 억제시키기보다는 이를 더 악화시키는 순환으로 몰고 간다는 '순환적·축적적'인 빈곤의 '악순환'을 이야기하였다. 페루는 히르시만의 비균형적 발전이론과 유사한 발전전략에 있어서 지배적인 '성장의 축'의 문제를 제기, 중심부와 주변부 사이의 구조적으로 성립된 지배·피지배관계를 규명하였다. 이러한 접근은 프랑스에 있어서 에마뉘엘의 '부등가교환'이나 아민의 '불평등 발전', 팔로아의 고전적 제국주의이론과 자본주의의 세계적 범위에서의 전개과정 논의 등으로 이어졌다. 플레비시는 그의 오랫동안에 걸친 유엔의 '라틴아메리카를 위한 경제위원회'(CEPAL)의 집행위원장으로서의 경험 속에서 라틴아메리카의 저개발은 세계시장에의 종속성에 그 일차적 원인이 있고 특히 장기적으로 보아 불평등교역이 이들 개발도상국의 무역수지를 악화시키고 있다고 지적하였다.

2) 종속이론의 전개와 비판

이러한 비판은 60년대 중반부터 프랑크, 도스 산토스, 팔레토 등에 의해서 종속이론으로 전개되었다. 이들은 '저개발의 발전'이라는 제3세계의 숙녕은 중심부의 주변부 착취에서 비롯되었고, 이러한 주변부 사회의 이른바 민족부르주아는 제국주의에 기생하고 있는 룸펜부르주아에 불과하며 사회주의혁명에 있어서 이들은 '직접적인 적'이고 제국주의는 '주적'이라고 보는 입장이다. '파시즘이냐, 사회주의냐'라는 양자택일의 운명을 이야기하는 도스 산토스, 이와 관련된 제3세계 노동자의 과도착취를 이야기하는 마리니(R. M. Marini)의 비판적 입장에 대하여 카르도소(F. H. Cardoso)와 이아니(O. Ianni)는 브라질의 발전 모델을 들어 민족자본과 국제자본과의 '연결적 발전'도 가능하다고 반론을 제기하였다.

종속이론가들 중에서 앞서 지적한 프랑크나 도스 산토스, 주변부자본주의적 발전이 끊임없이 생산하는 '주변화'를 주된 해명과제로 삼았던 키하노(A. Quijano), 상이한 생산양식이 존재하는 주변부자본주의에 있어서 자본주의적 축적이 전반적 사회를 규정하지만 이것이 비자본주의 요소를 지양시키지 못하고 있다는 '구조적 이종성(異種性)'을 주장한 코르도바(A. Córdova)처럼 좌익적 성향의 이론가들도 있다. 또한 민족주의적 성향을 지니고 있는 푸르타도(C. Furtado), 야구아리베(H. Jaguaribe), 순켈(O. Sunkel) 등도 있는데 이들은 종속이론이 제기하는 이론적 전제들을 대체로 인정하나 정치적인 결론으로서의 사회주의혁명의 필연성에 대해서는 동의하지 않고 대체로 개량주의적 입장을 취하고 있다.

이러한 여러 가지의 종속이론적인 접근방식은 70년대 중반부터 비판을 받았는데 그 주된 논거는 종속된 나라의 계급구성과 계급투쟁과 같은 내부적 문제가 너무 무시되고 있고 자본주의의 여러 단계적 발전 성격(경쟁적 자본주의, 독점자본주의 등)을 도외시하고, 중심부자본주의와 주변부자본주의로 단순히 이분법적으로 나누어 보고 있다는 것이다.

이러한 비판과 더불어 생산과 자본의 국제화의 구체적인 체계를 연구한 팔로아, 그리고 '새로운 국제노동분업', 제3세계에서의 국가의 역할, 다국적 기업에 관한 연구 등으로 제3세계연구도 70년대 중반부터 다양해졌다.

50년대와 60년대의 중반까지는 주로 부르주아적 개발이론(성장이론 이중구조론 근대화이론 등)이 독무대를 이루었던 반면 60년대 중반부터는 베트남해방전쟁, 중국의 문화혁명, 쿠바 사회주의 혁명과 건설 등으로 '해방'이라는 관점에서 '제3세계주의' '종속이론' 등의 후진국 사회이론이 대두하였다. 그러나 70년대 중반부터는 베트남해방전쟁 종결과 함께 온 베트남의 캄보디아 침공, 베트남과 중국과의 국경분쟁, 중국 문화혁명의 어두운 측면 등이 알려짐과 동시에 자본주의 중심권을 강타한 유류파동과 함께 시작된 유럽과 미국의 경제위기는 이들 사회분위기를 전반적으로 우경화시켰다. 뿐만 아니라 제3세계에 대한 관심도 줄어들게 만들었다.

'베트남!'에서 '베트남?'으로 주제가 바뀜은 제3세계를 해방적 관심에서 보는 시각을 교정했을 뿐만 아니라 서구의 진보적 지식인들의 제3세계 해방운동과의 연대운동조차 시들하게 만들었다. 부르주아 이론들도 50년대나 60년대에 가졌던 낙관적인 발전전략에 대한 수정을 가해 특히 개발과 소득분배와의 관계문제에 눈을 돌려 빈곤계층(특히 빈농)의 생활개선전략에 연구의 초점을 두었다(M. Lipton, J. W. Mel

lor, H. B. Chenery, R. S. McNamara 등). 비판적인 제3세계이론가들
은 80년대부터 엄청난 제3세계의 외채문제를 근거로 부르주아 개발전
략이 완전 파산했다고 주장하면서 이 문제해결을 제3세계 해방의 중
심고리로 이해하고 동시에 제3세계의 환경파괴문제를 '성장의 한계'
(로마클럽)와 관련시켜 제기하고 있다. 이러한 제3세계문제의 시각은
이번 베오그라드에서 열린 제9차 비동맹정상회의에서도 나타났는데
외채와 환경파괴문제가 이번 회의의 중심적 주제로 다루어졌다.

전체적으로 보아 50년대와 60년대에 후진국의 성장과 근대화를 낙
관했던 부르주아적 개발이론가나 국제금융기관, 후진국개발연구소들도
70년대 중반부터는 그들의 이론에 수정을 가하기 시작했다. 그리고 제
3세계 해방의 희망과 가능성을 믿었던 좌파이론가들도 종속이론의 수
정과 비판이 보여주고 있듯이 혁명적 이론과 현실 사이의 괴리를 인
정하였다.

'모든' 신생국이 부르주아학자들이 주장했던 것처럼 근대화된 것도
아니고, 또 종속이론이나 주변부 자본주의 이론이 전제하는 제3세계에
서의 산업화가 불가능하다는 주장도 가령 남미의 브라질 또는 한국,
대만 등지에서는 타당치 않다는 사실을 들어 양쪽 입장에 수정을 가
하면서 70년대말부터 등장한 하나의 이론틀이 이른바 '신흥공업국'이
론이다. 경제협력개발기구(OECD), 세계은행(IBRD)이나 부르주아적
경향의 학자 발라사(B. Balassa), 윌리엄슨(J. Williamson)은 물론, 좌
파적 성향을 띤 학자들 ── 알트파터(E. Altvater), 젱하스(D. Seng
haas), 아세(H. Asche) ── 까지도 이 신흥공업국이라는 이론적 틀에
완전 동의하지는 않지만 이의 긍정적 측면을 인정하고 있다.

2. 신흥공업국 : 방법론과 이데올로기

'신흥공업국'의 개념규정이 연구소나 학자들에 따라서 서로 다르나 대개는 아시아에서 한국, 대만, 싱가포르, 홍콩, 남미에서 브라질, 멕시코, 유럽에서 스페인, 포르투갈, 그리스 그리고 유고슬라비아 등을 포함시키고 있다. 아시아의 '신흥공업국' 가운데 홍콩이나 싱가포르는 도시국가적 성격과 농업적 요소의 부재 등으로 '신흥공업국'의 일반적 성격을 드러내지 못하고 있다. 반면 대만과 한국은 정치적·경제적 의미에서 충분한 크기를 지니고 있어 이 두 나라는 최근 후진국발전이론논쟁에 중요한 위치를 점하고 있고 제3세계에서 외채의 폭발적 증가라는 심각한 문제와 관련해서 특히 긍정적으로 평가되고 있다.

지금까지 '신흥공업국'에 관한 정확한 정의가 내려지지 못하고 대개는 일인당 국민소득이 1,000달러 이상(세계은행), 세계의 완제품수출에서 공산품수출 비율의 높음과 증가(OECD) 등으로 정의되고 있다. 최근 서독의 후진국문제연구가인 젱하스와 멘첼에 의하여 제기된 신흥공업국의 지표는 그간의 여러 연구가 제기한 지표를 종합적으로 제기하고 있다. 이들은 (1) 농업요소의 타산업에의 기여, (2) 내수시장의 완결, (3) 경제부문간의 응집력, (4) 경제부문간의 동질화, (5) 성숙도(가령 수출 중 제조업 상품의 비율) 그리고 (6) 국제경쟁력 등이다. 이를 기준으로 하여 볼 때 한국(대만)은 그동안 후진국발전이론을 지배하여 왔던 비관적 전망을 역전시켜주고 있다고 지적한다. 특히 한국과 대만의 경우와 관련하여 그들은 이들 두 나라가 일본의 식민지였으며 또 동서긴장이 첨예한 지역이라는 점에 유의하면서 '유교적 전통'과도 연결지어 문제를 제기하고 있다. 이러한 '신흥공업국'의 분석적 지표 그리고 역사적 조건과 관련지어 '신흥공업국'이라는 범주가 지니고 있는 방법론과 이데올로기적인 몇 가지 문제를 살펴보자.

한국의 수출주도의 성장정책은 1970년부터 1979년 사이에 연평균 수출의 37.2% 성장과 동시에 중화학제품이 수출에서 차지하는 비율이 1979년에는 42.8%에 달해 한국경제의 국제경쟁력과 성숙도는 앞서 지적된 지표들 중에 중요하게 요구되는 것들을 만족시켜 주었다. 그러나 이러한 성장과 함께 농공부문간의 격차도 심해졌고, 특히 외채는 1979년말에는 이미 200억 달러를 넘어서서 이러한 수출주도적 성장의 문제를 제기하였다. 남미의 멕시코나 브라질 같은 신흥공업국과 비교해서 이들과 비슷한 높은 농업생산력수준(70년대는 대개 연평균 3% 이상의 성장)을 보여주고 있으면서도 이들과는 달리 토지소유가 평등하게 나타나고 있다는 젱하스와 멘첼의 주장에도 불구하고 공업의 농업에 대한 '내적인 착취'는 농업의 공업에 대한 일방적 예속화 과정으로 나타났다. 우선 60년대와 70년대에 900만 가까운 인구가 농촌을 떠나 도시로 이주했고, 이들 중 약 80%가 1정보 미만의 전답을 가지고 있던 소농 출신임을 고려할 때 농업의 공업화에 대한 '기여'는 한국에서 농업요소가 가지고 있는 성장과 평등분배로부터 온 것이 아니었다. 농민의 도시유입과 이에 따른 저임금노동력 창출은 특히 저임금과 장시간노동에 여성노동자의 대량적 투입으로 나타나 '유신'기의 노동운동과 투쟁은 주로 이들을 중심으로 나타나기도 하였다.

국가보안법과 노동악법은 자본과 노동간의 갈등에 국가가 물리적으로 직접개입하는 도구로 이용되었다. 그리하여 극히 예외적인 경우에만 자본과 노동간의 갈등에 국가가 개입하여 자본·노동·국가의 '협조적 행위'(konzertierte Aktion)가 이루어지는 서구와는 달리, 어용노조를 통해서 대표되는 노동과 자본 그리고 국가 삼자간의 항시적인 '협조적 행위'가 실현되고 있다. 이러한 한국적 성장모델의 설명 방편으로 이용되는 일본적 모델은 '한국은 제2의 일본인가?'라는 직접적 물음들이 뜻하듯이 두 모델 사이의 유사성뿐만 아니라 한국은 '제2의 일본'이라는 가능성 내지 현실을 확신하는 인식관심을 드러내고 있다. 역사적인 배경과 차이성에도 불구하고 일본과 한국의 자본축적모델에는 상당한 유사성이 있다는 것을 부정할 수 없다. 특히 노동(숙련노동과 미숙련노동, 남성노동력과 여성노동력)과 자본(대기업과 중소기업)의 철저한 이중구조적 '분할'을 통해서 숙련노동, 남성노동력, 대기업 등을 자본주의의 '기능적 핵'으로 삼고 이에 종속된 미숙련노동, 여성노동력, 중소기업을 이러한 핵 기능에 철저히 종속시키고 계열화하는 현상은 학력과 성별, 임금격차는 물론 열세한 중소기업에 대한 빈약한 국가의 지원정책에도 나타난다. 그러나 동시에 이러한 분할을 통해서 발생하는 체제 내부의 긴장과 갈등을 축소시키기 위해서 이들간을 또 '통합'시키는 여러 가지 제도적 이념적 장치를 도입한다. 그것은 일본형 복지사회, 일본적 경영, 국가주의, 반공주의(특히 한국에서), 가부장적인 남성본위주의 등으로 나타나고 있다.

자본주의의 기능적인 핵부분과 주변부의 분할과 통합형식이 일본과 한국에서 유사하게 나타나는 것과 관련, 한국을 '제2의 일본'으로 보는 논지도 적지 않다. 이러한 시각은 또 한국은 흡사 현재 '어린애'이고 시간이 흘러 성장하면 일본과 같이 '어른' 모습을 할 것이라는 유추해석도 동반하고 있다. 그러면 한국은 일인당 국민소득이 일본의 5분의 1, 국민총생산에 있어서는 12분의 1로 축소된 '작은' 일본인가? 이러한 유추해석은 먼저 두 나라가 각각 다른 내부구성의 역사와 외적인 조건을 갖고 있다는 점을 충분히 고려하지 않고 있다.

우선 일본경제의 동력은 여전히 내수시장에 있는데(수출이 국민총생산에서 차지하는 비율은 10~15% 정도), 한국경제는 이 비율이 40%에 이르고 있어 경제의 내부구성조건이 다르다. 또 50년대의 한국전쟁, 60년대의 베트남 특수경기라는 외부적 조건을 가졌던 일본과도 다른 조건에 한국은 처하고 있다. 80년대에 들어서 이른바 '3저호황' 덕택에 70년대 중반부터 온 위기를 극복한 한국경제는 1980년 국민총생산의 5.2% 성장 그리고 1981년에서 86년 사이의 연평균성장 8.3% 기록, 같은 기간의 경제협력개발기구 국가의 평균 3.3%보다 상당히 높은 성장률을 유지하고 외채부담도 줄여 세계은행으로부터 성공적 사례로 소개되었다. 그러나 1987년 가을부터 급격히 확산된 노동운동은 이른바 한국경제의 핵심부인 수출산업을 주도했던 중공업을 강타하여 이러한 영향이 눈에 띄게 나타났고 선진국의 높아가는 보호무역 장벽, 후발국가들의 추격, 원화절상 압력 등으로 수출시장의 외부적 조건도 결코 낙관할 수 없게 되었다.

서구와 일본의 경험으로부터 도출된 '신흥공업국'의 지표를 근거로 한 방법론은 가령 한 나라의 경험과 다른 나라의 경험을 비교할 수 없다는 극단적인 역사주의적 방법론의 문제점을 지적하고 있다. 그러나 이러한 지표를 통한 유추해석은 종종 역사적 배경이 다른 현상들을 성급히 일반화시켜 젱하스와 멘첼도 "오늘날의 한국과 대만'처럼' 일본도 30년대에는 신흥공업국이 아니었던가?"라고 주장하고 있다. 이러한 일반화 속에는 제1세계와 제3세계 사이의 차이를 순전히 발전 '정도'의 차이로 파악하고 있고 이 두 세계 사이에 존재하는 '질적'인 차이 문제를 경시하고 있다. 여기에서도 '질'에 대해 갖고 있는 부르주아 사회과학의 기본적인 회의를 발견할 수 있다. 즉 '양화'(量化)되지 않는 모든 것은 비과학적이고 주관적이라는 것이다. 이러한 질적 범주에 대한 부르주아 사회과학의 불신은 한국과 대만이 모두 일본제국주의의 옛 식민지였고 동서냉전이 첨예한 덕택에 경제성장을 이룩했다는 젱하스와 멘첼의 논리적 비약에도 나타나고 있다. 정치적 억압에도 불구하고 일제는 오늘 한국의 경제성장이 가능한 전제들을 마련해주었고 남북한의 군사적·정치적 대치가 체제경쟁을 유발시켜 경제성장의 한 요인이 되었다는 것이다.

자주독립이나 민족해방은 물론, 체제경쟁이 유발하는 한국사회 내
부의 이루 헤아릴 수 없는 정신적 고통은 신뢰하지 못할 주관적인 범
주로 처리하고 있고 80년 광주를 경험한 '신흥공업국' 한국의 경제적
발전과 정치적 후진이라는 모순관계의 해명문제에 이르러서는 더욱
어려움을 드러내고 있다. '신흥공업국' 개념은 서구와 일본의 발전경
험에 따라 제1세계와 제3세계라는 범주가 지니고 있는 질적 모순 ——
착취와 피착취, 억압과 피억압 —— 문제를 '공업화의 정도 문제'로 환
원시켜 '신흥공업국'을 제1세계와 제3세계의 중간에 자리를 배정하고
있다. 이러한 방법론적 구성은 서양중세신학을 지배했던 토마스 아퀴
나스의 '존재유추론'(analogia entis)을 연상케 하고 있는데 이에 의하
면 생물계(인간 동물 식물), 무생물계의 순으로 신적인 존재의 충만의
정도와 단계가 낮아지고 따라서 식물보다는 동물, 이 중에서 인간이
가장 신적인 존재에 가깝다는 존재론적 서열매김을 하고 있다. 다른
제3세계와 제1세계를 하나의 동질적인 직선 위에 놓고 제3세계가 신
흥공업국으로, 또 여기서 다시 제1세계로 진입한다는 발전의 단계를
전제하고 있어 50년대와 60년대의 로스토우의 발전단계이론의 새로운
포장이라고도 할 수 있다. 자주냐 예속이냐 하는 질적 문제는 '생성의
동질적 흐름'(에른스트 블로흐) 속에 매몰되어 발전이라는 총체적 문제
가 공업화문제로 환원되는 방법론과 이데올로기를 '신흥공업국'은 내
포하고 있다.

3. '한국모델'의 재음미

'신흥공업국'으로서의 '한국모델', '복지사회'로서의 '스웨덴모델',
또는 '위기없는 자본주의'를 매개하는 '일본모델' 등 '모델'이라는 단
어를 우리는 자주 사용하고 있다. '모델'이라고 하면 우리는 흔히들

우리 앞에 '객관적'으로 존재하는 것의 '모사'(模寫)로 받아들이고 있다. 그러나 '모델'은 어떠한 '주체'의 목적에 따라 만들어져 객체와의 인과적 관계를 반드시 전제하지는 않는다. 물론 '모델'이 그렇다고 해서 임의적으로 주체에 의하여 구성되는 것은 아니고, 객관적 대상(가령 한국경제의 구조와 기능방식)의 내적 법칙을 명확히 드러내주는 모델의 기초적 요소들을 매개로 구성되는 것이다. '신흥공업국'으로서 '한국모델'을 구성하는 주체는 누구이고 이떠힌 모델의 '기초적 요소' (Modellsubstrate)를 통해서 구성되는가? 주체는 말할 것도 없이 '세계은행'이나 경제협력개발기구, 또 이러한 기관과 밀접한 관계 속에 있는 연구소나 학자들이다. 이들이 사용하는 모델의 기초적 요소는 앞서 지적된 지표들일 수도 있고 또 더 단순화되고 양화시킬 수 있는 국민총생산이거나 수출증가율 등일 수도 있다. 어떠한 경우에도 현재의 '한국모델'이 수출을 통한 '성장모델'임을 부정할 수 없다. 성장이론, 근대화이론으로부터 신흥공업국이라는 이론틀에 이르기까지 한결같이 지적되는 점은 자본·기술·노동 그리고 국가의 상호결합형식과 기능이 '한국모델'에서는 매우 유기적이라는 점이다.

물론 위에서도 지적하였지만 이러한 유기적 기능이 1980년 광주에서 드러났듯이 심각한 위기에 빠지자, 약간의 비판적 견해가 제기되기도 했다. 그러나 현재까지 진행되는 고도성장 속에서 '한국모델'을 구성하였던 주체는 오히려 한걸음 더 나아가 '한국모델'이 이제는 경제협력개발기구적인 수준의 안정성을 보여주니 시장을 통한 경쟁력 강화를 위해서 한국의 시장을 더욱 개방할 것을 요구하는 신고전파적 처방까지 지어주고 있다.

농산물시장의 완전개방으로부터 영화관에 뱀을 풀어 소동을 일으켜 외신에까지 보도된 외국영화직배문제에 이르기까지 한국시장개방압력은 이제 '한국모델'이 '어린애'가 아니라 경제협력개발기구와 같은 제1세계 '어른'이 되었으니 자리를 같이 할 수 있다는 논거에서 나왔다. 한국농민 스스로가 경험한 한국모델은 그러나 공업화를 위해, 수출을 통한 성장을 위해, 노동자의 저임금을 위해 저곡가에 시달렸던 농민이 이제는 '어른'된 한국경제를 위해서 또 희생을 강요당하는 모델인 것이다. '한국모델'의 가장 중요한 구성요소인 저임금노동은 세계에서 가장 높은 산업재해율 속에서, 가장 장시간 노동에 시달리는 노동이며, 스스로의 이익을 위해 노동조합을 조직할 권리까지도 제한된 노동이다. 이러한 노동자들에게는 경제협력개발기구가 이야기하는 '한국모델'은 비인간적인 모델일 뿐이다.

80년대에 들어서서 제기된 '한국형 복지사회' 건설 과제는 일정한 정도의 사회보장(의료보험) 성과를 통해 해결되어가고 있는 것처럼 보이나 아직도 이의 만족스러운 해결의 날은 요원하다. 이제는 집을 가진 자와 집 없는 사람이 한국의 계급구성의 하나의 지표가 될 정도이고 또 이 두 계급 사이의 갈등은 날이 갈수록 심해지는 한국형 복지사회의 현실이다. 지금은 은퇴한 오스트리아의 크라이스키(B. Kreisky) 전 수상은 "돈 없이 복지사회를 건설한다는 것은 순전히 거짓말이다"라고 간단히 복지사회의 본질을 지적한 적이 있다. 건강, 주택, 교육, 노후, 실업, 환경을 위해 필요한 막대한 재원이 나올 수 있는 곳은 엄청난 국방예산이라는 것을 아무도 부정할 수 없을 것이다.

'한국모델'이 민족분단을 전제하고 있기 때문에 민중의 삶을 지켜주는 모델은 남북한의 군사적 긴장완화를 전제한다. 젱하스와 멘첼이 '신흥공업국'으로서의 '한국모델'이 남북한 체제경쟁 덕택에 가능하다는 주장은 거꾸로 보면 남북한간의 긴장이 완화되면 현재의 '한국모델'은 불가능하다는 것을 의미한다고 할 수 있다. '분단모델'이라는 '한국모델'이 갖는 특수성은 특히 반공이데올로기를 통해서 '한국모델'이 지니고 있는 취약성 — 계급적 갈등을 상대적으로 완충시키는 복지사회적 통합 능력의 결여 ─ 을 보완하고 있다.

　'한국모델'을 '수출모델' 내지 '성장모델'로서 구성한 주체는 종국에는 이러한 모델에 현재 제1세계의 산업민주주의와 같은 정치적 모델이 조응할 것이라고 주장하는 데 반하여, '한국모델'을 '식민지 반봉건(자본)주의'로 보고 있는 주체는 이를 '매판군사 파시즘'으로, 또 '한국모델'을 '신식민지 국가독점자본주의'로 보고 있는 주체는 '신식민지 파시즘'으로 규정하고 있어 파시즘을 대개, 독점자본(매판이든지 국가독점이든지간에)에 조응하는 국가형태라고 설명하고 있다. 그러나 분단체제 속에서, 또 유럽과 남미에서처럼 대중적 운동과 카리스마적 지도자를 창출하지 못한 한국 파시즘의 특성에도 우리는 주의를 돌릴 필요가 있다.

　민중이 주체가 되어 구성하는 '한국모델'이 지금까지의 한국모델과는 다른 기초요소들을 ─ 가령 '민주·민중·민족'이라든지 '자주·민주·통일'이든지간에 ─ 전제한다는 것은 분명하다. 문제는 이러한 총론적 모델기초로부터 각론적·부문적인 기초에 이르기까지 충실하게 구성된 '대안적' 모델이 되었을 때만이 이를 근거로 한 합목적적인 사회변혁도 가능하다. 한국모델이 하나의 '성장모델'에서 하나의 건강한 새로운 모델로 되기 위해서는 더 풍부한 구체적이고 진지한 '모델실험'(Modellexperiment)이 필요하다. 어떤 모델이 사물의 속성을 잘 설명할 수 있을 때 이 모델은 많은 사람들로 하여금 사물의 본성이해를 돕는 것처럼 이러한 새로운 모델보다 더 정밀한 구성 없이는 현재의 '한국모델'이라는 신화는 더 계속될 것이다.

〈1990, 『현대와 사상』〉

큰 이야기와 작은 이야기

1

인간과 자연세계를 통일적이고 전체적으로 파악하고자 하는 지적욕
망과 관심은 신화와 종교에서부터 나타났다.

비록 신화가 종종 인물이나 의인화된 자연을 빌려 그러한 총체적
서술을 시도하고 있지만, 레비 스트로스(Claude Lévi-Strauss)는 바로
이러한 설명구조로부터 인간과 사회의 원형적 구조를 밝힐 수 있는
'구조적 인간학'(strukturale Anthropologic)을 이끌어 내었다.

'성스러운 것과의 체험적 만남'(G. Mensching)이라는 종교도 믿음의
체계적 서술과 조직을 통해서 인간, 사회 그리고 자연을 총체적 질서
속에서 드러내려고 시도하였다.

이러한 신화와 종교를 통한 세계해석에 대해서 실증주의의 원조라
고 할 수 있는 콩트(A. Comte)는 신학적 −철학적 −실증적인 단계를
설정하고, 신화와 종교 나아가서는 사변적 철학의 한계성과 비합리성

을 지적하였다. 서구가 신중심의 중세로부터 인간중심의 근세로 넘어 오면서 탈신화와 탈종교의 과정을 거쳐 철학도 인식론, 윤리학, 미학 그리고 여러 가지 경험과학의 부분영역으로 분화되어, 철학체계는 가령 칸트철학에서와 같이 '순수이성' '실천이성' 그리고 '판단력' 비판으로 나타났다. 어떠한 경우든지 총체적 서술을 통해서 세계를 드러내보이려한 노력들은 근세에 들어서면서 점차 설득력을 잃게 되었다.

그럼에도 불구하고 헤겔은 종교는 물론 법, 미학, 인식, 역시 등을 포괄하는 근대의 총체적 특질을 '절대정신'의 자기현현으로 파악하는 거대이론을 다시 구축하였다. 이러한 헤겔철학이 근대파악의 획기적인 요소로 드러냈던 노동(Arbeit)과 도덕성(Sittlichkeit)에 특별한 주의를 돌렸던 '헤겔좌파'와 '헤겔우파'는 나름대로 근대성의 위기를 극복하는 청사진을 제시했다. 마르크스는 '노동의 소외를 극복하는 새 사회'를, 헤겔우파(H. F. W. Hinrichs, Rosenkranz, H. B. Oppenheim)는 '강력한 국가'를 해결책으로 제시했다.

이와 같이 근대의 산물인 '프롤레타리아트'나 '국민국가'를 근대사회의 위기극복의 주체로 보는 흐름과는 구별되는 제3의 흐름도 있었는데 이는 근대라는 것 자체를 회의적으로 바라보고 부정하는 니체 (F. Nietzsche)였다. 앞의 두 입장이 근대 속에서 근대를 극복하려고 했다면, 니체의 입장은 근대 밖에서 근대를 비판한 입장이라고 할 수 있다. 물론 이러한 세 가지의 근대를 비판하는 입장은 어디까지나 이념형적인 구분이고 이들 세 입장 사이에는 서로 결합하는 양상도 계속 있었다. 가령 마르크스적 전통에 니체적 근대비판을 결합시킨 '프랑크푸르트학파' (Adorno와 Horkheimer), 루카치가 '이성의 파괴'라고 보았던 헤겔우파의 '강력한 국가'와 니체의 근대비판이 결합된 형식, 그리고 이들이 다시 노동자와 결합된 '우파의 좌익' '민족 볼셰비즘' '니체적 공산주의'라고 불리우는 일련의 사상적 흐름 — 이의 대표적인 인물로서는 스펭글러(O. Spengler), 클라게스(L. Klages), 슈미트(C. Schmitt) 등을 들 수 있다 ─ 등이 그러한 예일 것이다.

2

서구의 근대 정신사의 흐름 중에는 위에서 지적된 세 가지 흐름이 각각 부침을 경험했는데 '세기말'(fin de siécle)로 표현되는 19세기말에는 니체 철학의 허무주의가 득세했고 1차세계대전을 전후로 하는 사회적 격동기에는 노동계급의 해방과 국제주의라는 기치를 내세운 국제공산주의 운동과 자본과 결합된 국가주의로서의 제국주의가 격돌했다. 전쟁의 황폐를 경험한 이후에도 이러한 대결구도는 기본적으로 남아 있어 노동계급과 민족을 결합시킨 파시즘과 나치즘이 혼란의 와중에서 위세를 떨쳤으나 2차세계대전이라는 또 한번의 재앙 속으로 세계를 내몰았다.

2차세계대전의 종결과 함께 온 동서냉전은 스탈린주의와 반공과 자유시장경제가 결합된 보수주의의 양구도로 대결의 축이 결정되면서 수정된 마르크스주의로서의 사회민주주의와 전통적인 자유주의가 이러한 보수주의에 가세하였다.

이러한 보수주의도 새로운 사회개혁적 요구와 베트남 전쟁으로 응축된 자체모순과 직면하게 되어 '1968년'으로 표현되는 좌파의 심각한 도전을 받았다. 이러한 도전이 체제내에 흡수되는 과정에서 사민당이 유럽 곳곳에서 집권하는 변화도 있었으나 70년대에 있었던 두 번에 걸친 유류파동은 보수세력에게는 전화위복으로 작용, 80년대에 들어서는 소위 '신보수주의'라고 불리는 정치세력으로 재등장할 수 있었다. 신보수주의의 핵심은 '강력한 국가'를 이데올로기 중심에 놓고 공급위주의 경제정책을 통해서 안정지향적인 중산층을 견인하는 데에

326

있다고 할 수 있다. 80년대 중반부터 시작된 소련의 페레스트로이카
는 스탈린주의의 청산을 통한 사회주의 개혁이라는 소기의 목적을 달
성하지도 못한 채 자체 와해만을 촉진시켜 동구사회주의는 몰락하고
소연방자체도 해체되는 엄청난 결과로 나타났다. 이러한 격변을 우파
에게는 낙관을, 좌파에게는 비관과 체념을 몰고 왔고 이러한 좌파의
비관과 체념 속에 니체철학이 다시 자리를 잡고 이는 '탈현대'(Post
moderne)라는 사상적 흐름으로 나타났다.

3

물론 이러한 좌파의 좌절과 체념은 동구사회주의 몰락 이전에도 있
었고, 마르크스적 세계파악의 한계를 지적한 하버마스의 지적 작업과
함께 '베트남! 베트남?'이라는 민족해방에 대한 희망과 회의도 있었다.
이와 함께 가령 아롱(R. Aron)이나 셸스키(H. Schelsky) 등은 '노동
계급'이나 '민족해방'이라는 개념이 사실은 손가락 하나 까딱하지 않
는 '현대판 사제(司祭)'들인 지식인의 허황된 욕망의 산물이라고까지
매도하였다. 이러한 비판에 대하여 '노동계급'의 새로운 의미를 밝히
는 작업— 가령 '새로운 노동계급'의 분석처럼 — 도 시도되었고 '민
족해방'을 세계체제적 관점에서 다시 해석—월러스틴(I. Wallersteinn)
의 '역사적 자본주의'(Historical Capitalism)—하려는 노력도 있었다.
그러나 전반적으로 볼 때 계급투쟁은 '잠자는 계급투쟁'(U. Jäggi)
또는 '잠재적 계급투쟁'(J. Habermes)으로 해석되거나, 이보다 더 심하
게는 '노동계급으로부터의 결별'(A. Górz)이라는 선언이 70년대 중반
부터 좌파지식인의 머리 속에 자리잡았다. 지배계급의 도구로서의 국
가는 결국 소멸할 것으로 전망한 마르크스와는 달리 현실사회주의에
서의 국가의 기능이 강조되는 사실과 함께 우파는 '강한 국가'라는 국

가철학을 내세워 자유주의의 '약한 국가'에 대해서, 또 사회민주주의의 '복지국가'는 현실사회주의의 이웃사촌이라고 매도하는 양면의 칼로 응수하였다. 물론 유럽의 경제적 통합의 과정 속에서 전통적인 국경의 의미가 점차 희석되었지만 '민족국가'의 생명력을 우파는 계속 강조하였다. 이렇게 볼 때 헤겔 이후 서구의 정치철학 체계 속에서 좌익의 '노동계급' 개념은 소멸되고 우익의 '민족국가' 개념은 여전히 강세를 보인다고 할 수 있다.

　'노동계급'과 '민족국가'라는 두 가지 커다란 흐름에 대해서 80년대부터 서서히 등장한 '녹색'의 대안은 종래의 좌우라는 정치적 이분법 대신에 사회주의와 자본주의를 하나의 범주인 '산업적 현대'(industrial le Moderne)로 파악, 이러한 현대가 인간의 삶을 파괴하는 모순을 파헤치기 시작하였다.

　이러한 현대비판도 '발전' '이성' 또는 '계몽'이 제기한 과제에 대한 비판으로부터 시작, '생태계 파괴'를 문제제기의 핵심으로 삼았다. 이러한 새로운 정치적 언술체계의 기저에는 '인간중심주의'와 '이성중심주의'에 대한 비판이 자리를 잡고 있지만 근원을 거슬러 올라가면 '탈현대'라고 하는 정신사적 흐름과도 맥을 같이 하고 있다.

　이성과 자아중심의 현대를 해체하려는 시도는 철학에서도, 문학에서도, 정치적 분야에서도 계속 되었는데 형이상학의 해체를 통해서 '존재론적 차이'를 드러내려 했던 하이데거(M. Heidegger)의 전통을 잇는 데리다(J. Derrida)의 '해체'(déconstruction)는 영미에서는 문학비평 속에서, 이성과 힘의 관계를 미시적으로 분석해낸 푸코(M. Foucault)의 '신구조주의'(neo-structuralisme), '큰 이야기'(les grands récits) 대신에 '작은 이야기'(les pétits récits)를 담는 리오타르(J. F. Lyotard)의 '탈현대적 조건' 속에도 나타난다. 특히 정치분야에서는 이제는 더이상 국가라는 하나의 거대한 중심체에 기대하지 말고 탈중심적인

'작은 정치들'(Subpolitiken)을 통해서 '위험사회'(Risikogesellschaft)나 '보험국가'(L'état providence)의 총제적 위기를 극복하는 수밖에 없다고 주장하기에 이르렀다.

4

지금까지 간략하게 훑어본 서구지성사 속에 나타난 현대의 위기에 대한 여러 가지 대응양식은 그러면 우리에게 어떠한 의미를 제기하는가?

1876년부터 본격적으로 시작된 열강에 의한 압력에 대해서 위정척사(衛正斥邪), 동도서기(東道西器), 개화파(開化派)적인 지식인의 대응과 더불어 밑으로부터도 동학(東學)이라는 대응양식이 있었고, 일제 식민지 치하에서는 민족주의와 사회주의가 때로는 연합하면서까지 근대의 격랑 속에서 민족해방을 추구하였다.

해방과 분단의 반세기를 자세히 들여다보면 역시 '계급해방'과 '민족해방'이라는 과제는 끝없이 제기되어 왔다. 또 냉전적 구도 속에서 추진되어왔던 근대화와 '절대적 빈곤'을 해소하고 '상대적 빈곤'이라는 빈곤개념의 변천을 가져왔다고 하지만 민중의 생존권문제는 여러 가지로 나타나고 있고 특히 생태계의 심각한 파괴는 어느 누구도 부인 못할 엄청난 과제로 남아 있다. 분단 50년을 맞이하지만 아직도 통일된 민족국가를 건설하지 못하고 있는 점을 감안할 때 서구에서 논의되고 있는 사상적·정책적 대안이 과연 우리 문제해결에 있어서 얼마나 도움을 줄 수 있는가라는 물음은 자연히 제기되기 마련이다. 이러한 물음에 대한 해답의 실마리를 근대서구가 제기한 계급과 민족국가 문제를 우리의 문제와 비교검토함으로써 찾아보자.

'개발독재'의 동력이자 이의 제물인 '민중'개념이 동구의 변화와 더

불어 급격히 소멸되면서 그 자리에 '시민'이라는 개념이 들어선 점이
현재 우리 사회변화의 한 특징적인 모습이라고 볼 수 있다.

　최근 발표된 한 사회조사에 의하면 "당신은 중산층에 속하는가"라
는 질문에 응답자의 약 70%가 "그렇다"라고 대답한 사실을 보
아도 알게 모르게 '중산층'의식이 확산된 것만은 사실이다. 물론 80년
초 일본에서는 90% 정도가 이미 자신을 중산층으로 간주하고 따
라서 '무계급사회'라는 말이 나올 정도였던 것에 비하면 남한의 중산
층의식이 일본보다는 낮게 나타나고 있지만 어떻든 상당한 변화라고
할 수 있다.

　물론 중산층개념이 너무 막연하고 따라서 자의적 해석이 스며들 여
지가 너무 많아 60년대에 이미 사회학자 다렌도르프(Dahrendorf)는
'잘못 인식된 중산층'(falscher Mittelstand)에 대한 문제를 제기하였지
만 이 문제는 유독 남한 사회에만 해당되는 이야기는 아니다.

　서구에서 '시민'을 '도시에 사는 사람'으로부터 '프롤레타리아가 아
닌 사람'으로 이해되기까지는 약 200년의 세월이 소요되었고, 또 독일
에서는 '교육받은 시민'(Bildungsbürgertum), 프랑스에서는 문화적 특
권과 금력이 결합된 살롱(Salon)에서 여론을 형성하는 '대부르주아지'
(grand bourgeosie)라고 불리는 뿌리깊은 역사를 생각할 때 우리에게
는 '양반'과 '시민'이 결합되는 형식보다는 지난 20~30년 '근대화' 과
정중에 부의 축적을 향유할 수 있는 새로운 계층을 뜻한다면 별 무리
없는 의미론적 규정이 될 것 같다.

　따라서 우리의 '시민'이 서구에서처럼 '노동계급'의 도전에 대해 근
대유산 — 그것이 '자유주의'이든 '소유개인주의'이든간에 — 을 방어
하기에는 많은 제한성을 지니고 있다. 서구의 '시민'이 내세우는 합리
성, 효율성, 보편성이라는 가치체계도 우리의 '시민'이 선거 때마다 보
여주는 전통적인 지연, 혈연, 학연에 얽매이는 모습 속에서도 이러한

한계는 잘 드러나고 있다. '풀뿌리 민주주의'라는 지방자치를 별로 경험해보지 못한 사실도 우리의 '시민'에게 또 하나의 결정적 약점이다. 물론 곧 시작될 '지방자치'가 이제 이러한 시작이라고 할 수 있지만 지방자치를 통해서 중앙권력을 약화시키고 '작은 정치들'을 실현할 수 있는 기회를 마련하기보다는 지방자치가 중앙권력쟁취의 또 하나의 수단이 되지 않을까 하는 우려도 생긴다.

따라서 짧은 시간 동안 형성된 우리의 '시민'에게 한국적 근대 또는 현대가 안고 있는 과제의 해결을 전적으로 기대할 수만은 없는 상황이 우리를 기다리고 있다. 서구에서는 정보사회, 서비스산업사회 또는 탈산업사회라는 개념을 통해서 지금까지 우리가 이해하는 노동중심의 산업사회를 대치하고 있지만 우리에게는 아직도 노동의 재생산 문제를 둘러싸고 노자간에 엄청난 대결 — 여기에는 공권력의 폭력까지 개입한다 — 이 존속하는 상황 때문에 노동의 의미 또는 이를 기반으로 한 해방이라는 '큰 이야기'는 계속 지속될 수밖에 없다. 이 '큰 이야기'의 화자(話者)가 '노동계급'이라고도, 또 넓게는 '민중'이라고 지칭되었던 상황이 불과 지난 몇 년 사이에 완전히 변했기 때문에 이제는 '시민'이라는 '작은 이야기'의 화자에 의해서만 주의를 돌리면 된다고는 생각되지 않는다. 물론 '민중'이나 '시민'도 고정불변된 의미만을 담지 않고 부단한 변화 속에 새로운 내용을 담을 수밖에 없고, 더군다나 위에서 지적했듯이 '시민'의 역사가 짧고 그의 구조가 전통과 교묘하게 얽혀 있는 조건 속에서 '시민'과 '민중'을 양자택일적 선택의 문제로 볼 수 없다. 시민, 시민사회, 시민의식, 시민운동이 내놓는 새로운 전망이 흡사 서구에서 이미 이야기된 '노동계급으로부터의 결별'과 같은 내용으로 이해될 수 없는 조건은 여전히 지속되고 있다. '시민'과 '민중' 사이의 단절과 연속성 때문에 이 둘 사이를 부정이냐 긍정이냐 하는 양자택일적 문제로 단순하게 환원시킬 수 없고 긍정과 부정을 동시에 안는 긴장 속에서 짜집기할 수밖에 없다. 이러한 긍정과 부정의 변증법은 민족문제에 있어서도 마찬가지로 나타난다. 서구에서 민족문제를 이야기하면 대개는 거부감 섞인 반응을 야기시킨다. 예를들면 10여 년 전쯤 이영희 선생을 옥고로까지 몰고간 글을 필자가 관여하는 잡지 『페리페리』(Periphrie)에 독일어로 번역 소개하자 많은 독자들은 이선생의 '대민족주의'가 국수주의 냄새가 난다고 지적한 적이 있다. 북의 핵문제로 남쪽에서도 '핵주권' 문제가 제기되자 이 역시 민족쇼비니즘 정도로 서구에서는 이해하는 것 같았다. 특히 동구사회주의 몰락 이후 곳곳에서 유혈참극으로까지 몰고 간 인종분규를 보는 눈으로 우리의 민족문제를 바라보는데 심한 경우에는 남아프리카의 인종문제를 우리의 분단문제와 같은 성질의 문제로 보기도 한다. 2년 전 북한이 '핵확산금지조약'에서 탈퇴하자 소위 자유주의적 전통에 선 신문의 하나라는 남독 프라이부르크(Freiburg)의 『바디세 짜이퉁』(Badische Zeitung)은 1993년 3월 13일자 신문의 「북한을 위한 과외(課外)」라는 논설 속에서 "아무도 북한을 위협하지 않고 있다. 남아프리카에서는 결국에 보다 똑똑한 친구들이 오랜 교육과정을 거쳐 사태를 깨닫게 되었다. 북한에게는 과외공부가 필요하다"고 주장하였다. 한마디로 말해서 우리의 민족문제를 다른 민족이나 종족 사이의 갈등과 비슷하거나 같은 것으로 이해하고 있는 수준이라고 할 수 있다.

'민족국가'를 넘어 경제적 나아가 정치적 통합을 이야기하는 유럽의 눈으로 볼 때 우리의 민족문제가 시대에 뒤떨어진 발상으로 보이거나, 기껏해야 이민족이나 종족간의 갈등문제 정도밖에 이해되지 않고 있다는 것을 보여주고 있다. 이러한 민족문제 이해 수준이 우리 뇌리 속에도 알게 모르게 자리잡고 있는 것이 아닌가 하는 기우를 자아내는 단어가 최근 너무 자주 등장하고 있다. '세계화'라는 단어가 바로 그것이다. 한국이 세계의 '중심'에 서는 '세계화' 속에서 민족통일을 달성한다는 구상이 왜 서구인들의 우리 민족문제를 보는 시각과 비슷한가?

우선 국경이 의미를 잃게 되는 세계화 속에서 민족국가를 이룩한다는 발상자체가 모순을 보여주고 있다. 설사 그러한 민족국가 통일이 가능하더라도 그것은 우선 경제적 통합문제이고 민족통일의 핵심적인 정치적 문제는 기껏해야 후차적 문제로 등장하게 된다. 한반도의 통일문제를 국제화 또는 세계화 문제로 우리 스스로가 이해한다는 것은 또한 남북의 내부역량을 그만큼 불신하고 있다는 뜻인데, 이는 우리 민족내부의 갈등이 이민족간의 갈등만큼 또는 이보다 더 심하게 주체적 역량을 수렴해낼 수 없다는 불행한 의식을 드러낸다. 자본·기술·정보에 의해서 구조화된 하나의 '세계체제' 안에서의 민족통일은 남과 북 사이의 정치적 통일이라기보다는 남북이 다 같이 다국적·초국적기업에 흡수되는 것을 의미할 수도 있기 때문에 민족내부의 주체적인 정치력은 그 어느때보다 절박한 조건으로 등장하고 있다. 민족개념이 하나의 통일된 민족국가건설의 과제 속에서 민중개념과 더불어 계속 진행되는 '큰 이야기'로 남을 수밖에 없는 이유가 바로 여기에 있다.

5

민중이나 민족이 우리에게 비록 사라질 수 없는 '큰 이야기'라 하더라도 이미 '시민'이나 '세계화'가 나올 수밖에 없는 조건을 무시하면 그러한 '큰 이야기'는 결국에는 화석화된 이야기로만 남게 된다. 우리의 처지는 물론 서구처럼 '큰 이야기'와 결별할 수도 없고, 그렇다고 해서 이미 시작된 '작은 이야기' — 공해문제나 외국인노동자문제 등 — 가 급하지 않다고 뒤로 미룰 수도 없게 되었다. 짧은 시간에 벌어진 근대화의 드라마가 남긴 흔적들을 검토하고 이러한 반성 위에서 '큰 이야기'와 '작은 이야기'를 연결시켜 우리의 이야기를 다시 쓸 수밖에 없다.

이를 위해서 과거의 사회운동 — 노동운동 농민운동 청년학생운동 통일운동 등 — 과 신사회운동 — 공해추방운동 여성운동 교육개혁문제 외국인노동자문제 등 — 을 갈라서 보지 말고 상호연관 속에서 파악해야 한다. 지금까지 진척된 '반쪽짜리 현대'(halbierte Moderne)의 비판이라는 바탕 위에서 '반성된 현대'(reflektierte Moderne)를 건설한다는 작업이 결코 용이치는 않다. 그럼에도 불구하고 우리 역사 속에는 '큰 이야기'와 '작은 이야기'를 짜집기한 지혜와 노력이 분명히 있었기에 어렵다고 미리 주저앉을 필요는 없다. '경세치용'(經世治用) '이용후생'(利用厚生) 그리고 '실사구시'(實事求是)를 내세우고 민중이 당하는 엄청난 매일매일의 고통을 해결하기 위해서 공리공담의 세계를 과감히 박차고 나아가 사회개혁적인 대안은 물론 기술, 상공업발전이라는 '작은 이야기'들을 '경학'(經學)이라는 전통적 '큰 이야기'의 맥락 속에서 찾아나선 정다산(丁茶山)도 있었고, 아예 경학의 전통을 벗어나 '작은 이야기'들을 서술한 최한기(崔漢綺)도 있었다. 특히 '보국안민'(輔國安民)이라는 민족과 민중의 '큰 이야기'를 '내수도문'(內修道文)의 '작은 이야기' 속에 담은 동학의 노력도 있었다. '내수도문'에는 오늘의 언어로 표현하자면 '성차별의 극복'("집안 모든 사람을 한울같이 공경하라" "며느리를 사랑하라")이나 '공해추방'("흘린 물을 함부로 버리지 말라" "가래나 콧물을 아무 데나 뱉지 말라") 같은 '작은 이야기'들도 담겨 있다.

이러한 '큰 이야기'와 '작은 이야기'의 결합의 노력은 오늘날에는 '민중'과 '시민', 기존의 '사회운동'과 '새로운 사회운동', '산업적 현대'와 '반성적 현대'의 결합노력으로 해석될 수 있다.

　이의 실현이 물론 어려운 과제임에는 틀림없으나 이 두 과제의 상
호결합이 없을 때의 '큰 이야기'는 공허하게 들리고, 또 '작은 이야기'
는 전망을 잃게 된다.

〈미발표〉

'민중'과 '시민'
— 전환기를 맞는 개념들

   '민중'이라는 개념은 분명히 지난 70년대 이후 급격한 사회변화를 보여준 남한사회의 특수한 산물이다. 물론 우리는 10월혁명 이전의 러시아의 '나로드'(narod)나 사회적 모순이 폭발하고 있는 남미사회의 '엘 푸에블로'(el pueblo)처럼 다른 나라들에서도 비슷한 개념을 발견할 수 있지만 우리 사회의 '민중'이라는 개념은 70년대 이후 남한의 '근대화'가 안고 있는 발전의 변증법을 극명하게 드러내주고 있다.

   '민중' 개념에 대한 각이한 해석들이 70년대 이후 '민중문학' '민중신학' '민중불교' 또는 '민중사회학' 등의 분야별로 전개된 언술체계에 연달아 나타났지만, 우리 사회의 전체적인 삶의 양식의 유기적 부문으로서의 '민중'에 대한 이해는 일정한 정도의 제한성을 보여주었다고 할 수 있다. 이러한 '민중' 개념에 대한 불완전한 논의마저도 최근 분명한 전환기를 맞고 있는 세계 속의 남한사회의 위상의 변화와 함께 점차 시들해져가고 있고 '탈공산주의'(post-comunism)나 '탈현대'(post-modern)의 거센 바람 속에서 '민중'도 '시민'으로 각색되고 있는 모습조차 보여주고 있다.

그러면 '민중'은 이제 그 용도가 폐기된 무의미한 개념인가? 아니면 전환기를 맞고 있는 오늘날 재조명되어 그의 의미도 새롭게 해석될 수 있는 여지는 없는가? 이 글은 이러한 물음 속에서 '민중' 개념의 의미론적인 분석 위에서 '민중'의 전환기적 의미를 새롭게 규명하는 데 주안점을 두고 있다.

1. '현대'의 내재적(內在的) 비판주체로서의 민중

근대과학을 주축으로 한 이성 중심의 '현대'의 주체로 등장한 '시민'의 적극적 역할을 인정하면서도 이의 한계를 동시에 지적한 마르크스는 그러한 '시민'을 지양(止揚)하는 '프롤레타리아트' 또는 '노동계급'을 역사의 새로운 주체로서 설정하였다.

이러한 주체는 부르주아적 '현대'가 제기하는 과정은 궁극적으로 인간의 소외와 인간의 인간에 대한 착취가 사라지는 '공산주의'를 건설함으로써만 종국적으로 해결될 수 있으리라는 믿음으로부터 설정되었다. 사회주의 내지 공산주의적 '현대'는 계몽의 낙관적 전망을 부르주아와 함께 가졌지만 '개인'과 '자유'를 넘어서서 무엇보다도 '전체'와 '평등'의 가치를 추구하였다.

'민중'을, 이러한 '현대'의 내재적 비판주체로서 설정된 '프롤레타리아트'나 '노동계급'과 동일시하거나 또는 저어도 그의 핵심적인 실체로서 해석하는 논의도 우리 사회에 등장하였는데, 『자본론』을 읽는 것 자체가 '국가보안법'에 의하여 처벌받는 상황 속에서 그러한 시각이 용인되었다는 것 자체가 기이할 정도였기 때문에 이러한 해석이 갖는 문제점도 많이 표출되었다.

'민중문학'의 서술이나 '민중신학'의 성서적 해석이 보여준 직관적이거나 추상적 수준의 '민중'에 대한 논의에 비하여 '사회구성' 논의 속의 '민중'의 성장의 역사와 구조분석은 구체적이었지만 서구사회의 분석의 틀로 사용된 개념과 범주들의 무비판적인 원용이 다분하여 '계급환원적'인 측면만을 보여주었다.

　이러한 계급환원적인 민중 논의에 대하여 또 한편의 '현대'의 내재적 비판으로서의 '민족'을 해석하려는 입장이 병존했는데, 이는 부르주아 '현대'의 축을 형성했던 계몽이 계급적 갈등과 모순을 야기했을 뿐만 아니라 '식민주의'나 '제국주의'라는 모순을 낳았고, 특히 우리에게는 '민족분단'의 모순으로 나타나고 있다고 보는 관점이었다. 이러한 두번째의 관점은 우리가 우선적으로 해결해야 할 과제가 '민족문제'의 해결이라고 보는 점에서는 분명히 첫번째의 계급적 관점과는 구별되지만, '현대'의 구성은 결코 '민족국가'를 떠나서는 생각될 수 없다는 점에서 서구의 '시민사회'에서도, 또 '반제 민족해방'을 국제 공산주의운동의 중요한 구성요소로 받아들인 태도도 민족의 자기동일성 확인이라는 테두리에 있었다는 점을 고려할 때 이 두번째의 관점도 역시 '현대'의 내재적인 비판성격을 띠고 있다.

　'계급해방'이냐 또는 '민족해방'이냐라는 민중해석의 강조점에는 차이가 분명히 있으나 두 입장이 모두 다 남한 사회의 변화 속에서 민중의 적극적 역할에 주목하고 '현대'의 내재적 비판의 주체로서의 민중의 의미를 부각하였다.

　이러한 입장들은 70년대말부터 '세계은행'이 '신흥공업국'(Newly Industrializing Countries)이라는 범주로서 제3세계로부터 분리시킨 남한사회의 낙관적인 발전전망에 대해서도 비판하였고, '경제적 발전'과 결합된 '정치적 억압'이라는 '개발독재'의 구조적 모순도 폭로하였다.

　그러면 현대의 '내재적 비판'으로서의 '민중' ─ 그것이 계급적 주체이든 민족분단 극복의 주체이든지간에 ─ '현대'라는 전망을 열었던

'시민' ― 이는 '중산층'이라는 사회계층으로도 불렸다 ― 과는 어떠한 관계에 있는가? 아마도 이 양자 사이의 관계를 분명히 드러낸 사건은 87년 6월투쟁이라고 볼 수 있다. 정치적 억압에 대항해서 노동자, 농민 그리고 청년학생과 연대했던 도시중산층들이 더욱 격렬해진 노동자들의 투쟁에 등을 돌린 87년 가을은 양자의 긴장된 관계를 잘 보여주었다. 이러한 긴장된 관계는 사회주의 몰락과 더불어 최근 더욱 분명해지고 있다고 생각된다. 이 문제에 대한 분석은 뒤로 미루고, 우선 현대의 내재적 비판과 극복으로 내세웠던 '민중'의 계급환원적 또는 '민족환원적' 입장에 대한 여러 가지 비판 등에 우리는 김지하의 민중에 대한 접근에 우선 주목을 할 필요가 있다. 왜냐하면 '민중' 논의는 그의 실제적인 그리고 그의 이론적인 영향을 떠나서는 생각될 수 없기 때문이다.

2. '탈현대'의 전환점으로서의 민중

김지하는 우선 '민중'을 변하지 않고 고정되어 있는 실체(實體)로서 파악하는 태도를 비판한다.

이러한 비판은 민중을 계급적 실체로서 파악하는 시각은 물론 민족해방의 실체로서 파악하는 시각에도 모두 해당된다.

노자(老子)의 『도덕경(道德經)』의 첫머리에 등장하는 '道可道非常道, 名可名非常名'의 정신에 따라 민중을 무엇이라고 규정할 때는 우리는 민중의 역동적 삶을 그려내지 못하고 빈 껍데기만 움켜쥘 수밖에 없다는 것이다. 이러한 김지하의 민중에 대한 접근은 우선 민중에 대한 실체(substance)적 개념을 '해체'시키고 있다. 탈현대의 주된 공격이 바로 '실체'나 '주어'를 '해체'(deconstruction)시키고 있다는 점에서 그의 민중해석은 '탈현대'(postmodern)적 해석이라고 할 수 있다. 사실 오늘날 '탈현대' 사상의 원조로서 기록되고 있는 니체(F. Nietzsche)에서도 비슷한 발상을 엿볼 수 있는데 그는 『즐거운 학문』 (*Frohliche Wissenschft*) 속에서 "정의할 수 있는 것은 역사가 없는 것 이다"(Das definierbar ist, was keine Geschichte hat)라고 주장하고 있 다.

살아있고 역사가 있는 것을 어떠한 고정적인 실체로서 파악하는 것 은 반(反)생명적이라는 사상적 흐름의 맥락을 염두에 둘 때 김지하의 민중 접근은 분명히 '탈현대적'이라고 할 수 있다. 더욱이 "뭉치면 죽고 헤치면 산다"라는 그의 최근의 주장에 이르러서는 더욱 이러한 해석을 뒷받침해 주고 있다.

물론 노장이나 불교사상 또는 증산교나 동학사상에 뿌리를 둔 그의 사상이, 니체에 근원을 둔 현대 서구의 '탈현대'와는 출발점이 다르지 만 비슷한 결론에 도달한 것은 흥미롭다. 또 『탈현대의 조건』(*La con dition postmoderne*) 속에서 리오타르(J. F. Lyotard)는 이제 '계급해 방'과 같은 "큰 이야기(grand récit)"의 시대는 지나갔고 그 대신에 우 리 주위의 잔잔한 "조그마한 이야기(petit récit)"에 귀를 기울일 때라 고 주장하고 있는데 이는 자유롭고 개방적인 영적 "소통그물" 또는 "그물연합체"와 같은 여러 가지 시민운동을 구상하는 김지하의 주장 과 일맥상통하고 있다.

민중의 '탈현대적' 해석의 특징은 무엇보다도 '현대'의 대표적 구 성인 '자본주의'와 '사회주의'라는 양자택일적인 선택의 주체가 아니 라 이러한 선택을 넘어서서 민중 속의 주체라는 내용 자체마저 해체 되어야 한다고 보는 김지하는 "우리가 '민중 주체의 시대'라는 말을 자주 하고 있고 그것은 모두가 바라는 소망이기도 하지만 '민중'이라 는 단어와 마찬가지로 역사 안에서 '주체'라는 것이 중요시되는 것도 한 시대의 산물일 것이다. 영구불멸한 진리의 차원에서라면 주체가 어

디 있으며 객체가 어디 있는가. 주체도 없고 객체도 없고, 주체이면서
도 객체이고 객체이면서도 주체이며, 또한 주체가 아니면서도 객체가
아닌 '제 3 의 눈'이 찾아져야 한다"(김지하, 『밥』, 126쪽)라고 주장한
다.

3. 반(反)현대의 주체로서의 민중

이러한 탈현대적 민중해석과는 달리 민중을 '현대'라는 격랑 속에
서 자기 자신을 굳건히 세울 수 있는 주체로서 해석하는 입장이 70년
대부터 강하게 등장했는데, 특히 '현대화' 속에서 우리의 삶을 크게
변화시킨 미국과 일본의 사상적·문화적 영향을 크게 우려한 이러한
입장은 문화적 삶의 주체로서 민중의 건강한 삶의 기저를 문화나 예
술영역에서 찾았다. 이의 대표적인 예가 전통문화 특히 '탈춤'의 복원
과 이를 통한 소외된 민중의 삶을 고발한 일견의 문화적 저항형태라
고 할 수 있다.
'탈춤'은 근대화라는 이름 밑에 자기를 상실해가는 모습을 고발했
을 뿐만 아니라 외세에 의존하는 억압적인 정치구조를 신랄하게 풍자
했다.
과거의 저항적 삶과 이의 표현양식 속에서 현재를 다시 바라보는
이러한 태도가 복고적인 것은 아니라 하더라도 소위 '현대'라는 이름
밑에서 모든 것을 '동일화'시키고 '동시화'시키고 '균일화'하는 깃에
저항하는 자기 확인의 목소리는 분명히 '중심부'에 대한 '주변부'의
도전이다. 물론 유럽과 미국에도 오늘날 과학과 기술시대가 주도하는
'현대'에 대한 비판으로서 "문화적 현대"를 강조하는 신보수주의적
흐름이 있다. 그러나 탈춤이 표현하는 민중의 삶과 저항은 '중심부'의
일면적인 과학과 기술 편중에 대한 '보상'으로서 문화적 요소의 강조

로 나타나고, 이것이 곧장 '정신과학' 또는 '역사'의 상대적 평가절상
으로 연결되는 구조와는 달리 '주변부'의 '중심부'에 대한 저항이라
는 맥락 속에서 나타났다.

　이는 '현대'가 양키문화나 왜색문화와 동일시될 수밖에 없는 남한
의 상황에서는 더욱 분명하게 나타날 수밖에 없었다.

　두루마기를 걸치고 선동적으로 '민족통일'을 호소하는 백기완 '민
중당' 대통령후보의 모습은 아마도 민중의 '반현대적' 해석을 우리에
게 가장 상징적으로 전달해주고 있다고 하겠다.

4. '초(超)현대'의 주체로서의 민중

　민중의 '탈현대적' 해체기도나 민중의 '반현대적' 저항과 구별되는
또 다른 유형의 민중 해석에 우리는 주목할 필요가 있다. 탈현대적 내
지 반현대적 해석과 비슷하면서도 구별되는 점은 우선 이의 '동도서
기(東道西器)'적 발상이라고 할 수 있다. 즉 우리에게는 민중의 건강한
삶과 정신이 있기 때문에 우리에게 부족한 점, 즉 과학과 기술만 있으
면 우리는 서구는 물론 일본보다도 더 나은 '현대'를 구성할 수 있는
능력이 있다고 보는 입장이다. 이러한 초현대적 성찰은 '반현대'보다
는 '현대'를 보는 입장에 있어서 적극적이지만 그 대신에 민중을 이
해하는 폭에 있어서는 좁고, 종종 민중을 '민족' 또는 '국가'와 동일
시하는 측면을 보여주고 있다. 사회주의 위기 내지 몰락을 경험하면
서, 특히 소련과 중국의 사회주의를 눈으로 직접 보고 나서는 '민중'
보다는 우리 '민족'이나 우리나라(물론 남한을 지칭한다)가, '현대'의
병적인 현상을 보여주고 있는 구미에 대해서는 물론, 물질적 생활이
낙후한 '현존사회주의'에 대해서도 더 나은 '현대'를 건설할 수 있는
주체로 내세워지고 있다.

5. '민중'으로부터 '시민'으로?

위에 지적한 '초현대적' 입장은 남한에서의 '현대'의 재구성이 민중으로부터 민족 내지 국가 중심으로 이동하고 있는 것과 함께 또 하나의 대체작업이 진행되고 있는데 우리는 여기에 주의를 돌려야 할 것 같다. 특히 사회주의 위기와 몰락과 더불어 현대의 내재적 비판의 중심으로 이해되었던 민중에 대한 회의가 점증되면서 '탈현대적' 해석에 새로운 의미가 부과되었지만, 무엇보다도 민중이 역사적 주체라는 문제제기 자체가 파기되고 그 자리에 '시민'이 들어서게 된 것이다.

시민의식, 시민사회, 시민운동 등 90년대에 들어서서 본격적으로 논의되기 시작한 일련의 대체작업의 배경에는 사회주의의 위기 또는 '사회주의의 종언'이라는 상황에 부딪힌 지식인들의 일부가 그람시(A. Gramsci)의 '시민사회'이론 등을 도입함으로써 그동안의 경직된 민중의 계급환원적인 해석에 대한 자기비판도 놓여 있다.

이러한 '시민'에 대한 새로운 접근은 또 그동안 이룩된 '산업화'에 대한 적극적 평가를 동반하고 있지만 그렇다고 해서 지금까지의 '산업화'가 많은 문제를 안고 있다는 것도 부정하지는 않는다. 우리 사회에서 '시민'이라는 개념이 그저 '도시에 사는 사람' 또는 '중산층'이라는 사회계층적 의미도 포함하고 있지만 서구에서 생성된 '시민'과는 여전히 거리가 멀다. 가령 독일에서의 '교육받은 시민'(Bildungsbürgertum)이나 프랑스의 '대시민'(la grand bourgeosie)의 전통이 없는 속에서 불과 20여 년 동안에 성장한 남한사회의 소위 '시민'은 오히려 '소시민'(petit bourgeosie)의 일반적 특성을 지니고 있다고 보아야만 옳을 것 같다. 이는 또 서구의 '시민' 개념이 함의하고 있는 공적 (公的) 영역의 '시민'(citoyan)과 사적 (私的)영역의 '시민'(bourgeosi) 의 구별성이 아직 우리에게는 미분화 상태에 있는 것을 보여주고 있기도 하다.

　학연, 혈연 또는 지연으로 얽혀 있는 한국내에서 '시민'의 한계성은 아마도 선거철에 가장 극명하게 나타난다고 할 수 있겠다. '시민' 개념이 안고 있는 보편성, 효율성 또는 합리성 대신에 아직도 전근대적인 지역귀속주의가 민주주의의 장래를 가로막고 있다는 것을 아무도 부인 못할 것이다. '시민'이 '민중'을 완전히 대체할 수 없는 객관적 조건들이 여전히 많이 남아 있다고 할 수밖에 없다.

6. '민중'과 '시민'의 짜집기의 과제

　'민중' 개념 — 그것이 '내재적'이든지 또는 '탈현대적' '반현대적' '초현대적'이든지간에 — 이 함축하고 있는 과제가 여전히 남아 있고, 또 '시민' 개념이 지향하는 새로운 과제해결이 동시에 제기되고 있는 오늘날 우리는 먼저 '민중'이냐 '시민'이냐라는 '양자택일'의 논리에서 벗어나야 한다. '민중'이 제기하는 커다란 과제 — 이의 대표적 명제는 아마도 '민중해방'과 '민족통일'일 것이다 — 와 '시민'이 제기하는 크고 작은 과제들 — 이는 요즘 흔히 말하는 '시민운동'의 과제로 등장하는 반공해운동, 경제정의 실천운동 또는 여성해방, 참교육운동 등을 포괄하고 있다 — 을 어떻게 연결시키느냐 하는 문제상황에 우리들은 직면하고 있다.

　서구에서는 '계급해방'이냐 '민족해방'이냐 하는 '큰 이야기'의 시대는 지나갔다고 하지만 우리는 아직도 그러한 과제들과 직면하고 있다. 그렇다고 해서 그동안 정신없이 빠른 속도로 진행된 '현대화'가 남긴 엄청난 과제를 외면한 채 '큰 이야기'만 하고 있을 수는 없는 상황에 봉착하고 있는 것도 사실이다. 이러한 의미에서 우리는 아마도 어느 누구보다도 어려운 과제를 안고 이 전환기를 맞고 있다고 할 수

344

있다.

 '민중'의 큰 이야기와 '시민'의 작은 이야기들을 하나의 망으로 짜집는 지혜와 능력이 절실히 요구되는 상황 앞에 우리는 서 있다. 이러한 때에 무엇보다도 요구되는 태도는 이 양자 사이를 연결시키는 '긴장'일 것이다. 이 양자를 포괄하고 동시에 이 양자를 배제하는 긴장이 없이는 우리는 과거의 사고틀에 머물거나, 아니면 편리한 방식으로 둘 중에서 어느 하나를 택하거나, 어느 하나를 다른 하나에 환원시키는 입장에 서게 될 것이다. 즉 "배제하고 통합하는 제3(ausschließende und einschließende Dritte)"이 갖는 긴장 또는 변증법적 사고 없이는 '민중해방'도 '시민운동'도 전환기를 맞고 나아가 21세기를 내다보는 밝은 전망을 열어 줄 수 없을 것이다.

〈1993, 『현실인식과 인간해방』〉

속도에 대한 단상

1

윤이상 선생의 음악을 가장 잘 이해한다고 평이 나 있는 독일인 음악평론가 S씨가 오랫만에 전화를 걸어왔다. 서울을 비롯한 주요도시에서 열렸던 '윤이상 음악제' — 주인공인 윤선생은 그러나 정작 참석할 수 없었다 — 에 참가하고 윤선생의 고향인 충무에도 다녀왔다고 한다. 그의 한국방문에서 얻은 첫인상을 물었더니 그는 우선 '윤이상 음악제'에 대한 그의 평가로부터 답을 했다. 윤선생 음악을 서양사람들이 연주하는 것보다 한국사람은 처음부터 너무나 빨리 그리고 시끄럽게 연주했다는 것이다. 지휘자도 그렇고 연주자들도 흡사 무엇에 쫓기듯이 연주했는데 윤선생 음악 속에 들어 있는 동양적 정서가 재생되지 못했고 휴식시간도 제대로 주지 않은 바쁜 연주회였다는 것이다. 현대음악에는 그렇게 깊은 조예가 없는 필자이지만 윤선생 음악을 비교적 자주 접할 수 있었기에 S씨가 설명하는 음악제 분위기를 느낄 수 있었다. 그래도 현대음악을 동서양의 융화 속에서 새롭게 개척한 윤선생의 예술적 권위와 그의 조국에 대한 사랑에 대해서 청중들이 열광적으로 박수를 보냈고, 없는 시간이지만 짬을 내어 가본 경주의 불국사와 석굴암은 그에게 깊은 인상을 남겼다고 이야기한다.

서양의 음악평론가가 보기에도 무엇인가에 쫓기듯이 소음 속에서 살아가고 있는 한국사람의 모습에 대한 그의 첫인상을 들으면서 필자는 휴지(休止)없는 시양에 대해서 아시아적 정적을 대비시키고 이 두 세계의 결합을 통해서만이 세계의 수수께끼는 풀릴 것이라고 했던 니체를 생각했다.

베를린에 돌아와서야 오히려 동양적 정적을 찾을 수 있었다는 S씨의 이야기를 들으면서, 이제는 휴지없이 바삐 돌아가는 남한사회와 독일의 정적을 결합하는 작업이 하나의 과제가 될 수 있다고 생각했다. 200여 년에 가까운 산업화의 역사를 지니고 있는 독일의 정적과 불과 20~30여 년 사이에 무서운 속도로 질주해온 남한사회가 윤선생 음악연주회 속에서 충돌하는 모습을 어떻든 확인할 수 있었다.

2

우리의 역사에도 근대사니 현대사니 하는 시대구분에 따른 역사 서술이 있다. 서양의 역사에는 중세 근세 또는 현대의 구분이 나름대로 확연히 나타나고 있지만 우리 역사 속에는 그러한 구별이 여전히 분분명하다. 계몽, 이성 또는 자아의 발견, 과학과 기술의 발전들로 상징되는 서양의 근대적 구성이 '북학'이나 '실학'에서 발견될 수 있고, 자본주의적 맹아도 있었기에 우리에게도 근대적 좌표설정 또는 시대적 상황이 가능했다고 보는 견해도 있다. 그러나 우리에게 근대적 기점은 식민주의나 제국주의적인 세계질서를 구축했던 서구와 만났던 19세기

중엽이라고 필자는 생각한다. 우리에게 있어서 근대는 서구의 제국주의와 식민주의의 타자(他者)로서 구성되었기에 우리의 근세사는 이에 대한 저항의 기록일 수밖에 없다. 100년 전 반제반봉건의 기치를 내걸고 죽창으로 무장한 농민군의 가슴을 향해 불을 뿜었던 기관총이 독일제 '크룹'(Krupp) — 이 콘체른은 아직도 건재하고 있다 — 이라는 소리를 들으면 독일인들도 놀란다. 100년 전에 구성된 근대라는 경험공간 속에는 이미 '크룹'(Krupp : 克魯佰)이 자리잡고 있었다. 20~30년 만에 무서운 속도로 질주한 덕택에 독일땅에는 이제 '현대'나 '기아'의 승용차와 '삼성'이나 '금성'의 가전품이 등장하게 되었다. 유서깊은 산업국 독일과 발랄하게 도전해오는 '신흥산업국' 한국이 '지구화시대'니 '국제화시대'에 걸맞게 크룹기관총과 농민군의 죽창의 차이를 넘어서 이제 '공존'하게 되었다. 기관총과 죽창은 상호불가역적인 관계로서 삶과 죽음을 경계짓는 데에 비하여, '현대'의 소나타 승용차는 '현대'라는 '동시대', '동종화'(同種化 : Homogenisierung), '일률화'의 물결 속에 같이 호흡할 수 있게 되었다.

3

모든 것을 하나로, 차이나 타자를 동질적인 것으로 만들고 있는 이러한 '현대'에 대해서 비판 또는 반성하는 모습은 흡사 쌍생아처럼 현대와 더불어 있어왔다. 현대에 대한 '반현대'(反現代 : Antimodernity), '초현대'(超現代 : Hypermodernity) 또는 '탈현대'(脫現代 : Postmodernity)라는 비판의 목소리는 또 다른 이름으로 우리에게도 있었다. '동도서기'(東道西器)니 '위정척사'(衛正斥邪)의 세계관으로부터, 이제는 조금 가라앉은 듯한 '민중' 속에 함의된 반제적 지향에 이르기까지 여러 가지 모습을 띠었다.

물론 이러한 모습 속에는 '긍정적인 야만'(positive Barbarei) ─ '희망의 원칙'을 부르짖었던 마르크스주의자 에른스트 블로흐(Ernst Bloch)의 지적처럼 ─ 의 모습도 있고, 배타적이고 파괴적인 흐름도 뒤섞여 흐르고 있다. 그러나 어느 정도의 타자에 대한 비판과 평가없이는 자기긍정의 철학정립도 힘든 것이 아닌지…….

비에리히(N. Bierich)라는 푸코(M. Foucault)전문가는 일본에는 푸코를 연구하는 전문가가 무수히 많은데 푸코를 바라보는 일본의 눈은 왜 없는가라는 질문을 한 적이 있다. 현대의 미시적 지배체계를 적나라하게 드러내고 비판한 푸코의 철학이 우리나라에도 소개되고 있다고 들린다. 현대의 억압체계에 대한 그의 고발이 우리사회에도 해당한다는 인식관심에 필자는 동의하면서도 하나의 물음을 던질 수밖에 없다. 후기의 푸코가 관심을 경주했던 미학과 윤리와의 관계가 귀족적인 심미유형인 '댄디즘'(dandism) ─보들레르(Ch. Baudlaire)가 아마도 대표적인 사람일 것이다 ─ 으로 귀결되는데 이러한 개인주의적인 심미적 해방이 우리에게 도대체 무슨 의미를 주고 있는가를 검토하고 비판하는 반성없이는 푸코에 대한 이야기는 많아도 푸코를 보는 우리의 눈은 존재하지 않는다고 할 수밖에 없다.

4

현대의 구성은 모든 것을 필연의 세계와 합리적 원칙 속에 가두려는 기획이었다. 우연(contingency)이나 애매성(ambivalence)은 철저히 배제되기 마련이다. 현대 속에 내재되어 있는 각종의 위험이나 돌발적 사고에 대해서도 온갖 종류의 보험장치를 만들어서 우연에 대비하고 있다. 이러한 뜻에서, 현대를 에발트(F. Ewald) ─ 오랫동안 푸코(M. Foucault)의 조교였다 ─ 는 '보험사회'라고 했는데 사실 무슨 보험을 언제 들었는지 기억할 수 없을 정도로 많은 보험에 들 수밖에 없는 것이 서구생활의 본말이라고 할 수 있다. 이제 우리나라에도 생명보험 건강보험 자동차보험 화재보험 등등이 있다고 하지만 위험에 대한 사회적 통념이 그래도 이곳처럼 확산되지는 않은 것 같다.

"구더기 무서워 장 못담그겠는가"라는 속담처럼 위험이나 모순을 당연히 받아들이는 여유나— 지나치게 표현해서 —오기가 여전히 살아 있다고 보아야 할 것 같다.

이러한 여유나 오기가 그래도 오늘의 남한 사회를 이루는 저돌적인 동력이라고도 할 수 있다. 그러나 바로 이러한 여유나 오기가 지나치다 보니 이제는 우연이나 상극 또는 모순에 대한 감수성마저 무디게 하지 않았는가 하는 물음을 던질 수밖에 없다. '지존파'니 '야타족'이니 — 필자는 이 말이 무슨 말인지 몰라 서너군데 전화를 했었다 — 하는 남한식 계급투쟁이 벌어지는 긴장된 사회가 바로 이러한 우연에 대한 맹신 때문은 아닌지를 생각케 한다. 서구의 현대가 필연 속에 갇혀 있을 때 우연과 모순을 적극적으로 제기하는 것과 우리의 반성없는 우연과 모순의 지나친 강조는 출발점이 분명히 다르다. 이러한 차이가 결국에는 독일보다 더 빠르고 더 여유없고 그리고 더 시끄러운 사회를 가져온 것이 아닌지 하는 생각을 해 본다.

5

원래 빨리 가기 위해서 만든 자동차(automobile)가 이제는 교통지옥 속에서 빨리 가지 못하는(immobile) 것이 되었다는 보드리야르 (Baudrillard)의 지적처럼 '빨리, 더 빨리'라는 속도숭배가 온 사회를 지배하다 보니 이제는 인성과 자연의 오염은 고사하고 사회가 활력을 잃게 되었다. 이곳에 유학온 학생들도 십중팔구는 남보다 더 빨리 박사학위를 취득해 그렇지 않아도 힘들어진 취직을 먼저 해야 한다고 어학시험도 통과하지 못한 상황 속에서 지도교수를 찾는다며 동분서 주하고 있다. 그러한 유학생에게 무슨 논문을 쓰겠느냐고 물으면 대개 는 헤겔이니, 훗설이니, 푸코니 하는 이름을 들먹이는데 정작 왜 그에 대해서 논문을 쓰려느냐고 물으면 별 신통한 대답을 못 듣는다. 나의 이러한 질문의 본뜻은 물론 자기반성을 돕기 위한 것이다. 자기확인을 위한 멈춤이 이제 정말로 필요한 덕목이 아닌가 하고 생각한다.

이러한 멈춤은 물론 새로운 출발을 위해서 필요한 것이다. 우리가 새로운 시대가 열린다는 뜻에서 자주 사용하는 '전기'(轉機 : epoche)라 는 희랍말은 실은 '주저'라는 뜻으로, 훗설은 '판단보류'라는 뜻으로 사용했다. 새로운 발상을 위해서 계속 달려갈 것이 아니라 우리는 일 단 정지해야 한다.

6

물론 필자도 북한을 방문하고 사회과학원과 대학에서 강연도 하였 다. 그러나 미국에 사는 어떤 언론인의 북한 방문기의 제목은 어딘가 와 닿는다. 『더디가도 사람 생각하지요』라고 기억되는 책이름과 『둘 째는 아무도 기억해주지 않는다』는 어느 재벌의 선전광고문이 부딪히 는 길목에 우리의 통일의 해법이 있지 않는가 하는 생각도 해본다.

독일은 분단이 되었었지만 그래도 거의 비슷한 속도 속에서 살아온 것이 아닌가 하는 생각을 얼마 전 통독 4주년을 보내면서 해보았다. 물자가 오고가고, 사람이 오고가고, 소식도 오고가고 하면서 이념의 차이를 넘어서 서로 비슷한 속도를 유지했다고 느껴진다. 그럼에도 불 구하고 이번 총선에서 동독과 서독은 여전히 동독과 서독으로 남아 있는 것을 보고 한편 놀라우면서도 다른 한편으로는 타산지석(他山之

石)을 보게 된다. 우리에게 남북의 속도차이는 심각하다. 남은 워싱턴이나 도쿄의 속도에 처음부터 익숙해져 있고 북은 자기의 속도를 척도로 살아왔다. 이 두 속도가 통일이라는 하나의 궤도 위에서 정면 충돌한다면 어떻게 될까 하는 상상을 종종해본다. 물론 물리학적으로 계산한다면 빨리 달려온 힘에 천천히 달려온 기관차가 밀릴 것처럼 생각된다. 두 기관차의 중력과 속도차이를 감안할 때 차이가 크면 클수록 두 기관차는 모두 궤도로부터 이탈해서 엄청난 사고를 유발하기 마련이다. 오히려 속도와 중력 차이가 있는 두 기관차가 같은 방향으로 같은 궤도 위에서 달린다면 그러한 엄청난 사고는 막을 수 있을 것이다.

7

물리학자 파울리(W. Pauli)는 '이것이냐, 저것이냐'라는 이분적 사고를 '악마의 산물'이라고 평한 적이 있다.

오늘날 자주 운위되는 프랑스의 철학자이자 수학자인 미셸 세르(M. Serres)도 『기생』(le parasite)이라는 책에서 "신인가 악마인가? 배제인가 통합인가? 정(正)인가 반(反)인가? 대답은 스펙트럼이요, 끈이요, 그리고 연속이다. 우리는 결코 예나 아니요라는 식으로 대답하지 않을 것이다. 안인가 밖인가?, 예와 아니오, 영(zero)과 1 사이에 무한한 가치가 나타나고 있고 무한한 대답이 놓여 있다"라고 주장한다.

남과 북이 서로 천당과 지옥에 산다고 주장하는 그러한 세계관이 아니라 천당과 지옥에 같이(!) 산다는 자기확인 없이는 통일은 어려운 이야기일 수밖에 없다. 이러한 간단하면서도 그러나 어려운 발상의 전환을 위해서 우리는 먼저 무작정 달려온 우리의 과거의 뜀박질을 우선 멈추고 숨을 안정시키면서 새로운 시작을 위한 심호흡이 절대 필요하다고 생각된다.

〈1995, 『민족과 신학』〉

과학 · 기술 · 인간

1. 과학기술에 대한 반성

1990년 1월 9일자 『한겨레신문』을 들추어보던중 신문 한 면의 거의 절반을 차지하는 광고에 나의 눈길이 멎었다. 큼지막한 활자로 '자유·평화·미래'라고 쓴 바로 밑에 "맥도넬 더글라스의 FA-18기를 선정해주신 대한민국 국민 여러분께 깊이 감사드립니다"라고 적혀 있고, 이어서 "세계의 하늘, 자유의 하늘을 지켜온 맥도넬 더글라스 항공·우주·정보·과학 분야에서 최첨단의 기술력과 발군의 개발·탐구 정신으로 오늘에 이른 맥도넬 더글라스가 여러분과 함께 새로운 출발을 하겠습니다. 한국 항공우주산업과 맥도넬 더글라스와의 공동사업 성공은 첨단산업으로의 도약과 새로운 경제발전의 계기를 마련하여줍니다"라고 계속해서 적혀 있었다. 다음 세대의 전투기로 확정된 F18기는 대당 3,500만 달러로, 완제기 도입 12대, 조립생산(삼성항공에서 조립) 36대, 공동면허생산(삼성항공 대우중공업 대한항공 참여)이

354

72대로 1998년까지 120대를 한국공군에 배치하게 되는데 총42억 달러가 이에 소요된다고 한다.

이 기종의 우수성은 도하의 신문에 북한이 보유하고 있다고 알려진 소련의 미그 29기와 여러 각도로 자세히 비교해서 나열되어 문외한들도 알기 쉽게 설명되어 있었고, 조립과 공동면허 그리고 대응구매를 통해 한국의 첨단산업도 비약적인 발전과 통상증대에도 도움을 주는 그야말로 '자유·평화·미래'라는 '일석삼조'의 효과가 있는 것처럼 해설되고 있었다.

1983년 3월 미국의 레이건행정부가 입안하고 추진한 '별들의 전쟁'이라는 'SDI'계획을 둘러싼 격렬한 논쟁이 미국, 서구 그리고 일본에서도 벌어졌다. 당시 뉴햄프셔의 다트마우스대학의 지구물리학자 재스트로우(R. Jastrow)는 소련이야말로 악마의 왕국이기 때문에 오로지 군사적 우위를 통해서만 이를 견제할 수 있다는 주장을 펴고 'SDI'계획의 실현을 강력히 요구한 데 대하여, 스탠포드 대학의 물리학 교수인 드렐(S. Drell)은 반대로 1972년 미소간에 체결된 '미사일방어체계 제한' 협정을 미국정부가 준수할 것을 촉구했다. 이와같이 자연과학자들 스스로가 그들이 직접 관여하는 연구대상과 국제정치적 구조와의 관계 해명 그리고 이를 통한 구체적인 정치적 태도표명은 최근 핵발전소, 생명공학 문제 등에 이르기까지 광범한 범위에 걸쳐 나타나고 있고, 연전에는 '핵무기를 반대하는 의사' 모임이 노벨평화상을 받기조차 하였다.

우리나라에서 과학자와 전문직기술자들이 가령 미국과 서독에서 'SDI' 문제를 가지고 격렬한 논쟁을 펼쳤던 것처럼 이번 F18기 도입과 개발에 대한 공개적인 의견표시를 할 수 있으리라고는 생각되지 않는다. 공장의 폐수로 죽어가는 남해의 문제를 연구해서 논문을 발표했던 어느 해양생물학자가 여러 가지로 어려움을 겪었다는 소식이 바로 몇 년 전의 일로 기억되고 있기 때문이다. 이러한 우리의 현실적인 상황 속에서 우리는 과학과 기술이 하나의 '새로운 형이상학'(H. Schelsky) 또는 '숨겨진 이데올로기'(J. Habermas)로서 가지는 의의를 반성하고 보다 인간적인 사회를 향하여 과학과 기술문제를 재구성해야 할 것 같다.

　1985년에 실시된 '대서양 연구소'(Atlantic Institute)의 한 여론조사는 약 반수의 미국인, 24%의 일본인, 그리고 12%의 서독인이 컴퓨터가 오히려 일자리를 더 많이 만들어줄 것으로 믿고 있다고 발표했다. 미국인과 일본인에 비해서 서독인들이 기술에 대해 회의적이라는 이러한 조사보고는 첨단기술 분야에서의 경쟁승리만이 현대적 산업사회가 생존할 수 있다고 보는 서독의 집권당인 기민당이 적극적으로 서독도 'SDI' 계획에 참여해야 한다는 입장을 강화시켜주었다. 이에 대하여 야당인 사민당은 일본에서 급속도로 진척된 과학과 기술 발전은 반드시 '국가'의 주도하에서 또 군사목적을 위한 연구와 연결된 조건 속에서 이루어진 것은 아니라고 반박하였다. 사실상 1982년 일본의 과학과 기술개발을 위한 투자액 중 국가가 직접 투자한 액이 차지하는 비율은 23.6%에 지나지 않았으나, 미국의 비율은 46.7% 그리고 서독은 43.1%로 상당히 높았다(한국도 이러한 점에서는 일본과 비슷한 수치를 보이고 있는데 1986년 과학기술을 위한 연구개발비 중 국가투자는 26%였다). 또 같은 해에 '군사용' 연구가 이러한 국가의 연구개발비에서 차지하는 비율이 일본은 0.5%인 데 비하여, 미국은 16.4%, 서독은 2.2%였기 때문에 군사목적의 연구가 반드시 기술개발을 촉진하는 것은 아니라는 반론도 폈다. 물론 사민당이 'SDI' 계획에 서독이 참여하는 것을 반대하기 위하여 내놓은 기술대국 일본의 예가 적절한 예는 아니었다. 일본에서 대종을 이루는 민간기업체의 기술개발연구비가 꼭 '민수용'이라고 주장할 수 있는 근거가 없기 때문이다. 사실상

356

미쓰비시중공업, 가와사키중공업, 이시가와지마하리마중공업, 히다치
등의 대기업은 특히 미국의 군산복합체인 보잉, 제너럴 다이나믹스,
그루만, 록웰, 노스롭, 록히드 등과 종횡으로 연결되어 있기 때문이다.
  결국에는 서독도 일본도 'SDI'에 참여하게 되었지만 과학과 기술
개발문제 그리고 군축이 지니고 있는 문제를 직접적으로 사회여론화
시키고 확산시키는 계기가 되었다. 집권당인 기민당의 야당인 사민당
과 녹색당이 과학과 기술개발에 대해서 기본적으로 적대적인 태도를
취하고 있다는 비판은 직접적으로 핵에 의한 에너지정책문제에 관한
대결로 나타나, 점차적으로 핵에 의존하는 에너지정책으로부터 탈피해
야 한다는 사민당 그리고 당장에 핵에너지정책을 포기해야 한다는 녹
색당의 정책은 산업문명을 원시시대로 돌아가게 하는 것이라는 비난
으로 연결되었다. 체르노빌 원전사고가 있었기 때문에 이 문제는
'SDI' 참여문제보다 더 일반시민의 직접적인 관심을 끌었고 여지껏
이 핵에너지문제를 둘러싼 논란은 계속중이다.
  한쪽에서는 과학과 기술발전을 통해서만 경제성장과 생활환경 보호
가 지속적으로 가능하다고 주장하고 있고, 다른 한편에서는 생활환경
보호를 위해서 맹목적인 경제성장은 지양되어야 한다고 주장하고 있
다. 전자는 '기술천국'(Technopia:Technologie＋Utopia)을 이야기하고
후자는 '환경보존천국'(Ökotopia:Ökologie＋Utopia)을 이야기하고 있
다. 과학과 기술에 대한 이러한 상반된 입장은 오늘에서야 나타난 문
제는 물론 아니다. 서구에서는 산업혁명과 더불어 이러한 논쟁이 본격
적으로 전개되었다고 보지만 사상적 원류는 더 길고, 동양에서도 '근
대화'를 둘러싼 근대주의자와 보수적 전통주의자 사이에 벌어진 투쟁
이전에도 비슷한 문제를 안고 여러 사상가들이 씨름했다.

2. 기술이해의 폭

과학, 기술 그리고 산업은 의심할 나위 없이 우리의 현실을 구성하고 있다. 우리가 일상 이야기하는 기술시대, 산업사회 그리고 기술과 학문명은 야스퍼스(K. Jaspers)가 지적한 대로 현재의 우리를 파악하는데 아마도 가장 중심적인 문제라고 할 수 있다. '기술'(Technik)이라는 개념은 종종 우리가 잘못 이해하는 것처럼 단순한 경험적인 숙련성만을 의미하지는 않는다. 이미 플라톤이 기술은 학문적인 반성의 테두리에서 이루어진다고 보았으며 이러한 한에서 기술은 단순한 경험의 반복을 통해 축적될 수 있는 '기교'(技巧)나 '기예'(技藝)와는 구별된다고 할 수 있다. 또 기술이라는 의미도 기계기술이나 질료적 구성이라는 의미에서 보다 더 광범하고 새로운 내용을 담게 되어 오늘날에 와서는 인간을 통제하는 기술까지를 의미하는 '정보-체제기술'로서 기술은 이해되고 있다.

기술이 지니고 있는 총체적 의미를 체계적으로 밝혀낸 최초의 사상가는 역시 마르크스라고 할 수 있다. 그 이전에는 '순수'과학과 비교해서 열등한 의미로 기술은 이해되었으며 헤겔도 시민사회의 생산력 발전을 '숙련성'(Geschicklichkeit)이라는 개념으로 표현했다. 마르크스는 『자본론』의 첫째권 중에 '기계'(Maschinerie)라는 장에서 자본주의 사회의 기술과 생산조직이 지니는 혁명적 성격에 주목하면서 기술발전이 '자동화'라는 하나의 총체적인 체계로 발전될 것이라고 이미 예견하였다.

이러한 마르크스의 관점을 강조하면서 가령 렝크(H. Lenk)는 마르크스를 경제학자 내지 계급이론가로서는 물론 기술문제이론가로서 독보적인 지위를 지녔다고 지적하고 있다. 자연의 개조를 통한 인간의 자기실현이라고 기술을 규정한 마르크스의 입장과는 달리 기술을 '인간기관(器官)의 연장(延長)'이라고 규정한 캅(E. Kapp)이나 '이념의 현실화'라고 규정한 데사우어(F. Dessauer), 존재사적으로 발전된 자연의 '끄집어내기'(Entbergen)나 '정초'(定礎, Ge-Stell)라고 본 하이데거의 입장은 인간학적인 입장에 가깝고, 이러한 철학적인 기술이해는 겔렌(A. Gehlen), 셸스키(H. Schelsky), 프라이어(H. Freyer) 등에서 주로 기술과 사회의 연관문제로서의 기술관료주의로 연결되었다. 다른 동물과 비교해서 볼 때 인간은 생물학적으로 오히려 태어날 때부터 '결핍된 존재'(Mängelwesen)이기 때문에 인간은 그의 존재를 유지하기 위해서 '제2의 자연'을 만들어나갈 수밖에 없다고 본 겔렌은 다른 동물이 모체로부터 빨리 독립해나갈 수 있는 데 비하여 인간은 거의 20년 가까이 부모 곁에서 그리고 학교에서 교육을 받아야 하는 '제도'(Institution)라는 '제2의 자연' 속에서만 안정상태를 유지할 수 있다고 본 것이다.

기술은 바로 이러한 결핍된 인간존재의 기관(器官)을 대체하고 이의 부담을 더는 체계라고 겔렌은 보았다. 셸스키도 기술을 '인간적 정신이 세계대상성(Weltgegenständlichkeit)으로서 구현된 형식'으로 보았으며, 프라이어는 기술은 하나의 '세계관계의 객체화'이며 구체적 사회의 목표규정 형식이라고 보았다. 기술은 자연의 변화로 향하는 인간의 의지 표현이며 또 인간의 내재적 본성에 속하고, 결코 인간에게 밖에서 와닿는, 소외시키는 그러한 실재는 아니라는 것이다.

마르크스로부터 시작된 정치경제학적인 기술파악과 보수적인 30년대 라이프치히대학의 사회철학 분위기 속에서 전개된 겔렌, 프라이어 등의 긍정적이고 낙관적인 기술관과 접촉하면서 이전의 문명비판적·낭만주의적 기술비판과는 다른 사회철학적 차원에서 현대의 기술문제를 비판적으로 바라본 대표적인 학자는 역시 마르쿠제(H. Marcuse)였다고 할 수 있다. 마르쿠제는 특히 그의 저서 『일차원적인 인간』속에서 현대 산업사회의 결정적인 요소로서의 기술의 의미에 주목하여 현대 산업사회의 경제적인 생산관계 문제에서 생산력문제라는 의미에서의 기술을 문제삼았기 때문에 마르크스가 분석한 자본주의사회에서의 기술문제를 넘어서서 산업사회로서 사회주의에서의 기술과 과학문제도 그의 비판적 분석의 대상이 되었다고도 볼 수 있다. 마르쿠제에 의하면, 서구적 사고는 가치와 합리적 철학적인 가치논쟁을 잊어버리고 주어진 목표와 가치의 효율적인 실현만을 문제삼는 '일차원적'인 것이다. 따라서 인식은 순전히 지배를 위한 도구적 의미만을 지니고 있다는 것이다. 합리성은 곧 기술이고 이는 사회적 통제와 지배의 형식에 지나지 않는 "기술을 '통한' 지배가 아니라 지배'로서'의 기술"이라는 것이다. 원래 인간을 해방하는 힘으로서의 기술이 해방을 오히려 방해하는 정치적 조작기계가 되었다고 마르쿠제는 주장한다. 기술을 이와 같이 지배의 도구로 보는 그가 다른 한편으로 이와 같은 소외를 극복하기 위해서 하나의 새로운 '해방의 기술'(Technik der Befreiung)을 주장하는데, 이는 자동화가능성을 완전히 이용하는 방식을 통해서 인간의 유희적 충동이 만개할 수 있는 문화 속에서만 가능하다고 보았다. 젊은 마르크스가 『파리철학수고』(Pariser Manuskripte)에서 전개한 '자연주의=인간주의'라는 기술적 휴머니즘의 이상이 마르쿠제에게서도 나타나는데 기술적 현실성을 완성시키는 것이 '기술적 현실성을 넘어서는 데 전제조건일 뿐만 아니라 합리적인 토대'라고 보았다. 기술적으로 지배되고 조직된 일차원적인 세계 극복을 위해서 그는 미래의 만족스러운 세계를 위한 총체적인 기술자동화를 이야기하는 모순을 드러내고 있다.

　이러한 마르쿠제의 입장을 하버마스는 생산력 자체는 정치적으로 '무죄'라는 생산력－생산관계의 고전적 명제에 서 있다고 비판하면서 과학과 기술이 현대사회의 비극을 낳은 장본인이라고 보는 입장도, 또

과학과 기술 자체는 이에 대하여 책임이 없다는 입장도 비판하고 있다. 하버마스는 과학과 기술을 단순히 '생산력'으로 파악하는 고전적 내지 현대 마르크스주의의 입장을 비판하면서, 과학과 기술은 어떠한 특정계급의 지배이해만을 정당화하거나 이에 저항하는 다른 계급의 해방만을 정당화하는 것이 아니라, 계급이해를 넘어선 "해방적인 '총체적 종(種)'의 이데올로기"(emanzipatorische Gattungsideologie)라고 파악하고 있다.

과학과 기술을 '생산력'으로 보는 입장은 특히 소련에서 1961년 공산당강령에까지 등장하여 '직접적 생산력으로서의 과학과 기술'로 정식화되었고, 중국에서는 '네 가지 현대화'와 더불어 '유생산력'(唯生産力)으로 나타나고 있다. 사회주의사회에서는 생산력 발전을 억제하는 생산관계가 소멸되었기 때문에 생산력으로서의 과학과 기술발전에는 무한한 가능성이 있다는 주장들이지만, 구소련과 동구 사회주의의 위기 그리고 이를 극복하기 위한 개혁과정중에서 생산력과 생산관계 사이의 모순이 사회주의사회에도 존재하고 있다고 주상되고 있고, 구소련의 경제개혁의 이론가 가운데 한 사람인 자슬라프스카야(T. Zaslavskaja)는 소련의 생산관계는 생산력으로서의 과학과 기술 수준에 오히려 뒤떨어져 있다고까지 주장하고 있다. 이와 같은 과학과 기술을 '생산력'으로 보는 입장과는 달리 하버마스와 다렌도르프(R. Dahrendorf)는 과학과 기술이 지니는 '이데올로기'적·상부구조적·생산관계적 성격을 주장하고 있다. 그들은 기술발전 때문에 일자리가 없어진다고 하는 주장은 잘못된 것이라고 비판하면서 기술은 사회발전의 '원인' 이라기보다는 오히려 그의 '결과'이며 '생산력'이 아니라 '생산관계' 라고까지 이야기한다. 즉 기술적 혁신은 인간적 노동에 비하여 싸기 때문에 진행되고 있고 이른바 '구조적' 또는 '기술적' 실업문제도 인간 노동에 비해서 기술혁신이 오히려 값이 저렴하기 때문에 발생한다

고 다렌도르프는 보고 있다. 이러한 다렌도르프의 주장은 이른바 후기
'산업사회'라는 조건 속에서 '노동'이 인간의 본질을 구성하는 '노동
사회'(Arbeitsgesellschaft)의 의미 자체가 변하는 서구에서는 타당할지
모르나 기술혁신보다는 인간노동이 아직은 저렴한 한국적 상황에는
어긋나는 주장이다.

3. '기술입국' 이데올로기

물론 저임금에만 의존할 수 없는 한국산업의 성격과 국제경쟁력을
강화하기 위한 기술혁신 그리고 한국산업의 기술적 종속문제가 최근
자주 논의되고 있다. 기술혁신과 함께 기술종속을 극복해야 한다는 것
은 개개 기업에 의해서도 물론 절박하게 제기되고 있는 문제이지만,
특히 '국가'라는 하나의 '총체적 종(種)'에 의해서 계속 제기되고 있
는데 아마도 이러한 명제는 '기술입국'이라는 이데올로기를 통해서
극명하게 표현되고 있다고 하겠다.
'수출입국'에 이어 전개된 '기술입국' 이데올로기는 아마도 일본적
발상만은 아니고, 미·소 그리고 서유럽에서도 이른바 '제3의 산업혁
명'의 대권을 차지하기 위한 불꽃 튀기는 전쟁이 벌어지는 '기술제국
주의시대' 내지 '새로운 기술의 세계질서' 속에서 충분히 나타나고 있
다. 사회주의권에 대한 기술이전을 엄격히 제한·통제하고 있는 이른
바 '코콤'(COCOM)은 말할 것도 없이, 미국과 일본 그리고 유럽연합
체(EU)사이에 벌어진 치열한 기술개발 경쟁은 가히 기술이 지니고 있
는 이데올로기적 측면을 잘 드러내주고 있다. '한국모델'이 계속 뒤쫓
고 있는 '일본모델'이 창출한 기술입국이라는 신화를 간단히 조명해
보고 이 새로운 '숨겨진 이데올로기'의 몇 가지 측면을 들여다보자.
국민총생산에 대한 연구와 개발비의 비율은 한국이 1986년에야

2% 수준에 다다른 반면에 선진국은 이미 70년대말에 벌써 2% 수준을 넘어섰다. 1981년에 이 비율은 일본이 2.1%였는 데 비하여 서독은 2.7%나 되었다. 일본이 비록 하나의 기술제국주의적 위치를 점하고 있다 해도 1975년에서 1982년까지는 기술수입국으로서 주로 미국에서(66.2%) 필요한 기술을 들여왔고, 기술수출은 주로 아시아(42.4%), 북아메리카(22.1%), 서유럽(21.1%) 순으로 되었다.

전자산업과 철강생산에서 일본의 기술수준은 상당히 높으나 특히 통신, 제약 그리고 자동차건조기술(!)에서는 기술무역에서 많은 적자를 보이고 있다. 앞에서도 지적했지만 일본의 국가의 과학기술개발투자 비율이 미국과 서독에 비하여 적다고 하더라도 국가가 과학과 기술개발 분야에 절제하고 있는 것은 결코 아니다. 1950년대 중반부터 시작된 고도성장의 결과로 60년대말에야 기술이전이 자유화되었으나, 1980년까지 새로운 기술 수입에 대해서 국가는 일일이 통제를 했고, 1981년 이후 실시된 기술이전의 완전 개방 속에서도 문부성, 과학기술처, 통산성 등은 직접 간접으로 기술입국을 위한 국가적 정책을 입안 조정하고 1982년에는 '제5세대 컴퓨터' 개발을 위해 통산성이 직접 나서서 대기업들의 이 분야 연구를 총괄하기 시작하였다. 기술입국을 위한 관(官), 산(産), 학(學)의 협동작전은 후발적인 자본주의가 선진자본주의를 따라잡기 위한 총력전이라는 집체적인 민족적 이데올로기까지 승화될 수 있는 것도 '기술대국'이 되어야 '정치대국'이 될 수 있다는 정치로서의 기술의 의미를 이해한 데에 바탕을 두고 있다고 할 수 있다. 사실상 우리 시대를 결정적으로 규정하는 것이 무엇이냐고 물을 때 그것이 경제나 정치라고 대답하는 사람의 비율은 오히려 줄어들고 그것은 과학과 기술이라고 대답하는 사람은 날로 늘어나고 있다. 기술이 어떠한 의미에서는 새로운 경제나 정치를 뜻하게 되었다. 특히 기술입국이나 기술대국이라는 정치적 이념은 일본에서는 실현되지 못한 정치대국이라는 군국주의의 현대적 포장이라고 할 수 있다. 이러한 기술결정론이 그러면 우리에게는 어떻게 나타나고 있는가? 서두에도 꺼냈지만 F18기의 도입 결정을 자축하는 맥도넬 더글라스의 '자유·평화·미래'라는 광고도 자세히 들여다보면 한국의 정치, 경제 그리고 기술의 복합적 이데올로기구조가 잘 드러나고 있다. 정치의 도약을 보장하는 기술이 숨어 있는 F18이 그러나 일본처럼 하나의 민족국가를 형성하고 있는 조건에서가 아니라, 민족분단이라는 조건 속에서 이야기되고 있다는 점에 우리는 주의해야 한다. 우선 남북간에 점차 군사적 긴장을 완화하는 데에 노력을 경주하고 F18에 소요되는 42억 달러라는 엄청난 재원을 교육투자에 선용하여 현재 취약한 기초과학 분야를 획기적으로 발전시킬 수 있는 정책을 왜 펼 수 없는가 하는 반문이 당연히 나오게 마련이다.

군비경쟁을 통해서 남북이 더 심각한 정신적·물질적 피해를 당한다는 이러한 비판은 분명히 정치문제를 단순히 기술문제로 환원시킬 수 없다는 입장일 것이다. 모든 문제를 기술로써 해결할 수 있다는 기술 결정론적인 견해가 우리에게는 기술이 가지고 있는 원칙적인 제한성을 간과하는 정도가 아니라, 민족분단이라는 엄청난 정치적 문제까지도 우리의 시야로부터 사라지게 한다는 점에 주의해야 한다.

과학과 기술이 갖는 일반적인 표상 즉 '가치중립적인 객관성'이라는 표상은 기술이 인간에게 복무한다는 신화를 낳았고 따라서 자연과학 학자나 기술자들의 정치적 무관심성을 호도하기도 했고 또 이를 정당화하기조차 하였다. 흔히들 "우리는 '쟁이'이기 때문에 정치는 모른다"는 이야기를 기술자나 자연과학자들은 한다. 물론 '기술인텔리'를 기업이나 공장의 이윤극대화의 수단적인 계급 내지 계층으로 보는 것에 대한 자기방어적 태도일 수도 있고, 또 문명비판적 기술 이해나 기술에 관한 전통적인 철학적 해명이 기술을 규정하는 사회적 요소나 현상 그리고 기술과 기술발전이 역사적으로 축적해온 문제에 대한 설명을 충분히 하지 못한 데에서부터 연유할 수도 있다.

어떻든 기술자의 반(反)정치적 또는 비(非)정치적 태도는 우리에게서만 나타나는 문제는 아니다. 미국에서는 기술자나 공학도들이 매니저로서도 많이 진출하기 때문에 정치적·사회적 문제에 대해서 많은 경우 어떤 식으로나마 분명한 입장을 표명하는 데에 비하여, 가령 전통적으로 법학이나 상경 계통을 공부한 후 매니지가 되는 경우가 많은 서독에서는 아직도 기술자나 자연과학도들이 정치적으로 느끼는 무력감은 더 크다고 할 수 있다. 우리나라에서도 사정은 비슷할 것 같다. 사법고시 외무고시 행정고시를 바라보는 사회적 눈과 기술고시를 바라보는 눈이 분명히 다를 것이다. 전통적인 '사농공상'(士農工商)의 신분적 서열이 아직도 한국인의 가치관 속에 깊이 자리를 잡고 있기 때문이다. 전문직종 중에 의사나 변호사들은 강력한 이익단체('의사회'나 '변호사회')들을 구성하고 있는 데 비하여 기술자들의 이익단체가 미치는 사회석 영향력은 서독에서조차 아직은 미미하다. 물론 몸이 아프거나 소송사건 때문에 의사나 변호사를 찾을 때 의사나 변호사가 보여주는 전문직이 가지는 사회적 영향력이 직접적인 데 비하여, 기술자가 지니는 영향력은 정상적인 조건에서는 일반 사람들에게 감지되지 않다가, 가령 전 시가지에 정전사고가 나서 도시가 암흑천지가 되었을 때에야 전기기술전문가의 존재와 그 위력은 발견되기 마련이다. 그러나 이러한 경우는 그렇게 자주 발생하지는 않는다.

기술자의 정치적 무력을 극복하기 위해서 가령 기술자의 조합을 결성하자는 제안도 있고 전문교육과 동시에 사회적·정치적 관련 속에서의 과학과 기술의 역할에 대한 종합적 교육을 병존해야 한다는 대안도 나오고 있다. 그러나 기술자가 지니는 계층으로서의 복잡성으로 인한 조합 결성의 어려움, 그리고 그러한 교육이 사회과학적 인텔리들

을 기술자들이 보좌하는 정도를 오히려 강화시켜줄 뿐이라는 이유로
비판을 받고 있다. 기술자의 현실적인 정치적 무력은 분명히 기술의
영역은 정치의 수단영역에 지나지 않는다는 인식에 기초하고 있다.

이러한 인식과는 정반대로 정치영역을 기술영역의 수단으로 보는
입장이 있다. 즉 정치를 기술로 완전히 대치할 수 있고 따라서 사회를
정치가에 의해서가 아니라 '기술전문가에 의한 통치'(Expertokratie)
로, 사람이 통치를 하는 것이 아니라 '물'(物)이나 '도구'가 통치하는
것으로, 나아가 만들 수 있는 모든 것을 생산한다는 '기술적 가능성의
규범성'을 주장하는 기술관료주의가 그러한 입장이다. '인간기계'를
주장한 생 시몽(Saint-Simon)을 원조로 하는 이러한 이론은 독일에서
는 셸스키의 '기술문화 속의 인간'에서 대표적으로 나타나는데 자기
제어적인 '기술적 국가'(technischer Staat)에서는 정치적 결정영역은
사라지고 순전히 기계처럼 정확한 '물'의 객관적 논리에 의해서 운영
된다는 것이다.

사실상 오늘날의 산업사회가 전문가들에 의한 관료주의적 운영에
의지하는 것은 사실이지만, 사회내에 존재하는 여러 이익집단이 참여
하는 오늘의 국가가 그렇게 전능한 것도 아니고, 기술적 국가라는 모
델은 또 비역사적이고 보편적으로 해석된 인간학을 바탕해서 고도로
추상화된 모델에 지나지 않는다. 그럼에도 불구하고 하버마스는 이와
같은 기술관료주의가 비정치화된 대중의 의식 속에 침투하여 정당성
을 획득하는 하나의 숨겨진 이데올로기 역할을 하고 있다고 보고 있
으며, 나아가서 그는 이 모델이 문화적으로 규정된 사회적 '삶의 세
계'(Lebenswelt)를 목적합리적 행위와 수용적 태도라는 범주로만 환원
시키고 있다고 비판한다.

이와 같이 한편에서는 기술전문가의 정치적 무력과 무능을 이야기
하고 있고, 다른 한편에서는 기술전문가에 의한 정치를 이야기하고 있

고 또 이를 비판하고 있다. 물론 기술전문가가 전문영역의 제한성과 고정적인 방법론 때문에 제약되어 있고, 또 정치가들은 선거를 의식하기 때문에 보편적 이익을 장기적으로 계획할 수 없는 제한성을 가지고 있다. 바로 여기에 기술전문가와 정치적 결정을 내리는 사람 사이에 비판적 교호(交互)가 필요하며 이를 통해서 사회의 보편적 이해를 장기적으로 구축해 나갈 수 있을 것이다.

1954년에 노벨상을 받은 물리학사 보른(M.Born, 1882~1970)은 "만약 인류가 핵전쟁으로 사라지지 않는다면, 인류는 기계와 컴퓨터를 조작하는 독재자의 전제 밑에서 무디고 어리석은 피조물의 무리로 전락될 것이다. 그러나 실천적 영역에서, 특히 정치에서 우리는 인간적 경험과 인간관계의 이해를 자연과학과 기술의 이해와 통일할 수 있는 사람들을 필요로 하고 있다. 이들은 또 행동하는 인간이어야지 관조만 해서는 안된다"고 지적한 적이 있다.

전화를 도청하는 '검은 상자'(Black Box)가 몇 년 전에 문제가 된 적이 있다. 이의 개발에 참여한 과학자나 기술자들이 어떠한 고민을 하였는지는 모른다. 그러나 오늘날 과학자나 기술자들의 윤리는 옛날처럼 엉터리 이론을 펴서 사람을 속이지 말아야 한다는 의미에서의 소극적인 것이 아니라 1974년 유네스코가 「과학자의 위치」에서 지적하였던 것처럼 과학자는 인간의 존엄과 자연을 위해서 복무해야 한다는 적극적 윤리이다.

4. 과학과 윤리

우리나라에서도 시험관 아기나 대리모가 안고 있는 윤리적인 문제가 제기되고 있고 원자력발전소나 공해문제를 둘러싼 시민운동도 벌어지고 있다. 과학자들이 그들이 연구하고 개발하는 이론과 이의 실제

적 전용(專用)이 사회적으로 어떠한 결과를 가져올까 하는 문제를 둘
러싼 윤리적 고민은 특히 1차세계대전중에 사용되어 무수한 인명을
살상한 독가스 개발과 관련되었으나, 정작 독가스를 개발한 하버(F.
Haber)는 독일이 전쟁에서 승리해야 한다는 이데올로기의 포로가 되
었다. 동료들 사이에서 인간적으로 또 연구자로서 존경을 받았던 하버
가 독일 민족의 전쟁승리라는 집단적 이데올로기의 포로가 된 것은
'SDI' 개발계획을 소련을 견제하는 반공이데올로기의 과학적 · 기술적
실천 정도로만 이해하는 과학자의 입장과 다를 것이 없다.

　이러한 입장에 대항해서 'SDI' 개발보다는 군축협상을 요구하는 미
국 과학자들 모임인 5,000여 회원을 가지고 있는 'FAS'[Federation of
American(처음에는 Atomic) Scientists]나 10만 회원이 가입된 'UCS'
(Union of Concerned Scientists)의 반(反)SDI캠페인은 'SDI'계획을
철회시키지는 못했지만 일반시민과 과학자, 심지어는 행정부내의 고위
관리들 속에까지 'SDI'가 하나의 '환상적인' 계획이라는 인상을 깊게
심어주었으며 이러한 결과로 'SDI' 투자예산 규모도 그후 많은 삭감
을 당했다. 서독에서는 1983년부터 미국의 중거리유도탄의 서독 설치
에 반대하는 시민운동과 더불어 자연과학자들은 '평화를 위한 책임,
새로운 핵유도탄을 반대하는 자연과학도'라는 주제 밑에 전국적인 강
연과 시위, 토론을 통해 수천의 자연과학도들이 반전평화운동에 참여
해서 과학도의 사회적 책임을 보여주었다. 특히 교회가 지니는 윤리적
인 규범력이 급속히 약화된 서독사회에서 자연과학적인 인식에 기초
를 둔 객관적인 자연과학도들의 평화에 대한 설득력은 상당한 효과를
보였다고 할 수 있다.

　결국 서독에도 중거리유도탄이 설치되었지만, 자연과학도들은 어떤
연구의 결과가 긍정적으로도 부정적으로도 사용될 수 있는 과학연구
가 지니고 있는 애매한 성격 속에서도 부정적인 결과가 예견될 때는

368

분명히 이에 대하여 행동으로 '아니오'를 표명하는 새로운 전통을 세웠다. 특히 히틀러 치하에서 인간말살의 도구로도 사용되었던 과학연구가 지니고 있는 무거운 짐을 진 독일 자연과학도들의 윤리적 자기 반성은 깊은 의미를 지니고 있다고 할 수 있다. 뒤렌마트(F. Dürrenmatt)가 『물리학자들』(*Die Physiker*)에서 만들 수 있다고 해서 모든 것을 만들어내서는 안된다는 자연과학도들의 양심의 고민을 그려서 보인 문학적 결론은 물리학자이자 철학자인 바이츠제커(Carl Friedrich von Weizsäcker)의 '기술시대의 윤리는 오로지 인간이 정말로 계획과 도구의 주인이 될 수 있을 때만이 가능하다'는 결론과도 통한다. 그러나 『미래 충격』을 쓴 토플러(A. Toffler)는 기술혁신에 대한 저항을 예방하기 위해서 책임있는 기술을 논하고 있다.

생태계파괴 문제에 관련된 시민들의 예민해진 자연에 대한 감각과 의식은 서구에서 녹색당의 등장을 가져왔고, 현재 동구의 변혁 속에서 등장하는 야당들 거의 모두가 그들의 당 강령에 '생태계 보호를 지향하는 사회적 시장경제'(ökologisch orientierte soziale Marktwirtschaft) 실현을 목적으로 한다고 적었다.

핵무기나 핵발전소 또는 화학적 문제로부터 연유하는 생태계 위기에다가 최근에는 '유전자 조작'이 가져오는 가공할 '인간' 개념의 변화도 심각하게 토론되고 있다. 이러한 공상과학적 소설의 테마가 되고도 충분히 남을 상황을 불교에 심취한 헉슬리(A. Huxley)는 이미 1932년에 발표한 풍자적 미래소설 『아름다운 신세계』(*Brave New World*)를 통하여 이미 고발하였다. 과학이 유일하게 타당한 가치규범으로 되어 있는 이 세계에는 어떠한 신도, 아니 모든 세계종교가 지금까지 덕목에 적어넣은 어떠한 가치도 존재하지 않는다고 지적하였다.

과학도가 단순한 '자연의 광적인 세심한 장사꾼'이 되어서는 안된다는 호프만(E. T. A. Hoffmann)의 경고나, 과학이 '존재질서의 하녀'가 되었으면 하고 바랐던 야스퍼스의 꿈도 오늘날 비현실적인 것으로 보이고 있다. 특히 '새로운 국제경제질서'의 핵을 이루는 과학과 기술의 발달문제가 하나의 민족경제단위의 사활문제로 등장하고 있는 오늘날 한국사회에서 과학과 윤리를 이야기하는 것은 더욱이나 비현실적인 문제로 들릴 것이다.

한국의 과학자들에게 요구되는 윤리나 사회적 책임은 그러나 그렇게 추상적인 것만은 결코 아니다. 위에서도 지적했지만 전화도청을 위한 기계장치 개발에 참여한 과학자가 그의 진실을 밝히는 것만으로도 충분하고, 은폐된 핵발전소의 사고에 대한 진실을 이야기하는 것만으로도 충분하다. 공해문제, 무기개발경쟁의 반평화적 구조, 노동재해, 식품공해, 약품공해 등에 이르기까지 오늘날 우리 생활의 모든 분야에 걸쳐 제기된 문제에 대한 책임을 적극적으로 인식하는 태도는, 브레히트(B. Brecht)가 지적하고 있는 것처럼 과학자들의 사고를 지배해왔던 연구와 기술의 비책임성 내지 몰가치성이라는 '발명가적 난쟁이'(erfinderlicher Zwerg)의 철학을 극복하는 것을 의미한다. 오늘 우리는 미래 속에서 일면적으로 '희망'만을 보고 있지, 미래에 대한 '책임'을 너무나 망각하고 있다. 이러한 미래와 후손에 대한 책임은 과학과 기술문명시대의 주역인 과학자와 기술자에게는 더욱 막중하다고 할 수 있다.

"하나의 풀포기를 단지 냄새만 맡아서는 그것이 무엇인지를 모른다. 무슨 풀포기인지 알기 위해서 그것을 뽑는 사람도 역시 그 풀포기를 알 수 없다"고 횔덜린(F. Hölderlin)은 『히페리온』(Hyperion oder der Eremit in Griechland) 속에서 이야기하고 있다. 과학과 기술이 지니는 미래에 대한 책임은 반드시 생명의 '총체성'에 대한 이해를 전제하고 있다.

〈1990, 『현대와 사상』〉

370

연보 / 처음 그려보는 자화상

　나는, 지금도 한국사람이 많이 모여 살고 있는 일본 동경시 아라카와(荒
川)구에서 해방 전해인 1944년 10월 12일에 태어났다.
　아버지 송계범(宋啓範)은 당시 자연과학의 수재를 양성하는 동경물리학교
(東京物理學校)를 나온 식민지 청년이었고, 어머니는 길에 나서면 사람들이
다시 뒤돌아보는 미인이었다고 한다. 두 분 다 고향은 제주도다. 8 · 15해방
과 더불어 아버지는 더이상 일본에 머무르기 싫다고 온 가족과 함께 귀국해
서 지금 서울대학의 전신인 '경성대학' — '경성제국대학'에서 '제국'자를 뺀
— 의 물리학부에서 근무를 하였다. 불행히도 이때 어머니는 세상을 뜨셨다.
해방정국의 와중에서 우리말과 풍습을 몰라 '일본년'이라고 오해를 빚고 속
이 부단히도 썩었을 것이라고 동경에 계신 외할머님은 두고두고 말씀하셨다.
　내가 장남이고 당시 서울대학 출신의 인텔리였던 새어머님 슬하에 네 명
의 남동생이 있다. 연구밖에 모르시는 아버님 대신에 모든 생활을 꾸려나가
야만 했던 어머님은 나의 유학생활까지도 걱정없이 보낼 수 있도록 물심양
면으로 지원해주셨다.
　아버지는 우리말도 잘 모르시면서 우리글의 과학성에 탄복을 해 처음으로
한글 타자기를 발명했고 50년대말에는 '송한글 텔레타이프'를 발명, 1960년
에는 당시로는 상금이 가장 크다는 '3 · 1문화상'까지 받았고, 이래저래 과학
자로서 표창과 훈장을 많이 받았다. 이러한 집안분위기 덕택에 우리집에는
당시 유명한 자연과학자들과 예술인들이 많이 드나들었다. 지금도 기억에 남
는 분들로는 경도대학에서 노벨물리학상을 받은 유카와 히데키의 수제자였

던 박봉열 교수와 우리나라의 서양미술 원조 중의 한 분인 오지호 선생이
있다. 동족 상잔의 비극이 막을 내릴 무렵 아버지는 전남대학교 물리학과에
봉직하기 시작했고 나는 광주에서 국민학교와 중학교를 다니게 되었다.

1980년 광주의 비극이 무엇보다도 나에게 준 충격은 바로 내가 살던 서석
동의 전남대학교 관사를 나서 서중학교까지 매일 걸어서 다니던 충장로가
피바다가 되었다는 사실이었다.

4·19가 나던 해 서울의 '국립중앙공업연구소'로 직장을 옮긴 부친을 따
라 가족이 서울로 이사를 가게 되어 서울로 올라와 고교시험에 응시하게 되
었다. 당시 첫 응시를 한 학교는 경기고교였다. 지금도 많은 사람은 으레 내
가 경기출신이 아니냐고 묻지만 나는 실은 입시에 쓴잔을 마셨다. 당시 전국
에서 한 학급만 따로 뽑는데 보기 좋게 낙방을 한 것이다. 자신에 넘쳤던 내
가 어이없게 실패하자 부친은 "친구가 교장으로 있는 중동고등학교가 있는
데 일단 시험이라도 쳐보라"고 해서 응시를 했더니 다행히 수석입학이 되었
다고 나를 위로했다. 처음에는 깡패학교답게 분위기도 거칠었지만 장학금을
받고 다니는 재미도 있어서 점차 정도 들게 되었다. 고등학교 2학년 때—
담임선생은 지금은 은퇴하신 고려대학교 사회학 교수였던 최재석 선생님이
었다 — 당시 서울대학교 대학원 국사학과를 마친 송찬식 선생 — 후에 국
민대학교 교수로서 '한국수공업사'에 대한 중요한 업적을 남겼으나 아깝게도
요절하였다 — 이 직원실로 나를 불러 무슨 학과에 진학하겠느냐고 물었다.
나는 물리학이나 건축학을 공부할 생각이라고 대답했더니 송선생은 뜻밖에

도 물리학은 너 아니라도 할 사람이 많으니 철학을 공부하지 않겠느냐고 되물었다. 이것이 인연이 되어 이과반에 있으면서 이해도 못하는 여러 가지 철학입문서를 닥치는 대로 읽었다.

집에서는 물리학을 하고서도 철학을 충분히 할 수 있는데 밥 빌어먹기 딱 좋은 철학을 전공하느냐고 반대했지만 결국 서울대 문리대 철학과에 63년 봄에 입학했다. 부친은 내가 일단 철학을 선택했으니 반대는 안하겠지만 건방지게 철학한다고 허송세월 보내지 말고 어학이나 열심히 하라고 해서 입학하자마자 여러 어학을 나름대로 열심히 공부했다. 65년 한일회담 타결을 앞두고 문리대는 들끓기 시작했고 나도 이 소용돌이에 말려들어 단식농성도 하고 데모도 했다. 이때 고등학교 선배인 김지하 시인과도 어울렸고, 청와대 사회문화수석비서관을 지낸 김정남 선배나 지금 문화체육부 차관인 김도현 선배 등과도 만나 밤새도록 토론을 하고 술도 많이 마셨다.

대학졸업이 가까워지자 대학원에 진학하느냐 그렇지 않으면 외국유학을 떠나느냐 하는 문제를 놓고 고심하다가 결국 독일유학의 길을 떠나기로 결심했다. 당시만 해도 유럽유학은 그렇게 흔하지 않았기 때문에 김포공항을 떠나는 날은 환송 나온 많은 친구들로 공항이 북적댔다. 지금도 그때의 낡은 사진을 들여다보면 감회가 깊어진다.

원래 하이델베르크대학에 유학 가서 『헤겔에서 니체까지』를 쓴 뢰비트 (K. Löwith)교수 밑에서 공부할 계획이었으나 막상 도착해보니 교수는 은퇴해서 스위스에 가 있었다. 할 수 없이 지금도 생존하고 있는 '해석학'의 태두인 가다머(H. G. Gadamer)교수의 세미나에 들어갔으나 나의 지적관심과는 거리가 너무 멀었다. 그래서 다시 건축학이나 물리학을 할까 하고 망설이면서 뢰비트의 조교였던 브라운(Braun)을 찾아가 의논했더니 '당신에게는 하버마스(J. Habermas)교수가 적격'이라고 했다. 사실 그때까지 나는 하버마스의 이름도 들어본 적이 없었기에 그날로 그의 『이론과 실천』을 사서 읽어보고 여러 가지로 신선한 느낌을 받았다.

1968년 겨울학기에 프랑크푸르트대학으로 옮겨 하버마스를 찾아갔더니 흔쾌히 지도하겠다고 해서 본격적으로 공부를 시작했다. 1968년은 그러나 너무나 뜨거운 한 해였다. 베트남전쟁 반대의 열기 속에서 좌파가 기존의 반공 보수의 두꺼운 벽을 허무는 엄청난 작업이 전 세계적으로 시작되었고 이 중심에 프랑크푸르트학파의 '비판이론'이 톡톡히 제구실을 할 때였다.

강의실에서 연일 정치토론이 벌어지고 권위를 자랑하던 모든 것이 새로운 심판대 위에 서게 되었다. 나도 원래는 「헤겔과 훗설의 역사성의 개념」이라는 논문을 쓰려다 주제를 바꾸어, 서양지성사 속에서 동양이 도대체 어떻게 보여졌는가하는 자기비판적 질문을 「헤겔, 마르크스 그리고 막스 베버에 있어서 동양세계의 의미」 속에 담아보았다. 다행히도 하버마스 교수는 친절히 그리고 열성적으로 논문지도를 해주어 71년 여름에는 논문을 마칠 수 있었다. 그때 하버마스 교수가 나를 위해서 엄청난 책들의 갈피에 일일이 쪽지를 넣어주던 것을 생각하면 나는 아직도 제자들에게 그렇게까지 친절히 못 해주고 있는 것을 종종 미안하게 생각한다.

72년 여름, 구두시험을 앞두고 하버마스 교수가 나의 장래계획을 묻고 지기는 '막스플랑크연구소' 소장으로 뮌헨에 가는데 같이 가겠느냐고 물었다. 그러나 나는 뮌스터대학에서 자리교섭을 받았고 사실은 71년 겨울학기부터 이미 강의를 시작했었다. 연구소보다 대학을 택한 이유는 독일대학 내부의 교수와 학사행정의 경험이 귀국하는 경우 우리 학문과 대학발전에 도움이 될 수 있으리라는 내 나름대로의 생각 때문이었다.

이때 프랑크푸르트대학에서 독문학과 도서관학을 전공하던 정정희(鄭貞姬)를 사귀고 그녀의 공부가 끝난 후 73년 겨울 뮌스터에서 결혼, 이국땅에서 신혼살림을 차렸다. 우리 사이에는 준(儁)과 린(麟)이라는 두 아들이 생겼는데 벌써 대학생이 되었으니 시간의 흐름이 너무 빠르다.

조국에서는 이미 '유신'의 엄혹한 정치상황으로 모든 것이 숨죽이고 있을 때였는데 73년 가을 '유신이냐 귀신이냐' 하는 학생 데모가 터지면서 이와 함께 '긴급조치'가 계속 남발되었다. 국내로부터도 「오적」시가 전해지고 김지하 선배는 '민청학련'사건으로 사형까지 선고받는 엄혹한 상황이 전개되었다. 외국에 있지만 이러한 상황을 좌시할 수 없어 당시 우선 믿을 수 있는 유학생들끼리 은밀히 모여 대책을 강구, 비록 배수의 진을 친 상황이지만 유신독재타도를 이역의 하늘 밑에서라도 외치자고 결의하였다.

1974년 3월 1일, 우리는 모두 55명이 서명하고 발족시킨 '민주사회건설협의회' 회원과 교민 그리고 독일인 동료들과 함께 본에서 시위를 하고 '유신독재'를 타도할 때까지 투쟁할 것을 선언했다. 초대의장으로 내가 선출되었다. 당시의 회원 중에는 지금은 거의 다 귀국해서 학계에서 중진 역할을 하고 있는 이삼열, 배동인, 이준모, 배정석, 송영배 교수 등이 있고 아깝게도 이미 고인이 된 강돈구, 김길순 교수가 있다. 회원들 중에는 후에 북을 선택하여 그곳에서 활동하는 사람도 있으니 우리 현대사의 압축된 한 장면을 다시 보는 느낌이 들 때가 많다. 지금도 회원 중 약 20여 명 가까이 독일에 살고 있으나 각자 생업에 바쁜 나날을 보내기 때문에 가끔 만나는 정도이다. 다행히 윤이상 선생님께서 베를린에 살고 계시니 자주 만나 민족과 예술에 대하여 이야기를 나눌 수 있다.

77년 여름학기에 베를린자유대학으로 옮겼다. 그전까지는 항상 가구가 들어 있는 집을 전전했으나 베를린에 이사 오니 그러한 집은 구할 수가 없어 처음으로 냉장고를 마련해야 했다. 항상 귀국할 생각을 머리 속에 담고 있으니 임시로 살아온 셈이었다.

79년 10월, 박대통령의 피살과 함께 드디어 '유신'의 막은 일단 내렸고 해서 이제는 귀국할 수 있다고 아내와 나는 들떠 있었다. 그러나 80년 봄은 우리를 다시 독일땅에 묶어놓았다. 모든 일이 손에 잡히지 않았다. 그래서 할 수 없이 책상서랍에 깊이 처박아두었던 '교수자격논문'을 다시 끄집어내어 조금 손질을 해서 81년 봄에 제출하고 이듬해 1월 — 교수자격심사는 빨라야 1년은 걸린다 — 에 뮌스터대학에서 사회학 '교수자격'(venia legendi)을 받았다. 논문은 「소련과 중국」이었는데 '내재적 방법'을 동원, 독일좌파 일반이 가지고 있던 사회주의에 대한 '체제존재론적'인 연구방법을 비판하였다.

　광주의 비극을 연출한 장본인인 전두환 정권에 대한 나의 비판은 그후로
도 계속되었고, 신문, 방송, 그리고 TV에서도 공개적으로 한국정치의 문제
점들을 지적하였다. 87년 6월투쟁은 어떻게 보면 마지막으로 내가 행동으로
보여준 한국민주화의 대행진에의 참여인 것 같다. 이때까지만 해도 나의 생
각을 국내에 전달할 수 없었으나 한길사가 『계몽과 해방』을 출판하고 『사
회와 사상』이라는 잡지에 나를 위한 고정칼럼을 마련함으로써 점차 국내독
자와 만날 수 있게 되었다.

　89년 가을, 예상지 못했던 베틀린상벽이 무너시고 가히 세세사적인 전환
을 맞게 되었다. 나의 그때 심정은 어느 글에서도 썼지만 남의 자식은 대학
에 진학하고 나의 자식은 입시에 떨어진 것 같은 쓸쓸한 느낌이었다. 그러나
독일의 통일이 우리에게 주는 교훈이 무엇인가를 곰곰이 생각하고 이러한
교훈을 국내에 전달한다는 것이 무척 중요하게 여겨져 시간을 내서 나의 생
각을 정리하곤 한다. 이번 6월 독일 시중에 나오는 독일말 저서 『*Korea-
kaleidoskop:Kontexte zur Wiedervereingung*』(한국이라는 거울:통일의 맥락)
은 이러한 나의 생각을 한 권의 책 속에 담아본 것이다. 우리말과 일본말 그
리고 영어번역도 동시에 준비중에 있다.

　우리의 민족 숙원인 통일이 정말 독일식으로 해결될 수 있을까 하는 질문
을 수시로 던져보는 나는 남북이 정말 서로 얼마나 알고 있는가 하는 질문
을 먼저 하게 된다. 91년 일 년 동안 서울대학으로부터 온 나의 초청이 여

러 가지 방해로 무산되자, 북의 '사회과학원' 초청으로 91년 5월에 평양을 방문, 그곳 학자들과도 만나고 강의도 하고 또 김주석의 접견까지 받았다. 이러한 나의 독특한 분단체험을 북한을 두둔하는 편향적인 성격을 띤다고 비판하지만, 나는 북한이라는 타자(他者)를 이해하는 것이 결국에는 — "나는 타자의 인질이다"라는 레비나스(E. Lévinas)의 말처럼 — 자기자신과 우선 멀어질 수밖에 없는 자기반성행위를 전제한다고 믿는다. 이러한 자기반성을 위해서는 자신은 물론 타자의 모든 것을 체험해야 한다. 서울에서 오는 신문을 너무나 자세히 읽기 때문에 "당신은 남의 부고까지 읽느냐"는 핀잔을 아내로부터 종종 듣지만 이러한 노력도 그러한 체험을 확충하기 위한 수단이다.

사실상 내가 살고 있는 독일땅에서 우리의 문제를 가지고 고민한다는 것은 여러 가지로 제약이 많다. 독일사회에 필요한 철학과 사상을 강의하면서 시간을 내어 우리 문제에 대한 사고를 정리하고 글을 쓴다는 것은 많은 노력이 필요하다.

94년 10월 학기부터 베를린 훔볼트대학으로 옮겨 한국역사, 정치, 사회, 경제 문제를 강의하는 것도 주어진 시간을 어떻게 가장 효과적으로 안배하느냐 하는 내 고민의 해결책의 하나였다. 그러면서도 서구의 학문과는 떨어질 수는 없는 노릇이니 그만큼 애를 먹게 된다. 독일 동료들이 "너의 머리속에는 칸트나 헤겔과 한국이 공존하는데 힘든 노릇이 아니냐"며 물을 때도 있다. 그럴 때마다 나는 "어려워도 할 수 없지 않느냐, 그것이 한국과 유럽 사이에 사는 '경계인'(Grenzgänger)의 숙명이 아니냐"고 답변한다.

　능력의 한계로 국내로부터 오는 여러 가지. 주문에 일일이 응해주지 못하기 때문에 미안한 생각이 들 때가 한두 번이 아니지만 이번 기회에 그분들께 사과를 드린다. 독일과 한국 사이의 거리는 분명 좁아졌다. 그러나 이 거리가 지리적 거리가 아니라 마음의 거리였으면 하는 생각을 종종 하게 된다. 다행히도 독일을 들르는 여러 분야에 걸친 사람을 자주 만날 수 있어 마음의 거리를 많이 좁힐 수 있었다. 머지않은 장래에 글을 통해서 만난 여러 사람들과 체온을 섞으면서 직접 이야기 나눌 수 있기를 기대하면서 멋적은 자회상 이닌 지화상을 간단히 그려본다.

1995년 2월 베를린에서

송두율

당대총서 1
송두율 사회사상집

역사는 끝났는가

© 송두율, 1995

지은이/송두율
펴낸이/김종삼
펴낸곳/도서출판 당대

첫판찍은날 1995년 5월 10일
9쇄 찍은날 1998년 10월 23일

등록/1995년 4월 21일(제10-1149호)
주소/서울시 마포구 연남동 372-4
연세맨션 라동 101-3호 ㉾121-240
전화/323-1316 팩스/323-1317

값 10,000

지은이와의 협약에 의하여 인지는 생략합니다.

ISBN 89-8163-001-1   04300